● 本书受西南民族大学国家级一流本科专业建设经费资助，同时也是教育部新文科研究与改革实践项目成果之一。

现代服务业与商业模式创新

主　编◎刘　韫
副主编◎赵晓宁　董　亮

北京·旅游教育出版社

图书在版编目（CIP）数据

现代服务业与商业模式创新 / 刘韫主编. -- 北京：旅游教育出版社，2022.11（2024.9重印）
ISBN 978-7-5637-4490-9

Ⅰ．①现… Ⅱ．①刘… Ⅲ．①服务业－商业模式－研究 Ⅳ．①F719

中国版本图书馆CIP数据核字(2022)第211063号

现代服务业与商业模式创新

刘　韫　主　编

赵晓宁　董　亮　副主编

策　　划	陈　玲
责任编辑	陈　志
出版单位	旅游教育出版社
地　　址	北京市朝阳区定福庄南里1号
邮　　编	100024
发行电话	（010）65778403　65728372　65767462（传真）
本社网址	www.tepcb.com
E - mail	tepfx@163.com
排版单位	北京旅教文化传播有限公司
印刷单位	唐山玺诚印务有限公司
经销单位	新华书店
开　　本	787毫米 × 1092毫米　1/16
印　　张	17.5
字　　数	318 千字
版　　次	2022 年 11 月第 1 版
印　　次	2024 年 9 月第 3 次印刷
定　　价	59.80 元

（图书如有装订差错请与发行部联系）

前　言

　　人类社会正从工业社会向后工业社会（即服务经济社会）迈进。现代服务业是知识和技术相对密集的产业，具有应用信息技术、富于创新发展的主要特点，是国家未来发展的重要产业，也是培养创新型人才的重要应用领域。面对以服务业为主导的新时代，一方面需要学习先进的服务经营管理理论、方法与实践经验，另一方面也要发展现代服务业管理领域的教学和学术研究。

　　同时，现代服务业快速发展也对人才培养提出了新的要求，需要培养大量既具有扎实基础理论与知识水平，又具有较强动手能力与操作能力，且能适应现代化服务业发展需要的素质高、技能强的服务业创新人才。这就是"现代服务业与商业模式创新"这门课程开设的时代背景。

　　2012年10月，"现代服务业管理"课程被教育部列为旅游管理、会展、文化产业等本科专业的专业核心课程，其目的是培养掌握现代服务业管理理论与方法，具有战略管理思维、创新意识和专业素养的应用型人才。基于此，本书分为理论篇和创新实践篇两部分，上篇重点介绍现代服务业的基本理论，下篇主要介绍近几年现代服务业发展过程中诞生的、具有一定代表性的商业模式创新业态及其商业实践。本书不仅可以作为高等院校相关专业的教材和参考书，也可作为现代服务业相关行业部门和企业的学习与培训教材。

　　本书由刘韫担任主编。具体编写分工如下：第一章到第三章由董亮编写；第四章、第七章、第十章、第十一章、第十二章由刘韫编写；第五章、第六章、第八章、第九章由赵晓宁编写。西南民族大学旅游与历史文化学院的田滢琦、曾子容两位同学为本书稿的图表绘制、整理做了不少工作。

　　本书受西南民族大学国家级一流本科专业建设经费资助，同时也是教育部新文科研究与改革实践项目成果之一。另外，在本书写作过程中，还引用了一些国内外的相关文献资料，在此向相关文献作者表示由衷感谢。

刘韫

2022年10月

目 录

导 论 ·· 1

理 论 篇

第一章 现代服务业基本理论 ··· 5
 第一节 现代服务业的基本概念 ··· 5
 第二节 服务业的兴起及演化机制 ····································· 10
 第三节 现代服务业发展概况 ··· 21
 第四节 当代世界服务业发展现状 ····································· 33

第二章 现代服务业与经济增长 ··· 43
 第一节 经济增长的理论与现实 ·· 43
 第二节 现代服务业与经济发展 ·· 48
 第三节 现代服务业对区域经济增长的影响 ························ 51

第三章 现代服务业发展规律与趋势 ··································· 57
 第一节 现代服务业发展阶段及功能 ·································· 57
 第二节 现代服务业发展规律与趋势 ·································· 63

第四章 现代服务业商业模式创新的机理研究 ······················ 69
 第一节 现代服务业的创新发展 ·· 69
 第二节 商业模式创新内涵及层次 ····································· 77
 第三节 现代服务业的商业模式创新 ·································· 84
 第四节 现代服务业商业模式创新驱动机制 ························ 90

创新实践篇

第五章　休闲服务产业 ·· 105
- 第一节　我国休闲服务产业发展现状 ·· 105
- 第二节　我国休闲产业的战略分析与实践 ·· 112

第六章　文化创意产业 ·· 124
- 第一节　当代文化创意产业的崛起 ··· 124
- 第二节　我国文化创意产业发展的走向 ··· 132
- 第三节　典型案例剖析 ··· 140

第七章　"互联网＋医疗"服务产业：重构医疗健康产业链 ······················ 149
- 第一节　"互联网＋"在医疗服务业的表现 ······································ 149
- 第二节　互联网医疗的商业模式分析与国际经验 ······························ 152
- 第三节　社会资本发展互联网医疗服务业的案例分析 ························ 169

第八章　现代农业服务业 ··· 179
- 第一节　现代农业服务业概述 ··· 179
- 第二节　现代农业服务业的创新实践 ·· 186

第九章　数字学习与知识服务产业 ··· 195
- 第一节　数字化学习与知识服务产业 ·· 195
- 第二节　数字内容知识服务产业发展与创新 ···································· 201

第十章　服务外包 ·· 214
- 第一节　服务外包的兴起 ·· 214
- 第二节　数字经济背景下我国服务外包产业发展特征与对策 ·············· 224

第十一章　现代服务业集聚区 ·· 229
- 第一节　现代服务业集聚区及其特性 ·· 229
- 第二节　国内创新案例解析 ·· 234

第十二章　新兴服务业的未来展望 ··· 243
- 第一节　全球服务业的未来演变趋势 ·· 243
- 第二节　未来中国服务业发展的应对策略 ·· 247
- 第三节　迈向新时代的中国服务业：关键突破与政策思路 ·················· 251

参考文献 ··· 258

导 论

现代服务业又称新兴第三产业,是工业化发达阶段的必然产物,以现代管理理念和信息技术为主要支撑,主要为生产者提供服务。一般而言,现代服务业主要包括三类:一是生产性服务业。即以生产性服务为主要表征,在产前、产中和产后环节为生产服务,如产品的研发与设计、生产的信息化服务、金融和保险、产品物流、产品营销与售后服务、企业的管理和法律咨询、企业账户的会计和审计、产品的广告与推广、产品的国际贸易等。二是生活性服务业。随着人们生活水平提高和生产性服务业占现代经济比重不断上升,满足个人提高生活质量和拓展能力需要的现代服务业发展迅速,如教育、现代媒体、文化艺术、旅游和公共服务行业等。三是改造的传统服务业。近年来随着信息产业和电子商务发展,远程教育、网上银行、网上商场等新型服务业不断涌现。

当前,全球产业结构由"工业型经济"向"服务型经济"加速转型。"十三五"时期,产业结构调整成效明显,服务业增加值年均增长 6.7%,快于 GDP 年均增速 0.9 个百分点。2020 年受新冠肺炎疫情影响,部分服务业发展遇到较大困难,但服务业增加值占 GDP 比重仍然由 2015 年的 50.8% 稳步提升至 54.5%[①]。现代服务业的面貌日新月异,主要呈现以下特点和趋势:一是以云计算、大数据、移动互联网、物联网、务联网和新型终端技术等为代表的新一代信息技术正带动服务计算、知识图谱等技术深入研究和应用,为现代服务业发展提供了更好的技术基础和更大的发展空间。二是新材料、装备、能源及生物技术等领域不断取得突破,信息技术与各个领域交叉融合的速度正在加快,促使第一、二产业与现代服务业更加深度融合,催生云制造、数字医疗等新业态,现代服务业呈现出"跨界融合"的新态势与新特征。三是现代服务业进一步向全球化、专业化、网络化深化发展,由技术原创驱动的服务创新和规则制定成为未来服务业竞争的重要内容。四是商业模式创新成为现代服务业竞争的核心要素,行业融合、垂直整合、平台经济、特种定制、一站式集成服务将成为未来发挥主导作用的商业模式。

本书分为理论篇和创新实践篇两部分。首先从理论层面系统梳理现代服务业的概

---

① 中华人民共和国发展与改革委员会."十三五"规划《纲要》总结评估.

念、兴起与演化机制、功能与分类,剖析了现代服务业商业模式创新的机理;总结了世界主要国家现代服务业发展现状及其借鉴与启示。创新实践篇从现代服务业在近几年发展中呈现出的创新业态中选择了商业模式创新的代表性业态进行介绍,分别有:休闲服务产业、文化创意产业、"互联网+医疗"服务产业、现代农业服务业、数字学习与知识服务业、现代服务业集聚区。最后站在新冠肺炎后疫情时代和中国迈入"万元美金社会"的门槛,对现代服务业的未来发展进行了展望。

理论篇

第一章　现代服务业基本理论

本章导读

纵观人类社会经济发展的历史，全球经济先后经历了农业经济时代和工业经济时期，目前正在从工业经济社会向服务经济社会过渡，"服务经济"将成为21世纪经济的主导力量。区别于传统服务业，现代服务业属于知识技术密集型产业，该产业主要包括金融、保险、房地产、专业服务业、商务服务业和信息服务业等。通过运用不断进步的信息技术，现代服务业的生产率水平得到了前所未有的提高。经过改革开放几十年的发展，中国已经具备了一定的经济基础，经济总量位居世界前列，经济的人均水平指标在提升。但是，经济发展过程中的产业结构不合理、资源过度消耗、环境压力巨大等问题也日益凸显。因此，未来中国经济发展过程中，亟须加快产业结构优化升级和经济发展方式转变，发展服务业是调结构、促转变的基本途径。

第一节　现代服务业的基本概念

2000年以后，服务业对于世界经济的贡献与日俱增。全球正由工业驱动型社会向服务驱动型社会不断地转变，经济结构的转变同时也在不断地加快服务业特别是现代服务业的创新和发展。现代服务业的出现是后工业化时代的必然要求，是生产力发展到一定程度的必然结果。如今，现代服务业的重要性与日俱增，每一个国家或者地区都在出台相应的政策来扶持当地现代服务业的发展，它的发达程度已经成为衡量社会现代化水平的重要依据。党的十九大报告明确指出："支持传统产业优化升级，加快发展现代服务业，瞄准国际标准提高水平。"这也说明，现代服务业未来必将是我国重点发展的产业。本章首先将界定现代服务业的内涵，其次将对我国现代服务业发展现状进行分析，这有利于对现代服务业的发展有一个全面、系统的了解，以为后续的知识学习打下基础。

一、服务的概念

古典经济学中把"服务"定义为"为人们提供的服务"，如富拉斯特耶笔下抚爱备至的理发师、鲍莫尔笔下的歌唱家以及庇古提及的侍从①。新古典经济学中的"服务"即企事业服务。"服务"是一种无形产品,涵盖范围较广,目前为止国内外还没有形成对"服务"的统一定义,当前已经形成的比较具有代表性的定义如下:

法国经济学家让·巴蒂斯特·萨伊(Jean-Baptiste Say,1963)认为,无形产品(服务)也属于人类劳动的果实,是资本的产物,劳动、资本和土地都提供了"服务"。

希尔(Hill,1977)指出:"一项服务生产活动是这样一种活动,即生产者的活动会改善其他一些经济单位的状况。这种改善可以采取消费单位所拥有的一种商品或一些商品的物质变化形式,也可以关系到某个人或某些人的身体或精神状态。服务生产的显著特点是,生产者不是对其商品或本人增加价值,而是对其他某一经济单位的商品或个人增加价值。"

夏尔普(Shelp,1981)对服务的定义是:"服务是不可触、不可见和不可储存的,且具有短暂性;同时,生产者与消费者之间必须面对面。"这一定义指出了服务与产品生产在性质方面的不同,但这一定义无法涵盖软件设计、戏剧表演等特殊服务,具有一定的局限性。

国际标准化组织 ISO 把"服务"定义为:"为满足顾客的需要,供方和顾客之间接触的活动,以及供方内部活动所产生的结果。"这一定义包含了顾客、需要、活动和结果等四个基本要素,也表明了服务的无形性和不可贮存性等特点。

综合上述对服务的定义可以认为,服务是发生在供方与需方之间的无形的活动,其内涵至少涉及以下几个方面:第一,服务是一种无形产品,具有使用价值;第二,服务反映了不同主体之间的经济关系;第三,服务是运动形态的客观使用价值,一般不表现为静态。

二、服务业的概念

在对"服务"予以认识的同时,国外学者相应地对"服务业"问题较早地予以了关注。早在17世纪,英国古典经济学先驱威廉·配第(William Petty)就阐述了服务业的思想,他在1690年出版的《政治算术》一书中指出:"工业的收益比农业多得多,而商业的收益又比工业多得多。"他指出这种产业间存在手工业、商业和制造业。这种关于产业"收入差异"推动劳动力就业结构变化的理论,在经济学说史上被称为"配第定律"。

1935年,英国经济学家费舍尔(A.Fisher)在《安全与进步的冲突》一书中,首次提出了"第三产业"概念,并把这一概念用于国民经济产业结构的划分。当时正值西方大危机时期,费舍尔试图在经济大萧条背景下运用这一理论"寻求新的经济增点"②。其

---

① 伊特韦尔.新帕尔格雷夫经济学大辞典(陈岱孙)[M].北京:经济科学出版社,1996,第四卷:337.
② 费舍尔.安全与进步的冲突[M].伦敦:麦克米兰出版社,1935:25-28.

后，英国经济学家柯林·克拉克（C.Clack）在《经济进步的条件》（1940）一书中，正式提出了第一、第二、第三产业的概念，并在统计上采用了三次产业分类法。克拉克认为，第一产业包括农业、林业、渔业，这些产业的特点是依赖自然资源，且自然资源的作用表现为规模收益递减；第二产业是工业，其特点是原材料被大规模地加工为可运输的产品；第三产业为服务，其特点是产品不可运输，不直接或仅仅是间接地依赖资源。"服务业"一词的广泛使用也源于克拉克，1957年，在《经济进步的条件》一书第三次再版时，克拉克主张用"服务性产业"代替第三产业的概念。此后，"服务业"开始作为一个完整的概念进入理论研究领域，服务产业也作为一个独立产业加以发展。

通过文献考察，国外最早正式使用"服务业"一词的论著是美国经济学家维克多.R.福克斯（Victor R. Fuchs）在1968年出版的《服务经济学》一书。目前在西方理论研究和经济实践中已很少使用"第三产业"一词，而是大多采用"服务业"概念，世界银行等国际组织都采用农业、工业、服务业对三次产业进行分类。"第三产业"一词仅仅在当今的日本和中国统计中还会用到。在我国，"服务业"和"第三产业"常常被混同使用，其内涵大致相同。如黄少军（2000）认为，服务业与第三产业只是侧重点有所不同，"第三产业"这一概念侧重于从就业角度描述经济结构的变动，而"服务业"这一概念则侧重于从生产技术角度描述经济结构的变动。

按照克拉克的"排他式"定义，服务业是指第一产业和第二产业之外的全部产业部门。这一思路影响了后来的很多学者。如丹尼尔斯（Daniels，1985）认为，服务业可分为生产性服务业和消费性服务业，沿着排他法的思路，他认为凡消费性服务业以外的服务领域都可归为生产安全服务等，都属于生产性服务业。

20世纪50年代后期，按照联合国和世界贸易组织的分类方法，服务业主要包括11大类：（1）商务服务（分为专业服务和计算机服务等）；（2）通信服务（分为邮政服务、电信服务、快递服务、视听服务等）；（3）建筑和相关工程服务；（4）分销服务（分为佣金代理服务、批发服务、零售服务、特许经营服务等类别）；（5）教育服务；（6）环境服务；（7）金融服务（分为保险和保险相关服务、银行和其他金融服务、证券服务等类别）；（8）与健康相关的服务和社会服务；（9）旅游和与旅行相关的服务；（10）娱乐、文化和体育服务；（11）运输服务（分为海运服务、内河运输服务、航空运输服务、航天运输服务、铁路运输服务、公路运输服务、管道运输服务、运输辅助服务等类型）。

国内对服务业的全面认识始于改革开放以后。1985年，国务院批准了国家统计局《关于建立第三产业统计的报告》，这一报告首次对我国的三次产业进行了明确划分。直到2000年的"十五"计划，才正式将"第三产业"改称为"服务业"。在1985年制定的关于三次产业的划分规定基础上，2003年，国家统计局印发了《三次产业划分规定》（国统字〔2003〕14号）。这一规定指出，第三产业是指除第一、二产业以外的其他行业。第三产业包括：交通运输、仓储和邮政业，信息传输、计算机服务和软件业，批发和零售业，住宿和餐饮业，金融业，房地产业，租赁和商务服务业，科学研究、技服务和地质勘查业，水利、环境和公共设施管理业，居民服务和其他服务业，教育、卫生、社会保障和社会福利业，文化、体育和娱乐业，公共管理和社会组织，国际组织。

在此基础上，理论界进一步强调了三次产业的产品特性，如李江帆（2005）认为，在社会生产体系中，第一、二产业主要生产实物产品，第三产业则基本生产服务产品。他进一步提出，如果在劳动意义上使用"服务"概念，可以称之为"服务劳动"，而如果在产品意义上使用"服务"概念，则称之为"服务产品"。

三、现代服务业的概念

"现代服务业"的概念最早来自于美国学者马克卢普（Fritz Machlup，1962）的《美国的知识与分配》一书中，也翻译为"先进服务业"。布朗宁和辛格曼（Browning.H. and J.singelman）在1975年对服务业的功能性分类中也提出了现代服务业的概念。在西方发达国家，现代服务业的增长速度已超过了服务业的平均增长速度，同时也远远高于国民经济的整体增长速度。在发达国家的产业结构演进过程中，现代服务业在第三产业中的比重日益上升，服务业的内部结构逐步优化，这成为了发达国家服务业发展过程中的普遍现象。同时，发达的现代服务业也成为美国等发达国家制造业发展的重要动力源泉。

在国内，"现代服务业"一词，最早出现在1997年9月党的十五大报告的第四部分："……由农业人口占很大比重、主要依靠手工劳动的农业国，逐步转变为非农业人口占多数、包含现代农业和现代服务业的工业化国家的历史阶段。"2000年10月党的十五届五中全会关于"十五"计划建议中，提出"要发展现代服务业，改组和改造传统服务业"。随后，在2002年11月8日的《在中国共产党的第十六次全国代表大会上的报告》中，明确提出了"加快发展现代服务业，提高第三产业在国民经济中的比重"，由此，"现代服务业"一词成为了我国经济实践中的一个正式提法。

国内学术界关于现代服务业的研究文献多始于2001年。南京大学刘志彪等人（2001）认为，现代服务行业是从传统制造业的部分环节分化而来的，是伴随着现代科学技术而发展起来的。晁钢令（2004）认为，现代服务业主要是指知识和科技含量比较高的服务业，是为现代生产过程服务的生产服务业。来有为（2004）把现代服务业又称为现代生产性服务业，认为它是指为生产、商务活动和政府管理而非直接为最终消费提供的服务，主要包括金融、保险、房地产、咨询、信息服务、科技开发、商务服务、教育培训等行业。朱明春（2004）认为，真正意义上的现代服务业，是指与现代技术变革、产业分工深化和经济社会发展相伴随的信息服务、研发服务、人力资源服务、现代物流、市场营销服务等，这一观点突出强调了服务业在时间上的"新兴性"特征。诸如旅游、文化、体育等国际上的传统服务业，在我国均属于现代服务业，其之所以"现代"，主要是由于我国的体制性原因和经济结构较为落后，使得这些服务业发展较晚，在我国属于新兴产业。刘成林（2007）认为现代服务业包括三大部分，一是为现代生活提供生产型服务的生产者服务业；二是为满足个人更高精神需求而提供的现代消费性服务行业；三是通过引入新技术、新经营方式而实现改造的传统服务行业。庞毅等人（2005）认为，现代服务业是指依托电子信息技术和其他新兴高新技术以及现代经营方式和组织形式而发展起来的服务业。现代服务业既包括新兴服务，又包括实现了技术改造和升级的传统服务业。

目前在国内得到广泛认可的现代服务业的定义是根据党的十五大报告而来。党的十五大报告提出，"现代服务业是在工业比较发达的阶段产生的、主要依托信息技术和现代管理理念发展起来的信息和知识相对密集的服务部门"。对现代服务业有四大基本判别标准：第一，它是与生产过程相结合的服务业；第二，它是与市场交易过程相结合的服务业；第三，它是与创新过程相结合的服务业；第四，它是与信息技术相结合的服务业。从以上观点发现，在西方国家往往不使用"现代服务业"一词，他们多是从服务业的性质出发，把现代服务业称为知识服务业或生产性服务业。在我国，之所以称现代服务业是基于和传统服务业相对而言。现代服务业是我国现代化进程中产业发展的必然要求，现代服务业从服务对象看，既包括生产性服务业，也包括生活性服务业，现代服务业的核心特征是知识密集化和管理现代化。

四、现代服务业的特征

服务业是国民经济的重要组成部分，服务业的发展水平是衡量现代社会经济发达程度的重要标志。加快发展服务业，是推进经济结构调整、加快转变经济增长方式的必由之路；加快发展服务业，提供满足人们物质文化生活需要的丰富产品，并成为吸纳城乡新增就业的主要渠道，也是解决民生问题、促进社会和谐的内在要求。现代服务业有如下特征：

（一）技术、知识和人才密集性

首先，现代服务业的发展是依靠现代信息技术和现代化的管理理念，这是区别于传统产业的重要特征。现代服务业经营模式和管理模式在信息技术的推动下实现不断转型变革。此外在市场机制的完善和政府监督方式的转变过程中，信息技术也起着直接的推动和影响作用，因此现代服务业的科学技术含量很高。其次，现代服务业为大众提供知识生产服务、传播服务和使用服务，因此，知识是现代服务业发展的要求之一。最后，现代服务业的从业人员主要是脑力劳动者，需要具有良好的教育背景、专业基础知识、技术及管理、应用和传播专业知识等方面的能力，而且对素质的要求也很高，因此，现代服务业具有人才密集的特点。

（二）高增值、低消耗性

现代服务业是提高经济效益的重要途径，因为它处于产业链的利润最高端，附加值高，是提高经济价值的重要产业。例如，金融、设计、咨询、教育等涉及服务活动的相关产业都有其特有的价值组成，现阶段价值含量日益增高。现代服务业在发展过程当中，可以产生服务的规模效应和集聚融合效应，能够最大限度地发挥知识的价值，所产生的服务事项指数级地增值。相对于第二产业来说，现代服务业属于"无烟产业"，具有资源消耗低、环境污染小的特点，因此在资源、环境方面，现代服务业的高度发展不会对环境以及资源形成很大压力。

（三）运营灵活性

运营灵活性是现代服务业的一个重要特征，这主要是与现代服务业的行业性质有关。服务于现代服务业的相关部门或机构为生产现代服务的企业所解决的问题是区别于传统行业的一般性矛盾，现代服务企业所面临的矛盾具有一定的特殊性。因此，相关部门或机构在进行现代服务业的管理和运营中要充分考虑其特殊性，因地制宜有针对性地解决问题。正是由于现代服务业的部门或机构所面临矛盾的特殊性，所以想要达到理想的运营效果不仅需要创新性的运作策略，而且需要灵活处理运营中产生的各种问题。例如，金融行业中的理财服务就需要根据宏观经济运行环境和金融市场发展状况，既充分考虑理财产品的个性化又要考虑市场的容忍度，才能设计出合理的投资组合；在营销策划方面必须充分考虑客户群体、资源特征，评估市场环境和行业竞争度等现状与发展趋势，做出更具特色的营销方案。这种灵活性特征也使得现代服务业的工作带有一种强烈的艺术感。

（四）高集群化、广辐射性

现代服务业的集群化是指现代服务业中相互关联的一些产业及其机构在地理位置上的相对集中化。现代服务业所展开的经济活动在空间上相对集中，从而产生集群化发展态势，这种发展模式具有很强的群体竞争优势和集聚而产生的规模效益。集群内的现代服务企业通过公共基础设施共享，从而减少分散布局所产生的额外成本。此外，在地理位置上的临近还能够减少交通运输成本和信息交流成本。市场信息的传播与交换是现代服务业在运营方面的关键环节，高集群化、广辐射性的特征使得聚集区内的专业信息交流更加通畅，人际关系交往更加频繁和社区联系网络覆盖更全面，使集群内的企业能够在短时间内掌握市场信息，展开竞争与合作，大幅降低成本的同时还可以取得先发优势。集聚效应本身存在着范围经济、规模经济和知识外溢效应，这使得产业和区域的竞争优势更加明显。

第二节　服务业的兴起及演化机制

在国民经济产业分类中，服务业涵盖了除农业、工业和建筑业之外的所有行业。现代服务业的突出特性是知识密集化和管理现代化。在全球经济发展过程中，现代服务业日益成为衡量国家、区域以及城市经济发展阶段和竞争力的重要标志。加快发展现代服务业是增强区域辐射功能、发挥经济中心城市作用的迫切需要。自上世纪以来，世界各国对服务业的理论研究不断深化、拓展，服务业的理论创新为实践打下了坚实的基础。

一、服务业的兴起

早在亚当·斯密（Adam Smith）时期就开始了对服务业成因的关注，随着西方服务业实践的发展，人们对服务业成因的认识在日益深化，逐渐形成了关于服务业兴起及成因的一系列观点。

（一）基于社会分工和交易费用理论的观点

交易费用的概念最早由科思（Coase, 1937）提出，科思将其定义为人们为完成一笔交易所付出的货币、时间、精力等各项成本的总和。交易成本分为内部交易成本和外部交易成本。由此出发，一些学者认为，服务业产生的重要原因在于社会分工在不断深化，社会分工极大地降低了交易费用。欧美地区服务业的快速发展可从分工深化的角度来理解，服务业的外部化只是制造业服务从内部提供转向外部提供的结果，没有增加服务业作为一个整体经济的总量。巴格沃蒂（Bhagwati, 1984）认为，随着分工的细化，交易成本会逐步上升，这就需要对产业分工进行重新组织，而产业重新组织的重要方式就是把企业内部原本由企业自身所从事的一些服务活动外部化，即交易成本的降低在很大程度上取决于社会化服务的发展。格鲁伯和沃克（Grubel & Walker, 1989）进一步认为，这种社会化的生产性服务业能够使生产专业化，不仅提高了劳动与其他生产要素的生产率，又为进一步的社会劳动分工创造了条件。罗森和威尔斯（Rowthorn & Wells, 1999）认为，随着分工的深化，服务部门会扩张，这能够充分吸收制造业过剩的工人。科菲（Coffey, 1990）认为，面对未来经营的不确定性，企业通常会选择服务外包来分散经营风险，企业将资源集中在价值链的核心竞争环节，而将非核心环节外包出去，从而提高企业经营的灵活性和效率。可见，随着分工的发展，服务业逐渐从制造业中分离出来，这有利于降低企业的交易费用和经营风险。

（二）基于区位理论的观点

这一观点认为，现代服务业的兴起和其所处区位具有正相关关系，即区位条件越好，现代服务业越易于形成和发展。丹尼尔斯（Daniels, 1985）指出，在英国，投资环境决定了服务业的发展，而投资成本又是决定现代服务业投资环境的一个重要因素，投资环境良好的区位决定着现代服务业较高的功能水平。拜尔斯（Beyers, 1993）认为，现代服务业往往会在经济增长速度较快的城市获得发展，现代服务业的投资也倾向于经济发达的区域。贝利（Bailly, 1995）认为，区域发展依赖技术进步，反之，区域的技术进步也将促进现代服务业的发展。伊勒瑞思（Illeris, 1996）就区域投资环境进一步认为，优秀的人力资源和现代服务业的前后产业关联性是影响现代服务业投资环境的主要因素。我国也有学者支持类似观点，如谢文蕙认为，城市是区域经济发展的核心区域，也是服务业的主要聚集场所和中心。

（三）基于服务经济理论的观点

这一观点认为，服务业和经济发展之间具有关联性，服务业之所以产生是由于服务业与经济发展之间有着密切的相关关系。富克斯（Victor R. Fuchs）最早提出了"服务经济"的概念，强调了在发达国家，服务业在吸纳就业方面处于绝对地位。其后，一系列经济学者都关注到服务业在国民经济发展中的重要性。拜尔（Bell.D，1974）认为，在后工业社会，生产与消费都不再以物质产品为主，而是以服务为主。国内学者在这方面也持有相同观点，如李江帆（1984）曾提出"服务产品"理论，开创了我国的第三产业经济学。江小涓（2004）进一步采用实证方法，通过数学模型分析了经济增长与服务业之间的关系。

（四）基于需求理论的观点

一些学者认为，最终需求结构变动对服务业增长会产生影响；同时，服务业内部结构的变动也会对服务业的产生及发展构成影响。如格舒尼（J. Gershuny，1978）用实证方法对需求变动与服务业增长之间的关系进行了研究。罗森和威尔斯（Rowthorn & Wells，1987）的研究表明，随着服务业的发展，除了满足最终消费的服务业以外，相关服务业也将迅速兴起。因此，在分析需求因素对服务业发展的影响时，不能仅仅局限于国内需求和家庭消费。厄夫林（Elfring，1989）提出，在上世纪60年代，服务业发展主要由于社会服务需求的增长，70年代和80年代服务业的发展则主要源于生产者服务和个人服务需求的增加。

（五）基于供给理论的观点

供给理论认为，服务业的兴起并非来自于总需求的变动，而是取决于服务业和制造业生产率增长速度的差异。鲍莫尔（Baumol，1967）提出，相对于工业制造业而言，服务业的劳动生产率提高较慢，具有"停滞部门"的特征，因而服务业比重的不断提高对整体经济效率的提高并不显著，这就是所谓的"鲍莫尔病"，也就是"成本病"。高登（Gordon，1996）认为，服务业生产率及其增长率测度中存在的主要难点是如何准确对其他服务业进行测度，并具体分析了金融业、房地产业以及其他服务业的生产率增长的数据。

二、现代服务业的兴起

就现代服务业而言，与传统服务业之间存在一定的差异。首先，在农业社会中，服务业通常是以个人或是家庭为主；其次，在工业社会之中，服务业通常是以商品生产行为为主；最后，在后工业时期中，服务业主要是以技术性服务、公共服务以及知识性服务为主。现代服务业所指的通常是那些借助现代信息技术与管理理念、组织方式以及经营形式所发展而成的，通常为生产人员提供服务的一个部门单位。其中不但会涉及现代经济之内发展出来的前沿服务产业，例如电子商务或是信息服务等，同时还涉及现如今具有良好发展趋势和具有较大比重以此具备"现代"意义的相关服务业，例如专业化商务服务或金融保险等,并且其中还会涉及被信息技术优化以此具备新竞争力的各种传统服务业,例如现代物流服务业或咨询业务等。无论是哪个服务部门,都具备人力资本含量高、附加值高以及专业性强等多种特性。

现代服务业主要是基于现代信息技术以及管理理念下不断发展而成的一种服务业,是衡量各个地区整体竞争实力以及经济发展水平的核心标准。现代服务业不仅是促进工业化和产业化结合、架构现代产业结构、促进工业化发展的必要手段,是革新强化传统产业、调整产业结构、促进国民经济发展的客观要求,还是顺应现代信息技术和网络的持续发展、建设和谐信息社会的主要措施。现代服务业早已在各国经济之内占有一席之地,甚至已经变成加快经济增长、提高竞争力、促进经济发展的第一助力。现如今,我国加大对现代服务业的重视程度、促进其发展是掌握国际产业体系、突破全球经济和社会发展瓶颈、提升国际核心竞争力以及国际地位的重要举措。

三、现代服务业的演化机制

现代服务业的演化是一个复杂过程,从系统的角度来分析,现代服务业的演化过程中受到了来自外部环境中经济及其他产业的影响,同时也受到自身各方面影响因素的影响。现代服务业的外在关系决定了其在演化过程中的外部环境影响因素,同时其自身的要素投入等微观因素则是其自身发展的内部影响因素。

(一)影响因素分析

现代服务业是一个包含多个产业部门的集合概念,现代服务业内部的各个产业部门之间并没有经济学意义上的共同点。其发展过程中受到诸多因素影响,包括收入、成本等各方面的影响,使得对现代服务业影响因素的分析具有复杂性。因此需要对现代服务业内部的各个产业部门进行分析,摒除内部各个分支产业部门存在的显著差异性,寻找具有共性的现代服务业影响因素。现代服务业的影响因素包括了外部环境的影响和产业系统自身的内部影响因素。

1. 外部影响因素

现代服务业与经济、其他产业,尤其是制造业之间存在着很强的相互影响的作用关系。因此,外在关系中的相关指标也会对现代服务业的演化产生相应的影响。经济发展状况会对现代服务业的演化发展产生相应的拉动作用,其影响主要体现在以下几个方面:

首先,经济的发展决定了对现代服务业的拉动力量。国民生产总值的增长会带动现代服务业产业增加值的变化,即对现代服务业的演化产生拉动作用。现代服务业的演化与经济增长之间存在着一定的因果关系,即国民经济发展的整体实力会对现代服务业的演化产生一定的影响力。

其次,经济发展会引发出对现代服务业持续的有力需求。随着经济的发展,人们的收入水平有了较大提高,根据经济学基础理论的分析可知,用于满足日常生活需要的支出随着收入水平的增加虽然也会有所上升，但是这种上升幅度要远小于收入增加的幅度。此时，除了用于日常生活的必要性支出外，可支配性消费支出会出现大幅度的增加。因此，人们对高层次服务产品的消费需求开始提升，从而刺激了现代服务业的发展。另一方面，随着金融市场的开放、金融产品的丰富与完善，人们对可支配性收入的处理方式并不再局限于简单的消费与储藏，而加入了对新的理财产品的需求，这一方式的转变使得人们对金融服务等现代服务业服务产品的需求进一步提升，从而更进一步地带动了现代服务业的演化发展。

最后，现代服务业的外在环境影响因素中还包括其与其他产业，尤其是制造业之间的共生关系。现代服务业是以生产性服务业为核心的产业系统，其与制造业之间的共生关系决定了在其产业系统演化过程中会受到制造业的较大影响。

除经济方面的影响因素外，外在环境的影响还体现在现代服务业发展的政策环境上。产业系统的演化发展要受到产业的政策环境影响，国家的政策作用对现代服务业的演化具有导向作用。这种导向作用主要通过货币政策、财政政策来发挥，体现在对产业的投资和消费的引导上，具有扶持和鼓励意义的政策体现在可以拉动对现代服务业的投资力度，刺激消费需求的增加，促进现代服务业的发展；具有约束和规范意义的政策则会抑制投资，延缓或者降低消费需求，从而限制现代服务业的发展。

综上所述，现代服务业的外部影响因素有以下几个方面：国民经济总量，考虑到人口总量对国民经济总量的影响，一般常采用人均国内生产总值来表示；市场需求状况，由收入水平决定消费的层面来考量，常采用人均可支配收入、人均可支配消费性支出等指标来表示；制造业产业的产值、工业产值指标来表示制造业对现代服务业的产业方面的影响；政策环境影响因素，则可以采用政府财政支出等指标来衡量。

2. 内部影响因素

任何一个产业系统的发展都与其产业自身的相关要素密切相关。无论是产业还是企业，都有着各类的投入要素，受制于自身的产出成本和收入之间的相互关系。只有产业在其发展过程中有利可图，产业系统才能在市场上生存与发展下去。因此，可以将现代服务业的内部影响因素看作是其自身的投入要素上的相关指标。

由于现代服务业是由多个产业部门所组成的集合，且这些产业部门之间具有很强的异质性。因此，对现代服务业影响因素的分析更多地从各分支产业部门具有同质性的要素方面来考量。服务业是生产无形产品的产业，服务产品的生产者和载体都是劳动力，可以认为，现代服务业最主要的投入要素即为劳动力。在现代服务业中，大部分的分支产业部门的产品都是由具有专业化技能和知识的劳动者所生产出来的，现代服务业产业部门的技术密集性和知识密集性主要体现在劳动力上，如技术和知识的拥有者是劳动力，使用和生产者也是劳动力自身。而在一些产业部门中，服务产品的意义和价值也体现在劳动力上，如咨询服务业中，其产品就是相关的专业性服务，而这些服务的专业性则体现在现代服务业的从业人员身上，他们是专业性知识和技术的拥有者。而服务过程中则需要以他们为载体和提供者来实现产品的交易，同时其自身的专业性知识或技术的程度高低也直接影响到了服务产品的价值。因此，劳动力是现代服务业产业部门中最为重要的投入要素。

除了劳动力要素之外，另一个方面的主要投入要素是资本，体现为固定资产的投资。但是现代服务业的各个分支产业部门对于投资的依赖程度并不尽相同，对于交通运输业，尤其是现代物流业而言，除了劳动力外，运输网络的构建需要大量的固定资产投资，相对而言，甚至其比例要高于劳动力所占的比重；而对于管理咨询、会计服务等商务服务业产业而言，投资额只是其中一个很小的比例，劳动力才是主导要素。因此，从现代服务业整体来考量，综合各分支产业部门的状况，投资要素是现代服务业系统演化中的一个内部影响因素，但并不是主要的因素，其对现代服务业的影响作用要小于劳动力要素的影响作用。

综上所述，现代服务业的内部影响因素包括劳动力数量（常用从业人数来表示）和固定资产投资额，而劳动力的工资水平则可以表明现代服务业的成本因素，因此，也是现代服务业的内部影响因素之一。除以上的因素外，现代服务业各分支产业部门还受到自身其他方面的影响，由于各个产业部门的特点不同，则所涉及的影响因素也并不相同。

（二）现代服务业演化的动力

任何事物的产生与发展都是有其内在和外在的多方面原因。对现代服务业演化的动力机制的分析着眼于产业系统在内、外部各种因素的相互作用下，从一种有序状态提升到另一种有序状态的原因，即各种因素相互作用的形式和过程。现代服务业的演化动力主要来自于系统外生的环境动力和内生要素的影响。现代服务业系统的内生要素主要是指内部各种分支产业部门之间的相互作用与影响。可以说，现代服务业的发展是系统自适应的自组织演化过程，是内生的动力各要素子系统间矛盾运动和外生动力与环境影响共同作用的结果[①]。一般来说，外部动力因素主要包括市场需求、技术、政策和社会分工等因素；内部动力因素则包括了现代服务业各分支产业之间相互影响、相互促进的协作因素，以及在生产要素分配等方面存在的潜在竞争因素。外部和内部因素之间是相互联系的互动作用，各种因素之间的相互作用过程和方式构成了现代服务业系统演化的动力机制。现代服务业外生与内生的动力机制的作用以图1-1来表示。

---

① 满莉.现代服务业演化发展的动力机制［J］.技术经济，2009，28（2）：41-46，90.

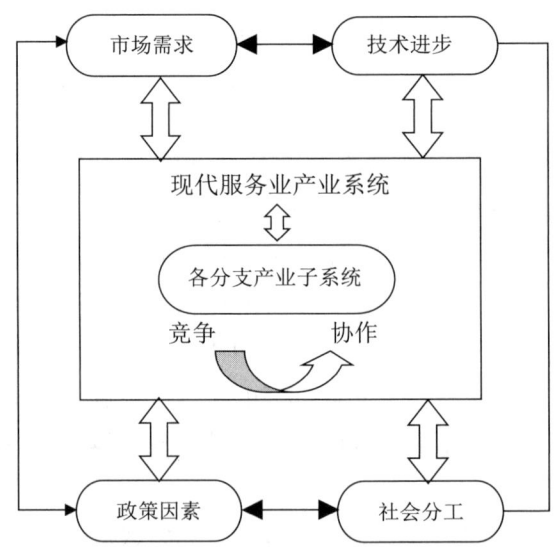

图 1-1　现代服务业外生与内生动力机制作用

1. 外部动力

现代服务业是伴随着经济全球化、经济增长方式所引起的对产业结构需求的改变、工业化发展的进程和社会分工的不断深化而产生的，是适应时代要求和发展需要而进行产业结构调整和升级的产物。由于现代服务业是一个产业集合的概念，其本身是一个复杂社会经济巨系统中的子系统，对现代服务业的外部驱动机制的考察要综合考虑对现代服务业产生影响的各方面因素，归纳起来主要有四个方面：市场需求、技术进步、社会分工和政策引导。

（1）市场需求

微观经济学中对需求的基本定义是：在特定的时间内、在特定价格条件下对一种商品愿意而且能够购买的数量[①]。需求是产业产生的目的和根本动力，需求的变化轨迹与产业演进的轨迹有一致性的对应，需求的变化会引动产业结构的发展，从而成为产业演进的首要动力。需求是现代服务业演化形成和发展的原动力，这里强调的需求是指购买者具备支付能力的有效需求，是能够实现的需要。按照马斯洛的需求层次论，需求是包括了生理需求、安全需求、社会需求等五个层次组成的多层次的需求系统。有效需求能够不断刺激服务产品的有效供给，进而促进产业的形成和优化发展。对现代服务业的需求来源于工业化和国民经济的快速发展。

人民生活水平的提高使得对现代服务业的需求有了较大增长。随着收入水平和生活水平的提高，人们对消费的需求开始从物质产品转向为服务产品。相对于制造业来说，现代服务业的产品具有收入弹性大的性质，在收入提高的条件下更能够引起人们的消费需求。另一方面，随着人均收入水平的提高、工业化的进程逐渐加快，各产业间的关联

---

① 向吉英.产业成长的动力机制与产业成长模式[J].学术论坛，2005（7）：49-53.

更加复杂，产业链进一步延伸，产业间的交易规模扩大，物质产品中间投入的增长带动了服务产品中间投入的增长，对以生产性服务业为主体的现代服务业的需求也随之增长。现代服务业与经济系统各产业部门之间都有着密切的关联关系，既包括与制造业之间的关联，也包括其内部各现代服务业分支产业部门间的关联。制造业产品的生产需要更多的服务产品与之相配套；同时，现代服务业也能够促进制造业产品的改善和新产品发展，降低生产成本，有助于制造业产品竞争力的提升与构造。此外，城市化进程也促进了对现代服务业产品需求的产生。城市人口的变化直接影响了现代服务业的需求总量和变化趋势，从长期看，城市化必然带动对现代服务业消费需求的总体上升，这也是现代服务业发展的长期动力之一。

市场需求对现代服务业的拉动作用并不会立刻引起现代服务业的产业演化，产业演化是一个长期过程，市场需求的变化在初始阶段的表现不明显，适应这种市场需求的变化也只是发生在部分企业或行业中，并未形成产业化的发展。但是随着市场需求的显著，在生存和利益的推动下，现代服务业各产业部门都随之进行了调整，从而实现了现代服务业的产业化演化。

（2）技术进步

技术进步主要是指社会科学技术的发展与变化。技术进步是产业结构演化的主动力之一，是产业演进的推动力。技术进步会直接改变产业的运作方式，也会刺激需求的变化，从而带动现代服务业的演化。对于现代服务业来说，技术进步决定了产业演化的方向和路径，它不仅使产业的发展有了现实的基础，而且决定了产业演化的速度与进程。

技术进步的产生与发展具有不平衡性，对于现代服务业的每个分支产业结构来说，其技术创新系数是不同的。因此，也就决定了其在技术进步与创新进程中所处地位与作用是不同的。现代服务业中的科学研究与技术服务业是直接与科学技术进步与创新相关的产业，甚至可以认为是技术进步的创造者与推动者，某些技术创新最早产生于这一产业内，而由这一产业逐步扩展应用到其他产业中；除此之外，其他产业也会进行自主地技术创新，并逐步应用到其他产业中。在现代服务业中，技术进步的不平衡性会表现得更为明显，除了技术创新的效率因素之外，现代服务业各分支产业的差异性也决定了这种不平衡性。

技术进步的不平衡性对现代服务业的拉动表现在三个方面：一是技术进步的转移效应，技术进步会通过产业间的关联效应和市场交易、示范效应而在各产业间实现横向转移，从而促进了现代服务业整体的演化；二是技术进步引致的产业间关联关系的改变，技术进步在现代服务业某一产业内的应用与推广，会改变产业部门的发展潜力，在经过一段时间的发展后，随着技术进步的先发与后发效应的差异，而改变了产业间的强弱关系，从而改变现代服务业各分支产业部门之间的关联系数，改变了产业间的关联关系；三是技术进步对市场需求的改变，技术进步会引发新的市场需求，有助于降低服务产品的成本，创造新的需求，从而促进产业的发展与变化。技术不平衡性的长期作用会带动现代服务业结构的转变和产业的演化。

（3）社会分工

经济学基本理论研究表明，分工是产业和经济发展的一个重要方面。在世界经济发展史上，每一次科技革命都会使得社会分工日益细化，产业发展的专业化水平不断提高。发端于上世纪的科技革命，又一次对产业发展进行了新的分工细化，使得知识同劳动力、资本一样独立出来，成为了独立的投入要素，不再是其他要素的依附品。知识兼具资本要素和劳动要素的经济特征，随着这一要素分工的开始与实现，从原有的产业部门中又分离出许多以知识为生产要素的产业，而这些产业构成了现代服务业的发展基础。知识作为要素使得信息技术越来越多地应用到产业部门中，并逐渐成为经济发展中的核心内容，由此产生了以知识和信息为投入主体的服务产业部门。

同时，社会分工的细化也使得企业需要投入更多精力在自己的核心价值环节上，专业化生产的要求日益迫切。为了应对专业化的要求，制造业等传统产业不得不将原来内置于企业内部的服务部门从企业中分离出来，而将更多精力集中在生产等环节上。社会分工的深化和专业化的要求还带来了技术的专门化，各个产业部门对专业化的要求越来越高，以专业化为基础的、专门的现代服务业产业部门在服务外化过程中开始形成与发展。

社会分工的作用力主要集中在三个方面：一是分工细化使得中间服务和产品层次增多，为产业的演化发展提供了更多的需求规模和层次，从而为现代服务业的产业演化提供了可能；二是分工细化促进了专业技术与知识的积累，这种积累是现代服务业演化的基础，是技术进步与创新的潜在力量，随着专业技术与知识积累程度的提高，以知识和技术密集型为主的现代服务业在经济中的地位也逐渐得到巩固与提升；三是分工细化降低了现代服务业的服务产品的成本，带来了更多的附加价值，又反过来刺激了市场对现代服务业的需求，而由于分工细化所引起的产业层次的增加，在一定程度上增加了交易费用和监管成本，为现代服务业的演化发展提供了新的需求和动力。

社会分工对现代服务业的动力机制最明显地体现在现代服务业的"外部化"。现代服务业的发展存在着一个规律性的趋势——现代服务业"内部化"（internalization）向"外部化"（externalization）的演化。这一趋势主要表现为社会专业化分工程度的提高，带来了服务的独立化。

（4）政策引导

产业系统的演化发展在很大程度上受到政府相关宏观政策的影响与推动，政策是产业发展最重要的宏观环境之一。产业政策、财政税收以及货币等政策会直接提高或者延缓现代服务业的演化过程，甚至改变产业演化的方向。凡伯伦（Veblen）、马歇尔（Marshall）等制度经济学的代表人物认为政府出台的鼓励政策是推动产业演化的主要动力。

由于我国现代服务业的发展周期还不够长，产业的市场地位还没有得到巩固和稳定，受到政策方面的影响就更为显著，一方面，宏观政策导向会在一定程度上刺激或者减少对现代服务业产品的需求，直接影响到产业的发展；另一方面，政策上针对现代服务业的相关措施也会直接影响到对现代服务业的投入，影响到产业规模的扩大从而决定了未来产业演化的方向。

（5）现代服务业的外部趋动模型

将上述四方面外部动力机制的作用模型综合起来，就可以得到现代服务业的外部趋动模型（见图1-2）。

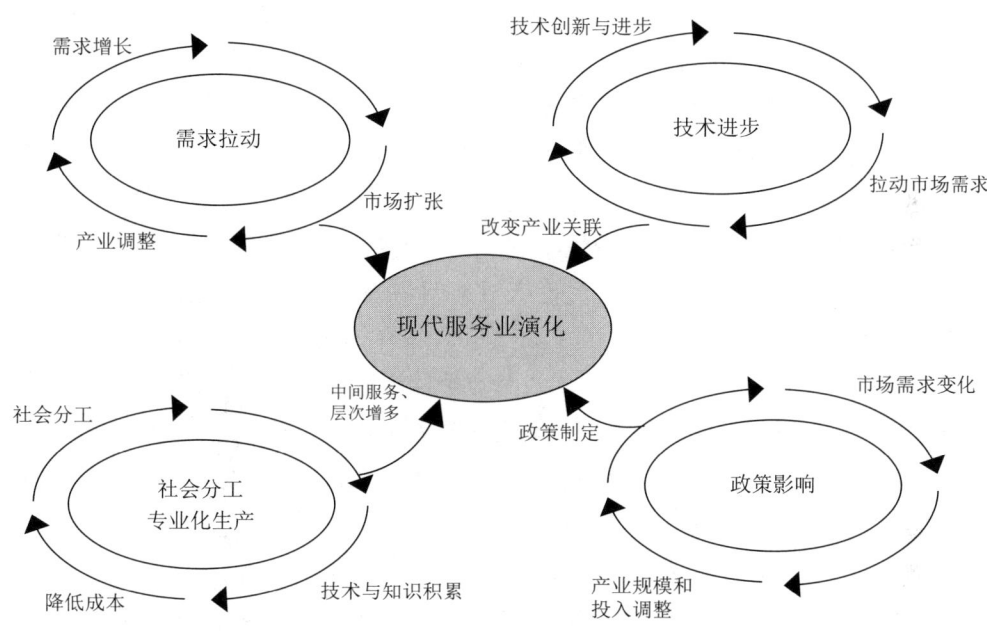

图1-2　现代服务业的外部趋动模型

2. 内部动力

现代服务业是种自组织的产业系统，要想实现其持续的演化和良性发展，外在因素并不能够起到根本作用，只有作用于产业系统自身的内在动力系统中，激发现代服务业自身的内在竞争优势和发展潜力。产业自身的内部影响因素如果从要素的角度来说，包括了信息、资本和劳动力等，而这些因素在现代服务业自身系统内相互作用的发挥才是拉动现代服务业发展的内生动力，这些作用可以总结成两个方面的动力机制：竞争与协作。竞争与协作可以在现代服务业系统内形成内部创新与推动力，从而是推动产业演化的最终决定力量。

（1）竞争机制

在市场经济条件下，对利益的追求是产业发展的初始原因，而同时也促生了竞争这一现象，并伴随着整个产业的演化过程。在现代服务业系统内，竞争除了企业之间对客户和市场需求的竞争外，更重要的是对资源和投入要素的竞争。

现代服务业系统的竞争有两层含义：一是现代服务业中的基本构成元素——企业或行业部门的竞争，竞争在对客户和资源的争夺中，会引发投资，会促使企业去寻求新的竞争优势，扩大投资，从而带动整个产业的竞争优势的扩张和加强，进而带动现代服务业的演化。

二是现代服务业各分支产业部门之间的竞争。现代服务业的各分支产业表面上来看并不存在相互竞争的状况，各分支产业的产品具有差异性，没有明显的可替代性。但是实际上，对服务产品的消费需求并不具有唯一性，不同服务业产品之间存在着潜在的、不明显的竞争关系，如金融服务的相关产品，随着租赁和商务服务业的发展和邮政业务的更新，已不是市场上唯一的金融服务提供商，也有了潜在的竞争者。此外，现代服务业各分支产业部门之间更为明显的竞争体现在对资源即投入要素的争夺上。资源的有限性是对产业系统发展的最大限制，在资源有限的条件下，如何最大可能地获取更多资源是每个产业发展都要考虑的问题，这也就成为了现代服务业各产业部门竞争的焦点。由于现代服务业是知识和信息、技术密集型的产业，主要的投入要素即为知识和信息、技术，而这些投入要素的载体就是人，对投入要素的竞争主要就是对人力资源的竞争，这种竞争在很大程度上决定了产业部门的市场地位和发展速度。

竞争带来的是对资源的更多追求、对自身竞争优势和核心能力的不断挖掘，形成产业系统自身的创新，这种创新会从根本上带动现代服务业系统的演化，使得现代服务业偏离原来的平衡状态，而向更高层次的有序状态发展。从现代服务业演化发展的整体来看，竞争并不是其中的主导动力要素，由于各分支产业部门的异质性，对其中一些产业部门来说，包括劳动力和资产在内的各方面要素都有其部门专用性，因此，相对来说，在现代服务业的内部动力机制中，起主导作用的是现代服务业各分支产业部门之间的协同作用。

（2）协作机制

现代服务业各分支产业部门之间的共生与协作是促进现代服务业演化的重要内在因素。如同现代服务业与制造业的共生关系一样，现代服务业内部各分支产业的协作关系也是一种相互影响、相互作用的互惠共生关系。对于各产业部门来说，不仅向外界或者其他产业提供自身特色性的服务产品，同时也需要其他产业提供的其他服务产品，这种相互交易的方式，使得现代服务业各分支产业部门之间的协作关系日益密切和复杂，形成了复杂的关系网络。

竞争和协作是一对矛盾体，存在于所有自组织系统中，其相互作用的过程就是系统自组织演化的过程。竞争是系统演化中最为活跃的动力，事物间的差异和发展的不平衡性是竞争存在的基础，各产业部门间对外部环境和条件的适应与反应不同，获取的物质、能量、信息的质量也存在差异。而协作就是各要素间的相互联系、相互作用，使得各要素联系起来，产生协同效应。现代服务业的内部协同效应主要体现在分工协作上，各个产业部门之间存在相互依赖、相互促进的关系，从而加快了物质、能量、信息的流动，推动了现代服务业系统的演化。

第三节 现代服务业发展概况

从全球经济发展的主要趋势来看，发达国家经济发展的支撑点由工业转向了服务业，产业结构也呈现出了从"工业型经济"向"服务型经济"转型的总体趋势。在当今世界，服务业的快速增长已经成为世界经济发展的新动力。由于现代服务业是一个新的概念，无论在理论上还是在实际应用上都还没有一个准确的范畴界定。实际上，现代服务业的现代性决定了其范畴是随着经济和社会的发展、信息和技术的改进而不断动态变化的。

一、现代服务业发展的基本理论

在国民经济产业分类中，服务业涵盖了除农业、工业和建筑业之外的所有行业。现代服务业的突出特性是知识密集化和管理现代化。在全球经济发展过程中，现代服务业日益成为衡量国家、区域以及城市经济发展阶段和竞争力的重要标志。加快发展现代服务业是增强区域辐射功能、发挥经济中心城市作用的迫切需要。自上世纪以来，世界各国对服务业的理论研究不断深化、拓展，服务业的理论创新为实践打下了坚实基础。

（一）产业结构理论

产业结构是指区域内各产业的组合比例关系以及产业间的生产联系，产业结构优化可以改善区域的发展状况。区域产业结构分为质和量两方面，区域产业结构"量"的重要表现是三次产业间的比例关系，区域产业结构质的特征是三次产业间的关联方式。质和量在产业结构间是相统一的，相辅相成，它们的建立基础是合理的地域分工。产业结构的变迁是产业结构理论研究的重要方向，从威廉·配第和克拉克（William Petty, Colin Clark）定理到西蒙·库兹涅兹（Simon Kuznets）以及钱纳里（Hollis B. Chenery）都对三次产业的划分以及演变规律进行了阐述，都是关于产业结构理论演变的研究。

1."配第—克拉克定理"的核心思想及其发展演化

"配第—克拉克定理"缘起于古典政治经济学关于"劳动生产性与否"的争论。在这一时期的争论中，配第指出了劳动在不同部门的表现。在配第（William Petty）看来，"工业的收益比农业多，而商业的收益又比工业多，随着经济的发展，劳动力逐渐从农业转向工业，再从工业转向商业"[1]。随后，英国经济学家费希尔（Fisher）又进一步指出："生产结构的变化表现为各种人力、物力资源不断地从第一产业转向第二产业，再从第二产业转向第三产业，即使政府进行干预也无法阻止这一进程。"至此，三次产业的提法正式形成。配第和费希尔都指出了生产要素在不同产业间的转移次序，但真正明确

---

[1] 威廉·配第.政治算术［M］.陈冬野译.北京：商务印书馆，1960：19-20.

地指出经济进步与劳动力产业分布相关关系的,应归功于柯林·克拉克(Colin Clark)。20世纪40年代,英国经济学家、统计学家科林·克拉克在《经济进步的条件》一书中,以配第定理和费希尔的三次产业划分为基础,对40多个国家和地区在不同时期(1925—1934年)三次产业的劳动投入产出数据资料进行了整理和归纳,总结出随着经济的发展和人均国民收入水平的提高,劳动力首先由第一产业向第二产业转移,然后再向第三产业转移。这就是后人称之为的"配第—克拉克定理"。

劳动力为什么会在三次产业间发生这样的转移次序,克拉克从劳动生产率和产品需求两个维度进行了分析:对于第一产业,劳动生产率的提高和大众对农产品相对需求的下降导致农业劳动力将不断地从第一产业转移出去;对于第二产业,劳动生产率的提高和大众对工业品需求的增加导致劳动力需求增加,这些劳动力主要来自农业部门,随着经济的进步,大众对工业品需求趋向稳定,工业部门的劳动力又逐渐转移出去;第三产业的情况与农业、工业有所不同,大众对服务需求的增长速度快于该部门劳动生产率的增长速度,因此,第三产业会不断地吸收大量劳动力,引起劳动力的流入。

理论演化是历史与规律的统一,遵循着一定的逻辑和路径,"配第—克拉克定理"的演化也不例外。"配第—克拉克定理"的一个重要前提是三次产业的划分,由于这种划分是从人类生产活动的历史阶段性这一角度展开,因此决定了这个定理具有鲜明的时代特征;另一方面,"配第—克拉克定理"以分工为前提,而分工又要指定分工范围,或者某一地区、某一国家,甚至是全世界,不同的分工范围,该定理指导下的国家或地区产业结构变动会大相径庭。因此,随着时空的转换、经济和技术的不断更新变化,"配第—克拉克定理"也需要不断地完善和发展。

以"配第—克拉克定理"为起点,在产业"三分法"的框架下,美国经济学家库兹涅兹(Simon Kuznets)对57个国家和地区的产业结构变动和经济发展的关系进行了全面考察,验证了"配第—克拉克定理"并进行了扩展,补充了产值结构的变化趋势,使"配第—克拉克定理"的地位更趋稳定。钱纳里(Hollis B. Chenery)、塞奎因(Syrquin)运用计量经济学方法对发展中国家的产业结构变动进行分析,提出了标准的产业结构模型,他们指出随着工业化的不断推进,人均收入水平逐渐提高,第一产业的产值份额和就业份额会显著下降,而第二产业和第三产业的产值份额和就业份额都会增加。此后,许多学者不断地拓展和完善"配第—克拉克定理",形成了基于增长视角分析产业结构变动关系的分析思路,如罗斯托(Walt Whitman Rostow)提出的"经济成长阶段论"、卡尔多(Nicholas Kaldor)提出的"卡尔多事实"、阿西莫格鲁(Daron Acemoglu)提出的"标准结构理论"等。从此,产业结构转换和升级促进经济增长的分析思路被纳入发展经济学的理论框架。

2. "配第—克拉克定理"的理论反思

根据"配第—克拉克定理"及在此基础上建立的"后工业化理论",认为服务业产值占GDP比重越高意味着经济体越发达。钱纳里(Hollis B. Chenery)的分析也证实了一国经济发达程度与产业结构服务化之间存在着必然联系,因此会有大力发展本国或本地区服务业的论调。但事实上,以第三产业产值占比高低衡量一个国家或地区产业结构是否合理的做法,并不能真正反映经济发展过程的效率高低或好坏,这存在着逻辑上的非科学性。美国的工业化实践证明,第三产业产值比重的提高,带来的不是经济的快速增长,而是经济危机。"配第—克拉克定理"及其演化理论忽视生产方式或生产关系对产业升级的影响,不考虑生产性劳动和非生产性劳动对产业升级的影响,是其研究区间的历史局限性和理论前提有偏差所导致。

(二)罗斯托的经济发展阶段论

美国经济学家罗斯托(Walt Whitman Rostow)于1960年在其《经济增长的阶段》一书中,提出了著名的经济增长阶段理论。作者在该书中认为,现代化是从农业社会向工业社会转变的过程,这个过程包括一系列阶段和深刻的变化。他探讨了各个阶段的条件、特征、经济政策、增长的动力、出现的问题以及发展前景,试图证明所有现代化的国家都要经过他所叙述的这六个阶段。此书被视作经典现代化理论的过程学派的代表著作。

1. 国家转型视角下的罗斯托的增长阶段理论

罗斯托(Walt Whitman Rostow)用一个经济史学家的归纳方法,将工业化进程分为六个阶段,即传统社会阶段、准备起飞阶段、起飞阶段、走向成熟阶段、大众消费阶段,1971年又补充了追求生活质量阶段。

(1)传统社会阶段

在传统社会阶段,经济处于原始状态,经济活动是围绕生存而展开的,通常都是封闭或者孤立的经济。人们赖以生存的产业以农业为主,整个社会生产力低下,社会似乎对现代化毫无兴趣,人均收入仅维持在生存的状态。社会结构的僵硬阻碍着经济上的变革,生产活动中采用的技术是牛顿时代以前的技术,看待物质世界的方式也是牛顿时代以前的方式。旧中国的各个朝代、欧洲中世纪的各个国家都是传统社会阶段,非洲撒哈拉沙漠地区的一些国家至今还处在这一发展阶段。

(2)准备起飞阶段

这一阶段是传统社会与起飞之间的过渡阶段,社会上升所需的各种条件正在形成。这一阶段的重要任务是政治和经济制度上的变革为发展创造了条件。政治上须统一和趋于稳定,以促进统一市场的形成和大笔资本的积累。经济上发展的障碍正在逐步克服,近代科学知识开始在工业生产和农业革命中发挥作用,金融业开始发展,并开始解决新的投资所需的融资问题,商业也随着交通运输业的改进而正在扩大,但农业的发展仍然具有基础性的作用,它要提供更多的粮食来养活迅速增长的城市人口,又要为工业的发展提供资金积累和销售市场。其主导产业是第一产业或者劳动密集型的制造业。这一阶段要解决的关键难题是获得发展所需要的资金。历史上,英国是第一个为起飞阶段创造充分前提条件的国家,现在大多数的贫穷国家也处于这一阶段。

（3）起飞阶段

起飞阶段是一个在社会历史发展中具有决定性意义的时期，在经济由传统向现代的转换中是一个巨大分水岭。达到此阶段必须具备三个条件：一是要有较高的经济积累比例，使积累占国民收入的10%以上；二是要建立经济起飞的主导产业部门，使它发展较快并且能带动其他生产部门的增长；三是要有体制上的改革，即建立一种能够保证"起飞"的制度体系，以推动经济的扩张。这一阶段大量的劳动力从第一产业转移到制造业，国外投资增加明显，以一些快速成长的产业为基础，国家出现了若干区域性的增长极，经济开始"自动持续成长"[①]。这一阶段生产方法和生产技术剧烈转变，新的工业部门迅速扩张，新型企业家阶层日益扩大，其利润大部分用于再投资，人均收入也大幅度上升，经济增长速度比较快。此阶段相当于资本主义发展史中的产业革命阶段。

（4）走向成熟阶段

这是起飞后经过较长期的经济持续发展所达到的一个新的阶段。这一阶段，现代技术的应用扩展到大范围的经济活动领域；对工业设备部门、工业制造业的投资，带动了经济成长，新厂房设备的投资维持在占国民收入的10%~20%的高水平；投资的增长使生产的增长超过人口的增长。但是一旦经济对新技术的应用或推广速度放慢，经济成长就会失去冲力，而出现减速趋势。由于生产技术的改进、产业结构的调整，高附加值的出口产业不断增多，本国经济在世界贸易中的地位和作用得到加强；国民福利、交通和通信设施显著改善，经济增长惠及整个社会。历史上发达国家用了40年左右的时间完成了这一阶段。从产业结构、城市化率、人均GDP等指标来看，中国总体上也进入了这一发展阶段。

（5）大众消费阶段

这一阶段工业生产能力高度发达。落后产能已经被淘汰，越来越多的资源用来生产耐用消费品，经济主导部门开始转向服务业；技术工人和城市人口的比重都比前阶段有一定提高，用来提供社会福利和社会保障用的资源在生产和分配中逐渐增大。人们的生活方式也发生了较大变化，用于休闲、旅游、教育、保健、国家安全项目上的花费增加；奢侈品消费向上攀升，高科技的成果应用广泛。罗斯托（Walt Whitman Rostow）把福特汽车公司采用自动装置线的生产看作是美国进入这一阶段的标志。20世纪50年代后的西欧也进入了这一阶段，目前大多数发达国家都在这一阶段。

（6）追求生活质量阶段

1971年，罗斯托（Walt Whitman Rostow）在其《政治和成长阶段》一书中又补充了第六阶段：追求生活质量阶段。他认为该阶段的主要目标是提高生活质量，人们主要看重的是劳务形式、环境状况、自我实现的程度所反映的"生活质量"的高低程度。经济

---

① 沃尔特·罗斯托.这一切是怎么开始的：现代经济的起源[M].黄其祥，纪坚博译.北京：商务印书馆，1997：89.

的主导部门是提供劳务，而非生产物质产品的服务产业，如教育卫生、市政建设、休闲设施、环境保护、文化娱乐、旅游等部门。居民消费追求时尚与个性，消费文化呈现出多样性和多变性。随着这个阶段的到来，一些长期困扰社会的老大难问题有望逐步得到解决。罗斯托（Walt Whitman Rostow）认为，美国正在进入这个阶段。

2. "经济增长阶段论"的局限性及其受到的批评

《经济增长的阶段》一出版就轰动一时，成为战后非小说类最畅销著作，颇得美国肯尼迪和约翰逊总统赏识，罗斯托（Walt Whitman Rostow）由此官职加身，声名显赫。经济增长阶段理论考察了发达国家经济增长的历史过程，坚持用经济标准来划分经济增长的阶段，着重论述了经济起飞阶段对完成现代化的关键作用，强调了资本积累的重要性和主导部门带动经济增长的作用等，成为研究现代化的经典著作之一。但是，罗斯托（Walt Whitman Rostow）用经济史的标准划分人类社会历史的发展阶段，以对抗和否定马克思将人类社会发展史划分为原始社会、奴隶社会、封建社会、资本主义社会、社会主义社会和共产主义社会的社会生产方式标准，从该书的副标题《非共产党宣言》就可以看出其鲜明的政治倾向。对罗斯托（Walt Whitman Rostow）的这一理论的质疑，主要来自以下几个方面。

首先，罗斯托（Walt Whitman Rostow）的经济增长论是一种线性发展理论，不具备周期理论的预见性。比如法国学者 R. 阿隆（Aron）认为，罗斯托（Walt Whitman Rostow）的经济增长阶段论的核心是一种典型的线性发展观。线性发展观将经济演进看作是与人类生命一样，有一个从幼年到成年的成长过程，其中要经历若干"成长阶段"，忽视了发展中国家可能因为经济因素和非经济因素导致的发展困境。事实上，发展中国家时常因此而转折或倒退。所以，阶段论只能是一种趋于理想化的路径描述。另外，发达国家发展到最后阶段以后，下一阶段是什么，好像无从得知。

其次，经济增长阶段理论忽视了不同国家特殊性和差异性的理论。该理论再现了这样一个观念：经济的发展存在唯一的世界性道路，富国今天所走过的道路，正是穷国明天要走的道路。它忽略了多种经济发展模式存在的可能性。实际上，小的经济体如新加坡这样的城市国家完全可能以其他的路径实现现代化，或者实现跳跃性的发展。各国各地区发展的初始条件、社会文化背景的不同在很大程度上影响了经济发展阶段上的不同，诚如阿根廷著名学者普雷维什（Raúl Prebisch）所说，在纯经济理论狭窄框架之中，去寻找很多重要的问题的恰当答案，那是没有希望的。比如，与早期英美德法的工业化相比，中国的工业化起飞的新特征在于其过高的经济对外依赖，按照罗斯托（Walt Whitman Rostow）经济增长阶段理论，这一阶段中国的对外贸易的依赖度和经济增长率都大大超过以往的任何国家，中国高度对外依赖的工业化起飞就是对工业化理论的一个延展。

最后，由于传统发展观的缺陷，罗斯托（Walt Whitman Rostow）把着眼点放在经济增长上，没有把"发展"与"增长"两个概念区别开来。联合国第二个发展十年

（1970—1980年）国际发展战略明确提出，发展的最终目标必须是为了使个人的福利持续地得到改进，并使所有人都得到好处。如果不正当的特权、贫富悬殊和社会不正义继续存在下去，那么就基本目的来说，发展就是失败的。似乎经济增长是解决其他问题的前提，可是"什么样的发展"对现代化的质量会有相当大的影响呢？发展中国家好像不能再走发达国家曾走过的仅仅扩大再生产的那种方式。有学者（魏志奇，2014）认为，这种线性增长理论的工具取向，有意无意地夸大西方国家工业化道路的示范作用而忽略欠发达地区复杂的政治、经济和文化现实。

（三）贝尔的"后工业社会理论"

20世纪60年代中后期到70年代初，美国的社会问题更加突出，围绕着种族歧视、妇女权利、政治改革、消费者权益等一系列问题而展开讨论。尤其是美国和越南战争所引发的以学生、妇女、宗教界人士为主的声势浩大的和平反战运动，由最初局部微弱的抗议逐渐发展到混乱无序失控的局面最后终于走上正轨到达高潮，成功促使了越南战争的提前结束，反映了人们强烈的和平愿望，昭示了和平反战运动的强大力量。针对当时社会中出现的各种问题，美国学者不断探索经济社会的发展和人类社会的未来，寻找经济社会的进步和科学技术的发展之间的相互联系。贝尔的著作《后工业社会的到来：社会预测初探》应运而生，这部数十万言的巨著使他获得美国"知识分子中的知识分子"的美誉，并成为未来研究学界的佼佼者。贝尔有关后工业社会思想的形成，批判地借鉴了凡勃仑（Thorstein B Veblen）的制度经济学、熊彼得（Joseph Alois Schumpeter）的创新理论和加尔布雷斯（Galbraith）的新工业国概念等思想家的观点，还沿用了马克思有关资本主义历史研究的某些基本观念。

1. 主要内容

丹尼尔·贝尔（Daniel Bell）以生产和技术为中轴把人类社会分为三个阶段前工业社会、工业社会和后工业社会。他指出1941—1950年间人类社会开始由工业社会向后工业社会转变，美国是第一个进入后工业社会的国家。

贝尔还具体分析了后工业社会政治结构的变化。他指出随着工业社会的转变，美国首次变成了一个"全国性社会"，它使大量社会问题具有全国性规模。中央政府面临着巨大的决策压力。美国还变成了一个公共社会，社会的单位是社区而非个人，不能只把个人的决策集中到一起，人们必须完成一种社会决策。当传统的资本主义竞争原则过时时，市场决策就会让位给非市场性政治决策。政治秩序在经济职能中起重要作用，它将成为社会的支配体系，其中政治制度在社会组织活动中起决定性作用。

后工业社会具有五个特征。第一，经济形态从商品制造经济转向服务型经济。后工业社会的首要特征就是就业结构发生变化，大多数的劳动力不再从事农业和制造业，从而转向从事服务业；同时就业方式也发生变化，白领工人的数量越来越多，蓝领工人的数量逐渐减少。第二，专业和技术人员阶级成为社会的主宰。技术能力是取得权利的基础。人们从事的职业以技术阶层的崛起为主要特征。第三，理论知识处于社会活动的中心地位，在形成决策和指导变化时起重要的作用，是社会革新和制定政策的源泉，对技术的发展进行规划和控制；工业社会是机器与人协作生产商品的社会，后工业社会则是围绕知识建立起来的为了创新、变革有效的管理社会。第四，未来社会的方向是技术控制和技术评价。根据新的技术预测模式对技术的发展进行有效的规划和控制，从而使后工业社会可能掌握进行社会变革的新手段和新方法。第五，新的智能技术的兴起成为制定决策的工具。决策方式使新的"智能技术"产生。

贝尔构建的"后工业社会"理论的思想体系：第一，贝尔认为，社会的发展只存在于由人们假定的、可以从中产生模式和理论的图式，不存在客观规律。第二，社会的发展有两个图式：其一是社会的技术形态，以生产和使用的各种知识为中轴，社会发展的顺序是前工业社会、工业社会、后工业社会。其二是社会的经济形态，以财产关系为中轴，社会发展的顺序则是奴隶制、封建主义、资本主义或社会主义。他认为，这两个图式是并列的图式，没有谁决定谁的问题。第三，从社会发展的两个图式出发，他认为在科学技术革命的推动下，资本主义制度具有自我调节的能力和无穷的潜力。在资本主义的基础上将发展成为以后工业的社会结构、信息型的经济、政治的科学和高精度的技术为标志的社会，是一种新的社会和最先进的社会。同时，随着社会结构的变化，社会决策的基本方式也会发生相应的变化。

贝尔尝试着提出了一系列具有启发性的理论分析和概念。第一，经济学方式和社会学方式。贝尔区分和比较了社会决策的这两种方式，也可以把它们说成是社会生活的两个评判标准。第二，集团领导和个人领导。经济学决策方式的理论贡献在于理性和个人选择通过市场发挥作用，但它本身缺乏集团领导的理念。贝尔认为，在后工业社会的领导体制中，应遵从社会价值——公共利益——以集团领导为根本，但同时并不排斥工业社会中的个人领导体制。第三，后工业社会的社会选择和社会单位的适当规模问题。贝尔并没有提出具体的改组方案。第四，建立社会结算系统。把经济核算置于比较广泛的结构之中，扩大社会有关成本和效益的概念，以制订一个有利于政策选择的资产负债表为最终目的。

2. 对现代的启示与借鉴

贝尔的后工业社会理论为人们认识当代科技革命、经济社会变革及其发展趋势提供了许多的有价值的理论思想，对人们认识当代资本主义社会的发展趋势以及中国的"五位一体"建设都具有借鉴作用。

第一，后工业社会理论在科技革命的推动下使社会结构发生巨大改变，在推动社会的发展和社会建设进程中为发展中国家提供了有价值的借鉴。经济社会的变革在科学技术的巨大进步、生产力水平的极大提高进程中赋予了时代以技术化和信息化的特征，迫使每一个民族乃至国家和地区要想紧跟时代的步伐推动经济结构和社会结构的变革与发展就必须大力发展科学技术。同时，后工业社会理论注重对未来发展趋势进行判断和预测，倡导经济社会的管理和决策的科学化、智能化，对人们正确认识和合理选择做出决策指导人与自然、人与人、人与社会的关系，从而推动社会发展具有重要意义。后工业社会理论强调教育和人才在科技、经济、社会发展中的作用以及社会职业结构的变化，为我国的人才教育战略制定提供了参考。

第二，后工业社会理论首先提出的"三阶段论"，以社会发展的技术特征和发展趋势作为划分社会形态的标准，科学技术是第一生产力，强调以科学技术为基础的社会生产力发展的历史变革对社会经济结构、政治结构的影响。资本主义社会国民生产总值和社会就业方向越来越集中在知识领域。从第二、第一产业向第三产业转型，表现为马克思主义关于人的发展、人的解放从体力劳动的解放向脑力劳动的解放，最后实现人的全面发展。马克思主义与后工业社会理论相结合为我国的社会经济发展提出了有价值的借鉴。

第三，关于生态危机问题。后工业社会理论在应用科技成果来解决环境问题以及生产、消费、家庭、人口等方面的问题，充分发展环境技术，控制人口增长，应用科学技术进行控制和规划，变革生产方式和消费方式。用科学技术解决环境问题来倡导环境保护。同时，科学技术的快速发展和科学技术的应用有效地降低了自然资源的损耗、减少浪费和污染，大大提高了社会生产率。还可以推动社会经济发展的转型，实现对自然、生产和消费技术的协调控制，以推动环境问题的解决。

二、现代服务业的分类

目前，"第三产业"概念在西方经济学文献中已不多见，使用较多的是"服务业"概念。由于对服务业内涵界定不同，各国、各机构对服务业的分类也各有不同。

（一）联合国有关机构分类

联合国制定的《国际标准产业分类》（2002年版）依据经济活动将服务业划分为11类：（1）批发和零售贸易、汽车和个人家庭物品修理；（2）宾馆和餐馆；（3）运输、仓储和通信；（4）金融中介；（5）不动产、租赁和企业活动；（6）公共行政和国防、强制性社会保障；（7）教育；（8）保健和社会工作；（9）其他社区、社会和个人服务活动；（10）作为雇主的私人家庭活动和私人家庭无差异的生产活动；（11）境（区）外组织和团体。

（二）美国学者分类

美国经济学家布朗宁（Browning）和辛格曼（Singelmann）根据《联合国标准产业分类》，把服务业分为四部分：流通服务、生产者服务、社会服务和个人服务。在此基础上形成了当前世界各国通行的分类方法。该方法将服务业分为四类：一是分配性服务，消费者和生产者为获得商品或供应商品而购买的服务，如运输与储藏、交通、批发与零售贸易；二是消费者服务，直接面向个体消费者的消费支出的服务，如接待与食品服务、私人服务、娱乐与消遣服务、杂项服务；三是生产者服务，为生产、商务活动和政府管理提供的服务，如对企业管理的服务、金融、保险与房地产；四是社会性政府公共服务，政府或非营利组织向社会提供的服务，如教育、医疗、福利等。

（三）国家统计局分类

我国关于服务业分类是在第三产业概念的基础上逐步演化而来的。在2001年之前，服务业与第三产业在我国的国民经济核算中是同义语；2002年我国新颁布的《国民经济行业分类》（GB/T4754-2002），对三次产业划分进行了重新规定，并在其附件中将农、林、牧、渔服务业划为第一产业，自此服务业和第三产业所涵盖的行业内容出现了差别。随后，国家统计局2003年印发的《三次产业划分规定》将服务业划分为：（1）交通运输、仓储和邮政业；（2）信息传输、计算机服务和软件业；（3）批发和零售业；（4）住宿和餐饮业；（5）金融业；（6）房地产；（7）租赁和商务服务业；（8）科学研究、技术服务和地质勘查业；（9）水利、环境和公共设施管理业；（10）居民服务和其他服务业；（11）教育卫生、社会保障和社会福利业；（12）文化、体育和娱乐业；（13）公共管理和社会组织、国际组织提供的服务。到目前为止，在我国的统计制度和对服务业的分类中，并没有体现出现代服务业以及与之相对应的具体分类条目，但是不少的机构和学者依据不同的分类标准研究了现代服务业的分类。

（四）我国学者分类

黄繁华（2002）依据服务对象不同，将我国现代服务业界定为两部分：一是现代生产性服务，是指应用现代科技和满足生产中间需求的各项服务，如现代物流、电子商务、金融保险、信息服务、技术研究与开发、企业经营管理服务等。二是现代消费性服务，指主要为满足个人提高生活质量和能力扩展所需要的服务，如旅游、房地产、教育、医疗、娱乐、社区服务等。

胡启恒（2004）依据现代服务业主要功能和对象并借鉴国际产业划分标准，将现代服务业划分为四大类：基础服务（包括通信服务和信息服务）、生产和市场服务（包括金融、物流、批发、电子商务、农业支撑服务以及包括中介和咨询等专业服务）、个人消费服务（包括教育、医疗保健、住宿、餐饮、文化娱乐、旅游、房地产、商品零售等）、公共服务（包括政府的公共管理服务、基础教育、公共卫生、医疗以及公益性信息服务等）。

此外，徐国祥和常宁（2004）发表的《我国现代服务业统计分类标准的设计及应用研究》一文，作为2002年国家统计局重点项目《现代服务业统计界定研究》的研究成果之一，从学术研究角度设计了其统计分类标准的框架（见表1-1），并对上海市相关数据进行分析，说明了中国现代服务业统计分类标准的应用。

表1-1 我国现代服务业统计分类标准框架

大类类别、名称	编号	细项内容
物流与速递业		
物流业	58	数码仓库、配送中心、第三方物流、连锁商业和配送服务
速递业	59	城际速递、跨地区速递、国际速递

续表

大类类别、名称	编号	细项内容
信息传输、计算机服务和软件业		
电信和其他信息传输服务业	60	电话、电报、移动通信、互联网信息服务、数据传输、图文传真、卫星通信等电信业务和电信传输服务
计算机服务业	61	数据库开发、数据存储、数据库维护、楼宇智能化等计算机网络服务、数据处理业务、系统集成、计算机主设备维护咨询业
软件业	62	系统软件、中文信息处理软件、专业应用软件、管理软件、通用软件等计算机软件开发及其咨询
电子商务		
批发业	63	电子商务服务、网络仓库、虚拟市场
零售业	65	网上商城、网上书店
金融保险业		
银行业	68	网络银行、无线移动银行、电子支票、电子钱包
证券业	69	实时行情查询、网上证券交易
保险业	70	网上保险服务
其他金融活动	71	基于互联网提供服务的国际国内信托投资业务、财务公司、典当行、拍卖行、期货交易等活动
房地产业		
房地产业	72	各类房地产开发、经营、交易和租赁等业务；住宅发展管理、物业管理；房地产咨询服务、房地产顾问代理、房地产交易所、房地产估价所等房地产中介服务业
租赁和商务服务业		
租赁业	73	人才租赁、融资租赁、汽车租赁、工程机械租赁、金融工具租赁
咨询服务业	74A	法律咨询、统计咨询、管理咨询、决策咨询、会计服务、税务筹划、审计服务、工程评估、质量认证、资产评估
会展业	74B	项目策划、广告策划、广告设计、广告代理、市场推广、国际、国内会议服务、博览展示服务
科学研究、技术服务业		
研究与试验发展	75	信息、材料、生物、医药等领域的原创性成果
专业技术服务业	76	技术监测、检定、质量监督、标准制定以及计量；环境保护、检测；技术推广和科技交流服务等科技中介服务业；各行业的工程设计；专利代理、产品设计等其他综合技术服务、科研项目评估
科技交流和推广服务业	77	科技信息中介服务、科学技术咨询
远程教育		
学历教育与非学历教育	84	广播电视大学、教育频道教学、网络学院、网上知识库、网上培训社区、国际远程教学

注：由徐国祥和常宁（2004）整理

（五）本书分类

尽管国内外不少学者和机构对现代服务业分类设计不尽相同，但基本都是以第三产业分类标准为蓝本，借鉴发达国家服务业分类标准并结合我国现代服务业发展的实际情况，对分类标准内容和结构进行扩充和修改的结果。现代服务业统计分类标准理应是一个动态体系，其分类应以第三产业分类标准为蓝本，既要考虑现代服务业统计核算需要又要兼顾统计数据资源的共享，既要借鉴国外研究成果又要考虑我国现代服务业发展的实际情况，在政府、研究机构和相关学者的共同努力下，才能保障现代服务业统计分类标准的权威性、规范性和可行性。

通过对上述分类标准的研究和分析，本书以第三产业分类标准为蓝本，借鉴发达国家对服务业分类标准并结合国内现代服务业发展的实际状况，从学术研究角度设计了现代服务业的统计分类标准框架，将现代服务业分为改造提升的传统服务业与新兴的知识密集型服务业两大类，每个大类又设若干中类，每个中类又设若干小类（见表1-2与表1-3）。

表1-2 改造提升的传统服务业

大类	细项	细项内容列举
现代金融业	银行业	商业银行、网上银行、其他银行等
	证券业	证券市场管理、证券经纪与交易、证券投资、证券分析与咨询等
	保险业	人寿保险、非人寿保险、保险辅助服务等
	其他金融活动	金融信托管理、金融租赁、财务公司、典当、拍卖等
现代商业服务业	批发业	进出口贸易、跨省市贸易、贸易代理经纪、摊位批发、市场批发等
	零售业	现代大型百货商场、大型综合超市、大型购物中心、连锁超市标准店和便利店、大型专业店、大型折扣店、网上商店等
	住宿业	旅游饭店、一般旅馆和其他住宿服务等
	餐饮业	规模酒店企业、连锁餐饮业等
房地产业	房地产开发	房地产开发
	物业管理	物业管理
	房地产中介	房地产咨询、房地产顾问代理、房地产交易所、房地产估价所等
现代物流与运输业	物流业	第三方物流、物流配送服务、数码仓库、配送中心等
	运输业	道路运输、水上运输、航空运输、管道运输、运输代理业等
现代社会服务业	文化	新闻业、出版业、广播电视、电影制作、音像制作、图书馆、文化馆、博物馆、文物及文化保护等
	卫生	医院、各种医疗活动、计划生育服务、妇幼保健和专科疾病防治活动等
	体育	体育组织、体育场馆等
	教育	学历教育与非学历教育、远程教育、继续教育
	娱乐	室内娱乐、游乐园、休闲健身娱乐等
	其他社会服务业	洗染业、摄影业、沐浴业、婚姻中介服务、清洁服务等

表 1-3　新兴的知识密集型服务业

大类	细项	细项内容列举
信息传输、计算机服务和软件业	电信和其他信息传输服务业	电话、移动通信、互联网信息服务、广播电视传输服务、数据传输等
	计算机服务业	计算机系统服务、数据处理、计算机网络服务等
	软件业	计算机软件开发、维护及其咨询等
租赁和商务服务业	租赁业	人才租赁、机械设备租赁、文化及日用品租赁等
	咨询服务业	法律咨询、统计咨询、知识产权服务、企业管理服务等
	会展业	国际国内会议服务、博览展示服务等
	商务速递业	城际快递、国际快递等
	广告业	广告策划、广告设计、广告代理等
	电子商务	电子商情服务、虚拟市场、网上商城等
科学研究、技术服务业	研究与试验发展	自然科学研究与试验发展、工程和技术研究与试验发展、农业科学研究与试验发展、医学研究与试验发展、社会人文科学研究与试验发展等
	专业技术服务	气象服务、地震服务、海洋服务、测绘服务、技术检测、环境监测、工程技术规划与管理等
	科技交流与推广服务	科技信息中介服务、科学技术咨询、技术推广等
	地质勘探业	矿产地质勘探、基础地质勘探、地质勘探技术服务等

三、现代服务业的功能

目前，中国经济进入新常态，经济增长速度由高速转变为中高速，由粗放型转变为集约型，是经济增长方式的转变。经济增长稳定，增长动力多元，经济结构优化升级，政府简政放权，进一步释放市场活力。在这种情况下，大力发展现代服务业就显得尤为重要。

（一）对经济增长的贡献很高

中国现代服务业的规模总量不断扩大，占服务业的比重不断提高，占国内生产总值比重不断提高。现代服务业的发展能带动经济的不断增长，对促进经济发展有重要的贡献作用，是经济发展的支柱产业。

（二）扩大就业，提高就业率

数据显示，现代服务业的就业人数不断增加，占总就业人数的比重不断上升，甚至已经超过 60%。现代服务业产值在国民经济中比重不断攀升的重要原因就是劳动力资源向现代服务业的大量转移。随着科学技术的不断进步，现代服务业对劳动力的吸纳能力会不断增强，在解决社会新增人员就业问题的同时，也吸纳了从第一、二产业转移出来的剩余劳动力，同时实现了这部分人群收入的增长。

（三）有利于产业结构的优化

在当前经济发展中，现代服务业与制造业进行融合。首先，现代服务业积极广泛地参与制造业的前期研发、设计，到中期管理、融资，再到后期物流、销售、售后服务、信息反馈等环节，运用其自身优势改造和提升制造业的附加值；其次，现代服务业与传统制造业的融合，能够促使传统制造业企业更加注重产品的服务环节，促进产品生产、销售、售后等的服务体验，从单纯销售产品发展成为提供服务和成套解决方案的综合性企业，促进企业升级转型；最后，服务业在国民经济中所占比重的提高有助于构建现代产业结构体系，加快产业结构优化升级。

（四）实现结构性的节能减排

服务业的兴起、发展以及演化都伴随着较强的创新能力，具有强烈的知识扩散和生产的外部溢出效应。服务业的发展能在对传统产业改造升级的过程中，减少对实物资源的需求，减少对生态环境的破坏。传统的粗放式发展模式在服务业产业比重逐渐增高的过程中实现向集约化发展模式的转型，改变以资源高消耗、对环境污染大为代价的工业化发展模式，实现经济发展与人口、资源和环境之间的协调发展。大力发展现代服务业，将其本质特征发挥出来，以知识为主的投入要素，高人力资本、高信息含量和高技术含量等特性都会对资源节约以及环境保护具有重要作用，发展潜力大。发展现代服务业对实现结构性节能减排、促进产业生产由集约化向粗放式的转型以及经济的可持续发展都具有重要意义。

（五）可以较好地满足经济社会发展的新需求

随着现代服务业的拓展、普及，改变了以往的消费模式和消费结构，更能够适应消费者对产品个性化以及使用便捷性的需求，更好地满足社会经济发展的需要。

第四节 当代世界服务业发展现状

现代信息技术催生了一大批新兴产业，也促使传统产业不断深化变革。现代信息技术给企业带来更高效率的同时也带来了更为激烈的竞争。加之经济全球化趋势愈来愈强，为取得市场的不败之地，获得更大的利润和发展空间，不少企业通过把非核心环节外包给那些在特定领域专业化更强且成本更具优势的企业来提高效率，使自身更好地将主要精力专注于能带来更大利润并获得更强市场发言权的核心技术及核心环节的研发，社会分工日益精细化。得益于网络技术和信息化管理的持续发展，生产方式、经营方式、服务方式都有了全新的变化，人们对于新的生活方式的渴望也日益强烈。因此，与人们日常息息相关的服务业的范畴也不断深化与延伸，传统服务业焕发新生，新型服务种类也随之扩展，现代服务业蓬勃发展。

一、世界主要国家现代服务业发展现状

自 20 世纪后半叶开始，随着经济全球化和信息技术的飞速发展，世界经济逐渐由"工业性经济"向"服务型经济转变"，国际现代服务业开启了飞速发展模式。截至 2019 年，服务业已成为世界上绝大多数国家的主要经济支柱，就业人数占主导地位（见表 1-4）。

表 1-4 2019 年不同产业就业人数占比（单位 %）

类别	世界	美国	英国	德国	中国	高收入国家	中等收入国家	低收入国家
农业	28.27	1.41	1.14	1.26	26.56	2.94	30.04	62.51
工业	22.83	19.18	17.97	26.88	28.27	22.31	24.3	11.54
服务业	49	79.41	80.89	71.86	45.17	74.75	45.66	25.95

（由世界银行公开资料整理）

（一）美国

作为世界超级经济强国，美国人口总数占世界总人口的 4.3%，每年所创造的财富占全球 GDP 总量的 15% 以上（见图 1-3）。在 2019 年全国 GDP 总份额中，服务业占比达到了 80.6%。解决了全国 79.41% 的工作岗位，其中又以金融和专业性服务业为主导，占全国 GDP 的 1/3。全球威望最高的服务公司前三名均位于美国。全球四大会计师事务所之一，总部位于美国的德勤，占全球市场份额的 10.9%，2019 年国际服务出口额高达 8467.2 亿美元。除此以外，美国的科技创新服务能力也位居全球首位，全球前 15 家顶级科技公司中，有 10 家位于美国。由此可见，美国不仅是一个经济发达的国家，服务业强国的地位也毋庸置疑。

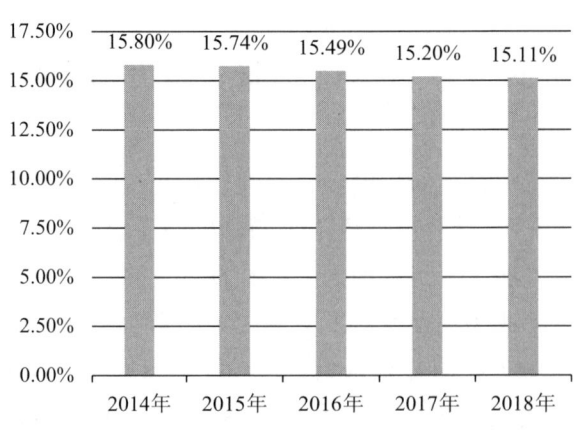

图 1-3 美国占全球 GDP 的份额

美国的现代服务业以产业集聚发展模式为主。以纽约为例，在 2019 年全球经济竞

争力和可持续竞争力排名以及全球金融中心指数排名中，位列第一的均为纽约。福布斯全球企业100强当中，美国有38家，其中11家总部位于纽约。美国三大证券交易市场——纽约证券交易所、纳斯达克斯证券交易所和美国证券交易所总部均位于纽约。其中纽约交易所更是全球最大的证券交易市场，每天在纽约证券交易所交易的平均股票数量高达14.6亿只。纽约金融业就业人员的工资份额占全市的30%。"纽约中心的曼哈顿地区形成了以金融业为主，会展业、商业服务业、文化娱乐业等为辅的现代服务业产业结构，一方面该地区中心商业区成为纽约市发展的助推器，另一方面帮助纽约获得了大量跨国性行业组织的投资，确立了纽约良好的国际形象。"[1]美国作为全球最大的经济体，从20世纪50年代初就转入服务业主导的时代。长期以来，这样一种经济结构支撑了美国的霸权。因此，就大国经济而言，服务业发展并不必然造成产业竞争力的衰落；相反，如果没有美国金融业和信息服务业为代表的现代服务业的发展和开放，美国今天的地位可能是不同的。

（二）日本

自石油危机爆发以后，日本经济的发展开始向知识密集型和技术密集型的产业转型。1970年，日本的服务业增加值占GDP比重的47.3%，到了1988年已上为56.1%。服务业早已成为决定日本经济的支柱性产业[2]。作为全球制造业大国之一，日本属于发达国家中进入服务型经济时代较晚的国家。进入21世纪，日本三次产业结构变化较大，主要表现为第三产业比重大幅提高，第一产业比重持续下降。这一时期作为日本服务业发展主体的运输通信业、金融保险等行业开始加速增长，在国民经济中的作用不断提升，逐步带动第三产业的加速发展。以巨大产业规模为背景，在这一阶段，日本服务业发展具有代表性的是东京，作为日本的大都市，其产业结构发展历程可以概括为"重化学工业—重工业—都市型工业—现代服务业"这一完整脉络。千代田区、中央区和港区属于东京的传统区域，而千代田区则是东京乃至日本金融中心的主体，其金融服务业发展较快。发展至今，日本服务业已形成以东京为主体，辐射发展的格局，其服务业发展具有较强的网络化、集群化优势。

伴随着日本信息产业所占经济的份额越来越大，其地位愈来愈高，信息产业被视为日本经济发展的重要动力。在日本，信息产业所占的经济产值比重不仅大，而且还带动了信息通信设备、器材等相关制造业的发展。自1990年到1996年，日本信息产业的国内生产总值共增长22.7万亿日元，而其所联动的制造业产值则为30万亿日元，大大超过了日本的两大传统制造业——电机工业和运输机械工业[3]。基于此，很多学者认为，21世纪的日本将是一个以信息技术为基础来发展的国家。

---

[1] 车鑫，谷一鸣.发达国家现代服务业发展模式研究——以美国、英国、日本为例[J].科技创业月刊，2015（14）.
[2] 数据来源：李朝鲜.理论与量化：现代服务产业发展研究[M].北京：中国经济出版社，2006：102.
[3] 数据来源：张楠.日本现代服务业发展经验及对中国的启示[J].现代财经，2011（2）：1.

日本信息产业的快速发展，带来了信息服务业发展的兴旺，而信息服务业是日本现代服务业发展的典型代表。2000年全球信息服务业的市场产值大约为5361亿美元，其中，美国的信息服务业以49.2%的占有量位居全球第一，而日本占11.2%，仅次于美国，位居第二[①]。随着日本的信息服务业不断地向成熟化发展，信息服务业的经营收入逐年递增。2005年日本信息服务业的销售额为14.5万亿日元，2006年日本信息服务业的销售额已经达到17.1万亿日元，短短一年间上涨了2.6万亿日元[②]。

日本的现代服务业，尤其是信息服务业能够得以发展，离不开日本政府对经济的宏观调控。众所周知，日本政府向来以重视"产业政策"和"行政指导"著称，自1995年起，日本相继出台了关于推进信息服务化发展的方针政策，并根据信息产业发展的不同阶段来制订发展计划。2000年，日本政府开始大力发展IT业，在之后的三年内，相继制定了IT业的发展战略和法规，在最大程度上减小了信息服务业未来发展中存在的风险，确保了日本的现代服务业在总体上保持良性发展的态势。2018年，日本服务业从业人口占日本总就业人口的67%，而中国的这一比例还在33%[③]。高占比的服务业比重，促使在日本经济的发展中，服务质量的提升和经济的发展有着直接的关系。

（三）德国

2008年的金融危机使得服务业大国美国经济遭受重创进而实行再制造业政策，而欧盟的经济前景更是迷雾重重，于是对服务业的质疑声又开始此起彼伏。与之截然相反的是，德国经济实现逆势增长，而服务业在其中起到了重要而积极的作用。

德国法兰克福是德国的金融中心，是欧洲中央银行所在地，被称为欧洲金融的心脏。除了传统的金融服务业，德国最瞩目的产业当属会展服务业。《会展蓝皮书：中外会展业动态评估研究报告2018》中指出，德国在全球会展市场中，综合排名第一。全球10大顶级展览公司，德国拥有4个；世界会展城市综合实力排行55席入围榜中，德国占10个。2017年世界商展百强的总展出面积为1929.5万平方米，展均面积19.3万平方米，入围面积12.5万平方米；按入围展会及其业绩排序，德国位居第一。入选展会50个，展出业绩1040.1万平方米，展均20.8万平方米，总面积占比53%，超过德国之外其他所有国家百强展出业绩的总和。2018年世界商展100大排行榜，德国共有51场展览榜上有名，前10名的位置就有4个属于德国，分别排名第一、二、三名和第十名，世界会展头号强国当之无愧[④]。

除了金融和会展产业，当前德国现代服务业最大的特点就是与先进制造业深度融合，一是生产制造商向服务商转型；二是服务商向生产服务综合型企业转型；三是知

---

① 数据来源：日本情报处理开发协会.信息化白皮书[J].经济周刊，2002（4）：283.
② 数据来源：杨含斐，等.日本信息服务业发展现状及建设经验评价[J].情报杂志，2008（10）：51.
③ 数据来源：董浩.日本极致服务形成原因及其对我国服务业发展的思考[J].现代营销（下旬刊），2019（11）：83-84.
④ 数据来源：陈旭芳.德国现代服务业与先进制造业融合发展启示[J].浙江经济，2019（24）.

名企业发展衍生服务业。通过这三种主要模式，使服务业和制造业紧密联合，互相促进，焕发勃勃生机。德国是世界强国，也是传统意义上的工业大国，"德国制造"更是家喻户晓。但是20世纪80年代末期制造业发展到一定阶段内生出对服务业的需求，于是德国产品相关服务业就此得到发展，进而引发其服务业的迅猛发展。如今，德国是世界上仅次于美国的服务贸易大国，它是世界第三大服务贸易出口国和第二大服务贸易进口国，也是欧盟成员国中最大的服务贸易国，其规模约占欧盟15个成员国总额的1/4。与美国等服务业大国不同的是，德国服务业具有浓厚的制造业色彩。其服务业是在制造业的基础之上有所发展，因此其较为发达的服务业大多都与制造业相关即产品相关服务业，如物流业、会展业等。不仅如此，德国认为上层建筑必须以经济基础作为支撑，因此其在发展服务业的同时兼顾制造业的发展。正是由于其服务业是建在坚固的根基之上，德国服务业的强劲态势才能抵消制造业的疲软，并在金融危机后的次年（2009年）即实现GDP3.6%的增长；正是由于其坚固的根基，才抵御住2008年的金融危机。

（四）印度

与传统的西方国家经济发展模式不同，印度并没有选择在工业化城市之后再发展服务业。20世纪90年代以来，印度的服务业快速发展，逐步超过农业和工业，成为国民经济的支柱产业。服务业的繁荣强有力地拉动了印度经济的增长，2020年印度服务业增加值占GDP比重为49.27%，可见，印度服务业发展已经远远超过了其制造业的发展水平。从1990年到2003年，印度的服务业产值占GDP的比例由40.6%上升到50.8%，其间62%的经济产值都是由服务业所贡献的[①]，高知识水平人才、先进的信息技术及使用英语语言等优势不仅促使印度的服务业快速发展，也带来了印度软件、商务处理外包、多媒体、网络管理等现代服务业发展的日趋兴旺，印度的现代服务业的强劲发展已成为拉动本国GDP增长的引擎。

印度的现代服务业发展主要是依靠以服务业外包形式为核心的信息服务业来驱动的。1991年，印度自实行自由经济以来，国外企业接踵而至，以美国为首的发达国家相继任用印度来进行专项的软件开发，导致印度的软件产业快速发展，竞争上的优势使印度很快成为国际软件中心，全球越来越多的跨国公司将印度作为科学研究和软件开发的基地，如在国际上享有盛誉的微软、西门子等跨国企业，仅在班加罗尔，就有超过260家国外投资公司。如今，印度的软件之都班加罗尔，已成为世界第五大信息技术中心，被称为世界十大硅谷之一。印度的软件业和信息服务外包领域在世界起到了决定性的作用，自1998年以来，国外每年会有将近10亿美元的资本投入到印度的软件业，截止到2013年，印度向全球提供的软件服务外包规模保持持续增长，其市场规模占全球软件服务外包支出的比例超过10%，而印度的软件服务外包出口额达到758亿美元，同比增长

---

① 数据来源：李朝鲜. 理论与量化：现代服务产业发展研究［M］. 北京：中国经济出版社，2006：108.

了 10.2%[①]。

另一方面,印度信息服务业的发展,使得从事信息技术的专业人员供不应求,印度技能熟练而廉价的信息专业人员深受外国公司的青睐,并将印度大量软件工程师吸收到国外,从而加剧了对于印度信息专业技术人员需求的矛盾。目前,印度的高等院校每年培养大约 10 万名的软件人才,但仍不能满足国内外对信息技术人才的需求,印度出现人才断层现象。因此,尽快制订连续的信息技术人才培养计划是印度当局亟待解决的问题。

近半个世纪以来,服务经济在全球范围内得到了长足的发展,已成为当今世界经济发展的主要趋势。特别是进入新世纪以来,在全球范围内出现了服务经济加速发展的新态势。目前发达国家服务业增加值占 GDP 的比重已经接近或超过 70%。印度作为发展中国家,其服务经济发展十分全面,从劳动力密集型的低端服务业,到全球价值链顶端的服务外包行业,印度企业都处在领先的位置。支撑印度服务产业发展和升级的主要因素有以下三个方面:一是基于要素层面的比较优势,主要是低成本技能劳动力的可用性;二是持续增长的海外需求;三是良好的创业生态系统,例如殖民时代遗留的资本主义传统、印度人的创业精神和从未中断的私有制体系、发达国家跨国公司、政府政策等。印度企业对于"服务"的执着,值得我们深入探讨与学习。

二、国外现代服务业发展的借鉴与启示

从上述几个国家现代服务业发展状况可知,21 世纪仍是把科学技术作为第一生产力,通过信息技术的创新发展来带动全球经济增长的时期,现代服务业要想保持持续增长,不仅需要解决好自身的产业结构优化和升级问题,还要努力地与制造业进行有机的融合,充分利用政府的产业扶持政策,以达到共同发展的目的。美国、日本、德国、印度四国的现代服务业发展经验,给我国现代服务业的发展带来如下借鉴与启示:

(一)在现代服务业发展上政府的战略规划及政策引导起着举足轻重的作用

日本政府通过制定法律法规和战略计划,来进一步规范现代服务业发展的市场环境,进而促进了本国服务业总体的发展;印度政府通过对信息产业进行资金扶持,从而使信息服务业成为推动国家现代服务业发展的助力器。由此可见,国家在适当的时期对经济进行调控,并制定相应的经济发展战略,对规避市场不利的发展因素,维持经济稳定发展有着重要意义,而政府对产业的资金扶持,则为产业的发展提供了雄厚的经济基础。中国的现代服务业正处于发展的初级阶段,面临着现代服务业内部结构发展不合理、行业总体技术水平低、高素质人才匮乏等问题,政府在资金及政策上的扶持对现代服务业的良性发展尤为重要。因此,我国政府应及时把握经济和产业发展动态,制订战略规划,明确发展目标,并通过资金支持等政策引导现代服务产业的健康发展。

---

① 数据来源:《服务外包杂志》.印度软件和信息服务外包产业加速转型升级.

（二）把握服务外包发展机遇，大力发展现代服务贸易

随着世界经济一体化趋势的不断加强，跨国公司的直接投资构成也发生了巨大变化，即以制造业为主的外包逐渐向服务型外包转移，全球的服务外包保持平稳增长，截止到2007年，全球服务外包的总执行额已达到1.21万亿美元①。在全球经济大发展的背景下，我国的服务外包发展同样十分迅速，2012年，我国服务外包企业的承接离岸服务外包执行额已达到336.4亿美元，占同期全球离岸外包市场的27.7%，中国已成功跃升为世界第二大服务外包承接国②。另一方面，服务业外包业务的发展带来了其市场结构的变动，最基础的技术层面上的外包业务，已然无法适应新时代的发展要求，全球服务外包开始逐渐转向层次高、技术水平高的业务流程服务外包业务。借鉴美国和印度信息服务外包的发展经验，中国应充分利用国际产业结构变化的良机，进一步推进本国服务外包结构的转型升级，在主动把握服务外包发展机遇的同时，应积极鼓励开展国际现代服务外包业务，进而达到促进服务贸易增长、提高国民经济发展水平的终极目的。

（三）重视信息技术人才的培养

伴随着科学技术的不断发展，现代服务业在"质"与"量"上已向各国的信息技术人员提出了新要求。国家的信息技术人才，既要满足新时代的发展需要，具备高知识、高水准的信息技术从业水平，也要在数量上达到国内外的需求。因此，我国政府应加大对信息服务业人才的重视与培养，从多方面开发相关人力资源；同时，不断完善信息技术教育体制，在各地设立信息技术或相关专业的大学、学院、专科，甚至是私立院校，并将大学、学院及其他科学技术研究性组织结合到一起，从而形成一个庞大的教育网络，便于日后更好地传播信息技术知识、提高信息技术教育质量。同时，应促进政府与企业、企业与学校间的良好合作，通过制订合理的信息技术人才培养计划，来定向培养学生。例如，印度信息技术协会就是由政府和企业共同发起，由印度政府单独拨款建立的，针对不同学历的计算机、软件工程专业人才，开设六周到六个月不等期限的课程，以达到培养专业信息技术人员的目的。

三、我国现代服务业发展现状

伴随着我国经济体制由计划经济向市场经济的转变，服务业的收入产值不断地提高，服务业得到了快速发展。从1978年到2012年，我国服务业的增加值由872.4亿元增长到231 406.5亿元，34年间增长了近264倍③。我国的产业结构之间也有了明显变动，服务业占GDP的比重呈现逐年上升趋势。2021年，我国的GDP总量是114.37万亿元，其中，第三产业增加值高达60.96万亿元，增加值比重为53.3%，同比名义增长10.5%，扣除价格因素实际增长8.2%。可以看出，在三次产业构成方面，第三产业在国民经济中

---

① 数据来源：姜文杰.国际服务外包的发展趋势与我国的承接对策［J］.现代经济，2007（12）：37.
② 数据来源：中华人民共和国商务部.中国已跃升全球第二大服务外包接包国.
③ 数据来源：中华人民共和国国家统计局.2013年中国统计年鉴［M］.北京：中国统计出版社，2013：48.

占有绝对地位①。

（一）我国现代服务业的经济占有量持续上升，但比例依然偏低

服务业增加值占国内生产总值的比重自1978年以来一直呈现增长态势，到2021年达到609 679.7亿元，占GDP的比重为53.3%，比1978年上升了大约30个百分点（28.7%）。同时服务业在2021年的增长速度（0.082）快于同期GDP增长速度（0.081），中国已进入服务经济时代②。除了占GDP的比重增长迅速外，服务业劳动生产率也有了快速提高。服务业劳动生产率从2001年的2.27亿元/万人稳步提升至2020年的15.47亿元/万人，年均增长率达到10.74%，而且在2008年金融危机后，中国服务业劳动生产率呈现加速上升趋势③。

除了服务业整个行业的增加值在不断增长外，由《中国第三产业统计年鉴（2021）》可知，2021全年第三产业实现较快增长。分行业看，信息传输、软件和信息技术服务业，住宿和餐饮业，交通运输、仓储和邮政业增加值比上年分别增长17.2%、14.5%、12.1%，保持恢复性增长。全年全国服务业生产指数比上年增长13.1%，两年平均增长6.0%。12月份，服务业生产指数同比增长3.0%。1—11月份，规模以上服务业企业营业收入同比增长20.7%，两年平均增长10.8%。12月份，服务业商务活动指数为52.0%，比上月上升0.9个百分点。其中，电信广播电视及卫星传输服务、货币金融服务、资本市场服务等行业商务活动指数保持在60.0%以上较高景气区间④。服务业持续恢复，现代服务业增势良好。

但从总量看，2021年我国服务业增加值占GDP的比重为53.3%，但这一比重不仅低于美国、日本等发达经济体，也低于一些发展中国家。国际经验表明，进入工业化后期的国家和地区，服务业占比至少要达到65%左右，成为主导产业，其中生产性服务业占比至少要达到40%左右。从这点看，我国服务业发展仍有巨大增长潜力，短期对经济增长可带来巨大拉动力，中长期来看则对经济转型升级有重大意义。

（二）现代服务业发展呈现区域性发展

伴随着城市化的发展带来产业聚集，我国服务业和现代服务业同样呈现集群发展态势，特别是金融行业、物流行业、信息技术行业等现代服务业相对集中的地区，如北京、上海、深圳等特大城市。从区域分布来看，在现代服务业的规模发展中区域差异显著，按东、中、西地区发展规模依次递减，现将现代服务业按区域布局分为三类：第一类为国际水准的大都市，如北京、上海。这部分地域的现代服务业不仅发展成为了当地的经济核心，其发展水平也要比我国其他城市或地区高得多。上海作为我国最重要的经济中心，凭借其优越的地理优势，使全球10大物流企业和50家船舶公司成功入驻，体

---

① 数据来源：国家统计局.中华人民共和国2021年国民经济和社会发展统计公报.
② 注：根据富克斯（V.Fuchs，1968）的研究，服务经济的典型特征之一就是服务业产出超过总产出的一半以上.
③ 数据来源：巩师恩，薛岩彤.双循环视角下我国服务业发展研究［J］.当代经济，2022，39（05）：29-35.
④ 数据来源：国家统计局.中国第三产业统计年鉴（2021）［M］.北京：中国统计出版社，2021.

现了其在现代物流业中的巨大优势。北京则以金融业、软件信息服务业及高端研发服务业的突出发展，体现其在现代服务业发展中的优势。由北京市发展改革委正式发布的《北京市"十四五"时期现代服务业发展规划》中提到，"十三五"以来，北京市加快推动现代服务业高质量发展，率先形成"双80%"服务经济发展格局。2020年北京服务业增加值、税收贡献、吸纳从业人员占全市的比重均在八成以上，现代服务业增加值、税收贡献、吸纳从业人员占服务业的比重均在八成左右[①]。第二类是我国的临海城市或地域，包括辽宁、天津、山东、江苏、浙江、福建、广东等省市。这些区域凭借水利资源丰富，水运运输方便、快捷的优势发展城市经济，使城市化建设不断完善，进而促进地方的产业集群发展，令工业化和信息化程度具备较高水平。目前，沿海城市的服务业已具有一定规模，现代服务业也已经成为今后发展的关键。第三类为我国其他地区。这些地区从总体看来发展较为滞后，不过其中的部分城市具有较好的发展基础，如重庆、武汉、西安等地，现代服务业的发展将有待增长。

（三）现代服务业的就业比重有所增加

随着国民经济的发展，我国服务业的就业贡献日益显著。2008年我国服务业吸收的就业人口数为25 087.2万人，在三大产业就业人数排名中位列第二，仅次于第一产业，此后，服务业的就业人口以年均650.7万人的增长量逐年上升。2011年，我国服务业以27 282万的就业总人口赶超了农业。截止到2021年，全国就业人员中，第一产业就业人员占22.9%，第二产业就业人员占29.1%，第三产业就业人员占48.0%，我国服务业的就业人数已上升至35 833万人[②]。

现代服务业是高度发达的服务业产业结构升级的结果，伴随着国民经济发展水平的提高，现代服务业在就业中里发挥着越来越重要的作用，特别是能够吸收高知识型、高技术型的就业岗位，对我国的就业做出了重要贡献。目前，尽管国内制造业面临下行压力，但由于服务业特别是新兴服务业增长快，拉动就业增加作用明显。尤其是自2019年以来，中国的城市化正在转型，多中心、多层次形成的城市群带来城市化。城市化的典型表现为人口集聚，人口集聚带来服务业扩张，进而带来就业增加。我国新产业、新业态、新模式继续较快发展，各种灵活就业模式吸纳了许多劳动力就业。据国家统计局发布的数据显示，2021年我国灵活就业人员已经达到了2亿人左右。据调查，一些平台外卖骑手有400多万人；平台上的主播及相关从业人员有160多万人，比2020年增加近3倍[③]。由此得知，我国现代服务业的就业地位正在持续上升，并且已远超传统服务业，成为带动第三产业就业率的重要动力。

以上数据均显示，现代服务业对促进经济增长、提高就业率等都发挥着重要的作用。作为新的经济增长点，现代服务业已经成为一个重要标志，它能衡量国家或地区的

---

① 数据来源：北京市发展与改革委员会.北京市"十四五"时期现代服务业发展规划.
② 数据来源：人力资源和社会保障部.2021年度人力资源和社会保障事业发展统计公报.
③ 数据来源：人力资源和社会保障部.2021年度人力资源和社会保障事业发展统计公报.

经济现代化、竞争力以及国际化。现代服务业在中国经济中的地位不断提高，对中国经济发展的影响不断扩大，因此现代服务业的发展得到我国中央以及地方政府的高度重视，也使得对现代服务业发展的研究成为我国学术界关注的热点。按照中央对2035年远景目标的总体部署，作为现代产业体系重要组成部分的现代服务业必须有明确的战略定位和发展任务，努力从服务业大国迈向服务业强国，实现服务业现代化的宏伟目标。要实现这一宏伟战略目标，必须向数字化、智能化、平台化、标准化和品质化转型升级，必须发挥市场机制的决定性作用和更好地发挥政府宏观调控作用，激励服务创新，促进产业融合，推动产业集聚，深化服务业改革，扩大服务业开放。

 思考与练习

1. 请围绕服务业概念的演化，画一幅思维导图。
2. 现代服务业的特征有哪些？
3. 现代服务业的演化机制是怎样的？
4. 目前对现代服务业主要分类有哪些？
5. 现代服务业有哪些功能？
6. 小组讨论题：请检索相关文献，列举出关于服务业成因还有哪些书上没有提到的理论与观点？

第二章　现代服务业与经济增长

本章导读

20世纪60年代，随着世界经济不断增长，在全球经济和社会大发展的浪潮里，服务业产值开始呈现快速高涨的趋势。其中发达国家率先开始转变经济发展大方向，致力于提高服务业占国内生产总值的比例以及其就业率。到了80年代，纵观世界经济的总架构发展态势，"服务经济"已渐渐取代"工业经济"，因而，发展第三产业成为了世界各国共同的经济目标。自20世纪90年代起，高新产业飞快成长，互联网和电子商务的广泛应用赋予了现代经济对知识的更高要求，以非物质、生产与消费同时、不能储存和不能贸易为特征的传统服务业已然无法满足新时代发展要求。当今服务业，在全球经济趋于服务化大背景下，内部结构发生了显著变化，随着信息产业技术的日益更新，生产性服务业作为现代服务业的核心从传统服务业中迅速分离出来，成为了当下经济的支柱。

第一节　经济增长的理论与现实

经济增长理论根植于世界经济发展现实之中，试图阐释经济现象背后的一般性规律。时代在发展，经济增长理论也在不断修正与突破。纵观世界经济发展历程，19世纪开始，全球经济开启，整体呈现上升趋势。在此进程中，伴随着工业革命的发生、经济危机现象的出现，有的国家经济增长速度较快，顺利步入高收入国家的行列；而有的国家增长速度缓慢甚至停滞，陷入"贫困陷阱"或"中等收入陷阱"。第二次世界大战后，随着世界经济形势的变化，经济学的研究中心也从英国转移至美国，经济增长分析又重新回到了舞台中央。伴随着工业革命的产生、新经济危机的出现等，新经济增长现象也不断涌现。这些新现象的出现，也给经济学家们带来了新的机遇与挑战。经济学家们在传统经济增长理论的基础上开始从多元视角加以研究，经济增长理论在此期间开始复兴。特别是从20世纪80年代开始，现代经济增长理论呈现出百花齐放的局面，在此介绍本世纪经济增长理论的主流观点。

一、制度决定理论

尽管新经济增长理论或内生经济增长理论突破了新古典增长理论的局限,强调了技术进步和知识的内生化,但是在该理论中,制度仍然作为外生的因素,不被研究者们认知。为此,新制度学派提出制度问题实际上是经济增长现象的根本原因,不应该被排除在外充当外生变量。

圣保罗和维迪尔(Saint-Paul and Verder,1993)、本阿布德(Benabou,1996)、利泽里和佩尔西科(Lizzeri and Persico,2004)等提出制度的民主化会带来教育和公共物品的再分配,从而促进经济的增长。制度的民主可以通过限制盗贼独裁者,减少社会冲突,避免垄断暴利行为来促进经济增长。相关的研究,阿西莫格鲁等(Acemoglu and Guerrieri,2008)也提出从长期的角度来看,民主可以避免市场进入门槛的产生,从而促进市场竞争,带来经济增长。尽管短期内民主可能会由于重新再分配的原因,造成一定的经济混乱,但不可否认的是制度对于经济增长的长期影响确实存在。

影响经济增长的制度包括财产权保护制度、自由市场制度、宏观经济制度、知识产权保护制度等。这些制度非常重要,尤其是当它们可以影响到经济行为动机的时候,比如财产权制度的确立使得企业家拥有投资物品、开发人力资本的动机和引入外部先进技术的动力;还比如宏观经济制度可以帮助资源分配到高效率的地方,决定谁可以攫取最终的剩余价值。此外,实证研究表明,当市场失灵时,资源的分配将不够高效,而只有那些拥有优秀制度(鼓励要素积累、创新和资源高效分配)的国家才会继续繁荣(Acemoglu,2001)。

阿西莫格鲁等(Acemoglu,2005)通过运用准自然实验法,结合南北朝鲜、欧洲殖民化(15世纪时期)两段历史数据,发现社会选择、制度与经济增长三者具有互动效应:不同的社会选择将决定不同的经济制度,从而带来不同的产出。正因为不同的集团及个人得益于不同的经济制度,所以他们在进行社会选择时会存在利益矛盾,最终以政治力量较高的一方获胜而结束,而决胜出来的政治分布又将决定制度和资源的分配。制度通过决定经济行为的目的和边界约束,最终影响经济的产出。该研究通过建立动态的理论框架,将制度和资源分配作为国家的两个变量。其中,制度变量本身由社会选择决定(拥有政治力量的集团会不断改变制度来提高自己的权益),同时它又影响到资源分配这一变量。该研究发现,当制度能够保证权力掌握在保护财产权的政治集团手中,当资源分配能够创造有效制度来约束掌权者权力时,当掌权者对非掌权者收取较少的租金时,此时的制度将有利于经济的发展。进一步地,阿西莫格鲁(Acemoglu,2015)通过运用数据控制动态变量,发现民主对于GDP的多少有直接影响,对社会不平等问题也有间接影响力。民主制度通过影响政府税收来直接影响GDP,该结论具有普适性。民主制度对于社会不平等问题的影响尽管没有直接证据,但他们发现民主制度与学校数量的增加和产业结构转变的速度有直接关系,民主可以通过上述两方面来间接影响社会平等问题。此外，该研究进一步说明民主对于资源再分配和社会不平等的影响有可能并非世界各异，他们发现所有的精英社会都存在扩大社会不平等的可能。值得注意的是，产业结构的转变可以通过提供更多的社会工作机会来抵消这种不平等的现象，因此要分析社会不平等问题需要一分为二地考虑分析。

佩尔松和塔贝利尼（Person and Tabellini，2009）探究相邻地方的民主变化情况，测量了国家首都的民主对于经济增长的影响，并用相邻国家的民主数据来内生化民主到非民主的变化过程。迈尔森（Myerson，2015）把焦点聚焦在民主的扩散效应上，他发现民主制度的扩散对于经济增长有更强、更普适的解释。阿西莫格鲁（Acemoglu，2019）也做了类似的工作，通过观察过去50年世界上民主制度的扩散来测算民主对于经济增长的影响，发现民主制度对于经济增长确实有促进作用，国家从非民主制度向民主制度转变将导致未来25年人均GDP约20%的增长，并且该效用不依赖于国家的初始经济发展水平。另外，该研究引用民主制度的"区域波"概念，指出民主制度会在本身国家的附近区域扩散，巧妙地将民主制度限制在同一个区域内传播，进而发现制度转变对于经济增长的积极影响。

新制度学派的研究还在继续，关于制度研究的争议也一直存在，罗德里克和瓦齐亚格（Rodtik and Wacziarg，2005）、佩尔松和塔贝利尼（Person and Tabellini，2008）、贝茨、费亚德和霍夫勒（Bates，Fayad and Hoeffler，2012），用标准的面板数据得出民主对经济增长有促进作用的结论。但是布克哈特和刘易斯贝克（Burkhart and Lewis Beck，1994）、塔贝利尼和吉亚瓦兹（Tabellini and Giavazzi，2005）用同样的数据却得出相反的结论。不同学者运用不同研究方法和量化手段，不同学者研究不同时期、不同国家的不同经济问题，从而得出完全不同的研究结论，但不可否认的是制度决定理论已然成为增长理论中的一个主流观点。

二、结构转变理论

随着增长理论的发展，研究人员逐渐关注到，现代经济增长伴随着一个重要的特点或影响因素，那就是：生产要素从较低报酬率的农业部门，向较高报酬率的工业、服务业部门的转移。持续的经济增长与产业结构转变之间的关系得到了重新认识，新世纪有关结构主义的理论逐渐兴起。

在经济增长理论的研究中，不可避免地要回答一个问题——卡尔多定律。卡尔多定律（Kaldor's Law）是由英国剑桥学派经济学家尼古拉斯·卡尔多（Nicholas Kaldor）在1966年提出，他认为GDP增长与制造业产出增长高度正相关，其本人也积极倡导"制造业是经济增长发动机"这一观点。尽管后来的学者，如孔萨穆特、丽贝洛、谢（Kongsamamut，Rebelo and Xie，2001），强调了不同产业部门在经济增长中的不同作用，但结论大多都赞同卡尔多定律。然而，事实情况却是现代经济增长呈现出服务业占比增加、制造业占GDP比重逐渐降低的特征。

阿西莫格鲁和圭列里（Acemoglu and Guerrieri，2008）通过运用美国的产业数据，将美国的产业部门分为两类：一是重资本部门（即制造业部门），一是轻资本部门（即服务业部门）。他们发现在经济增长过程中，资本在上述两部门之间的分配比例有所不同，随着资本的不断深化，会产生一种非均衡的经济增长模式——即资本深化使得依赖资本的制造业部门产出增长较服务业部门快，同时资本和劳动要素在"悄悄"转移到服务业部门，最终的结果是服务业部门占比逐渐提升和制造业部门占比逐渐下降。

从需求方面，可以很好地解释这种变化，根据恩格尔定律，随着家庭收入的增加，家庭收入中（或总支出中）用来购买必需品的支出份额逐渐下降。随着经济增长，非制造业部门的产品需求日益增加，从而带来该部门占 GDP 的比重逐渐增加。此外，两种部门商品的边际替代率随着经济的发展也开始出现变化，这也是导致这种非平衡的原因之一。

从供给方面，最早鲍莫尔（Baumol，1967）率先提出两部门的生产率差异造成了这种"此消彼长"的格局。研究发现，造成这种不均衡的原因是两部门资本—劳动比率对于生产力提高的效率差异，在制造业部门资本—劳动比率的提高可以带来生产力较大幅度的提高，从而导致制造业部门产出的增长快于服务业。而研究人员通过实证经验发现伴随这一现象的是，服务业劳动就业率的上升，使资本和劳动要素在不断地向服务业转移，从而带来服务业的发展壮大。这种现象与上述非均衡的特点高度一致，理论和实证都验证了产业结构升级与经济增长确实息息相关（Acemoglu and Guerrieri，2008）。

此外，汉森和普莱斯考特（Hansen and Perscott，2002）发现经济增长得益于企业为了应对技术进步而采取向轻资产方向过渡的行为，这种过渡行为一般都伴随着工业革命或者技术变革。该研究指出，在规模收益递减的"马尔萨斯阶段"，固定量的土地作为主要的生产要素，因其边际效用递减，人口的增加将会带来人均收入的减少——也就是著名的"马尔萨斯陷阱"。而在规模收益递增的"索洛阶段"，知识和技术的进步将带来商品的变革，逐利的企业促使生产要素从依赖土地的重资产部门逐渐转移至依赖"知识技术"的轻资产部门，从而带来经济的腾飞。这种从马尔萨斯到索洛阶段的"惊险一跃"依赖于技术革命的到来，这种腾飞在产业结构上的表征就是重资产部门向轻资产部门的转变。

三、人口过渡理论——"统一增长理论"的诞生

最早，卢卡斯（Robert Lucas，1988）提出将人力资本引入经济增长模型，强调人力资本是"增长的发动机"。21 世纪以来，以俄德·加勒（Oded Galor）为代表的经济学家继续沿用人口过渡的思路，探究人口过渡在经济增长过程中所起到的作用。与卢卡斯不同之处在于，俄德·加勒等人揭示了人口过渡与技术变革之间的互动性：技术进步可以提高家庭人力资本的回报，从而带来家庭的"取舍"——父母愿意牺牲子女的数量来换取子女的质量。也就是说，家庭会选择少生育而努力提高子女的人力资本水平，来赚

取更多的回报。当家庭的人力资本水平提高时，这又进一步促进了技术进步，从而带来经济加速增长，两者之间有相互促进的正向激励作用（Galor and Moav，2002）。

上述"取舍"的概念最早被格莱雷·贝克（Grary Becker，1981）提出，他率先将家庭的生育行为引入经济学的分析框架：家庭生育等价于购买孩子这一"商品"，家庭不仅可以购买孩子的数量，而且还可以购买孩子的质量，即人力资本水平，二者都可以带来效用。而购买孩子的数量和质量又分别需要支付养育成本和教育成本，家庭生育行为就转化为在预算约束下，通过选择消费、孩子的数量、孩子的质量这三项，实现自身效用最大化的经济理性的行为。后人关于生育率选择的研究，大多从这一角度进行分析。

戴维·N. 韦尔和俄德·加勒（David N. Weil and Oded Galor，2000）进一步探究了经济转型和人口发展的过程，他们把西方工业化国家的经济发展史按照人口和经济增长的模式分成了三个典型的阶段：人口增长缓慢、技术进步缓慢、人均收入长期维持在低水平的"马尔萨斯"时期；人口快速增长、人均收入快速增长的"后马尔萨斯"时期；以及人均收入稳定增长、技术稳定增长，而人口增速与人均收入负相关的"现代增长"时期。不同于索洛模型和内生增长理论的传统分析方法，加勒（Galor）等将生育率引入增长理论模型，考虑生育行为数量和质量的"取舍"，从而揭示人口增长对于经济增长的决定作用。该研究成功地将马尔萨斯、后马尔萨斯和现代持续增长三个时期放在一个分析框架，提出了"统一增长理论"。该理论的关键假设是技术进步可以提高教育对人力资本积累的作用，这一点与卢卡斯（Robert Lucas，2002）的观点如出一辙。

微观研究方面，德维鲁和萨尔瓦内斯（Devereux and Salvanes，2005）、安格里斯特（Joshua D. Angrist）、拉维和施洛瑟（Angrist, Lavy and Schlosser，2010）、钱颖一（Qian，2017），分别运用挪威、以色列、中国的数据，探讨了死亡率的决定、人口的增加和人力资本的形成机制，同样发现人口结构与经济增长的相关联系。由此可见，"统一增长理论"与新古典增长理论和内生增长理论最大的不同在于人口增长的内生决定。通过内生人口要素，探究生育率在经济转型中的作用，该理论很好地解释了西方工业化国家发展过程中人口和经济增长模式的转变过程，这对正在经历工业化的发展中国家具有重要的借鉴意义。此外，"统一增长理论"涵盖地理因素、历史事件以及教育、人口、文化等多种因素的变化对经济增长的影响，为学界提供了一个综合分析框架，对未来研究经济增长具有重要的导向作用。

尽管上述三种主流学派已经将经济增长的背后原因逐步揭示，但有学者指出用上述单一的理论来分析经济增长是错误并且荒谬的，经济增长应该是不同因素变化的共同结果（Cervellati et al.，2017）。比如，制度与人口结构两种因素应该结合在一起观察，切尔韦拉蒂等（Cervellati et al.，2017）研究表明制度的民主化是人口转型的结果，正是因为人口结构转变改变了精英的利益和分配，精英对政治话语权的迫切渴望促使了制度变革。反过来，制度的民主化又进一步加速人口结构的转型。制度变化改变了人们对选举权的预期,导致人们在孩子出生选择和教育投入支出上产生变化,进而影响到人口结构的转变。综上,经济增长是一个复杂的过程,需要从多种角度分析,才能无限地接近增长背后的真正动因。

第二节 现代服务业与经济发展

我国经济发展模式随着进入"新常态"阶段,开始进行一系列转变,更注重高质量的可持续发展。服务业的发展与我国经济发展状况紧密相连,发展服务业是调整产业结构的关键,以现代服务业发展为导向促进经济发展方式转变是转变我国目前经济发展方式的必要手段。坚持科学发展的核心和重点,就是要以转变发展方式为主线,重视产业结构的调整,促进产业结构更加协调合理,经济得以持续、稳定、均衡发展。只有发挥现代服务业在国民经济运行中的润滑剂、离合器和催化素的作用,才能使产业结构更加合理、更加协调,才能加快科技进步和创新,推进资源节约型和环境友好型的社会建设,提高群众的生活水平和改善群众的生活质量,营造舒适、和谐、生态的生活环境。

一、服务业是基础产业

服务业是基础产业,这是服务业的本质和多功能所决定的。第一,它是社会存在的基础,没有服务业,就没有生气和活力,就失去了城市的魅力和生活的乐趣。第二,它是国民经济运行的基础,不仅为产品提供市场,更重要的是借助服务让商品走进市场、走向全国,促进地区之间、国与国之间的经济交流,国民经济各部门的分工和合作,实现合作共赢和可持续发展。第三,它是城市生活的基础,是城市活力和竞争力的具体表现。城市之间的竞争,不仅表现为生产能力的竞争,不是按 GDP 的排位,而更集中地表现在服务能力的对比,表现为服务能力、服务水平和质量之间的竞争。第四,它是宜居生活的基础,通过提供商品和服务,营造平等交换的社会关系,营造和谐的生活环境,达到保障和改善民生的目的。第五,现代服务业已成为现代化生产和现代化生活的标志和内容,未来的竞争,不取决于产品的竞争,而取决于服务业发展水平的竞争。它可以促使现有产品更新换代,推进创新和发明,创造更多适应现代生产和生活需要的新产品。没有现代服务业,就没有现代化生产和现代化生活。

二、服务业是创造价值的产业

服务业不仅实现产品价值、创造价值,而且是创造社会价值的产业。如果说生产创造产品价值,满足消费的专一需求,而服务业创造的是社会价值,它创造的是公共产品、公益事业、公共福利,惠及社会所有群众。服务创造的价值,不仅表现在单一的、专业的服务上,而且更多地表现为服务的社会化、公益化和公共化。它的价值既有单一的,也有社会的;既有现实的,也有未来的;既有显在的,也有潜在的。它的效果是社会性、潜在性和不可预测性,像文化教育、卫生医疗、社会福利、金融保险等,收益的不仅是参与者本人,而且是关系到未来社会健康、协调、稳定发展的大问题,完全是全局性的、社会性的和长期性的。要以战略的眼光对待现代服务业的发展,不要把它作为一产、二产的附属,处于可有可无的地位。生产发展到一定阶段,市场也成为决定因素,服务业就成为生产发展的瓶颈,直接制约着生产的发展、生产水平的提高,制约着生产的规模和效益。生产的扩大是按数学级数,可以通过扩大供应范围,增加产品数量,促进社会供求的平衡;而服务业的发展是一个几何级数,它可以改变观念,提高素质,促进发明,产生连锁效应、规模效应,影响是潜在的、未来的、长期的。

三、服务业是强国的产业

在国际市场上,国与国之间的竞争,表面上是产品的竞争、企业之间的竞争、争夺市场的竞争,其实质是现代服务业发展的竞争。从生产大国走向生产强国,从贸易大国走向贸易强国,其关键不在于生产本身的发展和产量的提高,而在于现代服务业发达的程度。世界银行数据显示,国家收入水平越高,服务业在 GDP 中的占比越大。2017 年,高收入国家服务业在 GDP 中占比为 69.8%,2019 年中高收入、中等收入、中低收入国家的占比分别为 55.7%、54.7%、50.6%。服务业在 GDP 中的占比提高,相应地提高了服务贸易在 GDP 中的占比[①]。据世界银行统计,2019 年我国服务业增加值占 GDP 的比重为 53.92%,比 2008 年的 43.4% 增加了 10.52%,但仍低于 65.04% 的世界平均水平。从生产大国到经济强国,都要经历经济发展方式的转变过程,从生产起步,从发展生产着手,从而奠定一定的物质基础,提供丰富的产品,并走进生产大国的行列。但要成为生产强国,必须借助服务业的发展,借助贸易、营销和市场的开拓,才能成为经济强国。没有现代服务业的发展,既不能创新,也没有发明;既无法实现产品的价值,也谈不上提高产品的附加值,更不能实现产品、服务双出口。我国虽然是出口大国,但 2021 年中国服务贸易总额为 52 982.7 亿元,折合美元为 8200 多亿,是美国服务贸易金额(13 015.91 亿美元)的 63% 左右;而且我国对外服务贸易整体为逆差 2112.7 亿元人民币(超过 300 亿美元)[②],距离经济强国之梦的实现还有很长的路要走。

四、现代服务业是跨越中等收入陷阱的跳板

2021 年,我国经济总量超过 110 万亿元,占全球 GDP 的比重继续提高,人均国内生产总值(GNI)有望超过 1.2 万美元,高于中等偏上收入国家 9074 美元的平均水平[③],

---

① 数据来源:赵瑾.新冠肺炎疫情危机后全球服务贸易发展的十大走势与中国机遇[J].财经智库,2020,5(05):105−118+143.
② 数据来源:美国经济分析局(U.S. Bureau of Economic and Analysis)数据库公开资料.
③ 数据来源:国家统计局网站.中华人民共和国 2019 年国民经济和社会发展统计公报.

接近世界银行的高收入国家门槛。然而,从拉美国家的教训来看,跨越中等收入陷阱的桎梏并不容易打破,一旦失败,将困在中等收入阶段长达几十年,社会发展和居民福利水平都将面临巨大损失。"中等收入陷阱"概念最初由世界银行在《东亚经济发展报告(2006)》中提出,该报告指出,"中等收入陷阱"是"既无法在人力成本方面与低收入国家竞争,又无法在尖端技术研制方面与富裕国家竞争"的中等收入经济体所处的"陷入了经济增长停滞期而无法成功跻身为高收入国家"的一种发展状态。是否会进入"中等收入陷阱"值得所有人重视,而中等收入阶段的服务业升级,正是跨越"中等收入陷阱"的一大关键着力点。

改革初期我国实施赶超战略,充分利用劳动和资源优势,用较短的时间缩短与世界强国的距离,这是正确的,也是必要的。但从长远发展来看,要跨越"中等收入陷阱"既不能拼资源,也不能拼劳力,而要依靠技术创新和现代服务业的发展。通过技术创新,促进原材料的节约、新材料的应用,提高效益,降低成本。而现代服务业的发展,不仅有助于劳动者素质的提高、产品质量的改善、市场的扩大和开拓,而且开拓新的服务领域,增加服务产品的出口,提高服务贸易在进出口的比重,以保持国民经济有效的增长和加强国际贸易中的优势地位,保证产品和服务双增长,实现国民经济新的飞跃。在世界经济复苏异常、贸易保护主义抬头的当下,贯彻落实中共中央政治局会议关于"推进先进制造业与现代服务业深度融合""促进形成强大国内市场,提升国民经济整体性水平"的战略部署,是有效应对外部环境深刻变化的关键之举。

五、服务业是富民的产业

服务业是一项实实在在的民生工程。第一,服务业集聚了大量的劳动力,是一支庞大的就业大军。2021年,全国第三产业就业人员35 833万人,在全国就业人员中占比48.0%[①]。第二,2020年经历了新冠肺炎疫情的冲击,全年我国国内生产总值首次突破百万亿大关,达到1 015 986亿元,第三产业增加值占比最多,为54.5%,创造了55.4万亿元的财富。2021年全国居民人均服务性消费支出10 645元,比2020年增长17.8%,增速快于全国居民人均消费支出4.2个百分点。人均服务性消费支出占居民消费支出比重为44.2%,比上年回升1.6个百分点,但仍比2019年低1.7个百分点,市场潜力巨大。第三,是城市化的必然选择,特别是由于商业服务业进入门槛低,投入成本少,技术要求不高,在扩大城市人口比重、实施农业人口进入城市就业中,商业服务业是最佳选择。第四,服务业作为富民优民的产业,重在打造舒适的生活环境和周到的生活服务,不仅是现代居民生活内容的延伸,还解决了许多社会福利无法解决的社会问题,包括家政、婚丧喜庆、托儿养老、送餐代购等。第五,服务业特别是现代服务业,包括文化、教育、科技、各种类型的培训等都立足于引进现代科学文化,传承优秀传统,传授技巧

---

① 数据来源:中华人民共和国人力资源和社会保障部. 2020年度人力资源和社会保障事业发展统计公报.

技能，在于不断提高就业人员的素质、文化修养。

六、加快商贸业转变发展方式

发展现代服务业是商贸系统实施转变发展方式、调整发展战略的一项重大措施。卖商品也卖服务是现代商业经营的特点，在实现商品价值的同时，实现服务价值。在商品丰富的时代，市场表现为商品同质化、经营雷同化、竞争白热化，市场竞争更集中表现为服务理念、服务质量和服务方式的发展，表现在购物环境、购物安全和购物感受的竞争，取决服务，决胜服务。

随着我国供给侧结构性改革的深入推进，现代服务业快速发展，产业规模日益壮大。现代服务业是一个系统工程，既有社会服务，也有家庭服务；既有生产服务，也有生活服务；既有公共服务，也有个人服务；既有低档次服务，也有高层次服务。整个服务体系支撑着社会生活和生产的正常运行。发展现代服务业，无论是对培育经济增长新动能促发展，还是对壮大第三产业调结构，抑或是对创造就业岗位惠民生，都具有积极意义。

第三节 现代服务业对区域经济增长的影响

随着服务业发展规模的扩大，其内涵、结构也在发生变化，现代意义上的服务业变得越来越重要。现代服务业的发展水平是衡量现代社会经济发达程度的重要标志，加快发展现代服务业，是推进经济结构调整、加快转变经济增长方式的必由之路；现代服务业对经济的促进作用是显而易见的，研究现代服务业对区域经济增长的影响具有现实意义，现代服务业可以在很大程度上促进区域经济增长，实现区域协调发展，进而推动我国经济稳定快速的发展。在服务经济时代，现代服务业发展的差距就是经济发展的差距，影响着一个地区或城市经济社会发展的兴衰与成败。一个产业的发展对经济增长的影响一般都可以体现在两个方面：一是该产业是如何影响经济增长的；二是该产业内各个行业是如何影响经济增长的。

一、现代服务业发展水平对区域经济增长的影响

现代服务业的发展水平不仅能够反映产业结构，也能够反映出经济的发展趋势，而区域经济增长反映区域经济总体运行状况，并体现了一个区域经济实力和发展水平。现代服务业直接影响到区域经济增长并且相互作用，在经济发展到一定阶段，服务业的快速发展，将优化产业结构，使现代服务业获得较快的发展，进而促进社会生产的发展，提升区域经济增长。研究发现，固定效应和随机效应的拟合结果显示，新兴服务业增加值和GDP之间的相关系数均为正，即现代服务业的发展与经济增长之间存在正相关关

系，现代服务业的发展对区域经济增长具有较强的带动作用。通过逐步回归分析发现，现代服务业对东部地区经济增长的影响程度最大，对中部地区的影响次之，而对西部地区经济增长的影响程度最弱。

随着我国经济的不断发展，服务业也取得了较快的发展，是经济增长中发展最快的产业，占GDP的比重也是不断上升的。现代服务业是新形势下，顺应经济发展规律产生的，是我国经济增长的新引擎，是经济未来发展的动力源泉。同时也应看到，各地现代服务业增加值占国内生产总值的比重虽是呈上升趋势的，但占比比较少，在一定程度上会影响产业结构的升级，并影响到经济的资源配置，从而影响到经济的增长。

二、现代服务业各子行业对经济增长的影响

前文将现代服务业分为7个细分行业，要分析现代服务业对区域经济增长的影响，也必须分析每个细分行业对区域经济增长是如何产生影响的。其实现代服务业内各子行业不是单独发展的，各个子行业之间也存在相互促进与制约的关系，这种多维互动共同对区域经济产生影响。

（一）现代金融业对经济增长的影响

作为从传统服务业中衍生出来的现代服务业之一，金融业天然是服务业，包含银行、证券、保险、信托等金融机构为实体经济提供资金融通和资源优化配置的业务。金融业还是国民经济的晴雨表，也是经济增长的动力。金融业对区域经济增长的影响主要体现在三个方面：一是为区域经济发展提供物质支持。金融业的发展，可以满足区域内企业的融资需求，为企业提供充足的资金，用以扩大生产与经营，也为企业的创新与研发提供了条件，使企业能够创造更多的经济价值，进而促进区域经济的增长。二是通过建立金融机构来提高资源配置和经济发展效率。金融机构可以从企业贷款中获得佣金和利息，用以扩大金融行业规模，产生更多的可贷资金，这种循环的互惠互利发展模式，共同促进了区域经济的增长，为区域经济发展提供了有利的条件。三是金融业的产值直接影响区域经济总量。

在数字化与信息化的推动下，金融业生态环境发生了重大变革，银行、信托、证券、基金和保险行业的经营与管理模式发生了深刻变化，尤其是支付手段的革新为其他行业创新奠定了基础。金融业是双高行业，"高风险，高收益"，正是因为这一特征导致诸多问题的出现，很多投资人和投资公司在利益驱使下，存在投机心理，为金融风险的增加埋下了伏笔，政府应该针对金融业当前存在的问题，加强对金融市场的引导，将金融业的高收益扩大化，风险最小化，使金融业能更好地促进区域经济增长、缩小区域经济发展差距[①]。

---

① 刘婷.现代服务业对中国区域经济增长影响研究［D］.湘潭大学，2017.

（二）商业服务对经济增长的影响

商业服务是指为了维护组织运作所需要购买的一些服务，其中既包括个人消费的服务，也包括企业和政府消费的服务。近年来，依托云计算、物联网、人工智能、大数据等现代信息技术的迅猛发展，凭借推动实体经济转型、发展跨境电商、支持农村电商等一系列利好政策的持续发力，以及网上零售、网络订餐等新兴业态的不断"升温"，批发和零售业、住宿和餐饮业催生大量就业岗位，就业规模持续扩大，为我国经济实现高质量发展发挥着"稳定器"的重要作用。2020年全年批发和零售业增加值95 686亿元，比上年下降1.3%；住宿和餐饮业增加值15 971亿元，比上年下降13.1%。

批发零售业作为生产者和消费者的中间桥梁、商贸流通产业的重要组成部分，也是带动国民经济增长和促进消费繁荣的重要环节。随着互联网技术的应用、信用体系的建立和移动终端的普及，依托电子商务和移动互联网的新零售成为新型的服务业态，推动着批发和零售业的规模以指数型增长。据国家统计局发布的数据，网上零售额从2016年开始统计的51 556亿元，到2021年达到13.1万亿元，5年增长了2.3倍；其中，2021年实物商品网上零售额10.8万亿元，首次突破10万亿元，同比增长12.0%，占社会消费品零售总额的比重为24.5%，对社会消费品零售总额增长的贡献率为23.6%。目前，住宿行业已经形成高档酒店、中档酒店、经济型连锁酒店和旅店多种业态以及国有、私营、外资等多种所有制的多样化结构。受新冠肺炎疫情影响，2020年餐饮收入额虽然较上年下降了16.6%，但依然达到39 527亿元；2021年全国餐饮收入46 895亿元，疫情影响逐渐恢复。餐饮行业也形成了正餐、快餐、外卖、火锅、西餐、日料等多种形式的业态，以满足人民日益增长的美好生活需要。住宿和餐饮业正处在消费升级、行业结构再造的转型升级关键期。

（三）房地产业对经济增长的影响

人力资本、自然资源、技术等是经济增长的主要因素，而房地产就是自然资源中的土地衍生出来的行业，利用土地的非再生性，结合房产创造更多的价值。房地产对区域经济增长的影响体现在两个方面：一是房地产业直接影响国内生产总值。在当代中国，房地产业作为国民经济的重要组成部分，是我国的支柱产业，与中国经济增长密切相关，在整个国民经济体系中具有十分重要的地位和作用。2021年，房地产业增加值77 561亿元，增长5.2%，占GDP的6.8%[①]，产生了较高的经济价值，在推动城市建设、促进经济增长和提高居住生活水平等方面发挥着巨大的积极作用，对区域经济增长有深刻的影响。二是房地产业与其他产业息息相关。房地产业不仅是国家区域经济增长的主要推动力，也跟其他产业有密切的联系，根据有关统计，房地产直接或间接影响60多个行业，对行业发展具有很大的带动效应，例如房地产行业的发展可以促进钢铁、混凝土、玻璃等重要行业的发展。因为房地产业是一个可以带动多个行业发展的行业，可以

---

① 数据来源：国家统计局，中华人民共和国2021年国民经济和社会发展统计公报．

产生乘数效应，产生更多的经济价值，已经成为国民经济的基础性和先导性产业。房地产业是产业链较长、高产业关联度的产业，对许多上下游企业具有拉动作用，与其他产业形成了相互制约、相互依存的关系，对区域经济增长起到举足轻重的作用。还有一个跟房地产业有一定关联的产业，就是租赁与商务业，它也是经济增长的驱动力，一方面租赁与商务业与其他产业关联关系十分明显，具有带动效应；另一方面，租赁与商务业的发展促进了租赁市场的发展，不仅刺激了消费，而且还促进了服务业的升级转型，从结构层面促进经济增长，同时还可以集约用地，增加税收。

由于房地产行业的快速发展，其中的非理性房地产投资超过了经济发展水平和社会有效需求的能力，造成的投资热与结构的失衡，也带来一些对经济增长的负面效应。因为房地产业与经济增长是相互影响的，这种负面效应不仅阻碍了房地产行业的发展，而且对整个区域经济增长，以及金融市场都具有不良的影响，甚至危及整个社会的稳定。

（四）交通运输、仓储和邮政业对经济增长的影响

交通运输、仓储和邮政业均为公共物品，对于促进经济增长和区域合作更显重要。交通运输、仓储和邮政业是连接客流、物流、信息流的重要枢纽，是经济发展的基础，对区域经济增长起着非常重要的作用。我国交通运输、仓储和邮政业的增加值在 2013 年至 2019 年期间整体呈现逐年递增的趋势，但增速放缓。2021 年，我国交通运输、仓储和邮政业增加值 47 061 亿元，增长 12.1%[①]。作为现代服务业的重要组成部分，它的发展需要以其他的行业发展作为基础，同时它也可以反过来促进其他产业的发展，是社会生产和消费者双向服务的纽带。交通运输、仓储和邮政业作为联结社会生产、消费、交易等的桥梁，是衡量一个国家是否发达的重要标志，而区域经济增长是衡量一定区域范围内资源利用情况的重要指标，交通运输、仓储和邮政业是区域经济增长的重要前提条件，区域内其他行业的发展要受其影响。

（五）社会服务业对经济增长的影响

社会服务业主要包括文体、娱乐业及其他社会服务，按现行国民经济行业分类，包括新闻和出版业、广播电视电影和影视录音制作、文化艺术业、体育和娱乐业等五大类。随着人们收入水平的提高，在文化、体育和娱乐业等精神方面的需求也逐渐增加。特别是 20 世纪末以来，全球文化、体育和娱乐业已逐渐成为各国重要的经济增长点。随着我国改革开放的深入发展，文化、体育和娱乐业已从过去政府包办的公益性事业逐渐走上市场，以新兴的产业出现，成为经济的重要组成部分。近十几年来，中国的综合国力得到大幅度提升，成长为世界第二大经济体，经济实力的增强，使得中国文化影响力显著增强。随着国民经济持续性快速增长，"互联网+"的进程不断深化，人民对美好生活的需求日益品质化、个性化、高端化，国民对文化娱乐产品的消费意愿和能力均得到了快速的提升，旅游、文化、体育、健康、养老及教育培训等"幸福产业"蓬

---

① 数据来源：国家统计局网站

勃发展。截至 2021 年末，纳入统计范围的全国各类文化和旅游单位 32.46 万个，从业人员 484.41 万人；全国文化和旅游事业费 1132.88 亿元，比上年增加 44.62 亿元，增长 4.1%；全国人均文化和旅游事业费 80.20 元，比上年增加 3.12 元，增长 4.0%。2019 年全年国内旅游人数 32.46 亿，同比增长 12.8%，国内旅游总收入达 2.92 万亿元，同比增长 31.0%[①]。

（六）信息传输、计算机服务与软件业对经济增长的影响

近年来，随着移动互联网的快速发展，信息服务领域的技术创新进一步强化，传统的经济发展方式已经被改变。信息服务业包括信息传输服务业，信息技术服务业即软件业，信息内容服务业即计算机中的数字内容。信息传输、计算机服务与软件业并不直接作用于经济增长，而是通过影响其他产业来影响区域经济增长，该产业的兴起，使不少行业实现了自能操作，特别是制造业、金融业等行业，对其依赖作用日益明显。当前区域经济的发展也是以信息传输、计算机服务和软件业为纽带的新发展模式。以新技术为引领的相关服务业营业收入保持增长，2020 年 1 至 11 月份，规模以上高技术服务业、科技服务业和战略性新兴服务业营业收入增速分别为 12.0%、11.0% 和 8.6%。即使在全球经济潜在持续下降的背景下，我国信息传输、计算机服务和软件业仍保持良好的发展态势，产业规模的不断扩大、产业地位的显著提升，对区域经济增长的作用日益突出，有利于推动国民经济和社会信息化建设，带动了传统产业的改造升级，催生了一批高附加值、绿色低碳的新兴行业，为区域经济的增长提供了技术支撑。

随着信息传输、计算机服务和软件业不断向社会经济各个领域融合渗透，行业应用需求更加强劲，为区域内其他行业的发展提供了创新发展的可能，也改变了区域各行业传统发展的方式，也为区域经济提供了新的增长方式。随着产业结构调整的深入及高质量发展的推进，我国生产性服务业将呈现融合化、数字化的双重特点，生产性服务业与其他产业的边界将会越来越模糊。同时，新一代信息技术在促进生产性服务业高质量发展方面的作用会更加明显。

（七）租赁和商务服务业对经济增长的影响

租赁和商务服务业包括租赁服务业及企业提供的管理服务、法律服务、咨询调查服务等，是服务业的重要组成部分。该行业的发展是社会分工的结果，可以改变以往服务业的生产和经营方式，带动传统服务业的升级和改造，而且对区域经济的增长产生越来越大的影响。租赁和商务服务业提高了产业的整体劳动生产率，也有利于社会资源的优化配置，其作为产品的生产或其他服务业的市场化的中间投入，具有高人力资本、高技术和高附加值的特征，在现代服务业发展过程中，租赁和商务服务业可以支撑生产企业的连续经营，使企业获得持续发展，减少成本，提高生产效率，使得企业获得规模效益，从而促进区域经济增长。

---

① 数据来源：文化和旅游部网站

租赁和商务服务业作为现代新兴的生产服务业，是经济增长最为强劲、最为活跃的生产性部门，并具有高技术含量和高智力密集的特性，可以为区域经济增长提供技术和人才资源。2020年，我国线上购物、直播带货、网上外卖等新消费模式强势增长。根据国家统计局最新数据显示，2021年，全国网上零售额达13.1万亿元，其中，实物商品网上零售额首次突破10万亿元，达10.8万亿元。实物商品网上零售额占社会消费品零售总额的比重为24.5%，对社会消费品零售总额增长的贡献率为23.6%①。网络零售市场保持稳步增长，成为稳增长、保就业、促消费的重要力量。随着市场经济体系的不断完善，国际化程度越来越高，信息技术要求也越来越高，对租赁和商务服务业的需求也会越来越大，区域经济增长需要与国际接轨，加强区域竞争，发展租赁和商务服务业是有利的选择。

（八）科学研究、技术服务和地质勘探业对经济增长的影响

科学研究、技术服务和地质勘探业是国民经济的重要组成部分，是区域经济增长的技术源泉，为很多行业提供了技术支持。区域经济的增长离不开对区域内自然资源的开发与利用、对未来潜在能源的勘探、对相关技术与开发的研究。科学研究、技术服务和地质勘探业的发展，需要购进先进的设备、引进大量的科研人才和筹建较好的研究场所，这些都需要大量的资金投入。所以科学研究、技术服务和地质勘探业与区域经济增长存在一种相互促进的关系，科学研究、技术服务和地质勘探业可以促进区域经济增长，区域经济的增长要求科学研究、技术服务和地质勘探业更好的发展做支撑。

 思考与练习

1. 本世纪关于经济增长理论的主流观点有哪些？简述其代表人物及主要观点。
2. 结合你熟悉的某一产业或业态，阐述现代服务业与经济发展的关系是怎样的。
3. 现代服务业对区域经济增长产生了哪些影响？

---

① 数据来源：国家统计局网站

第三章 现代服务业发展规律与趋势

本章导读

服务经济的异军突起,是20世纪中后期世界经济发展的一个十分显著的特征。早在1989年,著名经济学家西蒙·库兹涅茨(Simon Smith Kuznets)就揭示了国民生产总值中最大的比例从第一产业转向第二产业,进而向第三产业转化的重要经济规律。世界经济发展的一个显著特点,就是服务业逐渐发展成为经济的主体。自20世纪60年代起,大部分西方发达国家服务业占GDP的比重已超过50%。1968年,美国著名经济学家维克托·富克斯(Victor·R.Fucks)在其名著《服务经济学》一书中宣称,美国在西方发达国家中已率先进入"服务经济社会",并由美国开始扩张到大多数西方国家。从农业经济向工业经济的转变具有革命性特征;而美国已深入发展,且在所有发达国家表现出来的从工业经济向服务经济的转变虽然缓慢,但从经济分析角度看同样具有革命性特征。在此后的几十年中,服务业在发达国家继续保持较快的发展速度,在整体经济中所占的比重稳定上升。受发达国家影响,发展中国家的经济"服务化"特征也明显增强。到目前,全球服务业占GDP的比重已超过60%,其中发达国家大多在70%左右,发展中国家也大多超过50%。服务业既是经济发展的主导力量和主要动力,也是衡量一个经济体发展水平的重要标志。

第一节 现代服务业发展阶段及功能

"现代服务业"是一个中国特有的提法,在当前中国的经济活动中,这一提法被政府文件、新闻媒体甚至企业业务发展规划广泛使用。而且在实践中,在人们使用"现代服务业"时,往往是对一些行业有所特指。"现代服务业"的"现代"实际上是一种相对的含义。它主要是指随着某种经济或社会活动中某项局部功能的需求不断扩大,以致专业化运作的成本优势和规模效应得以体现时,该功能就会从营运主体中分离出来,形成专业的服务机构,为需要该功能的营运主体提供服务。所谓"现代",主要是指作为营运主体的经济或社会活动部门的营运行为出现了新的变化,导致某项局部功能的作用也随之出现新的变化,从而使其独立为前所未有的专业服务机构而言。在农业时代,商业的分离在当时就是"现代服务业";在大工业时期,金融业的出现也是"现代服务业"。而今天,真正意义上的"现代服务业"应当主要是营运机构(企业与其他社会组织)内部管理职能的分离。这应当是继为企业的生产直接服务的"第一代服务业"(商贸业、仓储业、运输业)和为企业的生产间接服务的"第二代服务业"(金融业、保险业、广告业、租赁业等)之后的"第三代服务业"(理财业、物流业、咨询业、信息业、会展业、秘书业、保安业、物业管理业,等等)。第三代服务业的服务对象已不仅是"第一产业"和"第二产业"的生产部门了,也包括"第三产业"中的许多企业和单位。

一、现代服务业的发展历程

(一)萌芽期(从18世纪下半叶—第二次世界大战前)

尽管现代服务业中的许多行业在古代就已出现一些雏形,但真正作为一个行业的萌芽,是在工业革命机器大生产的推动下产生的。从18世纪下半叶开始的工业革命,实现了人类生产方式的伟大变革,使西方国家的社会、经济、文化实现了空前的繁荣,使企业规模不断壮大,企业的职能分工逐步细化,有一些职能就借助企业外部的服务力量来实现,促进了这些服务的产生和初步发展。咨询服务、广告服务、法律服务、租赁服务、会展服务等行业在这个阶段开始出现并有所发展。

除了上述各行业,现代服务业中的其他一些行业,如经纪服务、理财服务等也在这个阶段得以产生。经纪服务中出现最早的是商品经纪,后来又出现期货、保险、拍卖等经纪业务。理财业在这个阶段主要是投资银行的发展,18世纪后期,伴随着伦敦成为国际金融中心,投资银行业务开始在英国产生并发展。进入19世纪,美国的投资银行业务也开始出现,为企业提供融资筹资等方面的服务。

总之,工业革命推动了现代服务业在西方国家的产生及初步发展,但这个阶段毕竟是一个以工业生产为主宰的社会,现代服务业在这个时代里,只能在经济发展中处于边缘的位置,整个行业规模和影响力都很小,但却为第二次世界大战后各行业的全面发展奠定了基础。

(二)发展期(第二次世界大战结束—20世纪80年代)

第二次世界大战结束后,欧洲和日本在战后重建中获得了新的现代服务业的发展规律及经济学特征的发展,美国也把注意力从军事、战争转移到经济建设,世界经济在这段时间里平稳发展。对现代服务业中的许多行业来说,这一阶段是一些行业逐步实现产业化,发展成为一种社会公认的新兴行业的重要时期,不论是整个行业的规模、能力和社会贡献,还是行业内企业的规模和能力,都出现了极大的飞跃。

第二次世界大战后,美国出现世界上最发达的咨询市场。这一时期,会展业、律师业、理财业、经纪业等也都获得全面发展。信息服务业和人事服务业是在这个阶段出现的两个新兴服务行业。1946年,世界上第一台电子计算机"埃尼阿克"在美国诞生,标志着全球信息产业的萌芽。随着美国、苏联、日本等少数发达国家对信息技术的研究和开发，20世纪50至60年代，信息产业形成，并迅速波及到全球各国。70至80年代是信息产业的发展期。

从上述的几个代表性行业的发展状况可以看出，从第二次世界大战结束到80年代期间，现代服务业都实现了产业化。各个国家现代服务业在经营机构、营业额、从业人数等方面较第二次世界大战前都有了质的飞跃，各行业的服务质量、服务内容、服务技术也都得到提升，在各国经济发展中发挥越来越大的作用。各发达国家不仅注重现代服务业的国内市场的培育，也迈出国际化步伐。特别是到80年代，随着全球化的兴起，出现了许多大型的跨国现代专业服务公司，它们引领着现代服务业发展的潮流，并且也带动现代服务业在发展中国家的发展。另外，各国都加强了对现代服务业的行业规范管理，这也是这个阶段发展的一个特征。各种行业协会的建立、各种专业法律的颁布，以及各种服务从业人员的资格认证制度的建立，都促进了现代服务业的健康繁荣发展。

（三）迅速壮大期（20世纪90年代至今）

进入20世纪90年代，世界经济发生着根本性的转变。传统的基于工业化的经济格局让位于知识经济。工业化社会以物质资本为经济发展的驱动力量，而知识经济则依靠知识资本来促进经济发展。在知识经济这一宏观背景下，许多企业都关注于核心能力和核心业务的发展，大量的商务活动外包到专业服务公司来经营，从而使得现代服务业在全世界范围内迅速壮大起来。

在知识经济的浪潮中，现代服务业的各个行业，在短短十几年时间里，以前所未有的速度在全世界范围内扩张，成为推动各国经济发展的重要力量，特别是对促进各国企业的核心能力建设起到了很大的作用。现代服务业的发展规模、速度，服务的种类、范围，服务的技术、质量等方面都已经达到较高的水平。从目前的情况看，不论是在发达国家还是发展中国家，现代服务业都仍然孕育着巨大的发展潜力，随着知识经济不断地向纵深发展，现代服务业的发展空间和重要性将会越来越突出。然而，也必须认识到，随着各个服务行业发展逐渐成熟，行业内竞争不可避免地加剧，如何随着经济的发展进一步提高服务的质量和技术；如何进行服务创新，去更好地满足商务外包企业的服务需求；如何去发现和开辟新的细分市场，就成为从事现代服务业的专业服务公司发展的重要挑战。

二、现代服务业的主要特性

同其他产业相比，包括同传统服务业相比，现代服务业具有其特有的一些性质，归纳起来，主要有以下一些方面：

（一）间接增值性

服务产品也具有价值，这已是近几年学术研讨中被广泛认同的观点。且不说餐饮、理发、沐浴等生活服务业由于直接满足于消费者的某种需求而创造了价值，即使是商贸业、运输业也因其克服了商品交换的时空间隔，提供了商品的时间效用和空间效用，而使商品得以增值。而同这些传统服务业相比，现代服务业中的大多数行业，对于企业及其产品的价值增值却是间接的。其价值的创造途径通常有三方面：一是经营成本的降低。由于现代服务业大多表现为企业内部经营职能的外包，从而形成某种经营功能的规模化效应，这样就能促使企业经营成本的大幅度下降。如第三方物流公司的物流代理，能使企业不必要在物流的硬件设施上花费大量投资，物流成本可大幅度下降。现代服务业所降低的经营成本，也就是其所创造的价值。二是经营效益的提升。现代服务业（如理财业、咨询业等）通过对企业经营活动的策划，使其花费同样的成本，所产生的经营效益却有大幅度的提高，从而为企业带来了实际意义上的价值增值。三是无形资产的增值。一些现代服务业（如广告业、会展业）通过其功能的发挥，使企业的品牌声誉和社会形象大大改善，品牌价值也就随之上升。而这些价值增值的途径都不是因商品的直接生产活动和流通活动而产生的，而主要是通过作用于一些同生产流通活动相关的因素而形成的，所以说"现代服务业"不仅同传统服务活动一样可创造价值，而且其创造价值的途径和作用往往是间接的。

（二）专业依赖性

现代服务业的另一个重要特性就是在专业技术方面的依赖性。企业的一部分内部职能之所以会进行外包，除了前面所说的为了降低经营成本之外，另一个重要原因就是因为这些职能需要高水平的专业技术支撑。如律师事务所不仅对于各种法律条款研究得十分精深，而且还因其有大量的诉讼实践经验，所以在处理企业法律事务方面的能力是企业自身所不可及的；咨询公司拥有大量的行业和市场背景资料，并拥有思想活跃的创新型人才，往往能打破企业传统的思维方式，提出令人耳目一新的策划方案；信息技术服务部门在系统软件设计、安装和维护方面的能力也不是一般的企业所能够具有的。随着现代科学技术的不断发展、经营与管理科学化程度的不断提高，企业（及社会组织）对各种专业知识和专业技术的需求也在不断增加。但企业（或社会组织）不可能也没有必要同时拥有各种专门人才，所以其必然会对拥有专门人才和专业技术的现代服务机构具有较强的依赖性。因此，作为现代服务业的机构和部门，能否在市场上独立生存，关键就在于其对企业所必需的而企业自身又无法满足的某些功能是否能给予满足，是否能利用本机构或部门的某种专业知识或专业技术，嵌入到企业（或社会组织）的"功能链"中去，使企业（或社会组织）对其产生一定的专业依赖性。这也是现代服务业之所以能在产业分工中独立出来的重要前提。

（三）运营灵活性

现代服务业同传统服务业的另一个重要区别就是其在运营方面的随机灵活，不拘一格。现代服务业之所以有这样一种特性，主要同现代服务业的大多行业部门（如理财、律师、广告、咨询、信息管理等）的行业性质有关。这些部门和机构为企业（或社会组织）所解决的大多并非经营管理中的一般矛盾（因为经营管理中的常规问题，企业或社会组织自身都能解决，无须委托其他部门机构进行帮助），而是企业（或社会组织）所面临的一些特殊矛盾，如投资决策、法律纠纷、广告策划、营销策划、信息系统设计，等等。这就要求现代服务业的相关部门和机构的运营活动必须具有个性化，必须有很强的针对性。所以许多现代服务业的部门和机构都是以项目或个案的形式来接受委托和开展运营的，其随机性和灵活性自然就不言而喻了。另一方面，正是由于不少现代服务业的部门和机构面临各种特殊矛盾，大多需要具有创新性的运作策划，才能达到较好的运作效果，所以就要求现代服务业的相关部门和机构必须不拘一格，必须善于创新。如进行理财服务，就必须善于根据市场各种变化，设计出最为合理的投资组合方案；进行营销策划，就必须根据资源、市场和竞争的现状与发展趋势，做出能出奇制胜的营销方案；进行法律服务，也必须在熟悉各种法律条款的前提下，根据个案的特征、委托人的利益目标以及法庭控辩的临场状况，制订出灵活机动的程序和策略。现代服务业的这种灵活性特征，也使现代服务业的工作表现出一种强烈的艺术感。

（四）价格模糊性

现代服务业不少行业部门和机构的服务价格往往差别很大，很难把握统一的定价标准或依据，这实际上也反映了现代服务业中一些主要行业的特定性质。一方面，不少现代服务业由于其专业依赖性很强，从而使其在某种程度上表现出一定的垄断效应。这是因为诸如理财、律师、策划、软件设计之类的现代服务业，其主要是依靠高素质的专业人才来进行的，服务的质量主要取决于专业人才素质的高低，而高素质的专业人才永远是一种稀缺资源，而且是不可复制的资源，所以就使得一些现代服务业的部门和机构具有了一定的垄断性，其服务价格也就有可能定得很高。另一方面也是由于现代服务业随机性和灵活性的特征，使得所提供的服务产品往往是相当个性化的，相互之间难以进行明确的比照，所以也就难以把握统一的定价依据和定价标准。目前，现代服务业中凡是属于提供智力型服务的机构，其定价往往主要是依据这样三个方面：一是委托项目的标的价值。服务价格是根据标的价值的一定比例来确定的。二是工作量，即根据完成服务实际所要花费的工作时间，如有时律师与其委托人谈话就是按时收费的。三是服务机构的资质和声誉。不同资质和声誉的服务机构的服务价格会有很大的差异。

三、现代服务业的功能

随着经济全球化和信息技术的进步，全球产业结构发生了巨大的变化。其中一个重要特征就是服务业的快速发展：经济总量不断上升，服务业就业人口稳定增长，内部结构不断优化，服务业贸易发展迅速，服务业在优化资源配置、完善产业结构、提高人们生活水平、增强国家竞争力等方面扮演着越来越重要的角色。服务业的现代化已经成为一个地区、一个国家现代化的重要标志。

（一）世界经济呈现出由"工业型"向"服务型"的重大转变

在经济全球化和信息化的推动下，自20世纪70年代起，全球产业结构呈现出由"工业型经济"向"服务型经济"的重大转变。服务业地位的上升主要表现为服务业增加值和服务业就业人口的不断增加。根据世界银行的数据，服务业占 GDP 的比重世界平均水平 1990 年为 61%，至 2004 年上升至 68%；而就业人口比重方面，目前发达国家基本达到 70% 左右，中等收入国家就业人口比重占 50%~60%[①]。

（二）服务业占 GDP 的比重持续上升

数据显示，大部分国家服务业占 GDP 的比重呈现上升的趋势。其中美国、法国服务业发展较早，1990 年其占 GDP 的比重就已经达到 70%。英国、德国、意大利、墨西哥等国家发展也较快，到 2004 年这些国家服务业占 GDP 的比重均超过了 70%。与此同时，发展中国家紧随其后，服务业增加值占 GDP 的平均比重从 1990 年的 45% 提高至 2004 年的 52%[②]。其中一些国家也已实现或接近实现向服务经济的转型。

（三）服务业就业比重不断增加

服务业增加值占 GDP 的比重不断上升，20 世纪 80 年代以来，服务业就业比重也一直在稳步上升。吸纳就业人数的不断上升，是服务业增长对经济发展和社会稳定带来的最大贡献之一。就业人口的增加，一部分来自吸收新增劳动力，而最主要的一部分，是吸收来自其他经济活动中转移出来的剩余劳动力。

（四）现代服务业成为发达国家的主导产业

随着世界经济进入服务经济时代，知识化、专业化趋势不断加强，服务业结构出现重大变化。首先，具有现代服务业特征的金融、信息服务、商务服务、科研技术服务业迅速崛起，成为服务业的支柱产业。这些服务业通常具有知识密集、技术密集、信息密集、人才密集的特点，是知识经济的先导产业，代表着服务业乃至世界经济的未来发展方向。其次，很多传统产业不断运用新技术进行改造，技术含量和专业化程度趋于提高，服务模式和经营模式不断创新。如零售巨头沃尔玛利用信息技术在世界范围内建立的全球采购网络，成为很多企业追捧的典范。

从部分 OECD（Organization for Economic Cooperation and Development，经济合作与发展组织，简称"经合组织"）国家服务业内部结构的变化情况可以看到，传统服务业（如批发零售、住宿和餐饮业）在大部分国家下降趋势明显；而具有现代服务业特征的房地产业、租赁和商务服务业则发展迅速。现代服务业已成为发达国家的主导产业。

（五）发达国家在国际服务贸易中占据主导地位，发展中国家地位上升

国际服务贸易发展于 20 世纪 60 年代，作为国际贸易的重要组成部分，服务贸易发展迅速，并在一国经济活动中发挥着越来越重要的作用。从数据上看，世界各地区服务贸易额及其比重的情况，在地域分布上存在较大的差异性。国际服务贸易主要集中在欧洲、北美、东亚三大地区。其中仅欧盟 25 国就占全球服务贸易的 40% 以上。从国别构成看，发达国家占据国际服务贸易的主导地位，占全球服务进出口总额的比重超过

---

① 数据来源：姜长云. 中国服务业 从全面小康到后小康时代［M］. 太原：山西经济出版社，2020.
② 数据来源同上。

70%。其中美国、英国、德国三个国家占全球服务贸易总额的 30% 左右。近年来，发展中国家的服务贸易也取得了快速发展①。

第二节　现代服务业发展规律与趋势

当代世界经济发展的一个重要特点是，世界经济的服务化。近几十年来，随着信息通信技术的快速发展以及经济全球化进程的加快，全球产业结构发生了巨大变化，服务业在经济中的地位日益提高，并最终成为产业结构中的主导部门。

一、当代世界服务业发展的主要特点

21 世纪以来，第三次国际产业转移浪潮逐步形成，虽然制造业国际转移仍然是产业布局调整的重心，但服务业国际转移的趋势也逐渐明显。像制造业转移一样，服务业国际转移必将成为当代和今后国际经济演进的长期趋势。当代世界服务业发展的特点主要体现在以下几个方面：

（一）现代服务业成为服务业发展的主导力量

根据中国现代服务业科技发展战略研究所的定义，现代服务业是指在比较高度发达的工业社会里产生的，主要依赖于信息技术和现代化管理而产生的服务业，而且这种服务业在很大程度上是技术和知识密集型的，一个高度发达的现代服务业实际上是知识经济的一个重要特征。所以现代服务业在西方国家和中国台湾地区被称为知识密集型服务业，其主要包括金融、医疗、通信、教育、旅游、房地产及工商服务业等。在服务业发展过程中，服务业各部门的产出比重基本上在增加，但增加最快的是金融、保险、房地产和工商服务等现代服务业。根据经济合作与发展组织（OECD）的服务业分类法，服务业分成五类：第一类包括批发、零售、餐饮和旅馆；第二类包括运输、仓储和通信；第三类包括金融、保险、房地产和商务服务；第四类包括公共管理及国防；第五类包括教育、卫生、社会服务及其他。早在 1987 年到 1997 年的 11 年间，OECD 国家中，金融、保险、房地产和工商服务业在 GDP 中的比重就从 15.4% 上升至 17.6%，是五类服务业中比重增加最多的一类，其次是第五类教育、卫生、社会服务及其他，在 GDP 中的比重从 8.6% 上升到 10.1%②。上述两类基本上属于现代服务业范畴。其他几类服务业也有所增长，但幅度都不大。

（二）服务业与制造业的关系越来越密切

当代服务业发展的另一个显著特征是服务业与制造业的关系越来越密切，服务业与

---

① 数据来源：杨絮飞.我国现代服务业的主导产业选择及其发展战略研究［M］.北京：旅游教育出版社，2018：12.
② 数据来源：光明网.世界经济的重心转向服务业［EB/OL］.https：//www.gmw.cn/01gmrb/2004-10/26/content_120618.htm2022-07-02.

制造业的界线越来越模糊,具体表现在以下几个方面:

1. 制造业服务化

制造业的全部生产过程一般包括前期研发、中期生产和后期销售三个阶段,其中前期研发和后期销售都是属于服务业的范畴。近年来,在制造业中出现一种普遍的趋势,那就是制造业服务化的趋势越来越明显,而且服务对企业的收益的贡献越来越大,而加工制造环节附加价值比重越来越低。目前大多数跨国汽车公司的主要收入来自专业汽车设计、广告公司、金融保险等,如美国通用公司盈利最高的业务就是汽车金融。再比如,目前全球第一大体育用品提供商 NIKE 公司,完全成了一家体育用品的研发和销售商,已经成功转型为一家服务性企业。

2. 制造业生产活动外置化

企业活动外置指的是企业从专业化的角度出发,将一些原来属于企业内部的职能部门转移出去成为独立经营单位的行为,或者是取消使用原来由企业内部所提供的资源或服务,转向使用由企业外部更加专业化的企业所提供的资源或服务的行为。企业活动外置所带来的好处主要有:一是外置化使组织集中力量培养和提高自身的核心力量。因为现在社会的信息和知识的积累越来越快,处理越来越复杂,使得组织维持竞争力成为一件越来越困难的事,所以只有关注自身的核心能力,才有可能使自己在激烈的竞争中保持发展。二是外置化可以使组织减少成本。由于可以将一些自身不擅长的事交给专业机构完成,而专业机构因为经验丰富和存在外在的竞争,收费较低,企业也节省了费用。三是组织自身的营利性和发展潜力也越来越好。总之,企业活动外置化在现代生产活动中已成为企业节约成本、提高企业竞争力的一种重要途径,也是社会分工进一步深化的结果。

3. 制造业中服务的投入大量增加

服务投入的增加除了有上述企业活动外置化的原因外,企业为了应对越来越激烈的竞争,在管理、研发、员工培训、市场营销等服务方面的投入也越来越多。有调查表明,1997 年美国公司收入在 8000 万美元以上的服务开支增加了 26%。信息技术服务占全部费用的 30%,人力资源服务占 16%,市场和销售服务占 14%,金融服务占 11%[①]。OECD 的统计数据也表明,20 世纪 80 年代以来,多数 OECD 国家产品生产中的投入发生了变化,服务投入增长速度快于实物投入的增长速度。

4. 服务业成为推动技术进步的重要因素

服务业对新技术的促进作用主要体现在以下几个方面:一是随着服务业的发展,服务业对新技术的运用越来越多,已经成为新技术最主要的使用者,而且很多新技术最早应用于服务业。由于企业和个人对新技术的普遍应用为新技术的发明创造者提供了丰厚的回报,这无疑会反过来极大地推动新技术的发展。二是服务业指引新技术发展的方向。服务部门所产生的新的需求是现有技术研究和开发的方向,是新技术所追求的目

---

① 数据来源:陈宝森,王荣军,罗振兴.当代美国经济(修订版)[M].北京:社会科学文献出版社,2011:6.

标，对新技术的发展起到了重要的拉动作用。三是服务业是新技术最主要的推广者，特别是从事技术服务和支持的服务业。四是服务业促进了多项技术之间的相互沟通和发展，例如运输和仓储业就直接融合了运输工具、仓储管理和信息技术多个领域。服务业对新技术的促进作用和服务业自身的研究开发密不可分，服务业的发展越来越需要研究和开发的支持。服务业研究开发的费用在所有研究开发费用中的比重在过去10年中呈上升趋势，而与此同时制造业所占比重减少。在20世纪90年代，大部分国家和地区制造业的研究与开发费用下降了，而服务业此项费用上升。在有数据的项目中，多数国家服务业部门的研究与开发费用是上升的，只有少数国家的比重下降。

5.服务业出现生产标准化、经营连锁化的趋势

在制造业领域，生产的标准化是提高生产率的重要手段。随着服务活动专业化程度不断增强，服务业还呈现标准化的趋势，这种趋势不仅出现在现代服务业领域，也出现在传统服务业领域。如在最传统的餐饮服务业，肯德基、麦当劳的生产都是按标准化操作。而现代服务业，特别是一些高科技含量的服务业，如信息服务很多都是标准化。和制造业一样，服务业生产的标准化也有利于提高劳动生产率和降低服务成本。不管是在制造业还是在服务业，企业对品牌的经营越来越重视，品牌经营也是企业获取高额利润的重要手段。而连锁化经营往往是发挥品牌效应的最有效渠道。目前，服务业连锁经营的趋势越来越明显。此外，由于服务企业规模普遍偏小，经营方式多为非公司组织的独资形式，无论在经营管理升级，还是在市场竞争等方面均面临较大压力。在这种情况下，采取连锁加盟经营的也就越来越多，藉此扩大经营规模、拓展市场、提高资源利用率。

二、现代服务业发展动因及规律

对照英国经济学家克拉克（Colin G. Clark）和美国经济学家库兹涅茨（Simon Smith Kuznets）的《产业结构演变规律》可以看出，产业结构的演变大致可以分为几个阶段：第一阶段，是生产活动以单一的农业为主，农业劳动力在就业总数中占绝对优势；第二阶段，是工业化阶段，其标志是第二产业大规模发展，工业实现的收入在整个国民经济中的比重不断上升，劳动力逐步从第一产业向第二产业和第三产业转移；第三阶段，是后工业化阶段，其标志是工业特别是制造业在国民经济中的地位由快速上升逐步转为下降，第三产业则经历上升、徘徊、再上升的发展过程，最终成为国民经济中最大的产业。

从西方发达国家现代服务业的发展历程可以看到，服务业结构演变同样遵循如下规律性：

经济发展初期，是从传统的农业社会向工业社会转变，第一产业比重不断下降，第二产业比重不断上升。服务业的发展处在初级阶段，以发展住宿、餐饮等个人和家庭服务等传统生活性服务业为主。在工业化初期，生产性服务业的需求较快增长，并以发展商业、交通运输、通信业为主。交通条件的改善使商品流通性增强，大规模商贸服务蓬

勃兴起，生活性服务业不断完善。这个时期由于农业和制造业产品的劳动力价格相对低于服务业产品价格，因此服务业在增加产出的同时提高了吸纳就业的能力。

到工业化中期，第二产业达到相当规模，人民生活达到小康水平并向比较富裕阶段迈进（人均 GDP 从 1000 美元向 1 万美元迈进），经济增长处于起飞过程。随着社会分工与专业化程度的加深，越来越多的企业专门进行从生产商到消费者之间的交易，生产性服务业贯穿于生产、流通、分配、消费等社会再生产的各个环节，这一时期，与商品生产有关的金融、保险、物流、商贸流通等生产性服务业迅速发展。现代服务业与新技术不断融合，新兴的服务产品不断涌现，现代服务业的高技术性、高人力资本、高知识密集特征显现。现代服务业迅速发展，其占国内生产总值的比重逐渐大幅增加。在这一时期，劳动力向第二产业和第三产业转移，现代服务业与制造业产品生产相比，知识应用领域广、收入弹性大，成为吸纳就业，特别是吸纳高技术人才的最好渠道。

在工业化后期，服务业内部结构调整加快，新型业态开始出现，广告、咨询等中介服务业及房地产、旅游、娱乐等服务业发展较快，生产性和生活性服务业互动发展。现代服务业成为增长最快的产业，其占国内生产总值的比重将逐渐接近并超过第二产业，进而成为促进经济增长的第一推动力。其标志是工业特别是制造业在国民经济中的地位由快速上升逐步转为下降，第三产业则经历上升、徘徊、再上升的发展过程，最终将成为国民经济中最大的产业。

在后工业化社会，金融、保险、商务服务业等进一步发展，科研、信息、教育等现代知识型服务业崛起为主流业态，而且发展前景广阔、潜力巨大。

三、当代世界服务业发展的基本趋势

当代世界经济发展的一个重要特点是，世界经济的服务化。近几十年来，随着信息通信技术的快速发展以及经济全球化进程的加快，全球产业结构发生了巨大变化，服务业在经济中的地位日益提高，并最终成为产业结构中的主导部门。

（一）产值在 GDP 中的比重持续上升

20 世纪 60 年代初，美国服务业产值在 GDP 中的比重突破 50%，率先进入富克斯所谓的"服务经济"社会。继美国之后，西方主要发达国家服务业的产值在 GDP 中的比重也先后超过了 50%。此后数十年间，不管是发达国家还是发展中国家，服务业产值占 GDP 的比重均持续上升。根据世界银行公布的数据，2019 年全球服务业增加值占 GDP 的比重平均达到 65% 左右，其中高收入国家为 70%，中等收入国家为 55%。从不同经济体来看，美国、英国、日本等发达国家该数值的占比分别为 77%、71% 和 69%，而"金砖国家"的平均水平也已达到 50% 以上[①]。

---

① 数据来源：中国社会科学网. 推动制造业和服务业深度融合［EB/OL］.

（二）就业比例不断提升

全球服务业就业比重和产出比重一样，20 世纪 80 年代以来就一直在稳步上升，这种变化在发达国家和地区尤为明显。以 20 世纪 90 年代各国服务业就业比重的平均值和 80 年代相比，低收入和中等收入国家的比重增加了近 4 个百分点，高收入国家的比重增加了近 10 个百分点。在 20 世纪 80 年代，低收入和中等收入国家服务业就业比重的平均水平不过 40% 时，高收入国家的比重已经是 50% 了[1]。

从 1980 年以来西方主要发达国家（西方七国：美国、日本、德国、英国、法国、意大利和加拿大）服务业就业比重的变化情况中可看出，西方七个最发达的国家服务业就业比重在 20 年间增长幅度均超过或接近 10 个百分点，法国增长幅度最大，增加近 20 个百分点。除日本和德国外，其他五个国家服务业就业比重均超过 70%，其中美国、加拿大和法国等更接近 75%，这意味着这些国家有将近 3/4 的人从事服务业。美国 GDP 主要依靠的是第三产业，服务业占美国 GDP 的比重高达 80% 以上，按照这一比例计算，2021 年美国服务业增加值达 18.4 万亿美元，其中，金融业、信息服务业等领域发达是美国第三产业增加值高的主要原因[2]。长期以来，服务业就被称为劳动力的"蓄水池"。因为服务业，特别是传统服务业大多属于劳动密集型行业，其就业容量弹性比较大。当经济不景气时，失业者常常会到服务业中寻找出路。而 20 世纪以来服务业就业的增长主要是两方面原因引起的：一是经济的发展增加了服务需求，从而扩大了服务业的就业规模；二是服务行业的不断拓展带来许多新的就业机会。

（三）服务业成为投资的主体

服务业成为投资的主体体现在如下两个方面：

1. 服务业成为各国和地区内部投资的主体

事实上，从 20 世纪 60 年代开始，服务业就已经成为投资主体。根据《2017 年世界投资报告》，发达国家吸引外资主要集中在服务业，尤其是信息技术产业、自动化产业、专业和技术服务业。联合国贸易发展组织数据库显示，2009 年至 2019 年，除个别年份，第三产业吸收全球外国直接投资的金额一直是三大产业里面最多的，10 年吸收外资 6.98 万亿美元，占比 52%。很多国家十分重视服务业投资，发达国家服务业投资占全部投资的比重在 70% 以上[3]，超过服务业在国内生产总值中的比重。

2. 全球直接对外投资转向服务业

2004 年联合国贸易发展会议发布的《2004 年度世界投资报告》指出，当前世界直接投资的一个重要趋势是转向服务业。据该报告统计，2001—2002 年，服务业占整体 FDI（Foreign Direct Investment，外商直接投资）流入总量的 2/3，约为 5000 亿美元，而在 1989—1991 年间仅占 54%。服务业在全球外国直接投资存量中的比重由 20 世纪 70

---

[1] 数据来源：世界银行（著），王辉（译）.2013 年世界发展数据手册[M].北京：中国财政经济出版社，2013：8.
[2] 陈章龙.中国现代服务业发展报告（2013）[M].北京：中国人民大学出版社，2015：5.
[3] 数据来源：联合国贸易与发展会议在线数据库.

年代初期的 1/4 发展到 90 年代的 50% 左右，再发展到 2002 年的 60%，投资金额达到 40000 亿美元[①]。从全球国际直接投资流入的产业结构来看，服务业占据主导地位。2012 年以来，服务业占比在 48%~56% 之间，制造业占比在 41%~48% 之间，初级产业占比大幅下降后已经不足 10%。2020 年，服务业占比 52%、制造业占比 45%、初级产业占比 3%[②]。从投资方向看，目前发达国家之间的服务业投资是服务业对外直接投资的主体；从投资行业看，服务业投资出现多样化趋势，由以金融和贸易为主逐渐向电信、分销和商务活动等领域扩展。

（四）服务贸易的地位日益重要

20 世纪 80 年代以来，国际贸易一个重要变化就是服务贸易占国际贸易的比重逐渐提高。20 世纪 70 年代，全球服务业贸易规模只 1/10，但到了 80 年代，两者比例已由过去 1∶10 变为 1∶6，90 年代进一步上升至 1∶4[③]。随着世界经济结构不断调整和国际分工的持续深化，世界经济的重心已开始由以制造业为核心的货物贸易朝着以服务业为核心的服务贸易转变，服务贸易已成为全球贸易发展的重要引擎。各国服务贸易发展速度甚至快于服务产业的增长速度，在发达国家中有 4/5 的就业来自于服务业，对发展中国家来说这一比例也达到了近 2/3。WTO《2019 年全球贸易报告》显示，在 2015 年至 2019 年间，全球服务贸易年增长率达 5.4%，比货物贸易高近 0.8%[④]。服务贸易的快速发展使其在各国经济发展中占据重要地位，无论是发达国家还是发展中国家都将服务贸易列为推动自身经济发展、提升国际地位的重心。

 思考与练习

1. 根据现代服务业的发展历程绘制思维导图。
2. 阐述现代服务业的主要特性有哪些，并举例说明。
3. 现代服务业主要有哪些社会功能？
4. 当代世界服务业发展的特点主要体现在哪些方面？

---

① 数据来源：联合国贸易与发展会议（编），南开大学跨国公司研究中心（译).2004 年世界投资报告［M］.北京：中国财政经济出版社，2006：9.
② 数据来源：王伟，赵凌远.国际直接投资的最新发展趋势［J］.中国外汇，2021（15）：26-29.
③ 数据来源：陈霜华.国际服务贸易［M］.上海：复旦大学出版社，2010：3.
④ 数据来源：杨永.全球价值链视角下中国服务贸易国际竞争力及其影响因素探究［J］.中外企业家，2020（2）：28.

第四章　现代服务业商业模式创新的机理研究

本章导读

改革开放以来，我国服务业在规模总量、结构优化、对外开放等方面取得了长足进展，创新水平不断提升。服务业作为我国经济发展的第三产业，以其独有的特点已经逐步开始替代第一、第二产业，成为了国家发展、经济进步的重要力量。当今世界政治风起云涌，经济形势复杂多变。结合国际国内的环境背景，在构建国内国际"双循环"互相促进的新发展格局下，发展服务业市场，创新服务业发展途径已经成为当前的重要工作内容。创新是引领发展的第一动力，也是推动经济高质量发展的根本出路。进入新发展阶段，服务业发展环境发生了深刻变化，要求以创新，特别是现代科技创新推动服务业高质量发展。在新发展理念和创新驱动战略指引下，当前国内服务业创新日益活跃，水平持续提升，业态层出不穷，技术创新、制度创新与模式创新"三者"协同推进，部分领域走在了全球服务业发展前列。

第一节　现代服务业的创新发展

2015年我国服务经济对国民经济贡献首次超过50%，标志着我国开始从工业经济走进服务经济时代。加快服务业结构调整，提高现代服务业在服务经济中的比重，保持现代服务业健康持续发展，才能实现我国服务经济尽快赶上世界发达国家水平。进一步深入研究现代服务业模式创新和关键技术，找准模式创新和关键技术共性特征，对于支撑和引领现代服务业和服务经济发展具有重要作用。

一、创新是现代服务业高质量发展的核心动力

创新是引领发展的第一动力，也是推动经济高质量发展的根本出路。改革开放以来，我国服务业在规模总量、结构优化、对外开放等方面取得了长足进展，创新水平不断提升。进入新发展阶段，服务业发展环境发生了深刻变化，要求以创新，特别是现代科技创新推动服务业高质量发展。

（一）创新是服务业优化升级的根本手段

服务业特别是生产性服务业的核心功能在于保持产业生产过程的连续稳定，促进产业技术进步、产业升级和效率提升。生产性服务业发展水平如何，主要看其能否提供制造业转型升级和品质提升所需要的服务供给，最终结果要看能否提高制造业质量效益。改革开放以来，我国制造业规模不断扩大，产业体系日益完善，已连续11年成为位居世界第一的制造业大国，但产业质量效益仍旧偏低[①]，还不是制造强国，亟须从主要依靠低成本要素投入和人口红利，转向依靠高科技创新投入和"工程师"红利。当前我国许多生产性服务业供给质量不高，不能充分满足我国制造业转型升级、产业基础高级化和产业链现代化发展需求。因此，必须依靠创新提升生产性服务业发展水平，围绕破解制造业关键领域"卡脖子""受制于人"的现实困境，提供更多有针对性的科技研发、商务咨询、工业设计、成果转化等高端服务。

（二）创新是服务业满足人民美好生活需要的必然要求

服务业特别是生活性服务业是向居民日常生活需求提供各类服务的部门，是满足人民美好生活需要的物质、精神基础，与人们生活息息相关。随着我国居民收入水平逐步提高，消费结构正在快速升级，医疗、餐饮、家政、旅游等服务供给水平持续提升，服务消费成为居民消费需求的重要方向，是居民生活水平不断提高的重要标志。近年来，我国服务业不断提供人民群众所需的各式各样精神文化产品和服务，但与此同时生活性服务业的发展水平不高，一些行业在技术应用、模式更新上还不充分，与消费结构升级和新型消费观念的要求还有差距。因此，必须依靠创新提高生活性服务业发展质量，围绕满足人民日益增长的美好生活需要，提供更多个性化、高端化的文化旅游、养老健康、商贸流通等品质服务。

（三）创新是服务业抢抓新科技革命和产业变革机遇的战略举措

新一轮科技革命和产业变革孕育兴起，大数据、物联网、人工智能等新技术广泛应用和渗透到各行业、各领域，服务业新业态、新模式不断涌现，正在加速形成新的增长点。"十三五"以来，我国电子商务平台技术服务收入年均增速超过20%[②]，移动支付、短视频、手机购物、社交等灵活、即时应用服务场景不断丰富。新冠肺炎疫情期间，进一步凸显了线上服务、无接触式服务、个性化服务的优势和作用。这些新业态、新模式都是建立在新一代信息技术基础上的。新科技革命和产业变革正在改变传统生产生活方式、缩短时间空间距离，使一些偏远地区从"发展末端"变为"区域中心"，使一些传统行业从"夕阳产业"变成"朝阳产业"，使部分消费者、生产者从"孤立个体"变成

---

① 注：从增加值率、劳动生产率、知名品牌三个反映质量效益的核心指标看，2012—2019年，我国制造业增加值率始终在20%左右徘徊，与美国、德国长期处于30%以上的高水平相比差距明显；2019年我国制造业全员劳动生产率为39 048美元/人，仅为美国的25.8%、日本的41.4%、德国的41.8%；制造业拥有的世界知名品牌数，我国是18个，美国、日本分别达到69个、31个。参见中国工程院战略咨询中心，机械科学研究总院集团有限公司，国家工业信息安全发展研究中心，南京航空航天大学.2020中国制造强国发展指数报告［R］.2020-12-25.

② 数据来源：李正波，等.电子商务与新零售研究［M］.北京：中国人民大学出版社，2017.

"网络群体",为我国后发地区服务业加快发展创造了有利机遇。因此,必须抓住新科技革命和产业变革的机遇,加快服务业适应性技术创新,促进科技创新与各类服务场景深度融合,培育我国服务业发展新优势。

(四)创新是服务业提高国际竞争力的内在逻辑

近年来,我国服务业开放步伐加快、开放范围加大、开放程度加深,连续多年保持世界服务贸易第二地位,服务业成为我国进行国际贸易、参与国际竞争的重要领域。尽管我国服务业和服务贸易规模持续壮大,但服务贸易逆差长期偏大,国际竞争力一直较弱。2001—2018年,我国服务贸易逆差从59亿美元扩大到2582亿美元,增长了42.8倍。受全球经济形势和新冠肺炎疫情等多重因素影响,2019年、2020年服务贸易逆差有所减少,但仍有2611亿美元和1438亿美元。计算国际竞争力指数[①]得出,自2005年以来,我国服务业国际竞争力指数一直处于负值,且从2005年的-0.0606下降到2020年的-0.2325,2016年更降至-0.3666,表明服务业国际竞争力呈整体减弱趋势。其原因在于我国创新水平高、附加值高的服务业发展不充分,如知识产权使用费长期处于逆差,电信、计算机和信息、金融服务、商业服务等高附加值服务顺差有所增长但占比较小,仍不足以扭转服务贸易逆差持续增加的趋势。因此,必须适应服务业开放发展和全球竞争的必然趋势,依靠创新促进知识密集型、高附加值服务业加快发展,提高我国服务业国际竞争力。

(五)创新是服务业适应"碳达峰""碳中和"战略的关键路径

"碳达峰""碳中和"的战略目标,是未来我国经济社会发展的重要约束条件,将对全社会、全行业产生深刻影响。尽管我国服务业能源消费量占比不高[②],但服务业本身节能可以直接促进全社会节能、产业结构优化和服务业绿色低碳发展,对实现"碳达峰"和"碳中和"战略目标至关重要。目前,一些服务行业存在过度投资问题,一些领域浪费、污染较为严重,一些环节耗能排放较多。数据显示,2018年全国快递业共消耗快递运单逾500亿个、编织袋约53亿条、塑料袋约245亿个、封套57亿个、包装箱约143亿个、胶带约430亿米[③],过度包装、缺乏回收管理和大量包料一次性使用不但造成了资源浪费,对水土环境的污染亦不容小觑。因此,必须适应"碳达峰""碳中和"战略要求,加强技术创新特别是节能减碳技术在服务业深度应用,大力发展节能环保服务业,增强服务业绿色发展能力。

---

① 注:国际竞争力指数是反映一国产业国际竞争力强弱的重要指标。一国某产业的国际竞争力指数=(一国某产业产品出口额-该国该产业产品进口额)/(一国某产业产品出口额+该国该产业产品进口额)。国际竞争力指数取值在-1到1之间,数值越接近于1表示该产业国际竞争力越强,越接近于-1则表示该产业国际竞争力越弱。

② 注:根据国家统计局数据,2018年按行业分能源消费量比例为:农业1.86%、工业65.93%、建筑业1.84%、服务业17.56%、居民生活12.81%。

③ 数据来源:王晓琳. 快递包装:如何有一个"绿色归宿"[J]. 中国人大,2019(5):48-49.

二、现代服务业创新发展趋势

在新发展理念和创新驱动战略指引下，服务业创新日益活跃，水平持续提升，业态层出不穷，技术创新、制度创新与模式创新"三者"协同推进，部分领域走在了全球服务业发展前列。

（一）服务业创新广度和深度持续增加

近年来，随着传统要素约束收紧、服务业市场竞争加剧，越来越多服务业企业重视创新并积极投入创新活动中，推动我国服务业创新的广度和深度持续增加，主要表现在以下方面：一是服务业企业家对创新的重要性愈加重视。国家统计局调查数据显示，2019年有27.6%的服务业企业家认为创新对企业生存和发展起到重要作用，比2016年增长9.5个百分点。二是从事服务业创新的主体越来越多。2019年我国规模以上服务业企业中开展创新活动企业、实现创新企业占比分别为32.8%、31.5%，比2016年分别提高了3.9个、3.8个百分点（表4-1）。细分行业来看，开展创新活动和实现创新的企业占比均有所提高，其中增长最为明显为科学研究和技术服务业，信息传输、软件和信息技术服务业，后者2019年开展创新活动和实现创新的企业占比高达75.3%和66.9%，在包括制造业在内的所有细分行业中也名列前茅。三是服务业企业开展创新活动类型更加集中。企业技术创新活动更加密集，2019年开展技术创新的服务业企业占比为14.1%，比2016年提高0.4个百分点[①]。同时，实现四种创新的企业占比有所下降，而实现产品、工艺、组织、营销等部分创新的企业占比有所增长，这表明在许多服务业行业更多的企业专注于自身服务供给或市场扩展的实际需要，把有限的精力投入到创新的重点领域中，适当收缩创新"战线"，而不是追求面面俱到。这一方面可能是因受新冠疫情和经济下行影响导致企业减少创新投入，另一方面也印证了我国服务业从事创新活动的日渐成熟。

表4-1 我国服务业开展创新活动的企业情况表

	2019年						
	服务业	批发和零售业	交通运输、仓储和邮政业	信息传输、软件和信息技术服务业	租赁和商务服务业	科学研究和技术服务业	水利、环境和公共设施管理业
开展创新活动的企业数（个）	122 285	70 545	9132	16 997	11 549	12 013	2049
开展创新活动企业占比（%）	32.8	29.0	23.0	75.3	29.8	53.7	36.9
实现创新企业占比（%）	31.5	28.7	22.2	66.9	28.5	47.0	34.5

---

① 数据来源：中华人民共和国科学技术部.2019年我国企业创新活动特征统计分析［EB/OL］.

续表

	2019 年						
	服务业	批发和零售业	交通运输、仓储和邮政业	信息传输、软件和信息技术服务业	租赁和商务服务业	科学研究和技术服务业	水利、环境和公共设施管理业
同时实现四种创新企业占比（%）	4.2	3.0	1.7	19.4	2.9	8.4	3.6
既实现产品或工艺创新，又实现组织或营销创新的企业占比（%）	9.9	10.2	5.2	40.3	7.6	22.2	10.6
实现产品或工艺创新，未实现组织或营销创新的企业占比（%）	2.2	2.8	1.8	10.8	1.9	8.5	3.1
实现组织或营销创新，未实现产品或工艺创新的企业占比（%）	19.4	17.9	15.2	15.9	19.0	16.4	20.8
	2016 年						
	服务业	批发和零售业	交通运输、仓储和邮政业	信息传输、软件和信息技术服务业	租赁和商务服务业	科学研究和技术服务业	水利、环境和公共设施管理业
开展创新活动的企业数（个）	88 758	50 397	8649	11 226	8668	8138	1680
开展创新活动企业占比（%）	28.9	26.1	22.0	67.8	26.3	41.0	31.7
实现创新企业占比（%）	27.7	25.9	21.3	58.0	25.1	35.9	30.1
同时实现四种创新企业占比（%）	4.5	3.6	2.6	18.1	3.5	7.5	4.2
既实现产品或工艺创新，又实现组织或营销创新的企业占比（%）	9.2	7.3	5.9	34.1	7.5	16.2	9.4
实现产品或工艺创新，未实现组织或营销创新的企业占比（%）	2.1	1.3	1.6	8.7	1.7	5.4	2.3
实现组织或营销创新，未实现产品或工艺创新的企业占比（%）	16.5	17.4	13.8	15.2	15.9	14.3	18.4

（根据科技部网站公告数据整理）

（二）服务业创新投入和产出不断提高

创新投入、创新产出和创新能力一般存在正向关系，投入越多、产出越多，创新能力水平也就越高。随着我国服务业企业对创新重视程度加深，创新投入和产出也随之增多，综合创新能力正在不断提升。从投入看，研发投入强度加大，信息服务处于行业领先位置。由于服务业是主要提供非实物产品和服务的部门，与之相比，产品质量提升、生产工艺革新对于生产工业品和消费品等实物产品的制造业而言更为关键，因此制造业的研发投入、技术创新的强度往往更高。随着信息技术的深度发展和广泛应用，一些现代服务业已不再是此前被普遍认为的研发投入少、创新产出低的行业，呈现出科技创新力度大、创新活跃的特征。我国研发投入强度从2012年的1.97%上升到2020年的2.40%，其中软件研发服务业投入强度高达8.4%。2019年中国企业500强中，互联网服务的研发投入强度为6.14%，在所有行业中排名第二位，阿里巴巴、腾讯、中国移动、百度等服务业企业研发投入支出总额位列前10强[1]。从产出看，创新成果增长较快，创新经济效益日益显现。发明专利和新产品销售收入是反映创新产出最直接的指标。2016—2019年，我国服务业有效发明专利拥有量增长了183.4%，单位企业发明专利拥有量从0.33件提高至0.76件。软件著作权登记量突破148万件，增速连续5年保持在30%以上；通信领域软件企业国际专利申请量已居全球前列[2]。服务业新产品销售收入由58 268.9亿元增长到90 656.2亿元，年均增速达15.9%；服务业新产品销售收入占营业收入的比重由9.2%提高到9.7%，年均增长1.7个百分点，创新带来经济效益更加明显。

（三）服务业的制度创新、模式创新与技术创新协同推进

党的十八大以来，我国实施创新驱动发展战略，推动以科技创新为核心的全面创新，服务业呈现制度创新、模式创新与技术创新协同推进的发展特点。从制度创新看，服务业领域制度创新力度和步伐加大。例如，实施新的外资管理模式，全面推行准入前国民待遇和负面清单管理，简化外资审批程序，到2020年我国《外商投资准入特别管理措施（负面清单）》服务业条目已压缩至23项，银行、保险、证券、电信、分销等服务部门均已向外资开放。积极推进自由贸易战略，与26个国家和地区相继签署了19个自由贸易协定，加速了我国与贸易伙伴国在服务贸易、投资等领域的双向自由化进程。

从2013年上海自由贸易试验区成立至今，我国自贸区数量已达到21个，覆盖全部沿海省份，海南成为自由贸易港；从2015年以来，国务院已在北京开展了3轮服务业扩大开放综合试点，2021年4月，服务业扩大开放综合试点首次扩容至天津、上海、海南、重庆4个省市。再如，全面推广营业税改征增值税，实现增值税对货物和服务的全覆盖，技术先进型服务业企业所得税优惠政策正式推广至全国。服务业领域的制度创新极大地释放了服务业发展活力和潜力，促进服务业高质量发展。

从模式创新看，服务业商业模式更迭换代、不断涌现。2019年，我国服务业实现

---

[1] 数据来源：陈剑.中国企业500强研发投入持续提升通信设备制造业居行业首位[J].企业界，2019（9）.
[2] 数据来源：工业和信息化部，2020年中国软件和信息技术服务业综合发展指数报告[EB/OL].

商业模式创新的企业占比高达 23.6%，远高于技术创新的比重。特别是互联网等新技术深度发展以来，基于大数据、云计算、物联网的服务应用和创新日益活跃，信息、技术等创新要素的充分利用不仅造就了新的商业模式，也成就了一批高技术的现代服务业企业。特别是零售业依托互联网技术持续进行业态模式创新，衍生出了线上线下（O2O）、到家服务、短视频电商、直播电商等诸多新型商业模式。在 14 亿庞大人口和市场上进行商业模式创新的结果是，我国发展成为全球最大电子商务和第三方支付市场，2019 年我国电子商务交易额达 34.81 万亿元，占全球 40% 以上；在线零售额达 1.99 万亿美元，占全球一半以上，约是美国的 3.3 倍；第三方移动支付交易规模达 226.2 万亿元，约为美国的 288 倍[①]。此外，创意设计、远程诊断、系统流程服务、设备生命周期管理服务等新业态发展迅速，为制造业转型升级提供了有力支撑。"互联网+"、生态旅游、休闲养老、远程教育、数字家庭、智慧社区等新的服务模式快速发展，拓展了消费渠道。

三、现代服务业创新的影响因素分析

服务业创新过程产生的是对某一问题的解决方案，该方案可以是某种实物，也可以是新的组织或制度形式，创新过程一般有三个组成部分，即概念产生阶段、发展阶段、保护阶段。在概念产生阶段，多种来源的创新想法和创意概念被转化成可操作的现实项目，这些新的创新概念既可能来源于企业内部人员的新想法，也可能来源于外部市场的需求，也可能来自企业与外部环境的互动交流。影响现代服务业创新的各类因素大致可归结为内部和外部两种因素，其中内部因素主要有科技研发投入、人力资源投入、物化投入、信息化水平投入和企业家精神，外部因素主要包括政策制度和市场竞争度等。

（一）影响现代服务业创新的内部因素

1. 科技研发投入

科技研发投入是企业创新过程中对科研部门的资金投入，是创新活动的重要驱动力。制造业创新源于科学技术的进步，因此对研发部门的依赖性较强，相比较而言，服务业创新对研发部门的依赖性较弱，但是随着经济社会不断发展，服务行业竞争日益激烈，消费主体对服务产品提出更高的要求，信息化的管理方式、个性化的产品定制、更为人性化的服务对服务企业而言更为重要，因此科学技术也渐渐成为服务业创新更为主要的原动力，服务业创新的研发投入也就更为重要。现代服务业主要依靠高科技的信息和网络技术发展，科技水平更高的现代服务业企业创新能力更强，科技研发投入成为影响现代服务业创新的主要投入因素。

2. 人力资源投入

创新过程中的人力资源投入是指创新活动中的人员投入，既包括直接进行创新活动的人员，也包括间接从事创新活动的人员。现代服务业，特别是金融、计算机软件与信

---

① 注：根据 iResearch 艾瑞咨询的统计报告，2019 年美国移动支付交易额为 1137.9 亿美元．

息传输等领域对人才有较高的要求，人力资源投入也是现代服务业创新的关键性影响因素。从事现代服务业创新的人力资源既包括直接参与高科技研发的科研人员，也包括协调、安排企业创新活动的管理人员，还包括直接与顾客接触的企业员工。与制造业创新相比，现代服务业创新最显著的特征是企业主要为顾客提供无形的服务，绝大部分的现代服务业生产过程与消费过程是不可分割的，为顾客直接提供服务的企业员工集生产和销售功能为一体，他们更清楚顾客对服务产品的直接需求，所以在创新开发阶段，企业员工最有可能产生创新思想进而提出符合市场需求的创新理念。在创新成果阶段，员工更是负责把新的服务产品传递给顾客，使顾客体验创新产品进而提出反馈。所以员工本身的专业素质、沟通能力和实践经验对现代服务业创新尤为重要。

3. 物化投入

对于制造企业来说，投资和装备等物化投入因素是制造业创新的重要影响因素。机器设备的投入水平直接影响产品的产出和创新水平，先进的机器装备有利于提高制造企业的产出水平和创新能力。现代服务业不同于制造业，并不生产实质产品，机器设备的投入并不能直接影响现代服务企业的创新能力，但是现代通信设施和交通网络等要素则是吸引现代服务企业集聚的重要方面，发达的现代通信设施和完善的交通网络系统是现代服务业创新的重要物质基础。因此，物化投入也是影响现代服务业创新的关键性因素之一。

4. 信息化水平投入

当今世界信息产业高速发展，一国的信息化水平越高，在国际上的竞争力就越强。在服务业创新的早期研究中，信息和通信技术是现代服务业进行技术性创新的重要动力来源，被看作是影响服务业创新的重要因素，充足的信息和网络技术投资和先进的信息化水平是从内部促进服务业创新的驱动力量。虽然现代服务业的技术密集度不如制造业高，但信息和通信技术对服务业的影响要高于制造业，信息和通信技术将信息生产独立出来，并且作为一种交流网络，它还可以促进顾客需求的信息流动，形成另一种重要的营销渠道，改变了现代服务业的基本运作模式，越来越多的现代服务产业将信息和通信技术作为创新和发展的基本要素。信息化水平已经成为影响现代服务业创新的重要因素。

5. 企业家精神

"企业家"概念是由法国经济学家让·巴蒂斯特（Jean Baptiste）最先提出来的，他认为企业家可以带动经济资源的使用效率由低向高转换。熊彼特（Joseph Alois Schumpeter）认为企业家只有通过创新，才能离开经济发展的惯性循环轨道，实现经济繁荣，企业家精神是创新的主动力。"企业家精神"是企业家管理企业的理念和技巧的组合。企业家精神包括冒险精神、创业精神等各方面，创新精神是企业家精神的重要组成部分，既包括概念和产品创新，也包括组织创新、市场创新、管理模式创新等形式。企业家能为企业找到新的资源，采用新的服务方式，开辟新的市场，对企业来说，企业家精神在引导企业创新方面起关键作用。

（二）影响现代服务业创新的外部因素

1. 政策制度因素

一国的经济发展受到特定的社会制度环境的影响。不同国家针对不同时期制定有差别的政策制度，不同的政策制度会对经济发展以及企业的创新活动产生不同的影响。相对而言，服务业比制造业更依赖制度，因此现代服务业企业的创新活动受到政策制度的影响程度更大。开放的服务业市场会为现代服务业企业的创新活动营造良好的外部环境，而严格的管制制度则会削弱企业的创新动力，扭曲企业的创新绩效，限制企业创新。20世纪80年代以来，为了适应更激烈的国际竞争，许多发达国家选择调整政策框架，给予现代服务业更为宽松的政策管制，让现代服务业市场拥有更大的自由和发展空间。政府可以通过给予创新企业更多的税收优惠政策和贷款优惠政策、对研发产品发放补贴等措施来激励现代服务业企业进行创新。

2. 市场竞争度

充分的市场竞争环境是企业创新的重要保障，有效的市场竞争是企业的创新动力，激烈的竞争会刺激企业踊跃创新，相反，生产能力过剩、竞争缺乏、垄断和无序竞争等会阻碍企业创新。对现代服务业企业来说，缺乏竞争会导致企业安于现状，缺少创新动力，只有公平竞争的市场秩序才会吸引更多的企业进入市场。在有序竞争的市场环境下，为了提高自身的生产率水平，企业也会采取更为先进的科学技术。竞争促使企业不断采用新方法、推出新产品以提供更好的服务，加快创新步伐。

从全球经济的发展历程来看，服务业正逐渐取代制造业成为国际产业发展的重心。随着当今社会知识经济和信息技术的快速发展，传统的服务业不断向包括旅游、信息、会计、咨询、法律等行业的现代服务业转变。现代服务业的发展状况已然成为表明各国经济发展程度的风向标。创新作为经济发展的重要推动力，能够创造出更多的经济增长点，保持经济增长的活力。我国已进入高质量发展阶段，服务业高质量发展关系到整体经济的高质量发展。必须坚持把发展基点放在创新上，深化服务业体制机制改革，推动制度体系和发展环境系统性优化，营造良好创新环境，引导更多服务业企业加强创新，最大限度激发服务业市场活力，增强创新驱动发展动力，以创新特别是现代科技创新促进服务业高质量发展。

第二节　商业模式创新内涵及层次

在全球变革的网络经济时代，如何保持竞争优势是企业尤为关注的重点，商业模式创新日渐成为企业重要的竞争优势来源之一。当前，市场环境瞬息万变，信息技术正在改变着企业竞争的本质和结构。在网络经济背景下的企业竞争格局中，仅仅凭借着技术创新已经无法满足企业发展的需要。近年来，大量企业的成功实践表明，商业模式创新同样是推动企业持续性发展的不可或缺的重要因素。在企业间竞争的新型业态下，商业模式的创新正在扮演着重要的角色。

一、何谓商业模式

近年来，关于商业模式的理论研究数量颇丰，但综合分析国内外研究成果，到目前为止尚未形成一种被普遍接受的理论体系。关于商业模式的理论问题至今依然存在着多种互不相同的观点与结论，以至于，一些学者不得不使用统计分析的方法与技术，在众多不同研究成果中寻找共性特征，以期形成共识。

（一）商业模式概念

诸多学者从商业模式的字面含义出发定义商业模式，指出所谓商业模式就是对于做买卖方式的简要描述，或者更详细地说，是对企业为了获取利润而进行的、与交换直接相联系的各种相关活动的整体性描述。例如，阿普尔盖特（Applegate，2001）给出的商业模式概念是对复杂商业现实的简化。玛格丽塔（Magretta，2002）也认为，商业模式从根本上说就是关于企业如何运作的解释。

虽然商业模式被认为是对企业商业实践的一种简化描述，但这种简化一般被认为应该是对企业经营实践整体的简化，它应该能够全面覆盖企业经营的每一个重要方面，不仅应该包括有形的方面，如企业的资源组合以及各种运作流程，同时，也应该包括无形的方面，如企业获取利润的内在原因与逻辑。从很多研究者的商业模式定义中，可以发现这样的观点。例如，莫里斯（Morris et. al，2003）等将商业模式定义为一种简单的陈述，旨在说明企业如何对战略方向、运营结构和经济逻辑等方面一系列具有内部关联性的变量进行定位和整合，以便在特定的市场上建立竞争优势。奥斯特瓦尔德（Osterwalder，2005）认为，商业模式是一种建立在许多构成要素及其关系之上、用来说明特定企业商业逻辑的概念性工具。国内学者翁君奕（2004）将商业模式定义为核心界面要素形态的有意义组合，即客户界面、内部构造和伙伴界面的各环节要素的可能组合，而每一种有意义的形态组合称为商业模式原型。

鉴于商业模式的表述不尽相同，一些学者试图对这些定义进行归纳总结，并希望从中得出具有一致性的结论。迈克尔·莫里斯（Micheal Morris）等（2003）通过对30多个商业模式定义的关键词进行内容分析，指出商业模式定义可分为三类：经济类、运营类和战略类。经济类定义将商业模式看作是企业的经济模式，用以揭示企业"赚钱"的根本原因，即利润产生的逻辑，构成要素包括收益来源、定价方法、成本结构和利润等；运营类定义关注企业内部流程及构造问题，构成要素包括产品或服务交付方式、管理流程、资源流、知识管理等；战略类定义涉及企业的市场定位、组织边界、竞争优势及其可持续性，构成要素包括价值创造形式、差异化、愿景和网络等。

在此基础上，国内学者王伟毅、李乾文（2005）等提出，商业模式概念本质的阐述表明，人们对于商业模式内涵的认识，经历了由经济类、运营类向战略类不断发展演变的过程。原磊（2007）在分析介绍国外研究者的商业模式理论之后，指出商业模式定义的发展存在逻辑层级关系，在经历了经济、运营、战略层级之后，正在向整合概念递进。

不同类型商业模式概念的产生，是由于研究者需要解决的具体问题不同，导致其选择的研究视角不同，并由此产生了不同视角下的具体认识。虽然，这种不同研究视角下得出的结论，对于深入把握商业模式概念与结构具有积极意义，但其片面性和不足也不能忽视。孤立视角下的商业模式概念，不能准确反映商业模式概念的本质，使商业模式理论的科学性和应用价值受到影响。由于企业商业活动具有的内在的整体性与综合性，利用孤立视角下的商业模式理论指导企业实践，必将不可避免地引起偏差或失误，致使商业模式理论的科学性和有效性受到质疑。

商业模式本身是一个整合概念，它应该包括企业的经济本质、经营运作与战略发展等企业内部的各个方面。商业模式概念的整合性正是它与上述各个独立概念的区别所在，也正是研究商业模式理论的价值所在。研究具有整合特征的商业模式理论有助于企业管理理论突破传统的分工解构思维下的专业管理理论的局限，通过利用系统科学的思想方法，在更高层次上促使企业管理的理论研究与实践回归企业管理本源的整体性与综合性，为企业在越来越细的分工解构管理理论之外，增添一种新的管理理论研究方法与指导实践的工具。

（二）商业模式要素与结构

从本质上说，商业模式概念规定了商业模式的内涵与外延，自然也包含了对于商业模式构成要素的描述和界定。因此，不同的商业模式概念，将形成不同的商业模式内涵与外延，以及不同的商业模式构成要素。因此，对于商业模式结构的分析，应该建立在商业模式概念基础之上进行。

由于商业模式概念缺乏权威结论，因此，关于商业模式结构的观点也同样处于百家争鸣的状态。作为国外最早研究商业模式理论的学者之一，提莫斯（Timmers，1998）的观点对后来的研究者产生了较大影响。提莫斯认为商业模式应当包括三个方面：一是关于产品、服务和信息流的体系结构，以及对各种商业活动参与主体和他们所扮演角色的描述；二是对各种商业活动参与主体潜在利益的描述；三是对于收入来源的描述。格雷·哈迈尔（Gray Hamel，2000）提出，商业模式应包括客户界面（回应处理与支持、信息与洞察力、企业与顾客的互动关系、定价等）、核心战略（包括经营宗旨、产品市场范围、差异化基础）、战略资源（核心能力、战略资产、核心流程）、价值网络（供应商、合伙人、联合）四大要素。而这些因素两两之间都形成一个界面分别是顾客利益、配置和公司边界，这些界面将四个要素紧密地连成一个协调运作的整体。切萨布鲁夫和罗森布鲁姆（Chesbrough & Rosenbloom，2002）将商业模式看作是目标市场、核心价值、内部价值链结构、成本与利润、价值网络、竞争战略等六个方面的组合。阿密特和佐特（Amit & Zott，2001）提出了交易内容、交易结构和交易治理三个要素。怀来特贝（Weathersby，2000）认为，商业模式包括三个方面，即清晰的核心价值、与一个或多个价值创造模型的结合、与一个或多个价值获取机制的结合。托马斯（Thomas，2001）指出商业模式涉及流程、客户、供应商、渠道、资源和能力的总体构造。杰森·黄和克里斯滕森（Jason Hwang & Clayton M. Christensen，2008）提出的商业模式结构要素包括：核心价值、资源、利润原则和流程四项。翁君奕认为（2004）商业模式的要素包括价值对象、价值内容、价值提供、价值回收四个方面。

莫里斯（Michael Morris，2003）通过对相关研究进行整理后发现，商业模式构成要素的研究结论有极大的差异，不同定义中包含的要素数量有3~8个不等。经过统计，共有25个不同概念作为模式要素被提及，其中一些概念被多次提到，例如，价值提供（12次）、经济模式（11次）、顾客界面/关系（9次）、伙伴关系（7次）、内部基础设施/活动（7次），另有目标市场、资源/能力、产品、收入来源等项目也一再被提及。

综上，目前关于商业模式要素与结构的研究成果，具有视角广泛、内容丰富的特征。但是，如果从有效指导企业实践的方面考察，现有理论仍然存在一些问题和不足，概括为如下两方面：一方面，由于现有理论研究领域大多有所侧重，常常是从经济、运营或战略等不同侧面研究商业模式的结构。使用一种理论视角研究具有综合性与整体性的商业模式，有可能导致研究结论的片面与不完整。另一方面，具有多重视角与整合特征的研究成果，又由于内容过于庞杂和逻辑上的混杂，也使其适用性和实用价值受到影响。

二、商业模式创新的内涵与特征

（一）商业模式创新的概念与内涵

多个要素的协同变化是商业模式创新的基本特征，是商业模式创新区别于企业传统的产品创新、市场创新和技术创新等独立要素创新的本质所在。彼得·斯卡辛斯基（Peter Skarzynski）和罗恩·吉布森（Rowan Jibson）在其《从核心竞争》一书中表达了相同的观点：他们将商业模式定义为用于识别企业如何创造、交付以及获取价值的一个概念框架，它包括一整套集成的组件，这些组件可以被看作是获得创新和竞争优势的机会。为了进行商业模式层面上的创新，首先需要将其分解成许多单独的组件并且理解它们是如何以一种整体方式整合在一起的。他们指出，商业模式创新的本质是创造全新的业务，或者是在现有的业务中加入更多的战略多样性，这种战略多样性应该得到消费者的高度评价。

结合商业模式的概念，商业模式创新是指企业商业模式作为一个整体所发生的变化或改进，它可以是由一项或几项关键要素的改变所引发，但其最终结果一定是对于企业商业模式的各个方面产生影响，并使商业模式作为一个整体发生改变。例如，当企业的价值主张发生改变时，如诺基亚，由向市场提供化工产品改为提供移动通信产品时，其资源组合、运作流程以及供应商和分销渠道等界面因素都将随之发生变化。这种表面看来由单一要素引发的商业模式变化，事实上导致了诺基亚商业活动各个方面的变化，即引发了商业模式作为整体的变化，这时，也可以简单地认为，诺基亚赚钱的方式发生了改变，这就是商业模式创新。

根据商业模式创新概念的界定，实现企业商业模式创新需要具备一些基本条件。这些条件包括企业可以提供全新的产品或服务、开创新的产业领域，或以前所未有的方式提供已有的产品或服务或者是商业模式的多个要素发生改变，并与竞争对手产生明显的差别；再有就是由要素引发的商业模式改进应能为企业带来显著的经济效果和业绩回报，能够明显地提升企业竞争力。

（二）商业模式创新的主要特征

相对于企业其他的传统创新类型，商业模式创新具有整体性、外向性和实效性三方面明显的特征。

1. 整体性特征

整体性是商业模式创新区别于企业其他创新的本质特征。商业模式创新可能是由单一要素引发，但并不仅限于单一要素的变化，而是表现为多项要素相互协同变化。它同时涉及模式多个要素的变化，需要企业的较大战略调整，是一种集成创新。商业模式创新往往同时伴随产品、工艺或者组织结构与运作流程的创新，反之，则未必足以构成商业模式创新。如开发出新产品或者新的生产工艺，就是通常认为的技术创新。技术创新，通常是对有形实物产品的生产来说的。但如今是服务为主导的时代，世界发达国家服务业在国民经济所占的比重已接近，对传统制造企业来说，服务也远比以前重要。因此，商业模式创新也常常体现为服务创新，表现为服务内容及方式，及组织形态等多方面的创新变化。

2. 外向性特征

商业模式创新更注重从市场和客户的角度出发，从根本上思考设计企业的行为，视角更为外向和开放，更多注重和涉及企业经济方面的因素。商业模式创新的出发点，是如何从根本上为客户创造和增加价值。因此，其逻辑思考的起点是客户的需求，即根据客户需求考虑如何有效满足它。所以企业价值主张的改变，常常是商业模式创新的起点，这也是为什么，有专家认为商业模式创新起始于讲一个诱人的故事，这点明显地不同于技术创新。技术创新通常具有内向性，技术创新常常是从企业所擅长的技术特性与功能出发，看它能用来干什么，从一种技术可能有的多种用途中去挖掘它的潜在市场。商业模式创新即使涉及技术，也多是技术的经济方面因素，与技术所蕴含的经济价值及经济可行性有关，而不是纯粹的技术特性。

3. 实效性特征

商业模式创新具有实效性的特征，从绩效表现看，商业模式创新如果提供全新的产品或服务，那么它可能开创了一个全新的可盈利产业领域，即便提供已有的产品或服务，也应该能给企业带来更持久的盈利能力与更大的竞争优势。传统的企业单一要素的创新，通常只是带来企业局部效率的提高与成本降低。而且这些创新容易被其他企业在较短期模仿。而商业模式创新，虽然也表现为企业效率提高与成本降低，但由于更为系统和根本，涉及多个要素的协同变化，因而更难以被竞争者模仿。所以，可以给企业带来战略性的竞争优势和实际经济效益，而且优势可以持续数年。

三、商业模式创新的分类

依据不同的标准可以对商业模式创新进行不同分类。根据商业模式所依附企业的存在状态，可以分为新企业的新商业模式创建和原有企业商业模式的变革两种类型。根据商业模式不同要素的变动情况所引发的创新，可以将其划分为价值主张变动引发的创新、资源组合变动引发的创新，以及运作流程和界面模式变动引发的创新。

（一）界面模式变动引发的创新

商业模式的界面模式，是指企业为了获取利润而进行各种决策时所遵循的标准或法则，包括企业的营销原则、采购与供应原则、环境原则和公众原则。产品的目标市场、生产规模、成本模式、定价方式和市场定位是构成企业界面模式的重要内容，因此，企业市场定位、定价方式或生产批量与成本模式的改变都将引发界面模式的变动。这种改变给公司带来的变化，改变了公司与市场的接触方式和公司的市场形象，但并不一定涉及公司的运作流程和资源基础，或者说界面模式的改变只是改变了商业模式的界面形态与结构，但并没有改变商业模式的主体运作流程与资源组合基础。

因此，可以将界面模式的改变视为一种公司外部表现形式的变化，称之为界面形式的变化。例如，计算机公司改变市场定位，由高端市场定位向下拓展到低端市场，从而使定价方式和生产批量发生变化，即由过去较高的价格和较少的销售量策略，改变为较低价格与较大的销量策略，以适应低端市场顾客的价格承受能力和实现利润目标。此时公司界面模式的变化可能导致公司在其顾客及公众心目中的形象发生改变，但公司生产计算机所使用的技术与资源并没有发生本质上的变化，即公司商业模式中的运作流程和资源组合没有改变。因此，可以将界面模式的改变所引发的公司商业模式的创新称为界面创新，并使之与其他要素引发的创新相区别。

（二）运作流程变动引发的创新

所谓流程就是指相互连接的活动。企业管理人员将全部资源以有效率的形式组织在一起，进行生产和销售产品、服务的活动，这些活动有效地衔接，并不断重复就形成了企业的运作流程，与此相关的活动包括原材料采购、产成品的生产与销售、资金往来、后勤保障等。企业的运作流程，支撑起了整个企业的商业运作架构。在资源组合确定的前提下，企业可以有多种不同的运作形式与运作流程，运作流程的差异将直接导致企业间的形式与效率的差别。运作流程变化将对企业的商业模式产生重要的影响，可以在改变生产效率的同时，带来界面模式的变化，从而引发商业模式由内向外的改变，导致商业模式推陈出新。例如，福特轿车将传统汽车组装作业，改变为现代化流水线作业方式所引发的创新，就属于流程变化给企业带来的创新。将执行不同任务的不同小组的工人分批次地蜂拥而上围绕位置固定不变的汽车进行组装的作业方式，改变为让汽车移动而不同工序工人的岗位固定不变的方式，这种作业流程的变化看似简单，却极大地提高了生产效率，降低了生产成本。这种流程变化的效果巨大，以至引发了企业目标市场的扩大和销售方式的改变。而正是由于这种流程的变化，使轿车的生产效率迅速提高并最终使轿车这种过去人们心目中只有富人才可以享用的奢侈品可以进入寻常百姓家。由此可见，运作流程的创新不仅可以导致企业商业模式主体层的创新，同时也可能引发界面层营销活动和采购活动的共同创新。

（三）资源组合变动引发的创新

这里，企业的资源组合是指企业为了实现价值主张而需要投入的全部资源，包括人力资源、原材料、厂房设备、专利技术、品牌商标知识产权等各种有形与无形的资源。任何企业要创造价值都需要特定资源的投入，没有资源的投入，任何价值都无法创造出来。在特定的环境条件下，企业的价值主张将决定企业所需要的特定的资源组合。但是，如果环境条件改变了，即使价值主张没有改变，资源组合也可能随着外部环境的变化而改变。例如，对于电视机制造商而言，当液晶显示技术出现并推广普及之后，传统显像管作为生产电视机关键部件的地位将不可避免地被取代，此时，由于原材料这种资源的变化，必将直接导致生产流程需要进行相应的调整，产品的成本模式和市场定位也将随之发生变化，进而，引发商业模式多层次的变革与创新。就像当人们将飞机作为普通货物的运输工具引入物流企业的经营活动后，物流企业的服务方式、目标市场将随之变化一样，资源组合的变动将不可避免地引发商业模式运作层和界面层的变化，进而引发商业模式的整体性创新[①]。因此，由资源组合要素引发的商业模式创新，是一种复杂的系列创新，由系统论结构决定功能的原理可知，资源组合的变化在导致企业的基础层与主体运作层发生变化的同时，也将不可避免地导致企业界面模式与企业功能的变化与创新。

（四）价值主张变动引发的创新

价值主张通过回答"企业的产品是什么"和"企业的顾客是谁"这样一些基本问题得以体现，并通过企业的产品向市场传递[②]。正确的价值主张是企业生存发展的基础，也是构成企业商业模式的基础要素。价值主张一旦确定，企业需要生产的产品、产品的属性与特征、生产所需要的各种资源、利用资源进行生产的运作流程以及相关的各种对内对外原则都将随之确定。而价值主张的改变，也将不可避免地引发上述各个方面的变化。例如，餐馆将其价值主张由为顾客提供就餐价值，更改为在就餐价值之外还要为顾

---

① 童煌.服务企业核心能力研究［D］.武汉大学，2004.
② 黄燕.创新理论的演进及近期研究进展［J］.江汉论坛，2001，12（15）.

客提供更多的时间价值、地点价值和便利价值。这种价值主张的改变，表现在产品上可能就是增加外卖。而要增加外卖又将导致其销售的食物的包装食品要便于包装携带、作业流程甚至是生产设施和装备发生一系列的相应改变。过去快餐店所需的物质资源可能只是与快餐制作直接相关的厨房设备和就餐环境以及厨师和餐厅服务员；而如果要提供外卖，就需要增加携带餐食的容器、必要的交通工具和送餐人员。可见，作为商业模式的核心要素，伴随价值主张的改变，商业模式的各个层面都将不可避免地发生相关改变。由此可见，价值主张的变化与创新，必将导致企业资源组合、运作流程以及界面模式的一系列变化。在某种意义上，由价值主张变化引发的商业模式变革是企业商业模式最深层次的变革，并将导致商业模式发生根本性变化。

第三节 现代服务业的商业模式创新

现代服务业作为世界知识经济的一个先导性新兴产业，适应了新兴产业乃至世界经济未来的趋势和战略发展方向。服务业的生产经营活动往往具有非独立性、服务业生产非连续性，并且服务业产品市场中具有消费者与生产者之间双方信息高度的不对称性等。因此，服务业企业开展商业模式的创新，就是为了更好地把握市场变化，寻找市场与产品机会，更好地赢得外界环境的挑战，提升服务水平和综合竞争力。

一、现代服务业竞争的核心是商业模式竞争

商业模式的创新属于企业最本源的创新，离开商业模式的创新，其他的管理创新、技术创新都失去了可持续发展的可能和盈利的基础。所有成功的大企业都是从小企业秉持成功的商业模式一步一步走过来的。无论是美国的可口可乐、亚马逊网站，还是国内的苏宁电器、美团，这些行业的成功说明一个道理：无论所处时代的科技水平高低企业都获得了成功，关键在于找到了成功的商业模式，并且把商业模式的盈利能力快速发挥到极致。

由于信息化、市场化、全球化的各自发展和相互促进，传统产业边界变得越来越模糊，顾客需求变化越来越快，产品生命周期变得越来越短，市场竞争程度变得越来越强，企业运行方式和商业游戏规则变得越来越复杂，同时社会进步和文明程度的提高使得企业社会责任变得越来越大。与以往相比，当今的环境变化不再是渐进的，而是非连续、突发和颠覆性的，它们对现有市场、产业结构和价值链的冲击促使当今企业必须重新思考传统商业经营和活动方式，尽快从市场份额争夺转向客户价值创造，从要素竞争转向系统竞争，从局部竞争转向整体竞争。通过全面、系统的商业模式创新，以应对快速多变的市场环境，获得并保持竞争优势。相比于一般创新，商业模式创新是一种更为重要、更为关键的核心竞争力，是企业获取长期竞争优势的根本保证。现代管理学之父

德鲁克（Peter F.Drucker）认为，当今企业之间的竞争，不是产品之间的竞争，而是商业模式之间的竞争。早在 2005 年经济学人智库（Economist Intelligence Unit，EIU）发起的调查中，54% 的首席执行官认为，商业模式创新将成为比产品创新和服务创新更重要的创新。离开商业模式创新，其他的产品创新、技术创新、组织创新将失去持续发展和盈利的基础，商业模式创新也是企业更高层次的创新行为[①]。

二、现代服务业商业模式创新的主要内容

从模式创新看，服务业商业模式更迭换代、不断涌现。2019 年，我国服务业实现商业模式创新的企业占比高达 23.6%，远高于技术创新的比重。特别是互联网等新技术深度发展以来，基于大数据、云计算、物联网的服务应用和创新日益活跃，信息、技术等创新要素的充分利用不仅造就了新的商业模式，也成就了一批高技术的现代服务业企业。特别是零售业依托互联网技术持续进行业态模式创新，衍生出了线上线下（O2O）、到家服务、短视频电商、直播电商等诸多新型商业模式。在 14 亿庞大人口和市场上进行商业模式创新的结果是，我国发展成为全球最大电子商务和第三方支付市场，2019 年我国电子商务交易额达 34.81 万亿元，占全球 40% 以上；在线零售额达 1.99 万亿美元，占全球一半以上，约是美国的 3.3 倍；第三方移动支付交易规模达 226.2 万亿元，约为美国的 288 倍[②]。此外，创意设计、远程诊断、系统流程服务、设备生命周期管理服务等新业态发展迅速，为制造业转型升级提供了有力支撑。"互联网+"、生态旅游、休闲养老、远程教育、数字家庭、智慧社区等新的服务模式快速发展，拓展了消费渠道。

约瑟夫·熊彼特（Joseph Alois Schum Peter）认为："创新是指企业家将生产要素和生产条件以一种从未有过的新组合"通过引入生产系统以获得"超额利润"的过程。在移动互联网、物联网、云计算、大数据、人工智能等新一代信息技术发展应用的基础上，现代服务业内部及其与传统服务业、制造业之间出现分化融合，通过重构企业和产业的价值链以及不同产业间价值链而实现服务业运营的新型组织形态。现代服务业商业模式创新的内容主要有：

（一）产品创新

服务产品创新模式提供包括服务产品的设计、生产到售后服务在内的一体化解决方案，并通过大数据集成平台实现服务产品的设计、生产和售后服务各环节服务产品信息更新的实时对接与反馈。

---

① Tikkanen H., Lamberg J., Parvinen P. Managerial Cognition, Action and the Business Model of the Firm [J]. Management Decision, 43（6）：789-809.
② 数据来源：国家统计局网站

1.服务组合创新

在某种环境下,一系列产品和服务的组合称之为服务包[①]。大数据背景下面向工业4.0的服务产品创新模式中,服务包被赋予了新的含义,它是以技术为核心出发点,以服务产品实现方案为支撑,顾客体验为外围,通过每层上存在的接口进行信息交互,实现信息流和技术流的动态传递和反馈,及时调整服务产品的技术和方案,实时响应市场需求的服务单元(见图4-1)。

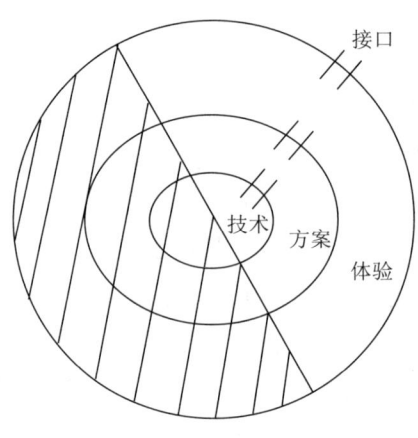

图4-1　服务包

服务包的组合模式分为以下三种:

(1)有形载体之间的组合

一个服务包的有形载体与另一个服务包的有形载体之间进行信息交互,可以完善服务产品的特性或构成一个新的服务产品(见图4-2a)。

(2)无形服务之间的组合

一个服务包的无形服务与另一服务包的无形服务进行信息交互,可以实现服务交互与服务扩展,提升服务效率和顾客体验(见图4-2b)。

(3)有形载体与无形服务的组合

一个服务包的有形载体与另一个服务包的无形服务在一定的条件下进行信息交互组合,能够形成新的服务产品,比原有的服务产品获得更高的服务效率和顾客满意度(见图4-2c)。

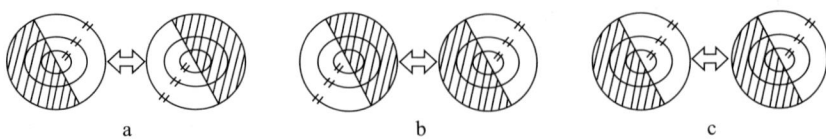

图4-2　服务包组合模式

---

① 苏立悦,董明,杨东.大规模定制下基于本体的服务产品配置研究[J].计算机应用研究,2010,27(2):483-487.

2. 服务模块化创新

服务模块化是企业运用模块化思想与方法架构服务产品与服务流程系统提高服务质量与服务效率向顾客提供服务价值选择权的创新活动。新型的服务产品运作模式是覆盖产品设计创新、生产创新、售后创新的全生命周期系统，这种模式下的服务模块化是以服务包为最小的服务单位，充分考虑服务产品的服务组合创新模式，根据顾客需求，进行动态匹配，实现产品化的过程。模块的划分以顾客满意度为目标，以功能为主导，模块之间的耦合以及模块内部的信息交互通过接口完成，动态地实现模块内部的调整以及与其他服务模块组合成新的个性化服务产品。

（二）过程创新

由于服务创新的特性决定了服务的生产、销售和使用过程基本是同时发生、进行和完成的，服务产品本身往往表现为一项服务流程或者服务过程。因此，过程创新在一定意义上，或某种程度上就是产品创新。但是，由于服务的生产、传递和供给过程从生产流程的角度以客户界面划分为"前台"与"后台"，因此，服务过程创新可以分为前台创新和后台创新两个阶段。前台创新主要是服务的供给和传递创新，后台创新则是服务产品的开发和生产创新。

1. "前台"创新

对于服务业的生产活动和创新活动而言，客户与劳动力、资本、服务工具、服务设施、技术等服务企业现有资源共同构成了服务生产过程中的投入要素，并且是服务创新过程的重要参与者和影响因素。服务系统中的生产过程参与者员工、客户和供应商等的有机互动是服务系统有效运转的重要保障。因此，根据客户的需求对服务能力进行有效的匹配管理是服务系统运营效率和质量的重要影响因素，服务生产系统效率的主要影响因素除了员工服务技能、辅助工具效率、空间利用率以外，还包括客户因素。

2. "后台"创新

服务传递过程是基于企业目标和资源配置分析、结合市场机会分析而进行的服务传递流程排序、生产授权、资源配置等系统性活动，是衔接服务生产活动和客户消费活动的中间环节。服务传递系统由服务设施、服务方案、服务流程、服务工具、应用技术、组织文化和制度等组成。服务传递系统设计过程中的关键因素是核心服务与附属服务的准确定位，其中，核心服务是服务产品质量的决定性因素，附属服务的定位则主要是支持和优化核心服务。

（三）组织创新

组织创新是在一个团队和组织或针对一项任务有意导入相对新的、对其和社会有益的想法、过程、产品或工艺。组织的结构、功能和表现形式的变化和改进，其主要诱导因素是市场需求变化、生产流程变化、管理方法变化和新技术的应用等。其中，组织创新的根本驱动力主要来源于组织外部，技术创新、市场拉动和组织外部的创新想法是组织创新的主要动力因素之一，组织创新在某种程度来说是外部驱动的创新。例如，在国际商业竞争的促进下，现代服务业的各种业态对我国传统商业模式形成了挑战，原有的以传统批发、零售、仓储运输为基础的商业模式纷纷向现代商业模式转型，催生了新的服务行业。最典型的是物流业，它集批发、仓储、运输为一体，通过电子信息平台，达到商品高效率配送的目的。线上购物、超市、购物中心、连锁经营等各种商业业态的发展，把商品流通发展提高到空前的水平，带动了人员、信息和资金的流动，产生了对这些流动的消费需求。餐饮、酒店、金融、地产、信息产业在商品流通带动下应运而生，形成了比较完整的服务业产业体系。其中商品流通组织和物流组织的现代化改造与良性互动是创新发展的关键，这种现代化改造既包括信息技术的引进，也包括经营理念、经营方式的更新以及企业管理手段和方式的更新改造，还包括整个商品流通过程在商业经营阶段与物流阶段的合理衔接和资源配置的优化组合，等等。

（四）市场创新

市场创新是以知识、技术和产品创新为基础，以交易场所创新、交易内容创新和交易规则创新为内容的系统创新。新知识、新技术和新产品的诞生能够促进新市场的形成，而市场机制通过竞争压力加快知识、技术和产品创新的产生和扩散速度。市场创新的主体是企业家或者是具备企业家精神的个体或团队，其目的在于扩大市场交易范围和降低交易成本。

更为重要的是，市场创新能够保证创新收益，有助于激励持续的创新投入，提升经济增长的稳定性。此外，市场创新具有高度透明性，能够为不同产业提供可资借鉴和模仿的新商业模式，为产业创新降低学习成本、提升产业竞争性和活力，最终撬动服务业产业创新。

三、现代服务业商业模式创新的特征与途径

随着科技进步带来的生产率和劳动者素质的提高，服务业在传统竞争要素方面同质化越来越快，传统优势逐渐消失。对消费者来说，传统服务业存在被动消费、互动性和体验感较差等不足。因此，未来服务业将在一个新的维度发展和竞争，这一维度就是新的行业形态及商业模式。随着信息化技术的发展，服务业新业态、新模式不仅将为消费者提供个性化、互动化、体验化服务，也能为服务提供者创造新的盈利模式，从而为服务业发展注入新的动能，成为助推我国现代服务业扬帆起航的强大动力。

（一）创新特征

1. 开放性

商业模式创新相较于技术创新更加外向性的同时也更关注消费者的需求角度用以思考企业行为是否具有价值性，商业模式的创新就是想方设法满足顾客价值以创造价值最大化。

2. 系统性

商业模式创新对于整个企业而言是一场系统性的根本变革。该过程常常不仅只关乎

单一元素的变化，通常是企业原有商业模式中多重要素同时进行巨大变革以至于需要企业进行战略调整。在第三产业迅速崛起的新市场环境下，商业模式创新不再仅仅是产品、工艺或组织的传统创新，也从新环境中孕育而出诸如服务方式、服务内容以及组织形态等新形式的创新。

3. 持久性

商业模式创新不是短暂性的变革，它具有持续性并能够为创新企业带来持续持久的收益。企业面对市场竞争的加剧时选择不断进行商业模式的创新以维持行业领先优势，商业模式创新也为企业开拓了一个后来者短期内难以模仿的可以持续创造竞争优势与企业价值收益的全新领域。

（二）基本途径

1. 顾客价值创新

服务业企业对消费者需求与偏好进行挖掘与定位成为企业商业模式创新的主要核心路径之一，企业通常以企业视角观察市场与顾客需求，该视角常常存在误区，并不能完全理解领悟消费者需求与市场所需，而如果企业可以进行换位思考，以更具开放性的消费者视角进行思考企业行为，常常会从根本上为企业解决创造客户价值这一重大问题。企业对于品牌的打造应当围绕着消费者需求与价值构筑企业自身的营销组合，进而帮助企业与消费者进行长久稳定关系纽带的建立。企业塑造的品牌所传播的信息若想被消费者记住并进行选择而不是快速过滤掉，就需要该信息与消费者需求的匹配度高度重合。

基于客户价值创新就是以客户需求为核心基础进行变革，通过现有市场挖掘被忽视的客户需求与顾客价值，并在此基础上对企业产品或服务进行提升革新。以上这些流程均与同行业竞争的产品或服务无关，是给予消费者需求提供强烈的心理满足感受，在这样的市场要求下，企业弱化对行业竞争对手间的品牌战略，而是重视以满足消费者根本需求为核心的品牌战略。以价值作为导向配合创新手段对顾客价值这一关键要素进行关注，并且在不受传统产品观念的限制的条件下，结合消费者现实与潜在的功能、情感需求以及可承受成本范围将现存产品与替代品、互补品以及不同消费功能类型产品进行比较以提供全新的顾客价值，并以价值提升与经济适用性的价格逐步获取大量客户群体与市场份额，减少竞争性的影响。以满足消费者需求实现价值创造的逻辑基础进行顾客价值创新的战略，也就是将顾客消费价值最大化，彻底颠覆产品或服务的认知利益，降低其认知价格并同时提高认知利益。

2. 成本结构优化

成本结构优化即对企业内部活动的各组成要素的优化以及价值链的整合，并降低各个要素运营成本，强调低成本运作战略。对企业的运营成本结构和产品成本构成进行分析，以探寻成本最低化的可能与途径。对产品成本构成的各个项目的增减变动情况进行观察与记录，并与上期数据形成对比分析，结合分析结论，进一步掌握各项目成本增减动因，总结成本结构的变化情况，根据有关资料，对各项目成本可降低的可能性进行探讨，并探究其可行性。

3. 利润保护机制转换

同时对宏观产业链和微观产品异质性进行构造，通过异质性与差异性打造利润保护屏障以支撑战略的长期有效的实施。服务业企业进行商业模式创新，无论是产品或服务的创新还是开拓全新的市场，最终均是想要为企业开创全新的盈利产业领域并获得持久的盈利能力与竞争优势。但是传统的创新形式虽然也可以为企业同时满足高效率与低成本的诉求，但其具有高度的可模仿性与可重复性，并不利于企业形成利润保护机制。而商业模式的创新虽然外在表现也会有为企业带来高效率与低成本，但由于商业模式更具系统性与根本性，并不仅仅是单一元素的变化，而是涉及企业生产经营多环节中的多个要素的同时调整与变化，并且该调整与变化均是与企业自身特点与需求高度相符合与适应的，因此商业模式的创新难以被竞争者进行模仿，会给企业带来长期有效的战略性竞争优势进而形成长期有效的利润保护机制。

第四节　现代服务业商业模式创新驱动机制

首先，从宏观背景来看，经济全球化、消费者需求变更、信息技术的发展等正日益改变着企业的生存环境，其直接结果是把现代服务业推向了产业发展与创新的前沿。纵观全球经济发展的新形势与全球产业发展的新趋势，现代服务业正承担着引领产业升级的重任，正日益成为全球经济持续发展的主要原动力。从长周期来看，服务业是中国经济的短板，是未来5—10年经济结构中的亮点，有可能诞生出很多景气度高的子行业和优秀的公司。其次，服务业将受益于打破垄断、市场化改革导向的制度红利，这有利于释放国内服务业的活力。商业模式看作为企业竞争的最高形态，它不仅是企业得以持续经营的基础条件，也是改变行业竞争规则和格局的重要因素。一方面，在任何一个行业中，产业链都在不断细分、拆解、重构、融合，甚至与其他行业交织、渗透，这必然会对企业原有的商业模式提出创新的要求。另一方面，中国市场环境差异性大，并且在金融危机后产生了剧烈的变化，这就需要中国企业在进行商业模式创新的时候，必须建立在深刻洞察中国产业经济和消费市场特点的基础上，在进行商业模式构建和创新中，不能照搬国外已有的商业模式，应更多地关注企业如何预见中国商业环境的变化并进行有效的调整和创新。

一、影响商业模式创新的因素

虽然现代服务业发展涉及物质资本、人力资本、固定资产投资和劳动力等各种投入要素，但是，服务业商业模式创新过程和产出效率主要受到外在因素和内部因素的影响。

（一）外在因素

商业模式创新的外在动因主要有政治环境、消费者的需求变化以及技术进步三个。第一，政治环境。当政治形势与国家方针政策有侧重性的改变时，无论是经济的发展还是居民收入都会受到影响，从而导致消费者心理发生变化，以至于市场需求大规模改变。党和政府的方针与政策指引了国民经济的发展方向与速度，也直接影响着社会购买力与消费者需求的变化。作为一种制度性环境约束，同时也激励着市场中的企业行为与消费者行为，资本市场的关键作用就是促使企业家具备创新能力，政治环境主要为创新提供机会与可能性。

第二，消费者的需求变化。商业模式创新需要及时把握市场需求以及随时关注消费者的需求变化，具备前瞻性与才能的企业家挖掘潜在市场或未被利用的资源和能力的市场机会，随着时间推移和外部环境变化，消费者的需求也随时发生着迅速变化，需要更深层次地进行挖掘以提供超值的服务。因而企业应思考如何提供相关的产品或服务填补消费者的消费盲区成为商业模式颇为重要的一个切入点。

第三，技术进步。技术进步分为两种：一种是公开范围的信息技术、网络技术、能源技术的基础技术升级，另一种是企业内部的与企业所在领域有关的专业技术。技术的进步与否势必成为商业模式成功创新的关键。

（二）内在因素

商业模式创新的内在影响因素主要有两方面：一方面是企业家能力。这里的企业家能力是指企业家挖掘、发现商业机会的洞察力与利用机会发挥价值最大化的综合能力。商业模式的创新主要体现出企业家的能力，企业家洞察到可利用的机会，进行资源的调配以实现创新。企业家在市场上发现价格低于价值的产品或生产要素未被充分利用的盈利机会，为商业模式创新提供可能性。

另一方面是组织学习能力。企业内部人员通过组织学习可以对企业商业模式创新起促进作用，经过组织学习，企业可对组织内部外环境进行充分了解，从而进行快速调动和配置组织内外的资源，大量难以转移和复制的隐性知识被蕴藏在企业产品或服务中，企业在充分认识到自身能力的同时结合外部环境可被捕捉的机会，进行深度市场或新市场机会的挖掘，对组织能力充分利用，进而进行有效的资源利用。

二、商业模式创新驱动机制模型

商业模式创新驱动机制是影响商业模式变化的各个要素通过一定的相互作用所形成的促进商业模式创新的协调互动的程序。这个驱动机制基于两个假设：一是外部环境的持续变化；二是存在已有的商业模式。在这个假设上，可以通过图4-3"现代服务业商业模式创新驱动机制模型"来揭示其中的机理。

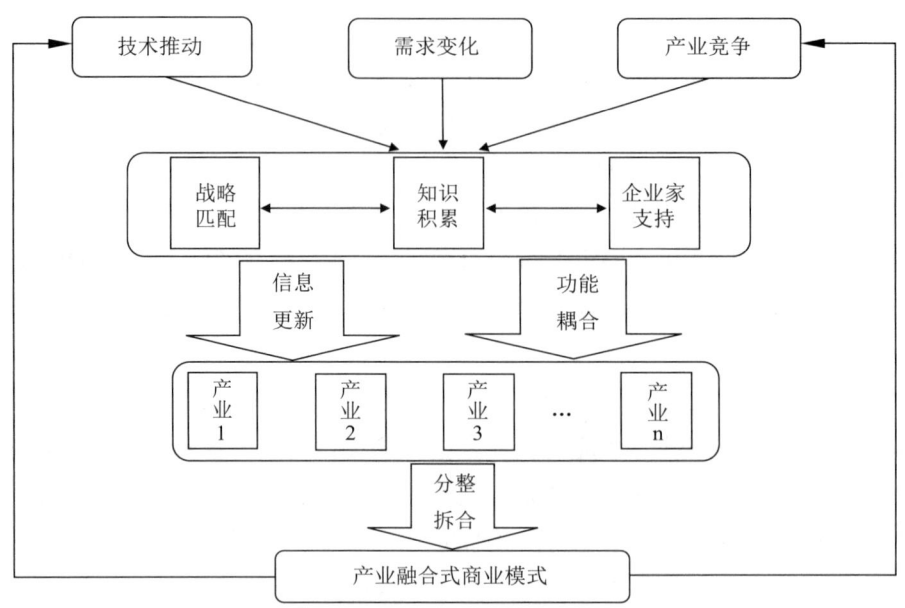

图 4-3　现代服务业商业模式创新驱动机制模型

上述模型的机理为：首先，在商业模式创新的驱动因素中，服务业企业所处的外部因素即技术、需求、产业竞争是持续变化的，而内部因素包含战略匹配、知识积累、企业家支持等，则可能会在一定时间内保持相对稳定。模型中箭头部分表示各个因素之间的相互作用。当外部因素驱动不够强烈时，商业模式会在一段时间内保持不变。如果环境发生变化，外部驱动力量足够大的时候，则内部因素也会响应外部驱动因素，促使企业原有商业模式进行变革。其次，在新商业模式创立过程中，与原有商业模式的相关性会形成自催化剂。一方面，使企业加快了对知识和信息的利用，通过重新组合产生更多、更新的知识和信息，为企业进行商业模式创新提供更充分的基础。另一方面，原有模式的功能耦合加强了产业要素之间的联系，产生知识协同、交叉催化和正反馈效应，不但提高企业商业模式的产业融合程度，也延展了企业的资源和能力，使得企业商业模式跨越产业边界成为可能。其结果就是旧产业内原有商业模式被打破，通过一系列的分拆整合，更高层次的商业模式诞生。这样一个商业模式，整合了更多产业资源、更加适应动态变化的产业环境，并且对原有商业模式构成要素的一个或多个方面都有根本的改进。需要注意的是，商业模式创新并不是简单地拼凑、嫁接，而是产业间的资源、市场、技术和资本的互补、整合及提高，是一项系统性强、涉及面广的工程。模型中实线的部分则表示，这样的演变创新是一个周而复始、不断循环的过程。

三、实现价值创造的机理

商业模式如何实现价值创造一直是商业模式相关研究的热点。朱明洋等在对近 10 年有关企业价值获取机制的研究进行系统整理的基础上，提出价值创造的 4 个环节，即价值主张、价值创造、价值传递与价值获取[①]。本研究围绕平台型商业模式如何实现价值创造这一问题，从企业价值创造流程的 4 个维度出发，将商业模式的各构成要素划分为 4 个模块，探究各模块内部的运行机制、模块与模块之间的影响关系，进而厘清商业模式的价值创造逻辑。

（一）价值创造模型

1. 价值主张

成功的商业模式始于准确的定位。确定企业的价值主张即是在综合考量目标用户特征、自身资源能力以及竞争环境等诸多因素的基础上，选择企业应该做什么、不应该做什么，以明确未来的发展战略。对于平台企业而言，最基本的功能是为双边（多边）用户搭建联系的桥梁，提高互动和交易的效率。所以，媒体类平台最基本的价值主张是为平台使用者搭建优质内容输出和接收的场景。

2. 价值创造

价值创造主要体现在关键业务、核心资源和重要合作 3 个方面。首先，企业拥有的核心资源（如知识产权、实物资产、人力资源、用户群体等）决定了企业未来成长的速度和边界，是企业价值创造的基础条件。其次，将企业的主要资源投入到关键的价值创造环节，不仅能够带来持续稳定的收益，还能进一步加强企业的优势，所以关键业务是企业价值创造的重要方式。最后，搭建一个由利益相关者群体（合作伙伴、供应商、顾客、竞争对手等）组成的、具有资源互补性的价值共创网络，是互联网平台企业发展的主要方向。

3. 价值传递

在企业经营中，企业向目标用户传递价值，进而获取收入以维持企业的正常运转。相较于传统的企业与顾客之间的单向价值传递过程，平台类企业更强调二者之间双向的价值协同，即价值传递的主要表现形式为：选择目标用户群体、接触用户的渠道以及平台与用户的互动关系，三者分别对应了价值传递的方向、方式以及效果。

4. 价值获取

价值获取是价值创造的最终环节，也是下一轮价值创造的起点。价值获取最直观地体现于收入来源和成本结构两方面。

综上所述，企业价值创造的逻辑可以总结如图 4-4 所示。价值主张既是商业模式的核心，也是实现价值创造流程的"第一站"，而价值的创造、传递和获取则是起到服务、支撑价值主张的作用。所以，具体到企业价值创造包含的商业模式要素的设计，同样应该对应于企业的价值主张，并起到加强和深化价值主张的作用。

---

① 朱明洋，李晨曦，曾国军.商业模式价值逻辑的要素、框架及演化研究：回顾与展望[J].科技进步与对策，2021，38（1）：149-160.

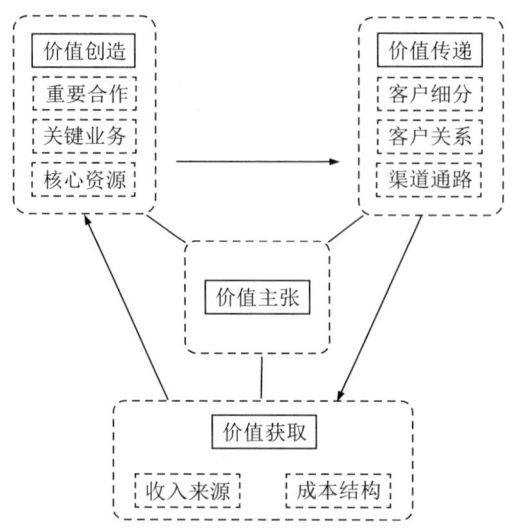

图 4-4 企业商业模式创新价值创造的逻辑

（二）商业模式创新价值创造的机理

1. 价值创造机理

价值创造能力是指企业为满足消费者需求所生产的可以满足消费者偏好的产品，进而创造价值的能力。企业需要对产品研发能力进行开发与提升、对产品生产提高效率并降低成本的能力升级，同时也需要对企业员工的职业能力进行培训，在对以上核心能力的整合过程就是企业进行价值创造的过程，一般包括价值模式、产品模式、关系模式。在企业发展过程中，通常包括了三个层面：从企业仅仅进行业务经营到具备一定的管理能力进行运营整合，最终到企业能够顺应环境变化而发展，该过程是企业通过经营管理活动驱动价值创造的具体表现。可以看出，企业业务层面的组合能力、支撑层面的构造能力与发展层面共同动态打造了一个企业价值能力的三维架构。当企业选择恰当的方式接触客户时即已形成渠道通路，并打造企业与客户之间可见的良好关系，可以增强客户黏性与忠诚度。充分利用核心资源与能力，与不同行业企业进行合作形成合作网络，进行价值配置，以此完成市场基本设施配置。

2. 价值获取机理

企业的价值获取机制是用于解决企业如何获取价值以及从何处获取价值，将之前创造的价值进行传递下去的途径与接收方，也就是包括渠道、客户与沟通三方面，学术方面将其定义为收入来源、收入节点、收入方式。收入来源是用于解决企业凭借什么进行收益，也就是从何处获取价值。收入来源是企业获取收入的内容，企业在提供给顾客价值时，一部分是免费的，而另一部分是收费的。一般来说，免费的部分为收费环节的实现创造可能性，是收费环节的先决条件，只有通过免费环节吸引到大量顾客，才可能将潜在价值转变为实际价值，也就是进行到收费环节。免费环节还存在较强外部性与易复制的可能性，企业无法收费。收入节点对应的是企业客户，是利润的流入来源。收入方式对应的是企业获取价值所凭借的手段，例如如何进行产品定价、如何进行付款、何时付款以及优惠的促销政策的实施等等问题的具体实施。企业通过研究探讨对顾客付款的条件与规则，从而保证了企业价值的获取。

3. 价值实现机理

企业提供的产品或服务可以同时满足消费者、社会甚至企业自身的需求，使产品或服务的潜在价值可以转化为现实价值的过程被称为价值实现机制。产品或服务对消费者是否具有价值、对社会是否具有价值，均无法通过单纯的表象认知得到确认，往往需要进行更深层次的挖掘与分析才可能对该价值进行确认，而价值实现是企业经营活动的终极目标，是企业创造的价值在市场中得到认可，企业运营仅仅处于提供服务或生产产品状态，需要借助企业在市场上的行为进行最终价值转化，得以实现价值。企业依据消费者需求以及偏好提供产品或服务，消费者会对满足自身需求的产品或服务产生购买欲望并为其买单，市场会对产品或服务进行优胜劣汰，最终留下可以被消费者、市场与企业自身三方均认可的产品或服务，并且企业最终实现价值的过程是企业价值实现的实质。价值创造是价值实现最核心的基础，价值获取作为价值实现的途径帮助创造的价值向价值的实现进行转换，该过程使企业最终具有实际意义，企业价值可以最终实现是市场经济环境下企业可以长期稳定的存续与发展的必要前提条件。

案例分析：Bilibili的商业模式与价值创造

Bilibili（中文名称：哔哩哔哩）现在是一家中国年轻世代高度聚集的文化社区和视频平台，网站于2009年6月26日创建，被粉丝们亲切地称为"B站"。B站早期是一个ACG（动画、漫画、游戏）内容创作与分享的视频网站。经过十年多的发展，围绕用户、创作者和内容，构建了一个源源不断产生优质内容的生态系统，B站已经涵盖7000多个兴趣圈层的多元文化社区，曾获得QuestMobile研究院评选的"Z世代偏爱APP"和"Z世代偏爱泛娱乐APP"两项榜单第一名并入选"BrandZ"报告2019最具价值中国品牌100强。2018年3月28日，哔哩哔哩在美国纳斯达克上市。2020年9月15日，B站定制的视频遥感卫星——"哔哩哔哩视频卫星"成功升空。2021年3月29日，哔哩哔哩正式在香港二次上市。

1. B站的商业模式

基于价值创造的理论分析，B站商业模式结构如图4-5所示。以此为基础，分别从价值主张、价值传递、价值创造和价值获取4个维度对B站的商业模式展开探讨。

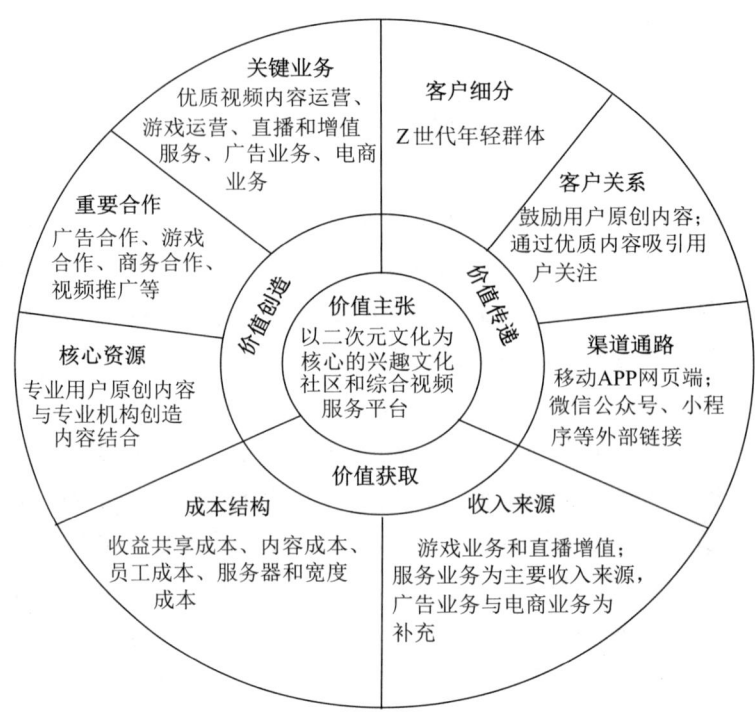

图 4-5　B 站的商业模式

（1）价值主张环节

弹幕视频网站哔哩哔哩（Bilibili）是面向中国 Z 世代（1995—2009 年出生的年轻人群）、以二次元为核心的兴趣文化社区和综合视频平台，具体业务包括提供优质的原创视频内容、游戏入口、经营兴趣圈子、周边产品销售等。

（2）价值传递环节

①客户细分。B 站的核心用户为 Z 世代人群。截至 2020 年中国移动互联网 Z 世代活跃人群约有 3.25 亿，占全网用户的 28.1%。这类用户群体的特点是有强烈的内容需要、体验需要、社交需要和创作需要，追求高品质、高性价比的消费，注重良好的消费体验。

②客户关系。视频平台用户的增长和维护主要依赖平台能否输出优质内容。与传统视频平台有差异的是，B 站的视频产出主要依赖于 PUGC（Professional User Generated Content）模式，即由大量用户原创的内容，平台扮演的角色则是完善普通用户向原创内容制作者（UP 主）转变所需的基础设施搭建和提供相关服务等。平台以多种形式帮助 UP 主扩大其网络影响力，让更多新的用户被引入，而粉丝群体的扩大又会不断激励 UP 主更为频繁地输出优质内容，用户与平台和 UP 主的情感联系得到进一步的加强。B 站的客户关系管理如图 4-6 所示。

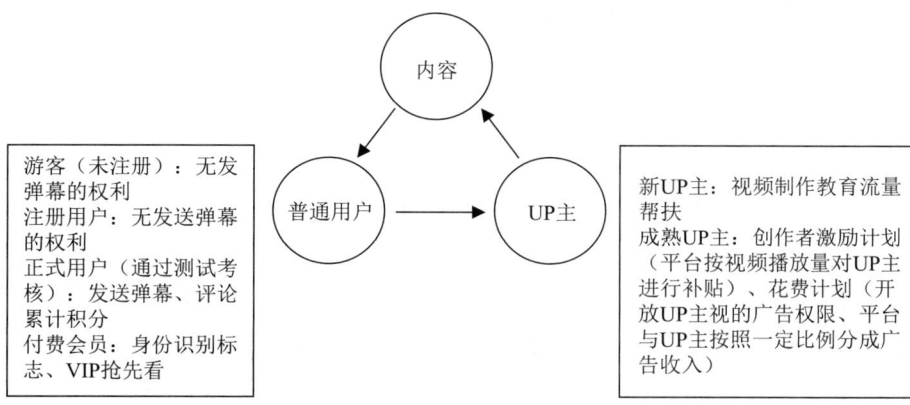

图 4-6 B 站的客户关系管理

③渠道通路。平台与用户的联系多以线上场景为主、线下为辅。当前 B 站与目标用户群体接触的渠道主要有：移动 APP 应用程序、网页端平台，以及微信小程序、公众号、微博链接等辅助渠道通路。

（3）价值创造环节

①关键业务。B 站的业务板块可以分为：优质视频内容运营、游戏业务、直播与增值服务、广告业务以及电商业务。视频业务是 B 站的基础业务。平台需要通过优质内容来吸引用户关注，累积用户群体，并利用多种形式将用户成功"变现"。游戏、直播、增值服务、广告和电商就是 B 站最直接的变现方式。其中，游戏业务是主要盈利点，B 站的游戏业务有两种运营模式：其一是代理或联运人气二次元手游；其二是与游戏制作厂商联合开发游戏售卖。直播和增值服务业务主要指的是直播业务和会员服务。B 站的广告业务包括官方页面广告和 UP 主发布广告，前一种是平台基于个性化设置向用户展示的广告，后一种则是 UP 主、平台和广告商的合作，商家利用平台 UP 主的影响力来宣传，所以 UP 主和平台可以对广告收入进行分成。值得一提的是，B 站一直坚持"无贴片广告"模式，这种做法虽然给予了用户良好的视频观看体验，但无疑也会对视频平台的一大重要收入来源会员收入产生影响。电商业务是 B 站这类媒体平台商业模式的新探索，用户可以直接在平台中查看和购买周边产品，而无须跳转至另外的电商平台。

②核心资源。B 站的最核心资源在于优质的视频内容。B 站当前的内容产出模式有 PUGV（专业用户原创内容）和 OGV（专业机构创造内容）两种。在 PUGV 板块，UP 主通过创作高质量视频内容以吸引用户，平台支持和粉丝激励从物质与精神两方面激励 UP 主创作，进而形成优质内容与用户规模的良性循环。在 OGV 板块，平台通过购买动漫、电视剧、电影等内容版权，进一步丰富平台内容。此外，B 站独特的弹幕体验，还能够为用户创造一种奇妙的共时性关系，增强视频观看的互动感，因而也让 B 站成为极具互动共享和二次创作的文化社区。

③重要合作。B 站的主要合作形式包括广告合作、商务合作、游戏合作、视频推广、

漫展票务、直播合作等。影视合作伙伴包括京阿尼、腾讯、万达；游戏合作伙伴包括索尼、网易、腾讯和米哈游；漫画合作伙伴包括网易漫画、腾讯漫画、集英社等；电商合作伙伴是淘宝；视频合作伙伴则包括拥有众多粉丝的 UP 主们。

（4）价值获取环节

①收入来源。游戏业务是 B 站主要的收入来源。2019 年之前，游戏业务的营收占到 B 站总营收的绝大部分，因此 B 站也被称为"披着视频网站外衣的游戏公司"，尤其是其过度依赖与日本游戏公司联合运营热门游戏的盈利模式受到不少人诟病。在后续的发展过程中，B 站的管理层有意识地探索商业模式的创新。从 2019 年开始，B 站进入业务扩张阶段，一方面是加强原有支柱性业务的竞争力；另一方面是拓展业务板块，并加大对视频创作的激励，不断提升平台的内容质量。从 2020 年 B 站的实际表现来看，平台收入结构得到改善，基本形成游戏业务、直播和增值服务为主力，广告业务和电商业务为补充的盈利模式。

②成本结构。平台运营的成本主要由收益共享成本、内容成本、员工成本、服务器和宽带成本构成。其中，收益共享成本是平台支付给游戏开发商、分销渠道、支付渠道、直播主播和 UP 主的费用，主要用于鼓励创作以及宣传推广。这部分成本占比最重。其次是内容成本，用于平台购买电影、电视剧、番剧以及直播版权，起到丰富平台内容的作用。最后是服务器和宽带成本以及人工成本。

2. B 站商业模式在财务报表中的体现

企业商业模式的运行效果能够直观地体现于财务报表中，因此，基于财务视角能够更为清晰地了解 B 站是如何通过平台商业模式进行价值创造的[①]。在价值创造的 4 个环节中，价值获取环节与财务直接相关，可以直接反映商业模式价值创造的直接成果。从收入和成本两方面对 B 站的财务情况进行简要分析。

（1）收入来源

①收入结构。从利润表的结果显示来看（表 4-2），近年来 B 站已从单一依靠游戏业务增长转变为多元化驱动增长模式，基本形成了以游戏业务、直播和增值服务业务、广告业务和电商业务为四大驱动力，收入结构得到较大改善。其中，游戏收入从 2017 年占比 83.40% 下降至 2020 年第三季度的 39.53%，与此同时其他业务收入和总营收都有不同程度的增长，但游戏业务与直播和增值服务业务仍然是占比最大的两类收入来源。

表 4-2　B 站的收入结构变动表

收入结构	2017 年	2018 年	2019 年	2020 年一季度	2020 年二季度	2020 年三季度
游戏业务	83.40%	71.12%	53.08%	49.69%	47.68%	39.53%
直播与增值服务业务	7.10%	14.18%	24.21%	34.27%	31.53%	30.37%

---

① 杨君岐，崔环珠，陈馨雨.互联网企业商业模式如何作用于企业价值创造——以 Facebook 为例 [J].财会通讯，2020（2）：173-176.

续表

收入结构	2017 年	2018 年	2019 年	2020 年一季度	2020 年二季度	2020 年三季度
广告业务	6.50%	11.23%	12.05%	9.25%	13.32%	17.28%
电商业务	3.00%	3.47%	10.65%	6.78%	7.48%	12.82%

②毛利和毛利率变动。从图 4-7 的毛利率变动情况可以发现，2019 年，B 站的毛利为 3.97 亿元，毛利率为 18.9%，实现了连续 3 个季度的上涨。但这一数字和 2018 年相比还是偏低。前面已经指出，B 站从 2019 年开始进入全面扩张的阶段产生的直接效果则是：一方面，营业成本和运营成本方面的支出同比增长 70.69% 和 69.49%；另一方面，在具体业务上与腾讯联合开发游戏 Unheard，在直播业务方面签下《英雄联盟》3 年全球总决赛独家直播版权、举办 B 站首次跨年晚会，等等。2019 年的巨大投入在 2020 年初见成效，虽然成本支出继续扩大，但营业收入和毛利率都得到稳步的提升，且未来随着 B 站用户规模的继续扩大，企业的盈利还有很大的上升空间。B 站的发展轨迹基本符合互联网企业的特性，即：企业发展初期往往需要投入大量资金，因而可能导致较长一段时间的亏损，但随着用户网络效应的提升，企业未来的发展潜力巨大。

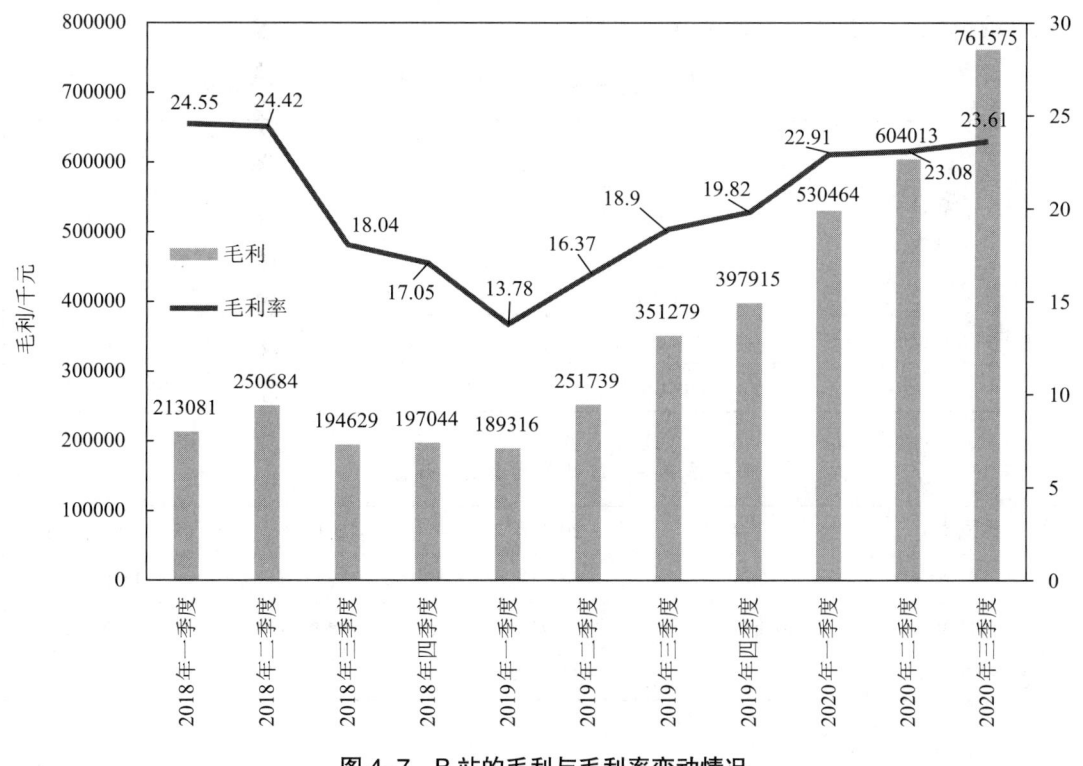

图 4-7　B 站的毛利与毛利率变动情况

③用户规模增长。用户是影响互联网平台价值的关键因素[①]。互联网平台的发展都会

---

① 宣晓. 互联网企业客户价值评估方法述评与展望 [J]. 商业经济研究，2016（13）：138-140.

经历初始用户积累，然后逐渐扩大用户规模，进入用户爆发增长期，最后实现平台飞跃式发展三个阶段。在用户积累阶段，企业需要消耗大量资金以吸引潜在用户的加入。从B站的活跃用户与付费用户规模发现，2019年，B站营销费用的巨大投入取得了一定成效，第4季度用户增长率超过30%；2020年，平台用户保持稳定增长，在第4季度活跃用户突破2亿。从2020年开始，B站付费用户的规模基本稳定在20%，由此可以判断B站已拥有可观的用户群体数量，且他们对平台的忠诚度相当高。

（2）成本结构

通过对成本费用结构进行分析（表4-3、表4-4），发现B站的营业成本和运营成本一直居高不下。在营业成本方面，占比最大的依然是创作激励和合作商分成。这与平台本身PUGC（Professional User Generated Content，专业用户生产内容）的定位分不开，一方面平台需要不断激励UP主们（在平台上传视频的用户）输出优质内容，另一方面B站的游戏业务收入主要依靠代理或联合运营。与传统思维相悖的是，B站虽然是一家互联网平台企业，但在研发方面的投入却一直在下降，反而销售费用每年都在增加，2020年，甚至超过总运营费用的一半。这也恰好说明对于这类媒体平台企业而言，技术创新的需求并不像其他互联网技术企业那样高，B站的生命力和创新的源泉更多在于其搭建的商业模式，在于平台用户源源不断输出的优质内容。

表4-3　B站的营业成本占比

营业成本	2017年	2018年	2019年
收入分摊成本	48.26%	49.82%	44.64%
内容成本	13.63%	16.59%	17.93%
人工	6.68%	7.29%	6.38%
服务器和带宽成本	24.43%	18.90%	16.46%
其他	6.99%	7.39%	14.59%

表4-4　B站的运营成本占比

运营成本	2017年	2018年	2019年	2020年三季度
研发费用	36.21%	33.92%	33.31%	24.89%
销售费用	30.06%	36.97%	44.63%	59.79%
行政及管理费用	33.73%	29.11%	22.06%	15.32%

（3）资产负债结构

从表4-5可以看到，B站的流动资产占比超过一半，2020年第三季度流动资产占比更是达到了70%，资产的流动性和快速变现能力极好；没有存货，应收账款基本保持在5%以下，这是传统工业经济商业模式与互联网企业商业模式在资产负债表上的最大区别；固定资产占比保持在3%左右，且主要的固定资产是办公场所和服务器，说明公司的退出壁垒和潜在的经营风险较小。但是，公司的资产负债率较高，2017年和2018年以流动负债为主，2019年以后情况得到改善，非流动负债的占比扩大，说明公司的信誉提高且外界投资者对公司普遍看好。总体上，B站的资产流动性好，变现能力强，无形资产占比大，资产负债率较高，这些恰恰符合轻资产商业模式的财务特征。

表4-5　B站的资产负债结构

资产负债	2017年	2018年	2019年	2020年三季度
流动资产	61.99%	62.44%	66.54%	70%
非流动资产	38.01%	37.56%	33.46%	30%
流动负债	100.00%	100.00%	54.22%	44%
非流动负债	—	—	45.78%	56%
资产负债率	40.25%	31.45%	50.79%	65.46%

综上所述，B站通过游戏业务、直播与增值服务、广告业务与电商业务获得高额收入，但当前该企业处于快速扩张阶段，因而在创造收入分享和销售费用方面的支出巨大。通过结合财务报表对B站的商业模式进行分析，还发现尽管用户是平台发展的根本，参与了企业价值创造的过程，但不会直接为平台带来收益。因此，企业需要思考如何将用户转化为实际的收益，以及如何实现价值创造的过程。

互联网产品需要的不仅仅是流量，还有生存。通过Bilibili的案例分析，可以归纳出媒体类平台企业基本的价值创造方式：实施免费战略吸引用户关注，通过不断改进用户体验、输出优质内容提高用户黏性累积用户；通过会员特权制吸引广告商投放广告，将用户引入游戏平台、电商平台等将用户"变现"。随着商业模式的加速，在爆品更新换代速度极快的时代，稳定、忠诚的用户和合理的商业逻辑是企业活下去的核心动力。

思考与练习

1. 为什么说，中国进入服务经济时代后，创新是现代服务业高质量发展的核心动力？
2. 新时代现代服务业创新发展趋势有哪些？
3. 试分析影响现代服务业创新的主要因素有哪些？
4. 举例说明，商业模式的创新有哪些类型？
5. 商业模式创新有哪些特征？
6. 现代服务业商业模式创新的主要内容有哪些？
7. 商业模式创新是如何驱动现代服务业发展变革的？

创新实践篇

第五章 休闲服务产业

> **本章导读**
>
> 为应对新冠肺炎疫情持续蔓延和国际形势不稳定、不确定因素增多等挑战，国家提出"加快构建以国内大循环为主体、国内国际双循环相互促进的新发展格局"的经济发展思路，并将其作为"十四五"时期经济发展的重要方略，这给休闲服务产业的发展带来了新的机遇，同时也提出了新的要求。在经济新发展格局下，休闲服务产业有望成为促进国内经济大循环的新抓手和推动结构转型、经济增长的新动能。目前，全国各地休闲城市、特色小镇、休闲乡村等建设方兴未艾，主题公园、博物馆等休闲供给持续增加，体育、影视、宠物、钓鱼等传统休闲消费热度不减，摄影、自驾等新型休闲消费热点层出不穷，休闲服务产业已成为经济社会发展中最具活力的部分。因此，理解休闲、善于休闲，通过休闲实现个体的自由全面发展，将助力经济社会高质量发展。

第一节 我国休闲服务产业发展现状

当代社会生活中，休闲已经被视为一种平衡和调节人们生活的手段和途径。人们追求休闲不仅仅是为了消遣娱乐、自我改善以及文化提升和稳定家庭、互动交流，同时也是为了满足逃避、新奇、冒险、兴奋、想象等体验。因此，休闲的本质是生命自由，走向休闲就是走向生命的自由。休闲活动已经广泛涉及社会生活的各个方面，几乎囊括了现代社会人们自由安排、享用休闲时间的全部活动，以及由这些活动而引起的所有的社会、经济、文化现象和关系。从目前发展情况看，休闲产业已经成为国民经济发展的新的增长点。

一、休闲产业发展的指导思想及政策举措

（一）指导思想

发展休闲产业的指导思想是以马克思休闲理论为基石，在中国特色社会主义建设实践中形成的，具有坚持以人民为中心发展休闲产业、发展休闲产业要不断强化文化属性、休闲产业发展与生态保护要同步推进、推动休闲产业协调平衡发展等丰富内涵。

1. 坚持以人民为中心发展休闲产业

以人民为中心是习近平关于发展休闲产业重要论述的内在根据和根本意义所在，集中反映在其关于休闲城市建设和休闲产业发展的论述中。国家治理、国家建设归根结底是满足人民对美好生活的需要，是为了促进人民更加全面发展。休闲在人的需求里处在高级向度，是对自由时间的积极应用，是对人的本质的确认与关照，而发展休闲产业是满足人民群众休闲需要的重要保障，其根本也是为了实现人的全面发展。发展休闲产业、建设休闲空间，归根结底是为人民群众创造美好生活，让人民群众拥有更多获得感。因此，在发展休闲产业时坚持以人民为中心，既是对人民群众休闲需要的满足，也是实现人的自由全面发展的基础，是人的主体性的回归。

2. 休闲产业要不断强化文化属性

习近平倡导在休闲中回归文化本位，为休闲产业注入文化内涵，增强休闲产业的文化底蕴，发挥休闲产业的文化价值。文化是休闲最好的资源，休闲产业是文化最大的市场。强化休闲产业的文化属性，体现了"以文促旅，以旅彰文"的文旅特性，可以准确把握住未来文旅融合发展的大趋势。发展休闲产业要不断强化文化属性，提升公共文化效能，增强文化活力，让休闲成为人们感悟中华优秀传统文化、增强文化自信的过程。

3. 休闲产业要与生态保护同步推进

发展休闲产业与生态保护同步推进，是对休闲产业与自然对立发展的摒弃，打破以往一些地方政府片面追求经济效益的传统发展思维模式。"绿水青山就是金山银山。"绿色发展作为休闲产业发展的新理念，强调的是休闲产业发展与生态保护同步推进，促进休闲产业与生态协调发展。发展休闲产业应以尊重自然、保护自然为前提，充分肯定自然界对人类的重要价值，体现了人与自然双向作用的辩证关系。发展休闲产业不应该一味追求效益，而应该建立在保护生态的基础上，良好的生态环境不仅能提升休闲主体的感知质量，更能促进人与自然的和谐相处。

4. 休闲产业要协调、平衡发展

我国休闲产业发展总体向好，但也存在发展不协调、不平衡的问题，主要表现为休闲机会不平等、休闲资源分布不合理、休闲产品供给不均衡等。党的十九大以来，以习近平同志为核心的党中央以新发展理念为指引，围绕推动休闲产业协调、平衡发展作出一系列重大决定和战略布局，大力发展全域旅游，推动区域休闲产业协同、联动发展，站在全局的高度将各种休闲因素加以组织整合，形成全方位、多层次、宽领域的休闲产业体系，实现休闲经济一体化，能有效解决地区间休闲产业发展不平衡、不充分的问题，推动区域休闲产业的协同发展。

（二）"十四五"规划与政策措施

2020年以来，伴随国内新冠疫情的逐步缓解和产业发展的逐步恢复，各级政府在休闲产业发展方面的政策也从短期救助逐步转向长期发展。

1. "十四五"规划

在 2021 年 3 月国家发布的《中华人民共和国国民经济和社会发展第十四个五年规划和 2035 年远景目标纲要》的战略导向中，明确提出：" '十四五'时期推动高质量发展，必须立足新发展阶段、贯彻新发展理念、构建新发展格局。""构建新发展格局则是应对新发展阶段机遇和挑战、贯彻新发展理念的战略选择。""必须建立扩大内需的有效制度，加快培育完整内需体系，加强需求侧管理，建设强大国内市场。"在具体任务中，明确要求："顺应居民消费升级趋势，把扩大消费同改善人民生活品质结合起来。""发展服务消费，放宽服务消费领域市场准入，推动教育培训、医疗健康、养老托幼、文旅体育等消费提质扩容，加快线上线下融合发展。"经济新发展格局的提出，意味着"十四五"时期，国家经济发展策略和方向将有新的变化，《纲要》中提出了一系列有利于休闲产业发展的具体举措，这将给休闲产业带来更多发展机遇。

2. 疫情防控常态化下休闲产业发展新政策

新冠肺炎疫情爆发对全球经济发展造成巨大冲击，中国休闲产业也因此陷入前所未有的"至暗时刻"。2021 年的国务院政府工作报告中特别强调"发展健康、文化、旅游、体育等服务消费"。为应对新冠疫情防控常态化，国家层面从 2020 年下半年到 2021 年上半年，出台了一系列与休闲产业相关的政策文件。

相关具体政策包括：2020 年 9 月 16 日，国务院办公厅发布的《关于以新业态新模式引领新型消费加快发展的意见》；2020 年 9 月 30 日，国务院办公厅发布的《关于加强全民健身场地设施建设发展群众体育的意见》；2020 年 11 月 18 日，文化和旅游部发布的《关于推动数字文化产业高质量发展的意见》；2020 年 11 月 30 日，文化和旅游部、国家发展改革委等 10 部门联合印发的《关于深化"互联网+旅游"推动旅游业高质量发展的意见》；2021 年 3 月 8 日，文化和旅游部、国家发展改革委和财政部三部委发布的《关于推动公共文化服务高质量发展的意见》等。

二、国民休闲需求持续增长

中央电视台、国家统计局联合发布的《中国经济生活大调查（2019）》中明确了中国休闲产业规模约为 4.8 万亿元，相当于国民生产总值的 11.4%。同时，居民休闲消费意愿主要集中在旅游、保健养生、文化娱乐等方面，尤其对旅游消费的欲望连续 10 年居于首位[①]。尽管 2020 年以来新冠疫情对国民休闲消费造成了抑制和冲击，但中国国民的休闲需求总体仍在增长，不同群体的休闲消费潜力依然巨大。

（一）现实的休闲需求

据 2020 年 12 月中国社会科学院旅游研究中心、腾讯文旅产业研究院根据 1.2 万份

---

① 数据来源：宋瑞，冯珺.《2018—2019 年中国休闲发展与未来展望》.

网络问卷发布的《中国国民休闲状况调查（2020）》[①]显示，国民对休闲的重视程度越来越高，休闲的内容更加丰富，休闲已经成为国民日常生活不可或缺的组成部分。

在休闲时间方面，从 2013 年到 2020 年，国民平日用于休闲的时间从 3.2 小时增长到 3.6 小时（仅仅指周一到周五工作日的休闲时间），增长了 12.5%。国民每日平均在线休闲时长达到 4.9 小时；疫情发生前的一年，国民每日居家休闲时间 5.77 小时；疫情发生后，居家休闲时间达到 7.15 小时。

在休闲活动方面，居家休闲中频率最高的休闲活动依次是：内容消遣、社交互动、益智竞技、健康保健、实物制作、独自发呆、培植养育、艺术表演与创作、收藏品鉴等；本地休闲中频率最高的休闲活动依次是：逛公园或本地景点、朋友聚会、逛街购物、户外健身、观影或看赛事演出、氛围消遣、游戏消遣、户内健身、社区活动/公益活动、逛展览馆、美容按摩、兴趣培训、参加会所/俱乐部活动、极限运动等。在休闲消费方面，呈现出较大的分化，调查对象年均消费 5647 元，但是也有 44.4% 的人一年休闲消费开支不到 1000 元。在休闲态度方面，68% 的调查者倾向于认同休闲是社会文明的标志，70.4% 的调查者倾向于认同休闲在生活中必不可少，76.3% 的调查者倾向于认同休闲有益健康，76.2% 的受访者倾向于认同休闲是幸福生活的重要组成部分。

中国休闲产业已经进入快速发展的轨道。核心休闲产业，如旅游、体育、娱乐、文化、新闻传播、健康、休闲教育、休闲农业、休闲工业等，都得到迅速发展。休闲服务业，如餐饮、交通、信息、休闲金融服务等迅速在城市中崛起、壮大。另外，休闲产品制造业、体育场馆等休闲产品建设业、休闲产品种植养殖业等也在不断发展。

（二）未来的休闲潜力

随着休闲产业的快速发展，未来中国休闲活动内容变化明显，发展多样化。一是休闲活动正由静态为主逐步向以动态为主过渡。从以往的看电视、听音乐、读书报、品茶聊天、琴棋书画等相对静态的活动为主，向体育健身、旅游观光、户外运动、会展博览等相对动态的活动为主转变。二是新兴的休闲活动备受欢迎。如网络休闲、"吧"文化、乡村休闲、农业旅游、工业旅游等休闲活动，对人们的吸引力很大。三是休闲活动与国际接轨的步伐加快。在国外比较普及或者受欢迎的休闲活动为人们所接受，如城郊休闲、登山攀岩、室内游泳、家庭宴会、自助露营、高尔夫球、滑雪、狩猎、冲浪、马术等活动正在被越来越多的人接受并参与其中。四是休闲场所日益多样化。从以家庭为主要休闲场所，向城郊野外、公园、健身房、体育场馆、会展博览场所、科技馆、图书馆、阅览室、歌厅等场所转移，呈现出休闲场所日益多样化的特征。

另外，在休闲度假消费者方面，一些新兴群体的休闲潜力值得关注。

——单身休闲市场

根据民政部的数据，2018 年底我国单身成年人数量高达 2.4 亿，相当于英国、法国、

[①] 数据来源：《中国国民休闲状况调查（2020）》，腾讯文旅产业研究院，2020-12-15.

德国人口的总和。在单身人口中独居人口比例高达 7700 万。从经济发达国家的情况看，单身人口比例上升是一个普遍的趋势，比如瑞典的单身人口占比 51%、美国为 45%、日本为 32.4%、韩国为 23.9%。单身人口增多，带来了诸多社会问题，但同时也在无形中形成了一个巨大的单身休闲市场。据《中国宠物行业白皮书》报告，2019 年中国城镇宠物犬猫消费市场规模已经超过 2000 亿，这其中主要的消费群体就是单身人口。单身人口单身群体可支配时间多，追求娱乐至上；单身人口有更强的社交意愿；同时喜欢定制化和专属于自己或小群体的产品。未来如何满足这部分群体多样化、个性化的需求也是休闲行业需要重视的问题。

——老年休闲市场

2021 年 5 月中国第七次人口普查数据显示，中国 60 周岁及以上人口 2.64 亿，占总人口的 18.7%（其中，65 岁及以上人口为 1.91 亿，占总人口的 13.5%）。中国是世界上 60 周岁及以上老年人口最多的国家，其中绝大多数人都有旅游需求。从现在起的 20 年里，平均每年约增加 1000 万老年人，到 2033 年将突破 4 亿。以休闲旅游为例，老年旅游占旅游市场总额的 20% 左右，并且呈现需求旺盛、不断攀升的趋势。值得关注的是，伴随中国改革开放成长起来的 60 后，其收入水平和消费观念都与 50 后、40 后有很大不同。伴随这部分群体开始进入退休年龄，这也意味着老年休闲度假消费将不再是低价、麻烦的代名词，与发达国家类似，中国未来老年休闲度假的消费频次和水平都将有大幅提升，这也给休闲度假相关产业提供了新的机遇。

——亲子休闲市场

家庭休闲是最具增长潜力的休闲消费市场，而影响家庭休闲决策的主要是孩子。携程发布的《2020 年中国亲子游消费趋势报告》显示，通过平台下单出游的"80 后"父母占比高达 41%，"90 后"父母紧随其后占比 32%，"70 后"占比 20%。在参与亲子游的儿童群体中，0 至 3 岁婴幼儿占比 7%，4 至 6 岁学龄前儿童占比 13%，有 60% 的客群集中在 7 至 12 岁之间，以求知与探索为需求的小学生成为亲子游市场主力军。在 2020 年亲子游主题分布中，主题乐园占比 27%，自然风光占比 22%，建筑人文占比 19%，城市休闲观光占比 12%，博物馆占比 11%，历史人文占比 9%。此外，尽管 2020 年亲子出游频次由 2019 年的 2.7 次下降至 2.4 次，不过相较于其他主题旅行，亲子游市场恢复程度已经十分可观，尤其是在疫情得到有效控制后，出游需求呈现"V"字形上涨。亲子休闲已经引起了业界的广泛关注，但在有针对性、差异化的产品供给方面还有很大提升空间。

（三）休闲产业成为就业新蓝海

党的十九大报告指出："中国特色社会主义进入新时代，我国社会主要矛盾已经转化为人民日益增长的美好生活需要和不平衡不充分的发展之间的矛盾。"美好生活离不开休闲，让人们享受美好的休闲生活是实现人的自由全面发展的重要组成部分，也是践行以人民为中心发展思想的内在要求。

在就业领域，休闲产业以其得天独厚的优势，已经成为吸纳劳动力、创造新岗位、实现高质量就业的新蓝海。休闲产业具有高复合性、多层次性、高产业关联、长产业链条等特征，能创造大量就业岗位，是吸纳劳动力的主要增长点。《2019年度人力资源和社会保障事业发展统计公报》显示，2019年末第三产业就业人员占47.4%，是吸纳就业的主力军。休闲产业与多个产业关联，尤其与服务业、文化产业等相互交叉、渗透，且存在高端、中端、低端等多个休闲市场层次，就业门槛低，就业乘数效应高，能够在众多行业中创造满足各种就业需求、匹配各种技能水平的岗位。

当前，休闲产业的边界仍在不断扩大，且保持着快速增长的态势，未来能创造、衍生出更多新的就业岗位。以电子竞技产业为例，近期人社部发布的《新职业——电子竞技员就业景气现状分析报告》显示，当前我国电子竞技员的整体从业规模超过50万人，遍布在全国的一、二、三线等众多城市。据不完全统计，目前只有不到15%的电子竞技岗位处于人力饱和状态，预测未来5年电子竞技员人才需求量近200万人。

三、新冠疫情影响下休闲消费市场稳步发展

自新冠疫情大规模爆发以来，全球各国以旅游业、娱乐业、文化产业作为龙头的休闲服务产业，不同程度地受到重创，甚至停滞不前。中国从2021年起，休闲消费市场开始逐步恢复，休闲服务业中核心产业的消费，如旅游业、文化业和体育业总体呈现出较为乐观的复苏态势。

（一）休闲旅游消费市场

根据文化和旅游部公布的2020年国内旅游数据显示，2020年度国内旅游人数28.79亿人次，比上年同期减少30.22亿人次，下降52.1%；从国内旅游收入来看，2020年全年国内旅游收入为2.23万亿元，比2019年同期减少3.50万亿元，下降61.1%。其中，城镇居民出游花费1.80万亿元，下降62.2%；农村居民出游花费0.43万亿元，下降55.7%。从人均每次出游花费的金额来看，2020年全年国内旅游人均每次出游花费774.14元，比2019年同期下降18.8%。其中，城镇居民人均每次出游花费870.25元，下降18.1%；农村居民人均每次出游花费530.47元，下降16.4%。因为受新冠疫情的影响，休闲旅游市场遭受了前所未有的重创。

但从2021年春节、清明、"五一"的情况看，休闲旅游市场恢复态势好于预期。从文化和旅游部数据中心测算的数据看，休闲旅游的人次基本上已经恢复到2019年的同期水平，而且三个黄金周期间的恢复情况在逐次改善，这意味着休闲旅游消费的需求依然旺盛，并有望在国内旅游人次上接近或者达到2019年的水平。但休闲旅游消费数据离2019年同期水平还有较大差距，这一方面是因为短途旅游占了较大份额，另一方面也有2020年经济下滑降低居民消费能力的因素。但可喜的是，三个黄金周国内旅游收入的恢复程度总体还是呈上升趋势，这一情况有望在未来得到进一步改善和提高。

另外从旅游OTA的情况看，来自携程方面的数据显示，携程2021年"五一"黄金

周总订单量同比增长约27%，对比2019年同期增幅超过30%。携程机票单日订单量对比2019年同期最高增幅约28%，这也表明跨省出游的需求正在被释放。

（二）休闲文化消费市场

随着统筹疫情防控和经济社会发展成果巩固拓展，我国文化及相关产业持续稳定恢复，文化市场回暖迹象明显，文化新业态发展保持强劲势头。据国家统计局针对全国6.3万家规模以上文化及相关产业企业的调查，由于不受出游距离的限制，休闲领域的文化产业总体比旅游产业恢复情况更好，文化及相关产业9个行业营业收入全部实现正增长。其中，创意设计服务、文化消费终端生产、文化传播渠道同比增速高于全国平均水平，分别增长45.0%、46.2%和50.0%，两年平均分别增长18.9%、11.4%和1.3%。

值得关注的是，从文化及相关产业细分行业看，文化新业态特征较为明显的16个行业小类（广播电视集成播控，互联网搜索服务，互联网其他信息服务，数字出版，其他文化艺术业，动漫、游戏数字内容服务，互联网游戏服务，多媒体、游戏动漫和数字出版软件开发，增值电信文化服务，其他文化数字内容服务，互联网广告服务，互联网文化娱乐平台，版权和文化软件服务，娱乐用智能无人飞行器制造，可穿戴智能文化设备制造，其他智能文化消费设备制造）实现营业收入8461亿元，比2020年增长39.8%，比2019年1季度增长61.5%，两年平均增长27.1%，高于全国平均水平17.1个百分点。

另外，以电影消费为代表的休闲文化消费表现出强劲的反弹势头，国家电影局发布的数据显示，2021年2月11日除夕至17日正月初六，全国电影票房达78.22亿元，比2019年的59.05亿元增长32.5%，再次刷新春节档全国电影票房纪录，同时创造了全球单一市场单日票房、全球单一市场周末票房等多项世界纪录。

（三）休闲体育消费市场

受疫情的影响，休闲体育消费受到一定的抑制，但因其和健康相关，疫情之下一些热点领域的休闲体育消费甚至呈现逆势而上的态势。从市场的情况看，诸多休闲体育领域也有不错的表现。

在体育健身器材领域，2021年春节1月20日至25日，淘宝、天猫、闲鱼平台上的健身类商品成交额环比上涨968%，成交人数上涨783%，其中，家用单杠、跳绳、健身踏板等居家健身器械成交额同比上涨超100%。据商务大数据监测显示，"2021全国网上年货节"启动前10天，体育器材类产品中，跳绳、拉力器、哑铃等宅家便捷健身器材消费同比分别增长351.1%、91.9%和78.9%[①]，这既展示了体育消费的潜力，也展现了家庭健身的新诉求和新方向。

在线上运动领域，有数据显示，疫情发生初期的2020年2月，运动健身APP行业活跃用户规模快速上涨至8928万，同比增长了93.3%。据Keep运动研究院相关数据显示，截止到2021年3月，Keep的注册用户达到3亿，日活用户600万。2021年春节，

---

① 数据来源：中国体育报《春节体育消费市场居家健身器材走俏》.

Keep 活跃用户量相比去年同期提升 46%，有 20.5 万人坚持春节期间每天使用该软件，用户每次运动时长平均 22 分钟。据悦跑圈的数据，其注册用户达 1.1 亿，日活用户 220 万，其中初级跑者数量占 79.99%。此外，在疫情期间，咕咚、薄荷、糖豆广场舞、小米运动等运动健身类 APP，用户下载量及日活量也都呈现迅猛增长之势。

在户外运动领域，疫情催生了民众户外运动的热情。仅以户外运动装备为例，2021 年春季，在知名运动品牌迪卡侬的热销产品排行榜中，登山、露营、跑步、骑行等运动占据前四的排名。其中，露营产品销售势头甚至赶超 2019 年同期。春节期间，露营销售较 2020 年增长近 500%，也超过了 2019 年的同期销量；用于收纳移动的露营小推车增长高达 2000%。在 2021 年以前，迪卡侬户外运动产品中服装占 40%~50%，鞋类约占 10%，背包和附件类产品约占 15%，露营产品占 10%~15%。但从 2021 年开年至今的数据来看，露营类产品的销售占比上升至 35%~40%，已经出现和服装类产品平分秋色的趋势。

第二节　我国休闲产业的战略分析与实践

在新冠疫情防控常态化背景下，未来中国休闲产业发展是挑战和机遇并存的。从长远来看，中国休闲产业发展和变革需要根据一系列趋势性变化，以新的思路促进人民群众对美好生活的追求，以新的路径实现"十四五"时期休闲度假产业跨越式发展。

一、休闲产业战略分析

2021 年 10 月 9 日，中国旅游研究院线上发布《中国休闲发展年度报告（2021）》，报告在关乎中国休闲发展方面做了许多数据汇总[①]。

首先，与 2019 年相比 2021 年以来城镇居民工作日、周末、节假日休闲时间均出现不同幅度增长，其中周末增幅最大，节假日次之，休闲时间分别增加 0.91 小时和 0.64 小时。农村居民平均每天休闲时间从 3.14 小时上升至 4.36 小时，涨幅达 38.85%。

其次，2021 年以来我国居民更加注重生活品质提升，休闲时间每日平均 3.8~4.4 小时。城镇居民节假日休闲时间最多，平均每天 4.40 小时；周末次之；工作日最少，平均每天 3.82 小时。农村居民休闲时间介于城镇居民周末与节假日之间，平均每天 4.36 小时。

第三，从未来发展趋势来看，居民休闲时间增长仍面临较大压力。半数以上城乡居民工作时间较长，城镇居民 8 小时以上及农村居民 6 小时以上占比均超过 50%，其中，工作时间 10 小时以上的城镇居民占比达 15%。

---

① 中国旅游报，《中国休闲发展年度报告（2021）》.

第四,报告对我国居民休闲活动偏好情况与变化趋势作出了分析。除消费购物外,文化休闲已成为城乡居民重要的日常生活选项。从休闲活动总体结构来看,选择消费购物的城乡居民占比具有绝对优势,为60%左右;其次为文化休闲,占比20%左右。

第五,报告显示,从文化休闲内部结构来看,65%左右的城乡居民最喜欢看电影,参观博物馆和展览馆等文化场馆,或选择去戏院、歌剧院、音乐厅等。退休居民更喜欢学习科学文化和参与书法、绘画、集邮等休闲活动。农村居民最喜欢参观博物馆、展览馆、科技馆等文化场馆。

未来,从休闲服务产业发展战略角度出发,需要重点开展以下工作:

(一)探寻休闲产业的新需求

2020中国休闲度假大会以"休闲:美好生活新选择"为主题,休闲为人们实现参与有意义且相关的生活体验带来了巨大的希望。如何实现人民群众对美好生活的追求,客观上需要切实为人民提供更多的休闲产品和服务的选择。

可支配性收入的增加、工作时间的减少、与日俱增的寻求业余成就的愿望为休闲业的市场推广提供了巨大的商机。参与休闲活动作为一种提高、扩展、维系生活质量的方式,也是一种强身健体、陶冶情操和改善彼此关系的方式。多样化的休闲活动也是造就自我价值的强大力量,是帮助人们提高个人及社会生活条件的强大助力。

休闲业的需求多种多样,有巨大的发展机遇,强劲的需求势必推动休闲产业的发展。从人的需求角度入手不难发现,人们在追求休闲的同时也在追求利益,这一点值得休闲产业供给端去发现。休闲活动中包含了许多利益,具体内容如下:

表5-1 休闲活动可获利益

可获利益类型	利益具体所指
个人发展	这种类型的利益指的是观念、价值和技能的改变
社会关系	为人提供了彼此进行社交的机会
提高身体素质	许多休闲活动对个人的形体与身体健康十分有益
刺激	为人们提供了获得更多刺激的机会
幻想与逃避	可以逃避现实和进行幻想的活动
怀旧与回忆	为人们提供了回忆和欣赏过去的生活经历的机会
独立与自由	促进人们自由意识与独立意识的提高
减轻思想压力	为人们提供机会减轻来自工作、生活和人际关系方面的思想压力
冒险的机会	提供参加冒险活动的机会
成就感	提供机会,获得成就感
探险	休闲经历的另一利益便是探险
确定价值	提供机会来检验并确定个人的想法、信仰或价值

续表

可获利益类型	利益具体所指
精神利益	从休闲活动中可以获得精神满足
心理健康	是人们自由选择的活动,取得广泛社会联系,对身心健康非常有益
审美观	与人们的精神活动联系密切,有利于人的审美观的提高

(由卿前龙[①]整理)

上表所列出的可获利益,仅仅是目前时空条件下从休闲活动中可以予以命名的利益,未来休闲活动可能还会出现更多的所获利益。从休闲市场开发战略的角度分析,每一项所获利益都值得从不同的学科角度入手,深入系统研究这些可获利益的实现方式,将不同的利益转化为相关休闲产品和服务,着手开展超前规划和研发,引导消费者发现休闲的新需求,进而激发消费欲望,产生消费行动。

(二)推进休闲产业的系统化运营

与欧美发达国家相比,我国休闲产业仍处于发展的初级阶段,虽然发展潜力明显,但是在发展过程中面临着诸多问题,如产业处于价值链中、低端。休闲产业的发展必须依赖于相关产业的支持,只有形成良好的整合关系及形成上游产业和下游产业的相关产业链,才能在相互的供给与需求的博弈中共同发展。休闲产业发展高度依赖于工业、农业、轻工、交通、房地产、信息、餐饮、文化、体育等产业为其提供礼品和服装等休闲消耗商品、交通工具、宾馆、度假村、电信、影视传媒作品、体育健身器材和场地等。因此,发展休闲产业需要从系统的角度不断改进和完善。

作为一个复杂的系统工程,休闲产业运营由市场系统、出行系统、目的地系统和支持系统构成。市场系统是休闲者和支持其休闲活动的产品供给等因素构成的一个子系统。该系统中的产品市场就是为了满足休闲者达到多种多样的休闲目的而产生并获得具体产品的生产和交易市场。出行系统是保证或促使休闲者离家出行前往目的地的几个基本因素,包括交通设施、运输工具、休闲咨询、休闲预订和休闲服务等,以及向休闲者提供的信息服务、休闲宣传、休闲营销等子系统。目的地系统,为已经到达出行终点的休闲者提供食宿、交通、娱乐、购物、体验、享受或其他服务等的综合体。在支持系统中,政府处于特别重要的位置,支持系统依附于其他三个系统并对其发挥重要作用。

为了实现休闲产业的系统化运营,需要重视并加强对以上四个子系统的顺利运营和统筹协调。

首先,发展和壮大休闲服务机构,为休闲者提供多样化产品和服务。休闲服务机构可以借助线上、线下多样化展示手段,为休闲目的地提供对外开拓、市场宣传、组织销售及其他各项服务。此外,休闲服务机构还可以通过降低休闲产品和服务的价格,提升

---

① 卿前龙.休闲产业:概念、范围与统计问题[J].旅游学刊,2007(8):82-85.

休闲产品和服务的质量，不断提供高质量的休闲供给，来满足休闲者不断增长的休闲需求，使参加休闲活动的消费者越来越多。

其次，实现出行系统的便利和高效，迎接休闲方式的变革。交通是影响休闲产业经营系统顺利运营的另一重要因素。交通便利高效到什么程度，休闲产业就会与之发生连锁反应。我国的高速公路里程已居世界第二位。按照交通部的规划，我国将形成八纵七横的高速公路网，总里程达到8万公里，为世界第一。实现东部地区半小时上高速公路，中部地区一小时上高速公路，西部地区一个半小时上高速公路。这样一个高速公路网将会引起人们休闲方式和组织模式的重大变化。出行的便利和高效将引发多重变化。例如，汽车连锁旅馆将会获得更多的发展，自驾车旅游休闲将会更加方便，休闲与交通合一的趋势必将带来对传统的旅游休闲方式的变革。

第三，深化对休闲产品和服务的营销工作。一般来说，营销工作包括产品设计、产品开发以及产品运营。无论是产品设计、产品开发，还是产品运营，都要把市场做透、产品做精、服务做细、产业做强、品牌做响。把市场做透，要求对休闲市场做全面调查和分析，摸准休闲需求与休闲供给状况，在此基础上设计和开发休闲产品并顺利运营。把产品做精，要求提升休闲产品的档次和品质，培育一批高端产品。把服务做细，要求在提升服务水平的同时，使产品设计、开发和运营中的服务工作做得更细致一些。把产业做强，要求适应休闲经济发展需要，不断扩大休闲产业规模，提高休闲产品质量，提升休闲产品竞争力。把品牌做响，要求推出休闲产品的品牌，提高品牌的市场忠诚度。

第四，大力传播休闲信息，影响人们对休闲产业的感性认知。信息是休闲产业经营顺利进行不可缺少的要素。信息是最重要的生产力要素，在信息社会里，信息的作用更为突出。信息的直接作用是提高效率和效益，要提升休闲产业的效率和效益，需要重视信息的作用，做好信息工作。一是要掌握休闲需求和供给的信息，为满足有效需求提供可靠供给。二是要掌握休闲产业发展状况，积极扶植休闲产业发展。三是要掌握休闲产品状况，成功举办休闲活动。要达此目的，需要建立健全发达的信息体系，要大力发展休闲信息生产业，对休闲信息资源进行挖掘、采集和制作。大力发展休闲信息运输业，通过广电等传统媒体以及视听、互联网、新媒体等数字信息传输业，实时向外传送休闲信息；通过报刊、广告、咨询、会展、简报、资料等非数字信息传输业传递休闲信息，充分发挥休闲信息在休闲产业运营中的宣传推广作用。

第五，加强休闲产业的组织管理。组织管理对于休闲产业经营顺利进行具有不可替代的作用。休闲经济的发展，需要强而有力的组织管理体系，从而为休闲经济的发展提供公共产品，改善休闲设施和场所，提供良好的休闲环境和运行机制。我国休闲产业的发展，需要联合旅游、文化、体育、交通、新闻等相关部门，可以通过召开联席会议，研究和制订休闲经济发展的规划、制度、政策、法规，进一步增加国民的休闲时间，解决休闲产业发展中的不平衡问题。完善的组织管理可以从宏观层面指导休闲产业的健康发展，从制度层面保障休闲活动的顺利开展，从而提升人民群众休闲的质量和水平。

（三）把握中国休闲产业发展趋势

2020年9月，由中国旅游协会、全国休闲标准化技术委员会以及中国旅游协会休闲度假分会联合发布了《2020中国休闲产业发展趋势报告》。《报告》针对未来中国休闲产业提出以下10个发展趋势：

1. 休闲消费从暂停到反弹

2020年黄金周的旅游消费数据表明，包括休闲相关产业在内的旅游业反弹力度比较大，2020年下半年休闲消费开始出现恢复式的反弹，全年接近2019年的同期水平。随着疫情防控常态化，从2021年开始我国休闲消费会逐渐出现回补式或振兴式反弹。

2. 随着未来带薪休假制度的落实，给休闲产业未来带来的变化是工作和休闲的新融合

特别是人工智能的发展，使3天甚至4天的工作制在更长的时间里值得期待。随着休闲产业的发展、工作和休闲的新融合，为新的休闲现象及休闲方式提供了新的参照。

3. 休闲政策从救助到恢复

疫情后，国家对于休闲企业的支持在税收、金融方面推出了一系列政策，起到非常重要的作用。文化和旅游部放开旅行社保证金的返还、跨省游恢复，国家体育总局对体育社会化的安排以及商务部在休闲街区上的政策都对休闲产业发展起到很好的恢复作用。

4. 休闲法律从健全到深化

政府部门都在出台一系列法律法规，调整方式关注文化产业。例如，一些体育赛事活动管理办法出台后，对于体育休闲是重大利好。河南省2020年出台的旅游条例有一些新的内容，在执法改革方面围绕文化、出版、电影、旅游综合执法的探索在深入推进。

5. 新的休闲标准正在陆续出台

在国际标准层面，2019年在文化和旅游部的推动下，数字标准成为了国际标准。更多的是国家标准，以全国技术委员会为代表，出台了一系列国家标准，目前20余项，一些新的休闲标准也正在立项中。

6. 在疫情不断缓解下休闲产业不断呈现振兴的态势

休闲基础产业大体上包括文化、旅游和体育。疫情中基础产业受到巨大冲击，但不依赖于人和人接触的领域出现了飞快发展，有代表性的就是网络游戏领域，这也将成为未来休闲产品研发的新方向。

7. 休闲空间从密集到延展

过去传统的旅游方式，是扎堆式的旅游。随着人们休闲观念的变化以及休闲产业的调整，未来城市休闲有非常大的发展空间。最为突出的是城市公园，上海2019年光城市公园就增加了52个。另外，四川成都提出建设公园城市的口号，把公园作为新的休

闲消费场景，不仅仅使市民休闲活动空间、休闲经济发展与公园城市的建设有机结合，也是在探索一种新型城市休闲产业的新模式。从全域看，未来单个的休闲区，相对低密度的休闲方式会成为一种新常态。

8. 休闲业态从简单到丰富

自驾车旅游成为疫情下最快恢复的旅游方式；疫情后，精品度假产品会受到消费者的追捧欢迎；旅游演艺也随着疫情缓解将会出现一些新的机会。另外，在运动领域，作为非常健康的方式，户外运动在未来将会有更大的发展机会和发展空间。

9. 休闲技术从突破到回归

后疫情时代，休闲技术发展非常值得关注。一个是机器人技术，例如，华住集团机器人月服务次数达到数万次。旅游休闲直播将进一步探索一些新的场景创造。智慧旅游和5G技术发展，会促进休闲技术进一步提升。尽管云休闲技术在疫情期间有很快的发展，但云休闲本质上只是提高效率、增加体验，不能完全替代线下休闲体验。未来，旅游休闲依然还是一个强调线下体验的重要领域，不能本末倒置。

10. 休闲企业从困局到突破

疫情期间很多休闲企业倒闭，但也有很多企业挺过来了，通过降成本、融资和预售的方式实现自救。未来，休闲企业可以通过优化资源、模式创新和调整投资方向等措施，依然会有更多的发展空间和机遇。

二、休闲产业新业态拓展

伴随后疫情时代休闲产业的恢复和发展，一些休闲业态正在成为消费热点，同时不少业态也将成为未来休闲产业发展重要的增长领域。

（一）冰雪旅游

尽管受新冠疫情的影响，2019—2020年雪季，中国冰雪旅游人数同比减少约1.3亿人次，冰雪旅游收入同比损失约2400亿元[1]，但伴随2022年北京冬奥会的举行和疫情的缓解，冰雪旅游越发成为休闲度假消费的热点。从政策层面看，2020年8月，黑龙江省人民政府发布了《冰雪旅游产业发展规划（2020—2030年）》，提出了建设冰雪经济强省和全国首选冰雪旅游目的地的目标。2021年2月，文化和旅游部、国家发展改革委、国家体育总局发布《冰雪旅游发展行动计划（2021—2023年）》，提出"到2023年，推动冰雪旅游形成较为合理的空间布局和较为均衡的产业结构，助力2022北京冬奥会和实现'带动三亿人参与冰雪运动'目标。冰雪旅游市场健康快速发展，打造一批高品质的冰雪主题旅游度假区，推出一批滑雪旅游度假地，冰雪旅游参与人数大幅增加，消费规模明显扩大，对扩内需贡献不断提升。促进冰雪旅游发展同自然景观和谐相融"。从市场反馈情况看，2021年的雪季，冰雪旅游增长迅速。以陕西文化产业投资控股（集

---

[1] 数据来源：中国青年报，《新冠疫情致去年冰雪旅游收入损失约2400亿》.

团）有限公司旗下的铜川照金国际滑雪场为例，其客流量和营业收入相比2019年均增长了近50%。未来，在完善冰雪旅游产业链、创新冰雪旅游产品、优化冰雪旅游布局、培育冰雪旅游习惯方面，还有巨大的改善空间。

（二）文化演出

目前，我国文化产业已经从数量型增长迈向质量型、效益型，其中文化演出作为休闲产业的主要吸引物，已发展出较大的客群规模，成为增强我国民族自信、实现美丽中国梦的重要产业之一。后疫情时代，随着演出场所人流限制的取消，文化演出迅速复苏，成为我国休闲度假市场的一大亮点。

根据中国演出行业协会统计，2021年"五一"假期，全国演出场次约1.4万场；演出票房收入8.6亿元，按可比口径恢复至2019年同期的73%；观演人次超过600万，其中，旅游演艺观演人次占40%以上，音乐节、演唱会观演人次占12%。以宋城演艺为例，2021年4月29日，上海宋城开业，除了《上海千古情》，还配置了High秀《颜色》、丽影秀《S秀》、带餐秀《热情桑巴》、亲子秀《Wa!恐龙》等新的演艺业态。

户外音乐节受到年轻人的追捧，参加音乐节成为主流度假方式。据携程社区数据，2021年4月1日—20日，关键词"音乐节"搜索量环比提升近一倍，对比2019年同期亦有近5成提升。此外，"演出阵容""草莓音乐节""巴士"等关键词搜索量有超过三成增长。"五一"假期，全国各地举办音乐节近30个，演出场次超过80场，涵盖流行、摇滚、说唱等多种曲风，覆盖亲子、体验、休闲等多种模式。其中，仅摩登天空就在北京、南京、上海、武汉及海南万宁、陵水等地举办了6场大型音乐节，带动出游人次超过15万。2021云台山音乐节、山东向阳花音乐节、滨州迷笛音乐节、济南迷笛音乐节、怀仁Call Me电音节、南京草莓音乐节、常州太湖湾音乐节、苏州流行金曲嘉年华、海南万宁音乐节、小草莓亲子音乐节、海口S20泼水音乐节等受到年轻客群的极大欢迎，像在苏州举办的《山河令》等主题演唱会更是一票难求。除此之外，亲子儿童剧、红色主题剧、传统戏曲都在节假日成为民众追捧的消费热点。

（三）户外运动

在休闲产业中，体育业是一个后起产业，但属于迅速崛起的庞大产业。2014年国务院46号文件《关于加快发展体育产业促进体育消费的若干意见》指明了体育产业的发展方向，将全民健身上升到国家战略，要求大力培育健身休闲、竞赛表演、场馆服务、中介培训等体育服务业。这一政策的提出引发了国民运动休闲浪潮，使运动休闲成为时尚潮流趋势。如今骑行、跑步、健身、秀马甲线的人越来越多，体育已从专业赛事发展为全民参与的文娱活动，体育休闲蔚然成风。

户外运动作为体育与旅游融合的重要形态，在休闲产业发展中占据重要位置。在欧美发达国家，以户外运动为主体的体育休闲是休闲产业发展的主力军。中国户外运动的发展刚刚起步，但是也表现出巨大的增长潜力。由于疫情的原因，2020年上半年各种赛事几乎全部取消，对户外运动发展造成了很大影响。但与此同时，作为一种相对低密度、高参与的健康休闲方式，户外运动与疫情之下的休闲产业发展方向又高度契合。目前，在国家体育总局的指导下，海南、贵州等地正在大力发展以户外运动为主体的体育旅游产业。2019年10月，贵州省政府办公厅出台了《关于贵州省创建全国体育旅游示范区的意见》；2020年4月，海南省政府发布《海南省国家体育旅游示范区发展规划（2020—2025）》。此外，随着越来越多的地方和相关企业加入到户外运动产业中来，体育休闲将迎来更多的发展机遇。

（四）精品度假

在消费升级的大背景下，城市中产阶层的度假需求也在不断升级。尽管低收入人群受疫情影响会大幅减少度假需求，但是对中高收入人群而言，不仅不会减少度假需求，反而会不断提高度假的档次。后疫情时代，一些高品质的度假酒店快速复苏，成为城市中高收入群体休闲度假的主要选择。据携程2021年的春节数据，包含酒店特色餐饮、SPA、体验活动的日常套餐销售有两位数增长，2020年携程直播和特卖频道累计贡献交易额约50亿元。这其中，配备高品质亲子乐园、特色餐厅、温泉、泳池等服务的度假型酒店备受欢迎。

值得关注的是，在疫情总体控制住之后，国内精品度假成为出境旅游消费的替代，一些瞄准中高收入群体的精品度假项目迎来井喷式发展。海南海棠湾的均价数千元的高端度假酒店在暑期爆满，而且消费者停留时间大都在一周左右。中国国内的地中海俱乐部房价在疫情之后甚至比疫情之前增长30%。

（五）自驾车旅游

在疫情之下，自驾车旅游因其安全、便利，正在成为越来越多民众出游的主要选择。据中国旅游车船协会发布的《中国自驾车、旅居车与露营旅游发展报告（2020—2021）》，2020年全国自驾游占国内出游的比重为77.8%，全国自驾游规模已经达到22.4亿人次，自驾游已经成为国民休闲出游的主要形式。另外根据携程租车的数据，2021年春节，在国家倡导就地过年的大环境下，租车本地用车需求呈上涨趋势，本地流量占比从疫情前的20%上涨至45%；租车本地出行订单与2019年春节相比增长82%；春节租车消费也持续增长，长假平均花费超过1700元。在清明期间，携程的自驾租车预订量对比2019年增长155%。2021年"五一"租车市场迎来一轮爆发，对比2019年同期，携程租车单日订单量最高增幅约330%。值得关注的是，在"五一"期间的租车出游以跨省长线游为主，约七成人群选择跨省游。携程预订5月1日旅行的租车订单达到126%，其中近90%是跨省需求，以甘肃、青海为代表的大西北租车订单量呈现增长趋势，甘肃增长了318%。

（六）在线休闲

在线休闲是指互联网时代人类休闲的活动、现象、方式和特征的总和。网络是休闲活动的虚拟空间，它构筑了一个无穷大的立体休闲空间，并将原来仅仅是单纯的交流方式和沟通手段的网络，迅速地演变成人们寄存理性、寻求安慰的心灵休闲栖息地。以网络技术虚拟构成的休闲空间里，在线休闲形成了虚拟权威、虚拟尊严、虚拟情感，乃至虚拟生命的休闲活动方式，从而使人类的休闲活动理念和方式产生革命性的变化，并且极大地丰富了休闲文化的内涵。

基于信息日益透明化，一、二线城市的消费者目前的休闲趋势呈现碎片化、网络化倾向，且这部分人群数量增长迅猛。首先，碎片化休闲时间增加。互联网和智能手机的发展使得在如厕、用餐等这些传统上满足生理需求的时间内，人们也可以实现短时间的碎片化休闲（例如刷微博、社交聊天等）。其次，在线休闲加速休闲方式的转变和发展。在线休闲活动不仅有社交聊天、看影视作品、网络音乐、网络电台/网络广播、打游戏等传统休闲，近两年短视频、直播购物、云旅游等休闲方式也层出不穷。第三，在线休闲提高国民休闲普及度。不同地区、不同收入和不同学历的人群可能在线下休闲产品、休闲场地选择以及休闲消费方面存在差异，但在线休闲限制较小，不同地区、不同收入和不同学历的人群基本可以实现使用相同的互联网休闲资源，在线休闲是不同人群参与度差别最小的休闲领域。第四，在线休闲降低了"休闲孤独感"。在"非常频繁"的结伴对象选择中，"独自一人"仅次于"恋人"选项，在这样的背景下，在线休闲提供的虚拟空间使众多"独自一人"的休闲不再"独自一人"。

值得注意的是，越来越多的人特别是年轻人，开始把在线游戏看作是生活中一种必要的和有效的休闲调节手段和休闲娱乐方式。今后，在线游戏或将成为比电视、电影更受人们欢迎的休闲娱乐方式，在线游戏将发展成为与应用软件相当的庞大产业。一方面，在线游戏将与技术进行整合。在线游戏在技术的平台上整合电子游戏、电视游戏和电脑游戏，同时结合无线网络技术大力发展"移动时代"的在线游戏产业。另一方面，在线游戏产业将会与艺术融合发展。在线游戏的表现形式天然具有网络艺术的特征，随着互联网的普及和新媒体艺术的发展，在线游戏完全可以与网络电影有机融合在一起，在模拟营造各种虚拟的环境中生产出自己独特的语言和艺术形象。

（七）城市休闲"网红"消费

城市作为休闲产业的聚集地，需要保持一定的合理性和科学性，作为人口密集的中心，需要不断改变服务供给和休闲消费的中心，从而突显出休闲产业在经济发展过程中的地位和重要性。在进入到新时代的发展过程中，我国的大部分城市开始进行转型，逐渐都偏向于服务业发展，在转型的过程中，城市休闲产业迅速发展，公共的休闲设施明显增多，休闲也逐渐成为城市日益重要的生活内容之一。

北京市东城区围绕"故宫以东"品牌，按照IP化运营的方式，挖掘品牌内涵，拓展品牌在商业领域的延展和应用，促进文化和旅游消费落地。上海市徐汇区围绕"上海文化""上海购物"品牌建设，积极发挥"首发""首店"效应，吸引国内和国际优秀文化和旅游节庆活动、品牌项目入驻，不断营造消费新热点。成都市以满足游客和市民日益增长的需求为导向，以夜间经济、周末经济等为引擎，以多极多点文化消费活动为支撑，以"文化旅游+"和"文化旅游融合+"为核心促进休闲文化旅游消费。

值得关注的是，在当下城市休闲领域，一些新的休闲消费业态因为成为"网红"而出圈。比如，"文和友"正在成为游客到湖南长沙餐饮的首选地。2021年"五一"假期，长沙成为最受小红书网友欢迎的城市，"茶颜悦色"则成为长沙最受欢迎的打卡地。小红书数据显示，2021年"五一"期间，仅小红书上长沙相关笔记数量比去年同期增长近3.9倍。而身处长沙的小红书用户，搜索最多的内容是"茶颜悦色"，搜索量远超其他关键词。在保持传统休闲活动的同时，城市休闲产业也需要借助网红经济的力量，支持并创造出休闲"网红"消费的新业态。

三、休闲产业新技术应用

技术进步在提高休闲产业运行效率的同时，也在丰富城乡居民的休闲体验。"十四五"期间，数字文化、"互联网+旅游"、线上线下体育融合等将成为政府推动休闲产业科技化的重点领域。而伴随5G、大数据、人工智能、区块链等技术的加快发展，积极推进新技术应用，将在丰富休闲体验、增加休闲消费、提高休闲服务效率、优化休闲管理和治理等方面发挥更大的作用。

（一）机器人技术

为降低人力成本，机器人技术正在加速进入休闲行业。在疫情之下，"无接触服务"成为焦点，这给机器人技术的应用带来了新的发展契机。以华住集团办理自助入住设备的"华掌柜"为例，据悉疫情爆发以来一个月的时间里，机器人累计服务超过15 000名客人，累计送物24 000余次。酒店在防疫期间人员不足的情况下，将送物、送客需等工作交给"智慧化"设备去做，避免人与人的接触；酒店科技服务商则将设备产品升级改造，技术赋能酒店抗疫能力。为适应疫情下酒店智能服务的需要，智能服务机器人公司——云迹科技，在原有产品基础上增加了9种新功能：消毒、巡视、清洁、引领、情感安抚等；携住科技则紧急启动针对性产品研发工作，陆续推出智能通行自助机、智能人脸识别测温仪等防疫产品；鹿马智能科技运用大数据和云平台向全国酒店集团和单体酒店无偿提供了一套公益系统，用一套云系统实现客人无接触自动登记信息。目前，机器人技术在酒店领域运用较为广泛，随着技术的提升和需求的增加，未来机器人技术将成为旅游景区、旅游度假区、休闲社区、休闲餐饮、休闲农庄等的"标配"。

（二）直播技术

直播带货是2019年互联网领域的热点，但在休闲领域并不普遍。疫情的爆发，基于营销的压力和需要，直播技术在休闲服务领域开始被广泛运用。比如，携程集团董事局主席梁建章频频与旅游目的地政府和旅游企业一起开展了多场旅游直播带货的行动；与此同时，驴妈妈集团也同浙江舟山等城市共同开展旅游直播带货；马蜂窝也开始加大直播技术的投入，将直播带货作为其未来发展的重点。尽管相对于商品带货，旅游休闲直播带货的销售额还偏低，此外，旅游休闲领域也还没有出现像薇娅、李佳琦等这样现象级的网红主播，但休闲服务领域作为一种更为深度的体验经济，对直播有种天然的需求。未来休闲服务直播还需要走出有别于商品直播带货的模式，构建新的休闲消费空间与文化休闲场景。

（三）智慧旅游及 5G 技术

经过 10 年的发展，智慧旅游在中国得到了广泛的推广。疫情之下，文化和旅游部大力推进景区门票预约制度，促使不少景区加大智慧旅游方面的投入，给一些互联网企业进入景区提供了机遇。比如，美团推出"安心游"项目，加大与相关景区的合作，其"安心玩"景区超 3300 家，并覆盖 55% 的 5A 级景区。除了景区之外，智慧旅游在旅游目的地方面也进行了全面深化地运用，这其中最具代表性的就是腾讯文旅。2018 年，云南省政府和腾讯集团合作推出了"一部手机游云南"的项目，经过两年多的发展，整合物联网、云计算、大数据、人工智能、人脸识别、小程序、微信支付等多项技术的"一部手机游云南"项目逐渐完善，并受到业界广泛关注。在这一示范项目的带动下，越来越多的地方政府正在加大智慧旅游方面的投入，这无疑将对未来旅游目的地智慧化水平的提高产生积极影响。此外，2019 年起，5G 商用技术正式推出，2020 年，5G 网络在全国各地迅速铺开。特别是在疫情之下，新基建计划的推出，无疑将会进一步加快 5G 技术推广的速度，拓宽 5G 技术运用的领域。在这一过程中，尽管 5G 技术还没有大规模地在包括旅游在内的休闲领域开始运用，但可以预见的是，由此带来的技术变革也将极大地改变休闲产业的发展格局。

（四）云休闲技术

受疫情的影响，线下云休闲技术得到广泛的应用。一方面云休闲给消费者提供了一部分休闲内容，比如，一些演唱会和演艺节目转移到线上，尽管效果打折扣，但是这种方式在一定程度上也可以满足民众部分需求；而以"囧妈"为代表的电影线上发行模式既开创了新的渠道，同时也对线下院线经营模式造成了冲击。另一方面云休闲也给消费者休闲提供了一些便利，比如餐饮加速从堂食转向外卖，在解决民众餐饮需求的同时，一定程度上也促进了社会分工。尽管云休闲技术因疫情原因快速发展，但值得注意的是，绝大多数休闲产业都是需要通过线下的体验得以实现。比如，休闲旅游虽然可以借助云休闲技术在线上参观旅游景区，饱览大好河山，但是这种感受完全不同于线下实际的旅游休闲活动所带来的体验；而体育休闲虽然可以通过云休闲实现家中健身，但是更多的户外运动休闲还是必须到线下才能完成。但在疫情之下及未来，休闲活动线上线下的促进和互动将会不断得以深化，而这也将进一步改变休闲产业发展的模式。

综合来看，从休闲度假、健康养生的景区景点、住宿设施、游览设施、各类服务设施，尤其是为老年人、残疾人服务的设施规划设计、产品体验、客户服务到营运监管等方面，都应超前规划，全面运用科技成果，以达到新时期满足广大人民群众不断增长的休闲度假和健康养生的需求。新技术必将创造出更为丰富的休闲消费场景，提升休闲消费的便利度，进而为促进休闲产业加快发展提供新的动力。

思考与练习

1. 在中国当前步入老龄化社会的背景下,如何更好地开发"银发"休闲市场?
2. 从系统运营角度出发,谈谈如何推进休闲产业的系统化运营?
3. 谈一谈最近出现了哪些新型的休闲活动?你认为它满足了人们的哪些需求?

第六章 文化创意产业

本章导读

文化创意产业是繁荣发展我国社会主义文化的重要载体,是满足人民群众多样化、多层次、多方面精神文化需求的重要途径之一,更是推动我国经济结构调整、转变经济发展方式的重要着力点。创意是文化产业的灵魂。经济学家熊彼特(Joseph Alois Schumpeter)认为,现代经济发展的根本动力在于创新,创新的关键则是知识和信息的生产、传播、使用。本章从当代文化创意产业的崛起谈起,全面介绍了文化创意产业的发展及世界各地发展文化创意产业的特征。在此基础上,归纳整理了我国文化创意产业的发展历程和新业态发展。中国文化创意产业的发展趋势总的来说是积极的、健康的,并将朝着"以文化为资源,以创意为手段,以产业为出口"的趋势发展。

第一节 当代文化创意产业的崛起

文化创意产业是指以创意为核心,以文化为灵魂,以科技为支撑,以知识产权的开发和运用为主体的知识密集型、智慧主导型战略产业。文化创意产业作为知识智慧密集型的新兴领域,具有高知识性、高附加值、强融合性,已经成为发达国家和地区发展势头最强劲的产业之一。

一、文化创意产业的兴起和发展

任何一种文化创意活动,都要在一定的文化背景下进行,但创意不是对传统文化的简单复制,而是依靠人的灵感和想象力,借助科技对传统文化资源的再提升。文化创意行业属于知识密集型新兴产业,处于技术创新和研发等产业价值链的高端环节,是一种高附加值的产业。

(一)文化创意产业兴起的条件

在当今世界,创意产业已不再仅仅是一个理念,而是有着巨大经济效益的现实实践。全世界创意经济近年来每天创造 220 亿美元的产值,并以 5% 的速度递增,在一些发达国家,增长的速度更快,美国达 14%,英国为 12%。纵观全球,发达国家的众多创意产品、营销、服务，吸引了全世界的眼球，形成了一股巨大的创意经济浪潮，席卷世界。蔡荣生、王勇（2009）研究国内外发展文化创意产业的政策时将文化创意产业产生的条件总结为较高的经济发展水平、本地文化资源、有利的制度环境三点；蔡跃明还认为文化创意产业的兴起与城市复兴有关。

1. 政治法律环境

文化创意产业的兴起和发展运行离不开稳定的政治、法律、政策等环境，政治环境在文化产业的发展中发挥着引领、规范和保护作用。首先，国家对文化产业的定位是随着经济社会的发展而不断调整优化。党的十九大报告指出"推动文化事业和文化产业发展，要健全现代文化产业体系和市场体系，创新生产经营机制，完善文化经济政策，培育新型文化业态"。其次，在中央对文化产业的不断认识和战略引领下，各级政府、部门出台政策，通过财政补贴、税收优惠、认证奖励、政府服务等多种政策手段，扶持文化创意产业各领域的发展。最后，围绕文化创意产业的法制建设不可或缺。具体包括三个方面：一是公共文化事务立法，意在确定国家在发展公共文化事业方面的责任，并为社会提供参与公共文化事务所需要的各种政策措施和法律保障；二是文化管理立法，意在确定政府行使文化管理职能的权力和责任，规范文化行政行为；三是文化产业行为立法，其目的是确定文化生产和消费之间的基本经济关系，为社会提供公平竞争的环境等。

2. 经济发展水平

回顾文化创意产业发展历程不难发现，较高经济发展水平是发展文化创意产业的前提，同时也为文化创意产业发展创造了市场以及提供充足的物质保障。文化创意产业发展高度依赖经济发展水平和健全有效的市场经济体制。良好的经济环境对于文化创意产业的蓬勃发展具有强大的支撑作用，具体表现在市场机制、消费水平以及文化基础设施供给。首先，市场机制完善与否决定了文化创意产业要素能否实现无障碍的交流互通，能否为文化创意企业、创新创业提供公平开放的机会，这是制约文化创意企业生存和发展的关键因素。其次，居民的消费水平直接制约了文化创意产业消费的能力。根据有关国际经验，人均 GDP 在 1000 美元以下时，居民消费主要以物质消费为主；人均 GDP 在 3000 美元左右时，居民消费进入物质消费和精神消费并重阶段；人均 GDP 超过 5000 美元时，居民的消费便会转向以精神文化消费为主的时期。最后，文化基础设施供给水平直接影响居民的文化素养和文化消费趋向，反映了一个地区文化发展程度。实践证明，良好的文化基础设施供给水平能够滋养和支撑文化创意产业的发展。

3. 社会文化环境

社会文化环境主要指文化创意产业发展所依赖的文化传统、价值观、社会结构、教育水平、风俗习惯以及社会对于技术创新观念的追求等。社会文化环境是文化创意产业生态的软环境，为文化创意产业提供源源不断的文化资源和素材。不同国家和地区的社会文化资源是文化创意产业的源泉，决定了文化产业发展的内涵和特征，对文化创意产业的发展方向和发展水平起着至关重要的作用。技术是文化创意表达和创意产品形成的重要途径。在社会文化环境中，对于技术创新的不断追寻，使文化和科技融合日益紧密，技术创新可以贯穿于文化创意产业链条的各个环节，因此对于文化创意产业的发展发挥着举足轻重的作用。

4. 城市复兴

文化创意产业的兴起同城市复兴密切联系在一起，这是文化创意产业总是分布在特定地理位置上的主要原因。通常，文化创意产业兴起于世界经济中心城市，同这些城市的产业基础直接相关。首先，现代消费的一个主要方面是文化消费，因而经济中心城市都毫无例外地集聚着大量的文化生产部门，是文化产业的集聚地。其次，经济中心城市的第三产业中的现代服务业如知识产权保护、金融、保险、通信、技术服务、教育等十分发达。第三，经济中心城市国际化特征主要表现在新移民是城市人口的重要组成部分。新移民来自世界各地，大都受过良好教育，同时具有多元文化的背景，这使多种文化在密切交流中产生新的文化创意有了条件。第四，新技术特别是数字技术首先在经济中心城市普及应用。这些因素既是城市复兴计划的起点，也是文化创意产业发展的基础，因而也构成了文化创意产业发展的地理特征。

（二）全球文化创意产业发展趋势

从产业的空间分布格局分析，目前全球文化创意产业发展极不均衡，主要集中在以美国为核心的北美地区，以英国为核心的欧洲地区和以中国、日本、韩国为核心的亚洲地区。其中美国占市场总额的43%，欧洲占34%，亚洲、南太平洋国家占19%（其中日本占10%，韩国占5%，中国和其他国家及地区仅占4%）[①]。

1. 文化创意产业规划战略的国际化趋势

一些发达国家或地区已经认识到文化创意产业在经济发展中的巨大作用，纷纷以国际化的视角，高起点重塑国家、城市形象，提高国家经济、社会与文化的综合竞争力，大力推进文化创意产业的发展。文化创意产业的特点决定了其战略规划的国际化发展趋势。布莱尔1997年当选为英国首相后成立了"创意产业特别工作组"，分析英国创意产业发展的现状和发展战略。2003年香港特别行政区政府提出"创意香港"是香港发展的主导战略。

2. 文化创意产业组织的集团化趋势

随着经济全球化的发展趋势，世界范围内的文化创意产业竞争日益激烈，文化创意产业企业组织的集团化趋势也日益明显。以媒体市场为例，全球50家媒体娱乐公司占据世界95%的传媒市场，美国控制了全球75%的电视市场。如美国时代华纳拥有原美国在线的2000万网络用户和原时代华纳的1300万有线电视用户，是全球利用电脑多媒体平台和网络通信手段提供交互式信息娱乐的媒体集团。

---

① 数据来源：前瞻网产业研究院数据资讯

3. 文化创意产业发展的集聚化趋势

主要体现在文化创意产业发展空间的集聚化和文化创意人才的集聚化。文化创意产业源于又集聚于世界经济中心发达城市。作为三个最著名的全球城市代表之一的伦敦，处于世界文化创意产业中心地位。2003年伦敦公布的《伦敦：文化资本、市长文化战略草案》，提出文化发展战略是维护和增强伦敦作为世界卓越的文化创意中心的主要途径，并把伦敦建设成为世界级的文化创意中心。英国1/3的演艺公司、70%的唱片公司、90%的娱乐活动、75%的广播电影收入、46%的广告从业人员、85%的服装以及其他各类设计师都集中在伦敦。

（三）地区文化创意产业的发展模式

文化创意产业在中国各地发展实践中已取得一些突破性进展，在此基础上，上海社会科学院经济研究所研究员胡晓鹏对地区文化创意产业发展模式进行了细化。他基于地区的产业形成因素和产业宽度两个基本尺度，划分出地区文化创意产业的六种发展模式（见表6-1）。所谓的产业形成因素，主要剖析是什么样的因素使得文化创意产业扎根于特定地区，包括地区内内生因素、地区内外生因素、地区外嵌入因素三个方面的内容。所谓的产业宽度，特指地区文化创意产业专业化或多样化程度，包括专业化和多样化两个类别。

表6-1 地区文化创意产业发展模式分类

模式分类	地区内内生	地区内外生	地区外嵌入
专业化	特殊资源型	政策聚焦型	市场选择型
多样化	自然演进型	功能定位型	环境主导型

（资料来源：根据胡晓鹏[1]研究整理）

1. 特殊资源型发展模式

这种地区文化创意产业发展模式，是将"地区内内生"因素与"专业化"发展相结合而形成。在文化创意产业发展实践中，一些地区往往被定位为文化创意产业之具体行业的专业化区域，比如，维也纳是全世界的音乐之都，云南的大理、西双版纳等城市则被人们看作为民族风情旅游的胜地，景德镇的陶瓷文化誉满全球，地处南欧的意大利和西班牙拥有大量的文化遗产。还有最早的汽车诞生地底特律，也是在近百年汽车产业发展的过程中，逐步拥有了独具特色的汽车文化资源，成为汽车文化创意的专业化地区。本质上看，这些地区之所以能够成为某类文化创意行业的典型代表区域，是与它所拥有的特殊资源密切联系的。这里的特殊资源特指广义的文化特殊资源，强调文化创意产业的"文化属性"，它更多的是与可商品化的历史文化和工业文化密切联系。

---

[1] 胡晓鹏.文化创意产业的地区发展模式研究［J］.中国地质大学学报（社会科学版），2010，10（01）：25-30.

2. 政策聚焦型发展模式

这种地区文化创意产业发展模式，是将"地区内外生"因素与"专业化"发展相结合而形成。在地区文化创意产业发展实践中，政策的作用是不容忽视的。从结果上看，许多政策在最初或许带有一定的应急性，但文化创意产业最终特色的形成却与其中一些政策所发挥的作用是分不开的。比如，泰国的曼谷曾经在主导产业的选择上做过许多努力，也出台了许多具体的产业发展政策，包括对汽车产业、旅游产业的扶持等。但从现状上分析，人们对于曼谷的认识更多是与其"人妖""夜生活娱乐"联系在一起的。泰国政府非常重视这一"无心插柳柳成荫"的结果，对曼谷的娱乐业更加重视，并进一步加强了政策的促进力量。同样，浙江义乌已经成为中国最大的、最具有代表性的小商品批发交易地区，按理说，小商品交易不是文化创意产业，但在义乌小商品城发展的过程中，却形成了一种独特的商业文化和被人们普遍接受的商业规则，这与生产性文化创意具有异曲同工之妙。因此，义乌是中国最大的现代（小商品批发）商业文化资本集聚地，也是生产性文化创意产业专业化的地区，这当然离不开当地政府多年来的支持和努力。因此，政策聚焦型发展模式往往与经济发展水平不是很高、城市规模相对狭小的区域联系在一起。

3. 市场选择型发展模式

这种地区文化创意产业发展模式，是将"地区外嵌入"因素与"专业化"发展相结合而形成。来自于地区外的产业虽然构成了其他地区的产业价值链，但它却在客观上成为转入地区对应产业的重要组成部分。在许多情况下，由地区内特定的市场所引发的外来产业转入，往往造就了本地区的行业专业化的特色。比如，香港作为中西方文化交汇地，传统的中国文化和现代的西方理念共同推动了香港广义设计业（广告、工程策划、咨询、出版等）市场的壮大。在长达近百年的城市演变中，无论是香港自己培育出的人才，还是外来转入的人才，他们大都与这一市场的关系极为密切。这在客观上造就了香港成为远东地区经济的中心地位，而外来嵌入人才集中于设计行业，使香港的文化创意产业最终形成以专业化的设计业为代表的中心区域。因此，市场选择型发展模式往往与某一地区强大的特定市场优势、社会发育程度和开放程度密切联系，离开这些条件就不可能形成专业化的特色。

4. 自然演进型发展模式

这种地区文化创意产业发展模式，是将"地区内内生"因素与"多样化"发展相结合而形成。自然演进型发展模式强调文化创意产业的自发生成性质。随着经济的快速发展，发达经济体出现了生产定制化和消费个性化两个特点。而文化创意产业的文化要素迎合了消费个性化的要求，创意要素则使得生产定制化成为可能。国外大都市在服务业方面的优势特别明显，服务业中的研发、设计、咨询等直接为生产提供服务的行业也是生产性文化创意产业的重要组成部分，这种多业多强的服务业特点同样体现在文化创意产业上。不仅如此，世界上公认的大都市圈，如纽约、芝加哥、洛杉矶、伦敦、巴黎、东京等，都具有深厚的文化积淀，这就使得这些地区的消费型文化创意产业同样发达，最基本的表现就是这些地区每年创造的旅游收入非常大。当然，自然演进型发展路径最终也可以转化为另类的特殊资源型发展模式，但与特殊资源型发展模式不同，它更强调地区文化创意产业的多样化结构特征。基于此，自然演进型发展模式往往与大都市圈相联系，因为发达的经济水平确保了内生性，而大规模的市场容量确保了产业结构的多样化。

5. 功能定位型发展模式

这种地区文化创意产业发展模式，是将"地区内外生"因素与"多样化"发展相结合而形成。城市功能是城市发展的目标和方向，城市功能的定位受到城市规模、经济总量、区位条件、战略规划等多方面因素的制约。提出地区文化创意产业的功能定位型发展模式，旨在强调两个方面的内容：一是经济发展水平和市场容量比较高，具备多样化发展的可能；二是城市现有功能与目标功能存在差距，需要通过制订功能性的战略决策确保城市功能的实现。这类地区广泛存在于发展中国家中的特大型城市，原因在于：一方面，发展中国家在实现经济赶超时政府对经济的支配能力很强；另一方面，特大型城市经济发展水平达到一定阶段之后，往往会因为前期过度重视工业化速度造成经济发展阶段与产业结构的不相匹配的现状，这就为文化创意产业的繁荣提供了足够的空间。比如，上海、北京等城市在很长时期里都是中国的制造业中心，现在即使经济发展水平提高了，但因为来自各方面的制造业情结很重，以至于那些本应蓬勃发展于大都市地区的文化创意产业还处于滞后状态。但是，一旦这些地区开始切实推进城市功能的转型，文化创意产业就有可能在这些地区呈现出多业并举、共同繁荣的局面。

6. 环境主导型发展模式

这种地区文化创意产业发展模式，是将"地区外嵌入"因素与"多样化"发展相结合而形成。一些地区因其具有特殊的区位环境优势引起大规模的外来文化创意产业嵌入本地区，并在形态上形成了不同类型文化创意产业园区的发展。一般来讲，这类地区大都具有比较高的经济发展水平、区位优势和产业配套能力，较高的经济发展水平和区位优势使本地区对文化创意产业所需人才的吸引力提升，产业配套能力则确保了文化创意产业的多业共同发展的潜力巨大。在开放经济条件下，环境主导型发展模式与功能定位型发展模式往往是相互匹配的，后者通过政策优化增强了地区环境的引力，而环境的优化通过吸引外来文化创意产业的嵌入，推动了地区功能的实现。目前，我国上海、北京等一些特大规模的中心城市多是采取这样的组合发展模式来寻求文化创意产业的腾飞，因此在这些城市可以看到蓬勃发展的都市旅游创意业、高科技行业、专业服务的设计和咨询业等。当然，这些创意行业与发达国家或地区相比，还有一定差距，但它们的发展潜力却齐步推进，直到目前还没有走专业化的发展道路。

二、世界各国文化创意产业发展

对文化创意行业，各国定义不同，国际知名的文化创意产业推广组织君友会，将文化创意产业分别称为文化产业、创意产业和创新科技。当今世界推动文化创意产业发展较有影响的国家，约有英国、韩国、美国、日本、芬兰、法国、德国、意大利、澳大利亚、新西兰、丹麦、瑞典、荷比瑞三国等。

（一）英国

1. 发展历程

1997年，英国文化、媒体和体育部门成立了专门任务小组，就文化创意产业的持续发展提出建议，提出把文化创意产业作为英国振兴经济的聚焦点，把推广文化创意产业作为拯救英国经济困境的有效方法。1998年出台的《英国创意工业路径文件》中更明确地提出了"创意工业"的概念，要求政府"为支持文化创意产业而在从业人员的技能培训、企业财政扶持、知识产权保护、文化产品出口等方面"做出积极努力。英国政府采取的主要措施包括在组织管理、人才培养、资金支持和生产经营等有关方面逐步加强机制建设，对文化产品的研发、制作、经销、出口实施系统性扶持。在面临国内创业环境中关键的金融及投资问题时，英国文化、媒体和体育部门出版了"银行经营（业务）"手册，指导相关企业或个人如何从金融机构或政府部门获得投资援助。逐步推动完整的文化创意工业财务支持系统，包括奖励投资、成立风险基金、提供贷款及区域财务论坛等，作为对文化创意产业的财务支持。英国政府的文化创意工业政策，是目前国际上产业架构最完整的文化产业政策。

2. 发展模式

英国文化创意产业的发展主要依靠国民广泛参与，政府主导、推动、扶持，非政府中介组织充分发挥作用，注重建立产业链及产业集群，关注小企业培育，积极拓展海外市场。在不同的发展阶段，政府扮演不同的角色，并由政府制定新的发展目标。在文化创意产业发展的初期，即第一阶段，主要是国民自发式的，是一种源于草根的市场行为。而当其发展到一定规模、形成了"势"以后，即在第二阶段，政府则设立专门机构，出台政策措施，发挥主导、推动、扶持、保护的作用，政府成立了由首相布莱尔任主席的"创意产业特别工作小组"，制定了创意产业发展战略、计划，并出台了相关产业政策，完善了知识产权保护法规。当创意产业的发展已经具备相当规模、速度和影响以后，即进入第三阶段，从发展创意产业提升到建设全球"创意中心"，实施"创意英国"战略。

英国创意产业涉及许多产业门类，英国专门对其创意产业进行了分类，这样更有利于推进其发展。此外，英国也很重视建立创意产业链和产业集群。英国已建立完整的产业链，主要以文化为核心，依托优势产业，发展相关产业集群和衍生产品产业，形成了颇具特色的创意产业集群发展模式，最具代表性的如伦敦西区的戏剧产业集群、曼彻斯特北部的音乐产业集群、布里斯托尔的电视与数字媒体产业集群等。此外，电影《哈利·波特》及其衍生产品也是英国创意产业的代表作。

（二）美国

1. 发展历程

创意经济是知识经济的核心内容，是新经济的重要表现形式。美国人很早就发出了"资本的时代已经过去，创意的时代已经来临"的宣言。美国国际知识产权联盟（IIPA）在《美国经济中的版权产业报告》（1999）中详细叙述了包括电影、电视、家庭录像、商用软件、娱乐软件、图书、音乐和唱片在内的创意产业在经济上对美国国内生产总值、就业和贸易所做的贡献。报告指出，1997年美国版权产业净产值为3484亿美元，占美国国内生产总值的4.3%。在1977—1997年间，核心版权产业的国内生产总值平均年增长率达到6.3%，而同期美国国民生产总值年增长率为2.7%。在这20年间，美国版权产业就业人口翻了一番，达到380万人，占美国就业人口总数的2.9%，平均年增长率达到4.8%，而同期美国经济就业人口平均年增长率为1.6%。1997年美国版权产业从国外销售和出口中创利668.5亿美元，超过了包括农业、汽车、汽车配件和飞机制造在内的所有主要产业。据统计，到2001年，美国的核心版权产业为国民经济贡献了5351亿美元，约占国内总产值的5.24%[①]。

2. 发展模式

美国在促进文化创意产业发展中采取不同于英国的政策措施，重点强调自由和市场作用，突出版权的法律保护。

首先，重视知识产权的保护和版权立法，尤其在数字化版权保护和国际化版权保护方面。其次，创造自由、宽松的市场环境，保障创意产业主体的市场化运营。第三，加大科技投入。美国政府在政策上采取了"杠杆方式"，以资金匹配来要求和鼓励各州、各地方以及企业拿出更多的资金来支持文化艺术事业，支持企业加大科技创新投入，重点扶持新兴产业。

（三）日本

1. 发展历程

日本的创意经济是随着经济增长而兴起的，作为世界上影响最大的非主流文化体，日本的机器人、动漫、工业设计均体现了人类卓越的创造力。日本政府将振兴和发展内容产业定位为国家战略给予高度重视，于2003年3月在内阁中设立"知识财产战略本部"；2004年5月制订《知识财产推进计划》，其中第4章阐述了推进内容产业快速发展的计划；同年6月又公布了促进内容产业发展的法律《内容产业促进法》；2005—2008年连续4年的《知识财产推进计划》都专门用1章的篇幅阐述充分发挥内容产业作用、建设文化创意国家的政策措施。

---

① 数据来源：金元浦.创意产业的全球勃兴[J].社会观察，2005（02）：22-24.

2. 发展模式

日本文化创意产业的发展是由各个地方政府或各个行业主管部局分别制定产业发展政策并推进的，日本在国家层面并没有将文化创意产业作为国家战略来专门制订发展计划，而是将内容产业的发展作为国家战略支柱，纳入知识财产范畴加以扶持和保护。实际上，日本较为关注创意城市建设，东京、神户、名古屋、横滨、仙台等城市政府各自提出了创意城市和创意产业发展计划并组织实施。东京主要集聚和发展内容产业，其规模和产值约占全国的6成[①]；仙台是日本电影产业的主要生产地，该市提出要依靠电影产业搞文化创意产业集群；名古屋市紧邻丰田汽车公司本部所在地丰田市，周围集聚了众多汽车设计及零部件供应商，因此，该市提出要以建设设计都市为中心发展文化创意产业。将文化创意产业的发展与建设创意城市相结合，并以城市优势产业为核心形成产业集聚和产业集群，是日本发展文化创意产业的一大特点。

日本在借鉴英、美国家产业发展经验的同时结合自身的特点，提出把扶持促进中小企业发展作为文化创意产业发展的突破口。具体措施包括：成立国际设计中心（IDCN），搭建中小企业与世界各国合作的平台。在研究开发、人才培育方面给予中小企业特殊的政策支持，尤其在国际化合作方面。成立文化产业局，负责对中小企业在创意设计方面的指导。同时在经营活动、竞争创新等方面给予中小企业具体指导。经过努力，短短20多年的时间，日本的文化创意产业迅速发展，以游戏软件、动漫、电视剧等产业为代表的文化创意产业成为国民经济的支柱产业，并成为世界上具有竞争力的产业。

第二节 我国文化创意产业发展的走向

文化创意产业是文化产业发展的高端模式。纵观中国文化创意产业演进过程，大致经历了从文化事业到文化产业，再到文化创意产业三个发展阶段。中国的文化事业伴随1980年代的改革开放产生，文化产业发展壮大于建立社会主义市场经济体制和推进第三产业发展的上世纪90年代，进入21世纪后，进入文化创意产业发展的崭新历史阶段。

随着新世纪的到来、国民收入水平的逐步提高，闲暇时间增多，人民群众的精神文化需求有了大幅度提高，文化消费市场潜力巨大。因此，中国大力发展文化创意产业，有效拉动内需，促进经济增长，把它塑造成21世纪的经济增长点。

一、我国文化创意产业向新业态发展

随着数字技术的更新与应用，数字技术与文化融合的程度日益加深，以数字技术推

---

① 数据来源：刘平. 英国、日本、韩国创意产业发展举措与启示 [J]. 社会科学，2009（07）：53-60+188.

动的文化新业态竞相涌现。我国在"互联网+"背景下，出现了一批文化创意新形态、新业态。它们是以现代数字技术和移动互联网为核心支撑的文化形式，与传统的文化业态不同，文化新业态所具有的技术密集、知识密集、附加值高等特性，体现出数字技术对传统文化行业与形式的升级与创造。

（一）泛娱乐与新文创

1. 泛娱乐

波兹曼（Neil Postman）曾对"娱乐至死"做出了这样的解释："现实社会的一切公众话语渐以娱乐的方式出现，并成为一种文化精神。人们的政治、宗教、新闻、体育、教育和商业都心甘情愿地成为娱乐的附庸，其结果是人们成了一个娱乐至死的物种。"娱乐已成为当代人们的一种普遍生活方式，在此基础上，泛娱乐已然成为一种商业模式。泛娱乐概念的提出是基于互联网时代文娱产业的全面兴起，从而赢得资本的广泛关注。值得注意的是，娱乐仅是文化的一部分，不是全部；文化需要娱乐，但更需要高于嬉笑怒骂的品相。

泛娱乐与IP是具有中国特色的知识产权转化路径的文化创意新业态。IP泛娱乐生态战略最早由腾讯在2011年提出，腾讯通过收购整合方式将文学、出版、动漫、影视、游戏、网剧、网络大电影等文化产业链上下游环节打通，构建"同一明星IP、多种文化创意产品体验"的互动娱乐生态。之后，阿里巴巴、百度、360、小米等互联网巨头企业纷纷将"泛娱乐"作为公司的重要战略大力推进，通过整合产业链，生成了远超其单质的巨大的聚合效应。泛娱乐的核心就是IP（Intangible Property，无形产权，或Intellectual Property，知识产权），而IP的本质是一个文化概念。IP化打造互联网时代的新物种是万物皆媒时代的典型特征。从"泛娱乐"到"新文创"，IP化依靠新内容、新功能、新方式，创造新价值。2018年，腾讯宣布将"泛娱乐"升级为"新文创"。

2. 新文创

"新文创"是指在当今时代背景下，文化生产方式以构建优质IP（或称超级IP）为核心，打造更多具有影响力的中国文化符号。新文创更强调打造优质IP的文化意涵，也进一步证实了泛娱乐产业发展的新趋势。腾讯公司旗下的《王者荣耀》无疑是腾讯开始新文创道路的探索。《王者荣耀》是当下玩家最喜欢的手游之一，游戏每一次更新都会引起众多玩家的关注。从2017年开始腾讯公司与敦煌研究院合作，通过"数字供养人"计划对敦煌古文化进行数字化保护与文化再创造等方面的探索。《王者荣耀》涉及的新皮肤正是在双方合作的基础上，深度挖掘中国文化，达到让年轻人了解本民族文化，认同并保护中国传统文化的目的。《王者荣耀》的新皮肤名为"遇见飞天"，飞天在游戏中指杨玉环这一角色。新皮肤依据敦煌壁画等元素打造，每一处细节尽量做到尽善尽美。在发布的海报上可以看到飞天的头饰、披肩、飘带等细节都取材于敦煌壁画；飞天的妆容参考敦煌莫高窟壁画中的女子妆容；新皮肤的主色调也选取了盛唐敦煌壁画中常用的几种颜色；飞天手中的琵琶是无弦的，还原敦煌的佛教精神，其双手背后弹琵琶更是来源于敦煌壁画中女子舞乐的场景。玩家可以通过新皮肤了解中国优秀传统文化，领略敦煌文化的独特风采。

在消费社会中，人们消费的不是商品和服务的使用价值，而是它们在一种文化中的符号象征价值。IP 特别是优质 IP 必将成为商业时代的核心竞争力，它以超前的思维方式和表现力，成为用户情感消费的基础。因此，新文创需要结合之前泛娱乐的优势，实现文化价值＋商业价值的完美结合。具体来说，一方面，新文创一定会注重作品内容与新技术的结合，走上"文化内容＋科技手段"这一特点的新 IP 化道路。唯有如此，新文创才能在新技术的加持下，向世界讲好中国故事，打造出更多受欢迎的中国文化符号。另一方面，以优质 IP 为核心，实现全产业的合作，通过各企业相互配合，打造 IP 的周边产品。例如，美国的动画电影《疯狂动物城》在形象确立初期，便与生产商沟通，商定相关动物玩具的开发，使电影上市与玩具上市同步，多角度维护 IP 的热度。可见，要实现产品 IP 化，需要融合各企业的力量，实现全产业合作，才能在新阶段下扩大自身影响力，使 IP 拥有新的魅力和活力。

（二）虚拟现实与增强现实

虚拟现实技术 VR 是一种基于可计算信息的沉浸性、交互性系统。这些被定义的特性浓缩为虚拟现实的"3I 特征"：沉浸感（Immersion）、交互性（Interaction）、想象力（Imagination）。增强现实技术 AR，是在虚拟现实基础上发展起来的新技术，也是通过计算机系统提供的信息增加用户对现实世界感知的技术，并将计算机生成的虚拟物体、场景或系统提示信息叠加到真实场景中，从而实现对现实的"增强"。增强现实技术将计算机生成的虚拟物体或关于真实物体的非几何信息叠加到真实世界的场景之上，实现了对真实世界的增强。同时，由于与真实世界的联系并未被切断，交互方式也就显得更加自然。在视觉化的增强现实中，用户利用头盔显示器，把真实世界与电脑图形多重合成在一起，便可以看到真实的世界围绕着它。随着增强现实技术的广泛应用，其正受到越来越多的关注。增强现实技术已成为一种强大的市场工具。2016 年被称为 VR 产业元年，国内掀起 VR/AR 行业热潮。

高盛公司发布的《VR 与 AR：解读下一个通用计算平台》的行业报告显示，预计到 2025 年，VR 和 AR 的市场规模将达到 800 亿美元，并有可能像 PC 的出现一样成为游戏规则的颠覆者。VR/AR 已经站在中国最强风口上，在技术端，各大科技公司包括 Google、Facebook、HTC、三星以及华为、小米等，纷纷推出 VR/AR 设备，在用户端仅 2016 年 VR 用户总量就超过 1000 万。可见，从技术力量的投入以及用户表现两方面来看，VR/AR 技术以及应用市场的前景都非常广阔。

作为主推视觉文化的创意产业，虚拟现实技术 VR 与增强现实技术 AR 同样在未来具有无限发展潜力，居于龙头位置。VR/AR 在旅游、影视、娱乐、游戏、主题公园以及教育、军事、房地产等领域进行创新实验，已显示出强大的应用能力。

以电影为例，虚拟现实技术凭借沉浸式虚拟现实设备的诸多优点给观众带来完全不同的感受。首先，是对电影制作的冲击。传统的电影制作方法被颠覆，没有分镜头，没有脚本，灯光师不知道演员与光的结合该如何处理才能更完美，演员也还在以另一种模式在360度投入其中去完成演戏过程。VR给电影制作带来的挑战非常具有颠覆性。其次，是对观众的视觉冲击。目前，VR设备依然以头戴设备为主，所以，观看时长不应超过40分钟，否则观众很容易出现视觉疲劳和身体疲倦等不适症状。这也意味着VR电影要在标准时长的基础上进行有效缩短。最后，是对IP化形象展示的冲击。VR技术的不断成熟，使得IP形象展示有了更为立体化的可能，观众有了更好的视觉体验。

另外，传统文化类景区也可借助虚拟现实与增强现实技术实现新时期的转型升级。例如陕西西安大唐不夜城街区，以盛唐文化为背景，以唐风元素为主线，是西安唐文化展示和体验的首选之地，更是国内著名的网红打卡地。大唐不夜城VR体验馆，占地840m^2。景区正是利用VR+景区，让游客体验大唐盛世风采，仿佛置身其中，可以瞬间穿越千年。馆区内有10多台VR设备，让游客尽情体验多主题游戏。体验馆内人气火爆、人山人海，据悉高峰时一天接待超过1500人次。

（三）网络直播与网红经济

1. 网络直播

中国互联网络信息中心（CNNIC）第48次《中国互联网络发展状况统计报告》显示，截至2021年6月，我国网民规模达10.11亿，较2020年12月增长2175万用户，互联网普及率达71.6%。其中手机网民规模达10.07亿，网民使用手机上网的比例为99.6%。此外，报告还指出，截至2021年6月，我国网民的人均每周上网时长为26.9小时，较2020年12月提升0.7小时。庞大的网民规模和与日俱增的互联网普及率，塑造了中国庞大的网络消费者群体和数字化消费方式。

目前，网络直播已成为互联网、移动网领域竞争的热点，由此带来的新变化和挑战，值得文创产业重视和研究。境内各大网站纷纷开设网络直播平台，游戏（斗鱼、熊猫）、弹幕（Bilibili）、视频（乐视、优酷网、爱奇艺）、秀场（9158、六间房）、移动（映客、花椒）、社交（微博、微信）等各类网络直播迅速涌现。每一部手机都是制造网络新闻和产出网络舆论的平台，每一个网民都可能成为信息的来源和传播的媒介。据《中国文化和科技融合发展战略研究报告（2020）》显示，2020年上半年我国网络直播市场规模达843.4亿元，同比上升63.4%，用户规模达5.26亿人，占网民整体的59.8%；2020年上半年，直播+电商交易规模达到4561.2亿元，已超过2019全年总交易额，预计年底交易额有望翻倍，达到超9000亿元[①]。

网络直播在移动端兴起的主要表现，一是网络主播，即网民通过网络直播平台担当主持工作，并且实时与线上网民交流互动；二是一些门户网站对热点事件、体育娱乐等的视频、图文直播，如商业网站新浪视频直播联合国公开面试下任秘书长候选人等。随

---

① 数据来源：中国经济网，中国文化和科技融合发展战略研究报告（2020）.

着互联网以及移动设备的广泛覆盖，一部手机就可以让一个人成为视频的发布者和舆论议题的发起者，完成一个出镜、采访、剪辑、发布等复杂的新闻采集乃至发布任务。

从李佳琦到薇娅，从罗永浩到央视 F4，直播带货火遍互联网，越来越多的文创企业选择利用网络直播带货的方式，探寻"新消费""新电商"模式，拓宽文创产品的营销渠道，推动文创企业直播常态化。首先，作为一种眼球与注意力经济，直播带货随时创造网络舆论的新议题，网络直播改变了传统信息传播的运作模式，已经成为移动网络舆论的重要载体。其次，作为一种"体验经济"，网络直播可以打造网民与娱乐现场即视感与零距离的用户体验，并通过移动端具有随时分享的能力。第三，作为一种"粉丝经济"，网络直播具有强大的双向互动能力，在移动端具有巨大的网络传播能量。此外，网络直播在分享和传播过程中，还具有信息互动功能，网民可以通过转发、分享、回复视频、滚屏"弹幕"等方式发表自己的看法，与直播发布者进行互动，将个体收看变成群体式行为。这不但改变了传统信息单向传播模式，同时与其他网民在互动中产生新的议题，达成共识并创造新的消费。

2. 网红经济

网红经济是互联网形态下的粉丝经济，是"互联网+"时代一种新兴的商业模式。"网红"一般是在某些细分领域具有一定专业行动力的"素人"，他们通过互联网的方式传播自己的产品知识和生活方式，在特定领域成为具有一定影响力的关键意见领袖（Key Opinion Leader，简称 KOL）。关注网红的粉丝往往是对特定领域有了解，或有需求，或感兴趣的受众。当网红推介产品时，这些受众天然地成为产品的潜在客户。网红与粉丝在长期大量的互动过程中建立的信任关系，使得粉丝对网红推介的产品更敏感也更容易接受。因此，网红经济往往能够更精准地将产品导向粉丝需求，实现"精准"营销，极大地提高消费转化率。

传统的品牌商在定位和寻找销售对象时，经常受困于如何在海量的用户数据库中进行寻找，并将产品信息精准地传递，因而不得不用一种"漫灌"的方式，将信息以撒网的形式传递给所有受众。网红经济是"互联网+传统商品"的创新实践。它利用互联网平台和社交媒体，寻找新的营销路径。对于创意产业来说，利用网红经济的特点和优势进行品牌的推广和传播会是一种新的创意探索。

作为一个正在快速崛起的新生事物，网红经济发展势头迅猛，未来会有越来越多的具有内容制作能力的优质网红受到资本和市场的青睐，也会有更多缺乏踏实内容创作的网红如昙花一现，消失在新经济的浪潮中。在这个过程中，文化创意产品需要主动迎接和把握网红经济带来的机会，拥抱这种新兴的带有电商和社交基因的商业模式，或许能为自己在新形势下的转型和突破创造新的机遇。

（四）传统文化华丽回归

在互联网的影响下，中国传统文化的相关消费的华丽回归是未来文化创意产业的发展趋势和方向。2016 年整个故宫淘宝文创产品销量创 10 亿元，书画系列、陶瓷系列、铜器、金器、钟表、丝绸、首饰等多种文创产品使消费者全方位体验到"帝王"范儿,也点燃了国货消费的狂潮。2017年"双十一"期间,故宫文化珠宝首席设计顾问钟华和国产化妆品品牌百雀羚合作,推出中国风限量化妆品礼盒"燕来百宝奁"。以"孔雀蓝羚"和"金枝玉兰"为主题,将传统的东方"发簪"文化与国际高级珠宝设计跨界融合,打造新东方美学,通过定制化的"年轻化"限量版礼盒及多款人气周边赋予中国传统文化创新生命。据悉2017年10月20日0点,雀羚首批跨界限量版"燕来百宝奁"礼盒预售,在天猫旗舰店发布35秒内被期待已久的粉丝"光速秒杀"。此联名套装在"双十一"预售近70 000件,占据国货美妆套装销量榜首。2018年初,故宫官微发布以宫廷色为基础的女性彩妆系列,包括母仪天下眼影、花容月貌粉饼、故宫砖墙色口红与万里江山指甲油。设计师采撷传统国画、建筑、器物、饰品中的自然中国色与中国元素,辅以创意设计,让现代彩妆焕发新气象。这些产品在小红书等女性美妆社群中多次被粉丝"安利",成为当代中国女性消费的品质选择。

像故宫一样,在文化细分领域精耕细作的老字号,都踏上了文化复兴与回归之路。2017年天猫开启了"天字号"计划,支持老字号复兴。参与此计划的老字号品牌的销量迅速上升,"2017年同比增加了170%,销售额也同比增加了190%,其中高峰期销量平均增长了12倍之多"[①]。

传统文化华丽转身,引起广泛关注,表现是多方面的。首先,国内服装品牌积极回归。2018年年初,国内品牌李宁、太平鸟、CLOT等登上纽约时装周的T台,与天猫一起上演了"天猫中国日"。已经习惯了耐克、阿迪达斯的"90后"消费者,定闹钟抢购李宁秀场同款产品。

其次,传统饮食糕点焕发活力。素有"闻香下马,知味停车"名号的知味观几年前就开发了二十四节气文化糕点,并通过电商限量销售,让年轻人尝到了古法制作的现代糕点;之后知味观成功植入《港囧》电影中,以商业跨界的方式,赋予传统糕点新的故事与新的消费场景,成功接入中产阶层;不仅如此,知味观还大胆尝试与动漫电影《天眼》合作,推出卡通形状的绿豆糕,更进一步俘获年轻人的心。可以说老字号传统文化的沉淀,在创意蓬勃的互联网时代,为创造力加持。

最后,传统文化追捧成新潮。2017年新春假期,中央电视台播出《中国诗词大会》,一时间,唐诗宋词如一股古韵清流汇入喧闹的互联网生活。节目以电视与舞台艺术的呈现方式,营造诗与美学的艺术效果。同时选择"会诗""诵诗"与"解诗"的方式,保留与创新诗词歌韵的仪式感,成功地将线上与线下观众、参赛者、品评人纳入古典诗词的极美意境中。节目设置的互联网答题甄选,1对100竞赛赛制节奏紧凑,选手、专家、主持人吟咏朗诵、陈述、交流古典诗词的舒缓韵律,形成张弛有度的语言交响乐,在传统与现代的解读中,激活了中华诗词文化艺术符号。更重要的是,这种文化节目的社会

---

① 数据来源:王君.老字号"消亡史",能否靠电商消除"老龄化"[EB/OL].搜狐网2018-04-02.

与商业效应潜力巨大。节目播出后在全国掀起的诗词热潮，甚至渗透到服装、饰品、酒店、建筑等传统消费领域。例如很多酒店、餐厅的折扣消费活动，是以诗词"飞花令"的方式实现的。文化消费的持续性与社会效益不可小觑。紧接着央视的《国家宝藏》节目将传统文化的"高大上"和"接地气"融合起来，将文物和故事相结合，用"小剧场"的形式讲述文物，用轻松的语态进行交流，使文化感与综艺感无缝对接。中央电视台以文化综艺、文化竞技、文化探索的形式将国宝、诗词和成语等别具匠心地传递给观众，激发观众对传统文化的浓厚兴趣。

二、未来我国文化创意产业发展趋势及走向

中国文化创意产业的发展趋势总的来说是积极的、健康的，并且朝着"以文化为资源，以创意为手段，以产业为出口"的趋势发展。中国创意产业布局逐渐完善，产业规模日趋壮大，发展出现以集聚区为载体、以区域板块为格局、以行业集群为纽带、以知识产权为核心竞争力的综合态势。特别是北京、上海、广州、深圳和成都等国际化程度较高的大都市，文化创意产业已呈规模化发展，产业集群集聚效应不断提升，文化创意产业已成为城市经济的重要支柱产业。

纵观国内国际环境，"十四五"时期是我国全面建成小康社会、实现第一个百年奋斗目标之后乘势而上开启全面建设社会主义现代化国家新征程，向第二个百年奋斗目标进军的时期，世界正经历百年未有之大变局，新一轮科技革命和产业变革深入发展，国际环境和经济环境日趋复杂，对文化创意产业的发展趋势、阶段特征和重点任务也产生了重要影响。

（一）受疫情影响，文化创意产业将呈现双向交错发展的态势

疫情对消费类市场产生了影响，进而对文化创意产业造成直接影响，对文化创意产业发展规模和增速产生显著冲击。后疫情时代，市场需求恢复相对滞后，全球产业链、供应链和价值链的重新接续将会造成巨大摩擦成本，对全球经济产生中长期深刻影响，致使全球经济陷入不同程度的衰退，债务和经济增长的缺口将进一步拉大。受疫情影响，文化创意产业将呈现双向交错发展的态势。一方面，线上经济、直播带货、社区团购、无接触服务等消费新模式快速发展。线上经济作为一种正常的经济现象，蕴藏着巨大的市场潜力和社会价值，刺激着传统的消费方式，需要加快研发出更多具有特色的文创IP，不断满足消费者个性化、定制化、高端化的消费需求。另一方面，文化创意产业贯穿在经济社会各领域、各行业中，呈现出多向交互融合态势。其更多地聚焦在高端时尚、创意设计、数字经济等前沿领域，并借此推动产业高质量升级换代，加快催生出时装设计、工业设计、城市设计、数字文博、电音娱乐、民宿休闲、遗产观光等一批新型融合型发展业态。

（二）文化创意产业将回应国家经济发展的双循环格局

2020年7月30日的中央政治局会议提出加快形成以国内大循环为主体、国内国际

双循环相互促进的新发展格局。在新的形势下推动我国各产业主体价值链重构，增强国内经济发展韧性，深化改革、扩大开放、加强科技和产业创新等显得尤为重要。文化创意产业的高质量发展在此能够发挥重要的助力作用。一方面，在国内大循环中，科技力量能促进文化创意产业链、供应链加速循环，文化创意内循环的加速发展能对推动实体经济内循环起到提档升级和转型增效的驱动性作用。另一方面，在外循环中，我国实体经济贸易一直占据主要地位，文创 IP 出海发力不足。未来可借助互联网、高科技等手段，全力推动文化创意 IP 出海，使其与实体贸易一起全力提升我国的核心竞争力。

（三）文化、科技融合催生新文化业态、延伸文化产业链

文化、科技融合正处于新一轮爆发式增长阶段，催生出一些新的文化业态，进一步延伸文化产业链。随着 5G 网络、人工智能、大数据中心、工业互联网、云计算等"新基建"的加快布局和突破应用，新一轮的技术爆发将加速向文化创意产业渗透，会有更多的科技被应用到面向大众的产品生产和公共服务中。以网络直播、短视频、游戏行业等为代表的文化科技融合发展重点行业，网络直播为经济民生各领域全面赋能，短视频成为互联网底层应用，游戏行业成为文化出海排头兵。据《中国文化和科技融合发展战略研究报告（2020）》显示，2020 年上半年我国网络直播市场规模达 843.4 亿元，同比上升 63.4%；短视频市场规模达 1302.4 亿元，同比上升 178.8%；自主研发游戏在海外营收达 75.89 亿美元（约合人民币 533.62 亿元），同比增长 36.32%[①]。

（四）数字经济成为国际竞争主战场并引领文创产业变革

当前，世界发展进入以 5G 为背景的时代。新一代信息技术正在向纵深发展，社会正在由工业经济时代向数字经济时代转变，数字经济成为引领新时期经济发展的重要力量和国际竞争的新战场。据中国信息通信研究院发布的《中国数字经济发展白皮书（2020 年）》显示，2019 年我国数字经济增加值规模达到 35.8 万亿元，占 GDP 的 36.2%。以数字技术为支撑的新产品、新业态、新服务、新模式将营造出更多的应用场景，成为经济增长的主要贡献力量，助力构建以国内大循环为主体、国内国际双循环相互促进的新发展格局。在"十四五"期间，数字经济的作用和地位将持续提升，数字经济成为今后经济高速增长的重要源泉，是促进文化创意产业与其他产业融合发展的重要载体，是维护和提升全球产业分工体系稳定性、安全性和可靠性的重要依托。加速数字经济发展是全面提高全要素生产率的重要途径，智能化、个性化、定制化生产将逐渐成为文化创意产业的极其重要的形态。

---

① 数据来源：中国经济网，中国文化和科技融合发展战略研究报告（2020）.

第三节 典型案例剖析

美国学者理查德·佛罗里达（Richard Florida，2010）认为当今经济属于创意经济，创意才是最重要的经济驱动力，创意来源于"知识"，是创造有益新颖形式的能力；"知识"与"信息"是创意的工具和材料，"创新"是创意的产品，这种产品既可以表现为一种全新技术产品，也可以是一种新颖的商业模式或方法。文化创意产业中的创意性是最具活力、最具能动效应的元素，文化创意产业的生命力就在于与人的创造性以及创意精神结合起来，源源不断涌现出新作品、新模式，注重创意性，尊重创造性，成为文化创意产业发展的主要推动力。

一、美国迪士尼的文化创意经营之路

（一）梦幻 IP 的塑造

全球闻名遐迩的迪士尼，全称为 The Walt Disney Company，取名自其创始人华特·迪士尼（Walter Elias Disney），是一家总部设在美国伯班克的世界知名的大型跨国公司，始创于 1923 年。自创建以来，迪士尼呈现给大家的是一个美妙的童话乐园和奇幻的梦幻世界，它带给人们无穷的想象力、美轮美奂的视觉享受、发自内心的快乐。在近百年的发展历程中，迪士尼正是以虚构的人物故事、人造的欢乐世界，带给了全球消费者最真实的文化品牌体验。尽管迪士尼不是救世主，无法在现实生活中帮助人们实现心底里难以满足的需求，但是，在迪士尼为游客建构的世界里，迪士尼总是设法让游客登上自己理想的巅峰：在安全的环境中尽情探索，在友善的接待中感受温情，在每一个细节中得到尊重。

迪士尼在本质上创造的是一个梦想产业。消费者时时处处都能感受到迪士尼的梦幻因子，这也正是迪士尼所倾情打造的超级 IP 的魔力所在，其影响力早已超越了地域空间边界和产业边界，也跨越了一代又一代人的时间边界。

1. 跨越空间边界，构建起全息的传播场景

迪士尼主题公园的传播逻辑是成为一切社群的信仰，成为一个庞大的超级 IP 帝国。迪士尼在全球扩张的历程，就是要将其梦幻 IP 传播息息相关。如今，在移动互联网非常发达的当下，迪士尼正在建立起覆盖线上线下、覆盖不同阶层、覆盖不同亚文化社群的全息传播场景。

2. 跨越经济周期，构建全球化的投资格局

迪士尼超级梦幻 IP 的全球推广是建立在强大的资本实力基础上的。从迪士尼在中国的扩张不难发现，迪士尼是一步步渗透进来，先用影视作品和衍生品培养、开发中国人的"梦幻"需求，等到中国人的消费水平提升了，再大手笔投入，建设迪士尼度假区。

这种步步为营的战略最终收获了商业盈利上的成功。

3. 照亮生命梦想，构建全生命周期的消费模式

迪士尼的成功不仅仅是商业本身的成功，而是已然进入了消费者的生活，成为了消费者的梦想。迪士尼形成了"传媒影视—日用商品—玩具—主题公园—教育"的完整闭环，而贯穿整个闭环的就是梦想IP。不夸张地说，迪士尼就是一个造梦的地方，它一直在造梦能力上下功夫，并构建起全生命周期的消费模式。

4. 强化IP运营，构建全产业链的IP成长闭环

迪士尼从未放松对于它的梦幻IP的持续运营。以内容更新方面为例，迪士尼著名的"三三制"原则，就是每年主题乐园都要淘汰1/3的硬件设备，同时增加1/3的新项目和新设备，从而保证迪士尼常换常新，提高乐园的重游率。尤其是在当今信息时代，消费者通过手机获得信息的能力大大提升，消费者的口味也越来越挑剔，因此，及时捕捉消费者的需求变化，也成为迪斯尼IP运营的关键能力。

（二）全产业链的搭建

华特·迪士尼是IP行业的领导者，也是一个拥有众多超级IP的全产业链集团。它融合了文化、旅游、玩具、服装和地产等领域，主要包括电影娱乐、主题公园、玩具、图书、电子游戏和网络传媒等多项业务。迪士尼衍生品包含迪士尼授权业务、直销市场、图书出版、游戏、零售等。

1. 影视产业

迪士尼拍摄的影视类型繁多，包括各种电影、动画片、电视节目、录制和商演舞台剧等。平均每年出产50多部故事片，其产量之多、发行销售量之大，成为影视界的传奇。其产业特点是：全球化与本土化结合，不断创新以顺应时代的潮流，精湛的制作技术以及轰炸式宣传。华特·迪士尼公司旗下的电影发行品牌有华特·迪士尼影片（Walt Disney Pictures）、皮克斯动画工作室（PIXAR Animation Studio）、惊奇漫画公司（Marvel Entertainment Inc）、试金石电影公司（Touchstone Pictures）、漫威影业（Marvel Studios，LLC）、米拉麦克斯电影公司（Miramax）、博伟影视公司（Buena Vista Home Entertainment）、好莱坞电影公司（Hollywood Pictures）等。

2. 迪士尼乐园

目前，华特·迪士尼公司在全球拥有6家迪士尼主题乐园，分别是迪士尼乐园度假区、华特·迪士尼世界、授权经营巴黎迪士尼度假区、东京迪士尼度假区、中国香港迪士尼度假区和中国上海迪士尼乐园度假区。

迪士尼乐园是基于迪士尼动漫、影片而建成的主题游乐园。通过影片带动主题乐园的开发，从而拉动园内一系列旅游服务设施的经营运转，不断进行业务扩展，使收入如"滚雪球"逐渐增长，是迪士尼乐园的经营思路。迪士尼乐园秉承着"体验式营销"的生存之道以及"创造欢乐"的主题，打造了一个奇幻的动画世界，将电影中虚拟的卡通人物还原到现实生活中。除了主题公园外，迪士尼乐园内还提供餐饮、旅游纪念品购

物、主题度假村住宿以及园内摆渡车等旅游服务，为游客营造一个完美的旅游体验。

3.迪士尼消费品

（1）特许经营

在迪士尼乐园，人们通常只能喝到一种可乐饮料，就是可口可乐。这是迪士尼公司给可口可乐公司的"特权"，可口可乐在分享迪士尼乐园销售利润的同时，还要向迪士尼公司支付一笔不菲的特许经营费。特许经营扩大了迪士尼公司的盈利销售渠道，如今全球有4000多个拥有迪士尼特许经营的商家，迪士尼每年的特许经营额达到10多亿美元。当年米老鼠一经问世，就有许多厂商同迪士尼联系，请求允许使用米老鼠形象。现在，以米老鼠为形象的产品遍布全球各地，深受"老鼠帮"们的喜爱。

（2）衍生消费品

主要是影视节目开发制作的音像带、VCD/DVD/CD产品、旅游产品、玩具、纪念品、书籍等相关产品、影视代表场景及相应的旅游景点的开发等。美国加州迪士尼冒险乐园旁边有一条世界知名的购物街——迪士尼市镇（Downtown Disney）。这里的商店销售着不同主题的旅游商品，包括相册、纪念品、服装、玩偶等，这些商品均属于迪士尼公司，谢绝讲价，包装统一为蓝色背景米老鼠图案塑料袋。早在十几年前，迪士尼的旅游商品就已经大举进军中国内地市场，其经营的卡通形象旅游商品市场每年都以18%~20%的速度增长。相关数据显示，迪士尼的授权商品每年在中国的交易额已达4亿多美元。

4.迪士尼的网络媒体

迪士尼的网络媒体主要包括：迪士尼ABC电视集团、迪士尼广播电台、ESPN公司等。网络媒体目前是迪士尼最大的收入来源，占其总收入的41.95%。迪士尼公司在动漫业务方面的关系企业主要集中在产业链最下游，即：卡通形象授权许可、音像制品发行、游乐场业。迪士尼已经整合整条产业链，仅有最下游需要和外界合作以获取最大附加价值。

（三）文创产品的运营

迪士尼采用的是"轮次收入"的商业运营模式：第一轮收入体现在迪士尼的电影和动画大片的票房；第二轮收入来源于这些已公映的电影和录像带发行所获得的利润；第三轮收入依靠主题公园增添新的电影人物或动画角色吸引游客，并使其乐于为童话般的完美体验付费；第四轮收入得益于特许经营和品牌授权的商品。此外，迪士尼一直在不断收购强势媒体，借助电视媒体的力量扩大迪士尼商品的知名度和影响力，环环紧扣，运作起品牌价值链。

在进行全产业链运营过程中，动画影视的强文化渗透性一直是迪士尼产业链成功延伸的关键因素。迪士尼授权运营的7大类消费品，都坚守一个重要准则，那就是源头起点的影视作品在天然属性上能有紧密的关联性，保证影视角色形象能顺利地渗透到后面的各个品类之中。迪士尼从不把创作出的动画形象看成一次性消费品，而是作为一个可长久消费的金矿去深度挖掘。迪士尼对衍生消费品有着系统性的规划和前瞻性的视角，在电影创作之初就已经开始规划相应的衍生品了，而不是像国内一些企业，等到动画电影上映之后，才匆忙开始考虑衍生产品。

衍生产品具有一定的生命周期，这也是迪士尼为何要在电影还在制作的初期就介入生产的原因，毕竟生产需要时间。在美国，迪士尼一部电影的排期可能早在前一年就初步确定，公司就可以按照电影上映的日子进行倒推，在电影未上映之前就做大量宣传，并将商品上架同步销售。通常消费品会在电影正式上映前的6周就开始投放市场，迪士尼最希望看到的就是当电影上映时，商品已经卖光。一部电影连同配角，往往有几十个到上百个人物，这些人物当然不可能全部都制作成商品，而是由电影部和消费品部协商后，确定其中核心角色来制订衍生商品。比如《赛车总动员》内从主角麦昆到"路人"角色多达217个，最终消费品部确定其中10个左右重要且有个性的角色进行商品生产制作。

目前迪士尼全球有3000多家授权商，销售超过10万种与迪士尼卡通形象有关的产品，在中国内地也已拥有了100多家授权经营商。品牌授权已成为迪士尼利润的重要来源。

二、"互联网+"时代下的故宫文创

故宫博物院的文创产品是我国传承优秀传统文化的先锋实验和当代典范，已成为当今青年人群追捧的对象，成为馈赠外国友人的嘉礼首选。当"遗产保护"遇上"互联网+"，一个是标准的中华文化，一个是新兴的现代行业，两者的碰撞融合在故宫文创中释放出绚烂的火花。

（一）场景体验的原真性建构

故宫文创的场景真实性来源于全球化浪潮和现代化进程中人们对本土真实、族群真实和国家真实的价值渴望。故宫文创深深地根植于故宫博物院的文化元素，这些文化元素具有强大的品牌感召力和消费吸引力，这是故宫文创"本土原真性"的文化"赋魅"。人们越来越热衷于文化旅游场地的造访、文物艺术衍生品的购买、文化遗产情景再现的沉浸式体验等现实发展，需要我们在文物艺术品与其衍生品、文化原型物与其再造物之间的价值关联中寻找逻辑联系和合理解释。从某种程度来看，故宫文创的底线思维和高线思维都是基于文化遗产的守候：凡是不利于故宫文化遗产保护的事儿坚决不做，凡是有利于故宫文化遗产传承的事儿都敢于尝试。从某种角度上说，故宫文创的思维就是原真性的开拓思维。

在场景原真性体验基础上，故宫还在空间运营上尝试打造"网红空间产品"。例如，利用故宫角楼尝试故宫火锅运营，"奉旨涮锅"一度成为众多人想要打卡的内容，虽然后面因为对安全的考虑停止了供应，但着实吸引了一波关注。与此同时，故宫还不断拓展物理空间，故宫文创尝试走出北京开快闪店。2018年，故宫与世茂合作，在厦门、济南、石狮、上海巡回做快闪店。

此外，故宫文创还将故宫的原真空间与特定节庆时间叠合，创设出极具中国传统文化的文创活动。2019年春节故宫推出的"贺岁迎祥——紫禁城里过大年"展览、元宵节夜游故宫、故宫灯光秀等活动，据悉一开始放票时，故宫官网就被挤瘫痪，足见人们对活动的认可。

（二）价值整合的共生性创新

1. 功能价值与文化价值的统筹兼顾

以顾客的需求为导向，故宫文创将文化创意走进普通人的生活，将文化传承与日常使用相融合，这正是故宫文创商品之所以吸引大众消费者的原因。在2017年为故宫创造了15亿元市场营收的万余种文创产品中，大多数都是功能价值与文化价值兼具的价廉物美之作。这些文创产品中，既有功能价值高、文化价值较低的一般日用品，比如故宫版矿泉水、故宫猫系列产品，也包括功能价值较高、文化价值略低的流行品，比如神骏水果叉、故宫口红和朝珠耳机，还包括功能价值高、文化价值也高的奢侈品，比如五福五代紫砂茗壶、钱选八花图箱包和黑色梅花大凤纹真丝方巾，更包括功能价值略低、文化价值高的收藏品，比如特种邮票、高级限量复制品等。故宫文创的这些产品组合是基于对人们生活日常的观察与研究，紧贴人们的生活需要，结合故宫文化元素的创意巧思，提炼故宫文化精髓，为人们的现代生活创意赋能。

以"朝珠式耳机"为例。"朝珠式耳机"是故宫文创功能、时尚与文化的结合研发思路的代表产品。耳机作为当今日常生活中使用频率极高的功能性产品，这款时尚耳机特别受年轻人钟爱，达到了他们希望利用有创意的配饰展现自己的独特的个人魅力。研发部门巧妙地将实用的耳机与朝珠的文化属性统一于一体，"朝珠式耳机"一经发布，马上吸引了年轻观众的注意，在与产品的良性互动中引起了对故宫文创产品的关注和对故宫文化的兴趣。原本"束之高阁""难得一见"的文化重器，现在轻易可得，可近观可"亵玩"，厚重的历史文化鲜活起来。

2. 对"巧创新"文创模式的融会贯通

巧创新（Smart Innovation）是一种新文创模式，包括以科技创新为主的硬创新和以文化创新为主的软创新，是一种软硬巧施的融合创新，是一种系统创新和战略创新。巧创新包括社会创新、市场营销创新、审美创新、再连接创新和科技创新。故宫与腾讯联合推出的"数字文保计划"、Next Idea创新大赛，故宫推出的数万场遍布海内外的文化展览和艺术教育活动，都体现了故宫的文化责任和社会公益的道德坚守。故宫每天运营故宫APP、微信小程序、抖音直播等数十个矩阵型社交媒体，吸引近千万粉丝用户；开着天猫、淘宝、京东等网络店铺，尝试故宫角楼咖啡、冰窖餐厅等新零售，在开放中走向市场，也接受舆论和公众的善意批评，敢于试错，不断调适。故宫注重每一个文创产品的细节设计和审美风格，注重手工匠艺，讲究材质温度，打造令人惊艳的良心产品。故宫善于制造社会话题，引领社会风潮，形成意见领袖式的内容传播效果，让故宫文创产品的使用者引以为荣,愿意打卡分享,增进社交黏性。故宫在国内博物馆界率先推动"文化+科技"的融合创新,积极推动故宫文化遗产数字化保护和监测、数字资源管理和应用及数字化展示、传播和数字化应用,积极采用 VR、AR、激光扫描、摄影测量、全息投影等科技手段,举行"传统文化 × 未来想象"数字文化艺术展,开发多样化的数字文创产品。总之,故宫文创全面实践了"巧创新"的文创模式,并在实践中不断调整,不断优化。

3. 组织内外部协同共生的创新机制

故宫博物院下设故宫出版社(运营微信公众号、故宫书店)和北京故宫文化服务中心。出版社下设北京故宫文化传播有限公司等 3 家公司;文化服务中心下设有故宫文化创意产业有限公司、北京故宫文化创意有限公司、北京故宫前门文化产业发展有限公司等 11 家公司。从组织结构上看,故宫博物院从事文创发展的子公司就不止一家。据有关报道称,其专门从事文创工作的工作人员达 150 多人,分布在文化创意产品策划、设计、生产、销售各个环节。在党中央和国务院主要领导人的关心和支持下,故宫博物院院长发挥创意领导力,以开放包容、敢作敢为的心态,带领故宫各个管理团队积极探索,共建协同创新机制。

以文化创意研发为例。文化创意研发是故宫文创产品的核心工作,为此故宫特意组建了一支包括考古、文博、设计、市场等多学科领域的专业人士在内的研发团队,一方面力求把握传统文化脉络,另一方面积极探索现代表达方式,以求故宫文化创意的多元呈现。文化创意产品研发部门经常与文物专家进行互动和学习,充分了解和领悟文物蕴含的文化内涵,挑选其中有特色、典型的,具有文化性、形式美与情感的文物元素,为文化创意研发寻找正确方向。研发部门再将所选取的文物藏品元素详细介绍给设计团队,涉及文物藏品的历史渊源、文化寓意、背后的故事等,设计团队带着蕴藏了丰富文化的文物藏品,把研发对象与故宫文化有机结合,让文物的古朴沉稳气质与文化创意产品的时尚活泼气质完美融合。这样的文化创意产品才会具有故宫文化的特别性格。例如"动意盎然"系列领带设计元素,取材于院藏郎世宁的《弘历射猎图像轴》中飞奔的白色骏马,形象骄纵飒爽、活力四射,这款产品推出了灰、橘、蓝和紫 4 色,融入了现代人对色彩的审美追求。为了更好地传播和推广故宫文化创意产品,获得品牌效应,故宫博物院曾举办文化创意产品设计大赛,多次参与国内外各项文化创意交流论坛、展览及博览会。这些文化交流活动,也为故宫文化创意发展寻找更多的灵感和借鉴意义。

此外,故宫文创还很注重基层创意,重视顾客反馈,引导创意员工与顾客代表一同参与,激发游客从故宫文创的角度提出自己的所知、所想和所需,共同谋划,与社会各种机构开展灵活多样的合作形式,协同推进故宫文创的发展。

(三)文创 IP 的产业链构建

故宫文创产品的文化价值基于其厚重的文化底蕴,故宫文创 IP 的构建必须围绕故宫文化展开。2013 年,故宫将文创产品的主导权收回至故宫,定制了一套围绕故宫 IP 开发产品的"三要素"原则,即元素性、故事性、传承性。所有文创产品必须突出故宫的元素,每件产品要能讲出背后的故事与寓意,且易于被公众接受,每件产品以传播文化为出发点,让几百年的故宫文化与现代人的生活对接,通过"用"让普通人真实感受故宫文化的气息。实践中,故宫文创的开发就是针对上述这些关键要素的开发,打造各种"网红"级的故宫文创产品。

故宫文创 IP 的核心价值就是中华优秀文化的传承者,无论开发萌态可掬的潮系列,还是价格不菲的奢系列,故宫文创 IP 开发的初衷是为了故宫文化价值的传播和推广。故宫通过源源不断的创意,让自己的文创 IP 触动消费者内心,并通过网络化、人格化、趣味化的方式结合新媒体营销手段,成功塑造了自己的大 IP,上万款文创商品广受游客喜爱。"奉旨旅行"行李牌、"朕看不透"眼罩、"朕就是这样汉子"折扇等,融合历史与当代年轻人语境的 IP 产品,让故宫真正将"文化"落地到了"产品"上。

故宫文创 IP 的鲜明形象就是故宫独具特色、深入人心的典型形象,是故宫文化元素的再造形象。这些 IP 形象连接了人们的日常生活,融入了当下的社会情境。故宫猫的萌萌哒、雍正的幽默表情包,让故宫保守古旧的大众形象焕发了生机,令人产生会心一笑的心灵共鸣,赢得青年消费者的喜爱。当然,这种形象不是简单的故宫元素、故宫品牌、故宫 logo、故宫商标的跨界授权和商业转让,而是坚决摒弃恶搞,真正实现功能优先、内涵契合和品质坚持。

故宫文创 IP 独特的故事驱动最终实现了更多的粉丝扩容和受众连接。故宫文创透过故事连接了受众的感情,成为受众的心理情绪的代理品,实现一种审美意义上的心神契合。故宫文创 IP 通过各种社交媒体和营销手段,以开放资源的心态,与社会各大专业的文创机构全面合作,涉足农产品、智能科技产品和文化产品等多个领域,全面进入人们的日常生活,发挥了强大的生命力和影响力。

从 2016 年开始,故宫文创 IP 产业链构建带动了整个文创产业的"井喷"现象。在电商渠道方面,注册成立于 2008 年的"故宫淘宝"网店走出一条符合"宫廷文化气息"、好玩、实用,迎合市场的文创产品研发方向。至朝珠耳机推出后,网店销量突然增加,同时也带动了店里其他文创产品的销售。"故宫淘宝"一直持续着充满个性与创意的风格,比如将历史人物卡通化,出现了道光皇帝的"奥特曼"手势、李清照的"剪刀手"、康熙皇帝戴眼镜等。故宫一改传统的刻板、枯燥的宣传方法,抓住时代特点和年轻人的兴趣点,用现代、活泼的表现形式,让原本严肃的传统文化变得更时尚、更接地气,让紫禁城里的文物活了起来,活在网络世界。

在跨界合作方面,故宫与多个国内外知名品牌合作授权 IP。当前,故宫与华为、腾讯、阿里、搜狗、kindle、卡地亚、百雀羚等品牌都有合作。例如,故宫与华为签署战略合作协议,共同开展打造 5G 应用示范,建设故宫智慧院区,举办人工智能大赛等;与搜狗合作推出搜狗输入法皮肤和表情包;与 kindle 合作推出定制保护套礼盒;与百雀羚联合推出彩妆和珠宝(之后在《上新了,故宫》中,百雀羚还作为特别战略伙伴提供支持）；与稻香村合作推出设计精美的中秋月饼礼盒、端午"五毒小饼"。对于故宫 IP 的授权与运营，故宫博物院最多的是采用品牌授权，而原则上不开展任何形式的转授权、排他性授权和独占授权。被授权方不享有优先续约权。授权期满，需续约的项目，按照故宫博物院统一报批流程重新申报。对于品牌授权，在合同中会对授权内容做明确规定，对每个授权项目专门聘请专家对故宫元素提取、运用、比例、准确性进行专业指导，一般而言品牌合作期内产生的知识产权，包括专利权、著作权等，归故宫博物院所有或双方共有。

此外，故宫在影视方面与北京电视台、中央电视台推出的多款纪录片、文化类综艺，以及以故宫为题材拍摄的电视剧等，几乎都得到了豆瓣的高评分。如 2017 年，一部讲述故宫文物修复工匠的纪录片《我在故宫修文物》播出，在网络爆红，一度跻身热门搜索。纪录片的意外走红，受到了大众广泛关注，观众看到了故宫依然还有那么一群兢兢业业、精雕细刻、追求极致的文物修复者，被他们身上的工匠精神深深感动。故宫博物院将这些凝聚了工匠精神的文化创意产品，做得既生动又富含文化品位，也为中华文化在世界的广泛传播推波助澜。

（四）技术手段的数字化延伸

在移动互联网和移动终端大行其道的今天，文创产品只体现在实体产品上还是很保守的，故宫博物院还将触角延伸至了数字文化创意产品上。故宫博物院充分依托数字博物馆以及手机应用软件平台，让观众在整体上感受故宫文化魅力，从细节上体味故宫文化深度。故宫博物院现有官方网站、微博、微信以及 9 款 APP，总下载量超过 600 万次，既促进了故宫文化的传播，又提供给观众新鲜时尚的交互体验。在"数字故宫社区"这块，故宫积极利用线上平台推广故宫文化创意产品，扩大故宫文创品牌知名度。当下，"数字故宫社区"中的模块包括公众教育、文化展示、参观导览、资讯传播、社交广场、学术交流、电子商务等。这些模块内容不断丰富，方式更便捷，传播更畅通，让传统文化有机地融入观众每一天的生活中。观众方便及时地通过平板电脑和手机应用获取故宫文化信息，了解某些文物藏品，已经成为越来越多喜爱故宫文化的观众习惯性的文化生活方式。故宫端门的数字博物馆，采用声光电技术，紧扣故宫文化、古建筑，深入挖掘藏品信息，将之展现给参观者。

在充分利用数字技术展示文化方面，故宫不仅在网站开设"虚拟展厅"，还制作了相当精彩的影像作品。故宫文化资源的数字化应用研究，大多利用目前处于前沿地位的数字化技术。以虚拟现实作品为载体，全面、直观、翔实地对故宫古建筑及文物的三维数据进行记录。目前已经完成五部大型虚拟现实作品，即《天子的宫殿》《三大殿》《养心殿》《倦勤斋》和《灵沼轩》。从历史建筑风貌的再现到琳琅满目的文物展示，再到非物质文化遗产的重现，以及浓厚历史文化氛围的营造，都吸引人们对故宫的文化内涵进行不断地深入探索。

故宫博物院及时建立了有效的软件管理系统，利用这些软件推出文化创意产品，让观众能看到立体的书画、当年的舞姿……用社交平台活跃传统文化，让观众可以在多地多时、更加便捷地了解馆藏和展览文化。建立有效的软件资产管理系统（Software Asset Management，SAM）对文创产业的所有市场参与者都至关重要，软件资产管理已成为文创产业在跨界融合发展道路上不可或缺的保护伞。

近年来，故宫文创在国内的文创行业里一枝独秀，由于及时地利用了互联网的软件开发应用，迅速地占领了新一代消费群体的市场。故宫文创的成功在于采用了文创产业跨界融合发展的思路，不是仅仅停留于故宫当前文化元素的简单相加的传统思路中，而是从传统的实体产业转向虚拟数字化的产业，进而全方位、宽领域地开发传统文化，提升故宫品牌文化影响力。实践证明，互联网与文化产业的结合能够提升文化创意产品的内涵和品质，塑造文化品牌形象，提高文化市场占有率。

 思考与练习

1. 结合当前文化创意产业发展现状，试述全球文化创意产业发展趋势。
2. 地区文化创意产业的发展有很多模式，请针对某一种模式举例加以说明。
3. 什么是新文创？谈谈你对新文创的理解。
4. 随着"文化强国"战略目标的提出，中国文化创意产业国际化步伐不断加快，你认为在文创产业领域，如何做好中华传统文化资源的开发？

第七章 "互联网+医疗"服务产业：重构医疗健康产业链

本章导读

随着信息网络技术的飞速发展和大众创业、万众创新政策的不断推动，传统的医疗行业发生了巨大变革，与信息网络技术深度融合的互联网医疗就此问世。中国的互联网医疗始于上世纪80年代的远程医疗，时代和技术进步及政府政策的推动是过去几年互联网医疗快速发展的原因。2014年被称为中国互联网医疗爆发元年，资本的涌入更加提升了过去几年互联网医疗市场的热度。我国的互联网医疗先后产生了非互动医疗健康信息服务、在线问诊、医药电商、健康监测管理、医疗服务流程优化等不同模式，互联网医疗企业与健康保险行业的结姻是最近的动态。美国互联网医疗市场的发展大致经历了4个阶段，从收费方式看，可以分为向药企收费、向医生收费、向保险公司收费、向参保企业收费4种模式。我国互联网医疗的不同模式各有自己的运营形式、适用人群、优缺点及发展方向，各有侧重和适用场景。我国互联网医疗的发展受到筹资机制、社会医疗保险和商业保险环境下的市场空间、医疗服务提供体制以及医疗健康服务需求特性等因素影响。

第一节 "互联网+"在医疗服务业的表现

伴随互联网技术的迅猛发展，手机购物、购票、缴费等依赖于互联网的消费成为居民消费的主要方式。"互联网+"作为创新2.0下的互联网发展新形态、新业态，不仅推动了互联网形态的演进，也深刻地影响了社会产业的发展，对医疗卫生行业的影响也逐渐增大。随着各类云计算以及大数据技术在医疗领域的应用，网络医疗、远程心电、在线问诊、个性化健康服务等新的医疗健康服务形式，将会提高医疗机构效率，给患者更多的主动权，提高普通民众对优质医疗资源的可及性，突破传统医疗服务的短板，一定程度上缓解我国现有医疗资源供求不平衡的状况。

一、中国互联网医疗市场的内容与应用

（一）互联网医疗市场的内容

依据应用软件的功能和受众的不同，互联网医疗可以分为预约挂号、问诊咨询、医药服务、资讯文献、慢病管理辅助、医疗信息化几个大类别。表 7-1 简要归纳了目前实践中"互联网+医疗"的应用领域、服务种类及不同的应用场景。从发展过程看，中国互联网医疗行业正借助移动端打造线上线下联动的医疗健康服务模式，形成由线上资讯平台向线上问诊、医药电商、预约挂号等新型服务转变的过程，这也是未来医疗行业的发展方向。

从中国互联网医疗模式区域分布及与医疗资源结合的情况看：一线城市优质医疗资源分布集中，预约挂号类应用（Application，App）的使用较为普遍；在三线及以下城市，居民更多使用咨询问诊、医药服务等基础类 App，尤其是在医疗资源较为匮乏的偏远地区，患者更多是通过网络进行专家问询。《中国互联网发展报告 2018》显示，互联网医疗服务中免费下载的 App 以预约挂号类最多，其次为运动健身、个人健康管理、在线问诊和医药电商；付费下载 App 中以医药病理知识普及类最多，其次为运动健身、个人健康管理和体征测量等[①]。

表 7-1 "互联网医疗"的应用领域、服务种类及不同应用场景

特征	内容
应用领域	医疗服务、公共卫生、药物管理、计划生育、医疗保障、综合管理、电子商务等
服务种类	网络健康教育、医疗健康信息查询、在线疾病风险评估和疾病诊疗咨询、网上就诊预约、网上或远程医疗服务、线上医疗支付、电子处方、在线健康检测、慢病管理、康复指导以及由云医院、网络医院提供的多种形式的医疗健康相关服务等
应用场景	—
按时间	诊疗前、诊疗中和诊疗后 3 个环节
按诊疗流程	医院挂号、检测诊疗、药物购买、健康检测、支付与保险 5 大核心模块
按诊疗场所	线上诊疗和线下诊疗

（由于保荣[②]等整理）

（二）互联网医疗领域的用户规模

2010 年是互联网医疗投资发展的分水岭，此后，该领域投资呈几何级数增长，互联网医疗行业处于快速发展的成长期。中国互联网医疗快速增长的背景因素主要有：其一，区域间医疗资源配置水平的差异，使得部分地区提供的医疗服务水平无法满足国民

[①] 注：中国网民规模已达 7.72 亿人，互联网医疗用户增至 2.53 亿人 [EB/OL].凤凰网 2018-07-14

[②] 于保荣，杨瑾，宫习飞，杨茹显.中国互联网医疗的发展历程、商业模式及宏观影响因素 [J].山东大学学报（医学版），2019，57（08）：39-52.

对生命和健康的期望；其二，改革开放40年的经济和社会发展，带来了国民收入和医疗消费的升级，同时老龄化社会的到来加快了医疗服务需求的释放；其三，技术的发展使移动端在中国社会的渗透率已经达到较高水平，网络环境的优化促进了移动终端的快速普及，移动医疗硬件的支撑已经相对完善，智能可穿戴设备的逐渐成熟也助力了移动医疗行业的发展。

过去几年，中国互联网医疗健康市场用户的规模呈现稳步增长的趋势。截至2020年12月，我国网民规模达9.89亿，手机网民规模达9.86亿，互联网普及率达70.4%。随着移动互联网的进一步普及，以及新冠肺炎疫情对消费者医疗行为的影响，未来几年中国互联网医疗仍将持续增长。《中国互联网发展报告（2021）》预测，我国互联网医疗健康市场规模2021年将达到2831亿元，同比增长45%；大健康产业整体营收规模达到7.4万亿元，同比增长7.2%。我国医疗信息化市场规模突破650亿元，同比增长18.6%[①]。

（三）互联网医疗市场的应用状况

近几年的发展显示，中国互联网医疗的概念已经形成。互联网医疗创业公司多以轻资产模式起家，在经历了几年的发展后，由于寻找不到合适的商业模式，纷纷谋求转型，布局线下互联网医院或医疗诊所，重资产、轻重结合的模式或许将成为互联网医疗行业的主流。这其中，中国平安保险（集团）股份有限公司（以下简称"平安"）借助其强大的背景，在过去几年显现出市场优势。有分析认为，今后保险行业涉足医疗健康领域，将会为互联网医疗发展带来新的活力与可能性。表7-2列出了2020年中国排名前10位的互联网医疗企业。

表7-2 2020年中国互联网医疗企业排名

排名	平台	运营主体	业务概述
1	好大夫在线	互动峰科技有限公司	汇集全国17+优质医疗权威专家
2	丁香医生	观澜网络有限公司	医院查疾病的App工具，线下诊所服务
3	平安好医生	平安健康互联网股份有限公司	在线健康咨询及健康管理App
4	阿里健康	阿里健康科技有限公司	医药、医疗、健康管理等方面专业服务
5	医渡云	医渡云技术有限公司	医学数据智能平台
6	企鹅杏仁	成都企鹅杏仁医疗科技有限公司	一款为医生服务的手机App
7	京东医药城	京东善元电子商务有限公司	区域化专业健康产品零售与O2O药学服务开放平台
8	领客医生	零氪科技有限公司	提供医疗数据解决方案及肿瘤大数据
9	无埃私人医生	无埃科技有限公司	医疗、健康在线咨询平台

---

① 《中国互联网发展报告（2021）》发布，我国5G用户超1.6亿，约占全球总用户的89%。

续表

排名	平台	运营主体	业务概述
10	卫宁健康	卫宁健康科技集团股份有限公司	专注医疗健康信息化

(由谭泽波[①]整理)

2014年被称为互联网医疗爆发元年，互联网巨头（百度公司、阿里巴巴集团、腾讯公司、小米集团等）、资本市场（平安、中国银联股份有限公司等）、第三方创业者（移动App如春雨医生、丁香园等）以及部分医药企业的探索发展，已使中国互联网医疗形成较为完整的移动医疗产业链。

2016年全国互联网医院的建设数量为36家，2017年发展至87家；截至2021年6月，全国互联网医院数量已达1600余家[②]。从近年互联网医疗的发展情况看，医药电商、商业保险、在线问诊、挂号服务、医生教育、护理机构等方向有较大潜力；互联网医院也呈现迅猛发展的态势。

二、"互联网医疗"和传统医疗的比较

"互联网医疗"是在远程医疗的基础上发展而成。相对于传统医疗，"互联网+医疗"主要呈现出以下特征：第一，"互联网+医疗"改变了传统问诊方式，让医生能利用工作、生活中的碎片时间，为患者答疑解惑，避免了患者等候看病时间长、问诊咨询时间短的困扰。第二，"互联网+医疗"改变了患者看病咨询必须到医院的局限，让患者能随时随地利用互联网向医生咨询；到医院挂号不用提前去排队等候；到医院问诊后，获取医生诊疗报告结果也更加方便快捷。"互联网+医疗"让人们获得了更加便利的医疗服务。第三，"互联网+医疗"改变了医疗资源分布不均衡现状，只要有网络，就可以方便快捷地把优质医疗资源覆盖到全国各地。医生之间可以通过互联网病例共享，交流心得，手术协作，提升自我。在偏远地区的患者可以通过互联网享受到优质的医疗服务。

第二节 互联网医疗的商业模式分析与国际经验

数字健康是数字化时代全球医疗健康领域的深刻变革。数字健康的本质是以人民健康为中心，围绕人民群众全方位、全生命周期健康，通过数字化、网络化、智能化技术赋能和平台支撑，与传统医疗健康服务深度融合而形成的新型医疗健康服务模式，可更好地提升医疗健康服务质量与效率，促进医疗健康服务的普惠、均等、共享。

---

① 谭泽波.互联网医疗平台运营模式研究[D].北京邮电大学，2021.
② 数据来源：中国互联网医院已达1600多家[EB/OL].人民网2021-08-24.

一、互联网医疗的企业商业模式分析

从发展数据来看,国内的互联网医疗行业在社会需求、政策鼓励、资本追捧三方助力下从一株萌芽快速发展壮大成一个庞大的行业。现阶段,国内互联网行业纷纷入局,无论是老牌三巨头 BAT(百度、阿里巴巴、腾讯),还是新三巨头 TMD(字节跳动、美团、滴滴),抑或是京东和拼多多,都拥有着巨大的线上流量资源来对传统行业进行赋能。互联网巨头们有着庞大的流量资源,互联网医疗行业内老牌企业也有着多年的用户积累,各方资本加持,加之需求市场庞大,在此形势之下互联网医疗行业衍生出了多样的商业模式。

(一)互联网医疗企业的商业模式分类

近年来,中国互联网医疗行业发展迅速,从萌芽期步入到高速发展期。2020 年,互联网医疗受新冠疫情影响发展继续加快,5G 和人工智能技术逐步落地应用也助推行业规模增长。当前,互联网医疗模式仍在创新发展,业务范围也在不断扩大中。国内互联网医疗的商业模式大致归纳为以下几类进行介绍。

1. 非互动医疗健康信息服务模式

丁香医生及丁香园用药助手,属于实践中的人与机器、数据库的互动,是"非互动医疗健康信息服务"的代表。2011 年,丁香园团队在移动互联网浪潮下,研发并推出了移动 App——"丁香园用药助手"。该 App 是一款专门的药物信息专业查询工具,用于满足使用者随时随地查询医药信息的需求,旨在帮助使用者更安全、更准确地进行药物信息查询,为临床决策提供参考。其查询范围包括各类药品信息、多个专业学会和权威杂志提供的用药指南、近万种临床疾病的简介及治疗方案信息;同时,实时推送临床用药经验总结及药品相互作用的数据等。

丁香园用药助手的盈利业务主要围绕医生展开,包括提供科研和招聘服务等;此外,还从事医药企业的网络营销(E-marketing),由于处方药有宣传需求却不能做商业广告,因此可以利用 App 平台让医生了解新药的功能和用法等。

2. 互动医疗健康信息服务模式(在线问诊模式)

在线问诊模式主要是指互联网公司与医生之间达成合作协议,患者通过在线网络平台对病情进行描述,与医生进行线上就医交流及咨询的模式。在线问诊是患者及家属初步了解病情及治疗方向的一种途径,为疾病管理及治疗方式的选择提供重要参考[①]。下面以春雨医生和丁香园为例介绍该模式。

(1)春雨医生

该平台 2011 年 7 月上线,据称为国内首个基于移动互联网技术的远程医患交流平台。作为移动医疗健康 App,春雨医生提供用户自诊、健康咨询、医患互动交流服务。

---

① 资料来源:1 药网.

春雨医生通过网上看病入口进行问诊；同时整合线上线下医疗资源，利用平台促进在线问诊服务的发展，实现对服务市场的拓展。目前春雨医生已经开始走向线下，提供医疗和保险服务。

春雨医生的发展经历了以下阶段：首先是轻问诊阶段，做众包抢答，平均每个问题在2分钟以内响应，用户免费线上咨询，平台获得健康数据，医生得到报酬，这是初期纯亏钱的阶段。该模式对医生吸引力不大，即使提高报酬水平，也难以招来有名望的医生；如果采取叫价模式提高诊费水平，却会因为仅是轻问诊而使用户感觉不值。第二阶段为"空中医院"的定向问诊，医生在平台售卖如图文咨询、电话咨询、挂号预约、买断医生一定时间等私人服务，由用户选择自己需要的医生来提供服务。在此阶段，由于平台上医患关系较弱，用户没有培养出线上付费看病的习惯；而作为主要载体的智能手机，其成像功能与专业的医学设备不可比拟，远端的医生也无法看清楚相关的影像检查结果。第三阶段为线上私人医生+线下诊所的模式，线上私人医生长期服务用户，建立用户健康档案，提供电话咨询，必要时转诊到线下诊所；线下诊所有医生坐诊，还提供分诊、预约医院专科专家的服务。春雨医生希望将线下线上的数据进行整合，从药厂、药店或医院换取利润。

（2）丁香园

丁香园网站成立于2000年，初衷是以医生为核心打造学术交流的专业平台。2012年丁香园上线了患者之间分享药品使用和治疗方法经验的互动交流平台——"丁香医生"；同时通过丁香客、文献救助等产品，向医生提供临床和学术知识、社交、求职等服务。丁香园第二阶段的计划是建立医患间持久的联系：通过医生轻问诊建立医患间的初步联系，其后患者可以通过平台进行后续预约和随访，获取相关信息和知识，使慢性病患者与医生保持联系。对努力构建人与人之间长期稳定合作关系的丁香园来说，拥有社交资源的深圳市腾讯计算机系统有限公司（简称"腾讯"）是很好的合作伙伴，2014年9月，丁香园获得腾讯的战略投资。2015年，丁香医生开设全科诊所，为愿意进行多点执业的医生提供诊疗服务平台，使医患双方最终在线下完成就诊过程，这可视为丁香园发展的第三阶段。丁香园将自身定位为可负担的诊所，每次诊疗费用为300~500元，其中不包括药费和检查费；以儿科作为诊所服务的切入点，定位于慢性病、常见病、多发病、老年性疾病，进而向提供家庭医生式全科服务的方向发展。除诊疗业务外，丁香园诊所还支持第三方远程诊断、电子处方流转及第三方配送，以及微信预约挂号、远程就诊、微信支付等业务。

3. 医药电商模式

该模式应用计算机和网络技术，在医药公司、医药生产商、医药信息服务提供商、医疗机构、银行、第三方机构等市场主体之间，进行医药产品交换，提供相关健康服务。网上零售药品的模式打破了药品信息交易壁垒，消费者不仅可以通过比较价格买到价格低廉的常用药，同时在隐私药、短缺药和新特药的购买上也更加便利。在未来，线上O2O（Online to Offline，线上到线下，是指将线下的商务机会与互联网结合，让互联网成为线下交易的平台）有可能成为线下实体药店的标配，它通过与线下药店互动而成为继线下实体药店后的重要的行业形态。医药电商模式具体分为：

（1）自营式B2C模式

B2C模式是商业机构对消费者（Business to Customer）模式的简称，以"1药网"为例进行介绍。1药网是持有《互联网药品交易服务资格证书》C证（指连锁药店申请开设网上药店所需的牌照）的自营医药B2C企业，此类企业将创新能力和用户体验作为自身竞争优势。1药网为消费者提供C证范围内的万余种医药及健康相关产品，销售渠道由PC端发展至移动端。为打消习惯线下买药的患者网上购药的顾虑，1药网与众多医药厂商合作，利用其网上电商的资源和平台优势，承诺患者可以7d无理由退货；同时，通过旗下专业的执业药师及医师团队，为顾客提供7×12h的专业在线用药咨询服务，引导顾客选药。

（2）平台式B2C模式

以阿里健康科技（中国）有限公司（简称"阿里健康"）为例。阿里健康是持《互联网药品交易服务资格证书》A证（A证必须是医药B2B第三方平台）的医药B2C试点企业，以价格战为主要竞争优势，以提高移动用户满意度、增加用户流量作为经营策略。目前阿里健康业务的药品种类已完成从PC端（Personal Computer，个人计算机或电脑）到移动端（指手机、pad等）的同步。2014年12月，阿里健康App正式公测，其运行模式为：患者就医后，将处方照片存入手机并等待药店抢单；患者网上选择最低价付款后，药店送药到家。阿里健康通过补贴的方式，鼓励药店参与其中。将来在补贴减少的情况下，患者能否使用医保统筹基金账户支付，直接影响到模式的可持续性，目前的政策尚无法做到。因而实际运用中该款App没有得到好评。购药作为低频率活动，订单数量有限，部分合作药店认为抢单意义不大；另外，购药过程比较复杂，如果购药的订单中存在多种药品，而单一药店不能同时提供，那么用户的要求就会失败，当失败次数比较多时，用户就会流失。因而，该模式如要继续发展，应该更多着眼于慢性病患者的管理，因为慢性病人群的药品需求相对稳定；但如果仅仅提供药品，对用户产生的黏性会非常有限，提供患者需要的慢病管理服务无疑会增加客户黏性和平台价值。

2015年出台的公立医院全面取消药品加成的医改政策，使得医院不再从药房经营中获得利益，部分地区的医院因此尝试不再设立药房或直接将药房托管。阿里健康认为找到了市场的切入点，希望借此医改创造的机会，将医院药房转移到自己旗下的天猫医药馆。但现实中，多数医疗机构药房的收入仍然占总收入的40%~50%。受我国医疗现状、用药安全、患者就医取药的方便程度、改革后医院药价虽降但医务人员可能仍从药品销售中获利等诸多因素的影响，药房能否从医院中转移出来，是涉及面广、决定因素较多的问题，该问题并非仅仅依靠互联网公司就能解决。2016年8月，阿里健康收购了拥有C证的广州五千年医药连锁公司（一家拥有直营和联营销售网点超过2000家的连锁公司,后更名为阿里健康大药房),还引入了互联网电子商务的全套外包及增值服务,这些新兴业务体现了阿里健康多元化的发展思路。

(3)医药电子商务 O2O 模式

这是以线下传统药店和线下资源为基础依托,将网上药店与其相结合并发挥各自优势的一种模式。它使线下实体药店触达更多消费者,同时消费者能够在线上快速获取药品和服务,是实体店与网店相结合的一种电子商务运营模式,即线上支付线下取药。2015 年上半年以来,在资本的追捧下,医药 O2O 市场集中出现众多玩家。其商业模式可总结为:互联网医药公司与药店合作,自建物流平台;通过自建的配送团队将药店的药品送到用户手中;公司从药店营收中收取分成。几个典型代表:①叮当快药与众多外卖平台(如美团、大众点评、百度外卖等)合作,互联网医药公司的卖点是从运营层面将流量导入,利用流量形成客户规模。②快方送药,直接买下多家药店,改建成仓储。其经营核心环节包括:做到配送流程标准化且可控,避免药品积压和货源不足;减少了大量与外部沟通产生消耗的中间环节;提高了配送效率。③药给力:致力于产业链建设,探索"医+药"联动模式,推出"一分钟诊所"业务。"一分钟诊所"的服务人员由专业药师担任,只提供最常见的 50 种病的买药建议,药师的薪资由用户评价决定,以消除为赚取提成而推销药品的可能。

(4)外卖 O2O 模式

典型案例是京东的"健康到家"业务,于 2015 年 8 月上线运营。商业模式为:与连锁药店及其他品类企业合作,承诺 1h 内送药上门。京东商业模式的核心在"送",以平台建设的形式为医药零售企业提供服务。消费者在 App 上进行医药咨询和购买,减少了信息不对称,交流和互动也增强了顾客对零售药店的忠诚度,提升消费者体验。模式的目的是实现药企与京东的双赢:通过"线上+线下"模式,医药零售企业可以通过第三方平台快速发展线上业务,而线下药店又能够促进 App 的推广,增加流量。目前业务主要是健康产品到家,未来会提供上门配镜、药师上门等健康服务到家业务。

(5)医疗资源整合 B2B2C 服务模式

B2B2C(Business to Business to Customer)中,第一个 B 指商品或服务供应商,第二个 B 指从事电子商务的企业,C 表示消费者,是一种依托互联网而形成的电子商务类型的网络购物商业模式,是 B2B、B2C 模式的演变和完善。

以"医联"为例。2014 年 11 月,国家出台医师多点执业政策,为以医生为核心的医疗资源带来新的市场想象空间,但是医生不清楚哪家医院、哪个患者需要自己。在此背景下,医联形成的商业模式愿景是:用经纪团队挖掘医生的高价值环节,连接医院、医生、患者及相关服务商,打造以医生为中心的全产业链服务模式。业务内容可用其三款产品来显示:①医联 App:满足医生学术社交的需求;②医联通 App:连接医生和医生业务的产品,提供药品及医疗器械选择、患者转诊以及保险、金融等业务;③医联云:连接诊所和一些小型的私立医院,做信息管理业务,它是以"软件即服务"(Software as a Service，SaaS）模式运营的医院信息系统（Hospital Information System，HIS）产品。在业内，SaaS被称为软件运营或简称软营，它是一种基于互联网提供软件服务的应用模式。在21世纪开始兴起的SaaS概念打破传统软件概念，SaaS模式随着互联网技术的发展和应用软件的成熟不断完善，是软件科技发展的最新趋势。如何整合医疗产业链资源，找到盈利点是各商业模式成败的核心。

4. 健康监测管理模式——可穿戴设备

由于移动互联网用户规模效应及技术改进，以及健康意识的提高，人们对可穿戴设备的健康监测功能产生了需求。健康监测管理模式是利用技术将多媒体与传感器相结合，通过可穿戴设备的传感器动态监测身体健康状态，并对获取的数据进行分析。

以"九安医疗"为例。2014年9月，北京小米科技有限责任公司（简称"小米"）联合天津九安医疗电子股份有限公司（简称"九安医疗"）发布了"iHealth血压计红米版"，产品与小米手机部分型号进行了功能上的整合。iHealth是2011年成立于硅谷的个人健康管理品牌，其母公司为天津九安医疗电子股份有限公司，推出了全球第一台移动智能血压计，iHealth全系列血压计在全美苹果实体店以及苹果在线商城销售。之前iHealth在全世界仅为苹果提供基于智能手机的个人健康管理配件，此处iHealth也可以配备小米手机使用。"九安医疗"的商业模式是：通过小米的客户优势，以硬件设备获取用户，进而向医疗服务延展。产品定位于具备专业精准度的家庭医疗器械，由此与市面上杂乱的大众类消费品区别开来。

"九安医疗"期望从传统的做贴牌血压仪、血糖仪等产品转型到做移动互联网相关的产品上来。iHealth的销售模式为：① B2C模式：通过苹果电脑公司等商业零售渠道卖产品；② B2B2C模式：利用保险公司、医疗机构和大企业等渠道积累客户销售产品，这也是未来"九安医疗"想大力推进的合作模式。当前，iHealth将体脂、血糖、血压、血氧和运动5个维度涵盖其中，未来将继续打造配套的医疗及健康产品服务体系，最终成为个人健康管理平台。

5. 医疗服务流程优化模式

（1）从挂号网到医师多点执业、分级诊疗

挂号网创建于2010年，2014年5月母公司挂号网（杭州）科技有限公司成立，2015年9月，母公司更名为微医（杭州）集团有限公司。微医集团业务可分为B端业务和C端业务：B端业务面向医院，与医院的信息系统链接，进而获得挂号资源；C端业务面向用户挂号服务、免费问诊服务、有偿专家问诊服务等。微医集团建立了自己的分诊团队，通过专业的医生、护士进行分诊，将医生和患者进行匹配，致力于解决现实医院里的看病难、看病贵问题。2014年，集团与腾讯合作，获得社交协作平台，继之收购金象网，未来向着构建在线挂号、在线问诊、在线购药以及医疗相关保险的医疗服务闭环方向发展。

2015年12月，微医通过控股与乌镇某二级乙等医院成立股份制公司。微医集团通过网上平台，使各地医生利用多点执业政策，注册为乌镇互联网线上医院的"线上医生"，提供远程医疗等虚拟服务。微医集团以"分级诊疗"政策为核心，最终盈利点落在商业保险上，希望像凯撒模式一样，控制会员医疗成本，从而获得盈利。

（2）医院和企业主导的互联网医院

继浙江乌镇互联网医院试水后，互联网医院快速发展，截至2018年已达到95家，其中典型的例子有：好大夫在线的银川智慧互联网医院、微医集团的宁夏互联网医院、银川丁香互联网医院、春雨医生的银川春雨互联网医院、京东的银川京东互联网医院、安心医生的银川云海翼互联网医院等17家互联网医院。其中，微医集团是在互联网医院体系下最活跃的互联网企业，其旗下有21家互联网医院。

互联网医院有两种发展模式：一种由医院主导，将线下的医疗服务互联网化；另一种由企业主导，利用互联网技术提供医疗服务。医院主导模式的形成背景是医院为防止门诊量流失和防止医生流失；企业主导模式则是相关企业瞄准了处方药市场的消费，希望能够更多掌握处方药使用的主动权。表7-3比较分析了两种模式的利益相关者。

表7-3 医院和企业主导的两种互联网医院模式差异

利益相关方	医院主导	企业主导
企业	①服务对象是医院，提供技术支持提高医院服务能力 ②模式可复制，可靠医院带来大量的医生 ③没有问诊费分成，靠处方药创收	①服务对象是医生 ②医生的数量和质量决定成败 ③靠问诊费及处方药获利
医院	①有运营权，处于强势地位 ②线下就诊服务网络化，处于医药分离的局面 ③就医服务由医院提供，处方单流转由企业负责	①给企业提供资质 ②负责接收医生多点执业的备案
医生	①就医行为受医院管理，限制较多，并非多点执业 ②问诊费由医院统一结算后分配	①不受线下医院的束缚，有很高的自主权 ②依赖自身价值，不依赖医院 ③可获得问诊费分成以及药品返点
患者	就医流程更加规范，更接近线下的就医服务	企业的趋利性使得消费者被引导消费及服务

目前，从市场化的角度来看，由医院主动参与、互联网企业提供技术支持服务的模式更具有优势，理由为医院掌握着大量的医生资源和患者，发展已较为成熟，各方利益冲突不大，可以实现双赢。

（二）"互联网+医疗"企业商业模式分析

根据商业模式九要素分析模型，从业务板块、运营板块、盈利板块等3个方面对互联网医疗企业商业模式进行分析。

1. 业务分析

（1）产品价值

当前的互联网医疗企业商业模式，如前一节所述，基于不同的视角，分类不同。但有一个共同点，就是围绕给人们带来价值、给自己带来利润着手，因此这里从不同用户群体入手来分析产品价值。从医生端产品模式来看，产品的价值主要是医学知识交流共享、个人医技能力水平提升、案例分享、通过互联网产品辅助提升工作效率、远程会诊、网络诊断等，这些产品既能够提升自己的医学素养，有时还能提高收入待遇。从医院端产品模式来看，产品的价值主要体现在构建互联网医疗服务平台，联通医院和就医链上的各个主体，为医院带来便利。从患者端产品来看，产品价值主要体现在为人们求医、购药、保持身体健康带来便利，方便看病，同时还节约时间。

（2）经营策略

在当前的互联网医疗企业中，有构建了整个就医链全链条，集在线诊疗、在线购药、康复管理等于一体的，连贯诊前、诊中、诊后于一体的服务平台网络，如平安好医生、微医、好大夫在线、春雨医生等；也有围绕某一专业细分领域，精准发力的，如智云医疗（掌上糖衣）、药师帮、丁香园等；也有走差异化发展道路，将线上线下融合，一步一步向前推进的，如卓正医疗；也有迅速扩张型的，如平安好医生、春雨医生等。

（3）市场定位

目前，互联网医疗的定位还是作为传统医疗的有益补充，互联网医疗的设立也必须有实体医院作为依托。各"互联网+医疗"企业的市场定位各不相同，但总的来说，就是为普通大众提供更好的就医体验或健康干预行为，个别企业走服务高端人群路线。

2. 运营分析

互联网医疗企业的营销推广方式主要是通过网络来吸引注册用户，然后通过一些活动吸引用户推荐自己认识的人加入，也有企业通过保险引流人群到互联网医疗服务平台，如平安好医生。"互联网+医疗"企业通过网络，整合线下各医生的闲余时间、体检机构、卫生机构、医药企业等各种资源，形成一张巨大的医疗服务网络。然而当前绝大部分互联网医疗企业没有建立自己的核心医疗服务人才队伍，而是借助实体医院的医生；仅有个别企业走的自建医疗团队模式，如平安好医生、卓正医疗等。在运营中，存在以下不足：一是网络信息安全，互联网是一个开放的网络，可以传输数据信息，同时也容易受到别人的攻击，一旦受到攻击将会造成严重影响，同时网络的脆弱性也对互联网医疗带来不确定性；二是企业竞争激烈，当前"互联网+医疗"企业众多，竞争非常激烈，在国家大力推动"互联网+医疗"的情况下，如果政府的三甲医院进行实体医院互联网化，对于当前的互联网医疗企业来说，将会产生巨大的影响；三是医生管理较难，"互联网+医疗"场景中，突破了时空的限制，对医生的有效管理较难，如果通过自己注册，然后让稍微懂点医学知识的在网上问诊，也难以发现。

3. 盈利分析

互联网医疗行业尽管经过多年的发展，取得了很多进步，个别企业也已经基本实现了盈利，但是绝大部分企业目前属于亏损状态，特别是那些提供用户端入口的企业，基本上没有找到盈利模式。目前，互联网医疗领域尚未出现垄断整个行业的龙头企业，没有形成完整的产业和市场格局，只要努力，在这片广阔天地里将大有可为。各"互联网+医疗"企业主要的收入来源为向患者、医生、医院、药企、保险公司等主体收费，具体来说，有会员增值服务收费、产品服务收费、广告收入等。融资方面，大部分企业走的都是融资发展上市路线，从动脉网发布的2018年未来医疗100强榜里面看，除了5家企业未公开融资情况，其余95家企业都进行了天使轮至PreIPO等不同轮次的融资，说明当前各投资机构看好互联网医疗发展前景，企业能够获得相应的融资。随着老年化加速及人们对健康的重视，市场会越来越大，企业的机会也越来越多。特别是随着人们生活水平的提高，人们追求更高更好更快就医体验，同时国家越来越重视"互联网+医疗"的背景下，盈利是一种必然。

二、互联网医疗的国际经验

上世纪80—90年代，许多国家和地区推动区域医疗卫生信息化、个人健康档案电子化等行动带动远程医疗的大发展，如"美国国家卫生信息网络""欧洲电子健康行动计划"等。目前，全球互联网医疗发展得比较好的国家和地区主要有欧洲、美国、日本等。

（一）数字健康成为世界卫生组织关注焦点

1. 积极推进数字健康领域相关工作发布、分享用以加强数字健康研究和实施的资源，包括移动卫生保健评估和扩展计划工具包、数字健康监测和评估手册以及利用数字健康终止结核病的机制等

2012年世界卫生组织与国际电信联盟合作编制并出版《电子卫生保健战略工具包》。为支持政府监测和协调数字投资情况，世界卫生组织开发在线全球数字健康存储库—数字卫生地图集，实施者可以在其中记录数字卫生活动。2019年3月6日世界卫生组织成立数字健康部。2019年4月17日世界卫生组织就应用数字技术改善大众健康和基本服务发布10项指南，其中包括使用数字工具进行出生证明登记、帮助健康工作者决策的支持工具、使用远程医疗以及利用数字健康教育服务等指南。

2. 制定《数字健康全球战略（2020—2025）》

进一步明确促进数字健康知识转让和全球合作、推动实施国家数字健康战略、加强全球和国家层面数字健康治理以人为本的健康系统4方面战略目标，旨在通过数字健康技术加强医疗健康行业快速发展，实现人人享有健康的愿景，推动所有成员方均能获得普惠、便捷的健康服务。《数字健康全球战略（2020—2025）》制定了推动全球数字健康战略行动框架，主要包括4个部分：承诺（鼓励国家、合作伙伴和其他利益相关方致力于实施全球数字健康战略）、催化（生成或维持一个能够加速促进全球数字健康战略合作的有利环境）、测量（监测和评估全球数字战略的有效性）、增强和迭代（根据经验和测量结果采取新的行动周期）。

（二）美国的互联网医疗

美国早期的互联网医疗主要是由实际临床需求推动，为满足偏远地区患者无法得到

神经学家及时的诊断，开发了基于基本音频视频硬件技术的互联网中风治疗服务，从而推动了美国互联网医疗的发展，其互联网医疗行业更多地应用云计算和大数据技术提升医疗服务的质量，为患者、医生和医院服务。

美国的互联网医疗及其医保体系在发展中通过市场细分，形成了比较成熟的商业模式。美国互联网医疗健康市场的发展大致经历了4个阶段：①患者通过移动社交媒体来了解疾病相关信息，Patients-LikeMe 等患者交流平台发展起来；②医患互动阶段，患者通过移动平台寻找合适的医生，实现医患间的虚拟交流，如 Health Tap 等；③医疗服务改革阶段，基于云计算的电子病历系统被应用于现有医疗体系的改革，代表性公司如 Practice Fusion 等；④医疗数据驱动决策阶段，医疗健康数据的搜集、分析以及决策支持，如 cancerLQ 等也发展起来。按照收费模式对美国的互联网医疗市场进行分类介绍。

1. 向药企收费的模式

Epocrates 公司主要从事专业医疗系统与资料库业务，为医生在手机端提供诸如药品和临床治疗数据库产品等信息参考服务。医务人员可以通过移动装置下载公司软件，以便查询药物的正确用量、不良反应等相关信息，数据库中已有超过 3000 个药品信息。Epocrates 公司借助了医疗领域移动 App 的先发优势，2011 年 4 月在纳斯达克上市，约40% 的美国医生都是该产品的用户[①]。该产品的营业收入包括两个部分：80% 来自药企支付的精准广告费和问卷调查服务费，20% 来自医生的软件服务费。2012 年产品营收达到上亿美元。2013 年 1 月，被美国健康技术与服务提供商雅典娜健康公司（Athenahealth Inc., ATHN）收购。ATHN 已经拥有 3.8 万个服务供应方，估计数量还会增加，此后，Epocrates 公司的网络将包括超过 100 万名医疗专业服务人员。

该模式充分利用自身平台的优势吸引药企，采用向药企收费的方式维持平台的运作和发展，其快速发展得益于精准的服务和先进的推广宣传技术。

2. 向医生收费的模式

Zocdoc 平台成立于 2007 年，它帮助患者通过移动设备网选择医师并预约。Zocdoc 平台采取对患者免费、向医生收费的商业模式。它根据地理位置、保险情况及用户评价或者根据医生的档案点评、资质认证、空余时间段等为患者选择合适的医生，再确认服务时间完成预约。患者可以更方便地选择和预约医生，医生可能获得由保险覆盖的更多受众。用户可以对医生的服务质量和专业程度打分，受到更多好评的医生将在 Zocdoc 的 70 万名月活跃用户中建立自己的品牌价值。未来，Zocdoc 将采取向医疗保险公司收费这一新型的方式。

该模式的优点在于将患者和医生紧密结合，形成双向选择。医生可以利用平台宣传自己，发挥个人价值，使患者得到更多关于医生资源的信息。该模式在中国发展可能较为困难，因为我国医生资源相对于患者数目而言处于不足状态，信息并不对称，医生缺

---

① 数据来源：王霜奉. 国外掀起移动医疗"风潮"[J]. 上海信息化，2014（3）：84-86.

乏付费的积极性和必要性。

3. 向保险公司收费的模式

案例一：WellDoc 是慢病管理的移动技术公司，通过提供"手机+云端"的糖尿病管理平台，向保险公司收费。平台以手机端记录和存储血糖数据，云端算法为患者提供个性化的方案，及时提醒医生和护士。新产品 Blue Star 是美国市场目前唯一一款通过 FDA 认证且需要医生处方使用的糖尿病管理 App。Blue Star 上市后，福特等公司希望以纳入 Blue Star 为契机，改进员工处方药福利计划，削减公司的医疗开支。

案例二：Cardionet 公司创建于 1999 年，2008 年在纳斯达克上市，是一家移动心脏监测设备及服务提供商，采用向保险公司收费的模式。Cardionet 公司通过与保险公司合作盈利，主要产品为可监测使用者心脏活动状态的可穿戴设备 MCOT，维护用户生命健康，有效减少保险公司的开支。2013 年，美国联合健康保险公司为其超过 7000 万的医保客户购买了大批的 Cardionet 公司产品。同时，Cardionet 公司也通过与药企、医疗器械公司等机构的研发部门进行大数据共享而获得收入[①]。

与 Cardionet 公司的运作模式相似，前文提到的中国天津九安医疗公司提供移动互联电子血压计、血糖仪以及其他系列体征数据的监测设备，有上亿用户的拓展空间，在未来发展模式上与 Cardionet 公司也很相似。但是谁来付费，似乎是中国互联网医疗及健康管理领域发展的瓶颈。

4. 向参保企业收费的模式

Castlight Health 公司是向企业收费的典型，通过个性化的医疗服务交易平台，结合云端数据库及医院临床指南、公司福利制度信息、软件用户的行为数据，基于云计算，向企业及员工提供最具性价比的医疗服务方案，简化了医疗健康服务的选择流程。

美国的企业和商业模式往往被中国企业模仿和追随，但在互联网医疗领域，中美之间在医疗保险制度和医疗服务提供体制方面的天壤之别，使得在美国已获成功的经验，未必适用于我国目前的情况。除去老年人、低收入者和残疾人，美国没有全社会统一的社会医疗保险制度，众多在市场中激烈竞争的商业保险公司在健康和医疗保障方面扮演了主要角色；私立的医疗服务者占医疗服务提供体系的绝大多数，不同区域中心大医院与基层医疗服务提供者之间在医疗服务质量方面有着均质性，也不存在某个或某部分医院垄断医疗服务市场的现象；保险行业和医疗服务提供行业均处于自由竞争的市场中，每个医疗服务者都渴望成为保险公司的定点就诊机构，每个保险公司都有控制医疗费用的动机，等等。上述与中国现有制度、体制的差异，每个从事医疗相关业务的企业都应该深刻了解。

---

① 数据来源：王兰永. 互联网医疗探索与思考［J］. 信息与电脑，2014（8）：75-76.

知识拓展

美国比较优秀的互联网医疗企业模式简要介绍如下：

① Teladoc 公司。Teladoc 是美国成立最早、规模最大、2015 年上市的互联网医疗企业，2019 年 3 月 22 日的市值以当天的汇率计算为人民币 41.59 亿元。Teladoc 的主要业务是在线问诊服务，为会员提供 7*24 小时 *365 天的全天候服务。主要业务流程是会员先通过移动设备、视频或电话提出问诊申请，然后再由系统指派医生进行问诊，平均响应时间快达 10 分钟左右。问诊范围包含非紧急疾病诊断、开处方、转诊建议、儿科以及电子病历共享。Teladoc 的收入来源是向企业雇主收取会费和单次问诊收费，其中企业会费为主要收入。由于美国的门诊费较高，且医、药分家，Teladoc 提供了相对医院比较有竞争力的收费，市场发展前景看好。

② 凯撒医疗（Kaiser Permanente）。凯撒医疗是美国最大的健康维护组织，已有 70 多年的历史，从成立初期 26 名医生、201 名雇员成长为到 2017 年底拥有 2 万名签约医生、20 万名雇员、39 家医院、680 个医学中心的互联网医疗集团公司。在"互联网+"的助力下，凯撒医疗的净收入从 2014 年的 27 亿美元提升到 2017 年的 38 亿美元。凯撒医疗商业模式的核心特点是其保险、医疗一体化的组织架构与按人头付费的制度。打造了一套高效的互联网医疗体系，通过电子问诊、电子监控、电子连通和手机应用等为在家的患者提供医疗服务[①]。

（三）加拿大

20 世纪 90 年代启动国家卫生信息化建设。1998 年加拿大通过世界第一部《统一电子证据法》，为电子病历作为证据提供法律支持。2001 年加拿大联邦政府设立加拿大卫生信息通路公司作为非营利战略投资机构，形成政府主导、专业公司运作、各省和地区协同的卫生信息化建设运营模式。2001 年加拿大成立非营利公司 Infoway 以推动加拿大区域卫生信息网建设，2006 年 Infoway 与加拿大卫生信息研究院联合成立标准协议组织。目前 Infoway 公司基本实现实验室信息、药物信息、诊断成像等系统互联互通。2014 年萨斯喀彻温省设立远程医疗项目，重点关注儿童、孕妇、老年人等脆弱人群。借助可穿戴远程技术和设备，只需要 1 名护士和 1 名远程 3 级护理中心专家就可以对重症患者进行会诊和治疗。2010 年至今加拿大以全国标准统一、可共享的电子健康档案为核心推进医疗健康信息化建设，实现从本地、区域、省到全国的点到点电子健康记录信息共享和互操作。

（四）英国

2017 年英国医疗体系信息化建设取得阶段性成效，国民健康数据由国家进行管理且

---

① 数据来源：海尔医疗金融.美国凯撒医疗集团模式分析：闭环管理，低成本高效率［EB/OL］.搜狐网2018-09-13.

全部联网。2018年英国完成全国统一的移动健康App测试,为所有消费者提供个人医疗信息和健康数据便捷查询、预约就诊和医生随访管理等服务。英国互联网医疗服务系统主要有中央服务系统 NHC、地方服务系统 Albasoft 和互联网个人护理解决方案服务系统 NHC Choices、Grey Matters、Cellnovo、Handle My Health 等。中央服务系统可以通过特定身份识别获得患者就医记录,同时监控医疗服务质量并根据患者需求调整医疗服务计划。各地区系统之间相互连接,借助临床决策支持系统和医疗服务规划可以提供更高效、便捷的互联网医疗服务。互联网个人护理解决方案服务系统主要用于满足用户日益增长的自我健康管理和护理需求,通过远程移动监测、症状识别自查和危险值警示等服务提高患者自我监控、预防、诊断和治疗能力。2018年5月英国出台《国家数据选择退出》相关规定,规定患者可根据其建议和指导自主决定个人医疗数据是否可用于研究或其他目的且随时可更改选择。

（五）丹麦

在欧盟国家中,丹麦的公众对医疗体系的满意度最高。在"互联网+"医疗服务的推进方面,丹麦也被视为一个比较成功的案例榜样。丹麦"互联网+医疗"服务的成功可以归功于精湛的计算机信息技术、政府对医疗健康服务的重视和民众对政府部门的信任,从而创建了两个比较成熟和便捷的中央医疗保健数据网络系统 Sundhed.dk 和 MedCom。丹麦人可以使用数字签名登录 Sundhed.dk 来预约医生、订购药物和更新处方、查看药物记录及健康数据,并与医疗卫生当局沟通,卫生人员须利用安全证书才能登录该门户网站访问医院的记录摘要和其他医疗信息,用于患者治疗目的之外的其他任何患者医疗健康数据使用均需征得患者同意。MedCom通过开发、测试、分散风险来确保卫生部门电子通信和信息的质量安全,实现了丹麦5000多所医疗机构和50个不同的技术供应商都使用同一个电子表格系统来为患者提供初级保健服务。医疗责任方面,丹麦政府协助澄清病人积极参与的跨部门合作的互联网医疗服务的过错方,并且努力杜绝互联网医疗服务的"灰色地带"①。

（六）以色列

具有先进的数字医疗水平,在预测医学、个性化医疗保健、远程医疗、大数据分析、医疗器械等方面发展较好。截至2019年以色列已举办5届医疗器械国际峰会,不断向世界展示以色列对数字健康、科技、技术等的创新应用成果。1995年以色列启动第1批健康数据交换项目,健康医疗卫生机构开始实施电子处方和远程医疗、建立电子健康档案。2018年3月以色列通过健康医疗领域的"大数据库"国家计划,将在全国近900万居民的健康医疗记录数字化基础上建立数字健康领域国家级大数据库,在保护隐私和信息匿名的前提下数据将用于学术研究、药物开发、个性化健康管理等领域。

---

① 数据来源：Larsen SB, SØrensen NS, Petersen MG, et al. Towards a shared service centre for telemedicine：Telemedicine in Denmark, and a possible way forward [J]. Health Informatics J, 2016, 22（4）：815-827.

三、国际经验的借鉴与启示

自 20 世纪 90 年代以来我国互联网蓬勃发展，数字健康和互联网医疗作为一种新业态随之产生。尽管与发达国家相比我国起步较晚，但大国大市场的独特优势、庞大的人口基数、丰富的应用场景为我国互联网医疗的快速发展提供了有利条件。尽管目前国内在线上线下医疗服务一体化建设，数字健康平台与公立医院、保险机构等深入融合发展，医疗、医药、医保联动，医疗机构间数据信息共享等方面尚存在问题和挑战，但国际数字健康领域先进的发展理念、创新实践等可为我国解决互联网医疗发展中的问题、探索医疗服务新模式及培育发展新技术、新应用和新业态提供借鉴。

（一）为数字健康发展营造开放包容的政策环境

相对完善和开放包容的政策监管体系为发达国家数字健康提供了良好发展环境。以美国为例，在监管保障方面，于 2011 年发布医疗 App 指导性草案，2012 年出台《安全和创新法案》，从法律层面确立美国食品药品监督管理局对医疗 App 的监管职责。在医疗保障方面，于 1997 年颁布《平衡预算法案》，提出通过医疗保险计划支付参保人互联网医疗服务费用，美国联邦、州制定的远程医疗法案、互联网医疗补助计划等为互联网诊疗服务纳入保险报销提供依据和指导，有助于引导医院、用户使用互联网医疗。在信息安全与隐私保护方面，于 1996 年颁布《健康保险携带和责任法》《经济与临床健康信息技术法案》等专项法案，规定 18 类隐私信息、界定医疗信息电子化等细节，制定相应处罚和整改措施。在互联网首诊方面，美国各州陆续放开首诊。

（二）推动数字平台与保险金融体系、医疗体系深度融合

数字平台与保险金融体系、医疗体系的深度融合是发达国家数字健康发展的重要驱动力。数字平台将医疗机构、保险金融机构、医生、患者等连接在一起，充分将互联网开放、共享等特点与保险医疗保障功能、医疗健康服务能力相结合，以实现保险公司、医疗机构以及医生、患者多方共赢。以美国"凯撒模式"为例，保险公司为用户制订不同保险计划，通过控制医疗健康服务流程和各项费用使医疗健康服务流程标准化、系统化，降低医疗费用。另外保险机构对接医疗机构，一方面有助于医疗数据信息共享，进而提高医疗科研能力及医疗健康技术水平；另一方面保险公司借助商业保险成为被保险人的健康管理者，拓展了保险健康服务功能。

（三）实现医疗健康数据互联互通、共享共用

明确医疗数据调取和使用范围、标准，制定明确、可操作的政策法规，实行激励医疗数据共享、应用等措施，鼓励医疗数据合理、合规、合法、安全开放和使用。例如英国于 2018 年 5 月发布《国家数据选择退出》相关规定，规定患者可根据其建议和指导，自主决定个人医疗数据是否可用于研究或其他目的且随时可更改选择。丹麦通过 MediCom 系统可实现 5000 多所医疗机构和 50 个不同的技术供应商使用同一电子表格系统为患者提供初级保健服务。

(四) 打造以用户为中心的健康管理创新模式

以健康维护为目标，基于用户健康管理需求，提供以数字化为技术手段和载体的健康教育、医疗信息查询、电子健康档案、疾病风险评估及远程治疗和康复等多种形式健康管理服务。例如在丹麦，患者可通过 Sundhed.dk 系统预约医生、订购药物和更新处方、查看药物记录和健康数据等；相关部门工作人员需通过安全证书才能在系统上访问患者相关医疗信息和记录，若使用用于治疗目的之外的医疗健康数据需征得患者同意。

(五) 注重医疗健康领域核心技术研发与应用

网络信息技术的创新发展和应用为数字健康企业发展、医疗健康产业系统转型升级提供基础支撑。大数据、人工智能、区块链等数字技术在疾病治疗、检验检测、病患监护、健康管理、病毒溯源、药物研发等医学领域的应用、创新与融合在医疗健康数字化进程中发挥着重要作用。美国在数字健康领域核心技术研发与应用方面走在世界前列，一方面缘于政策激励机制，如美国有 29 个州制定远程医疗法案，美国联邦和 48 个州制定互联网医疗补助计划，有助于推动远程诊疗等相关核心技术研发与应用。另一方面，企业为提升核心竞争力、扩大市场占有率会积极将核心技术研发、创新与应用作为企业发展的主攻方向。

四、互联网医疗行业的发展趋势

移动医疗存在巨大的产业空间，同时移动医疗累积大量患者信息和流量，为商保公司提供宝贵的数据来源和用户来源。另外，新冠疫情对全球的影响也将加强大众对于医疗行业的重视，而互联网医疗作为重要发展方向，将更受到资本青睐。

(一) 医学范式的互联网化

互联网既是技术也是一种哲学理念，它代表了人类社会的普遍联系性，也揭示了建立在各种链接基础上的物质世界的本源。也就是说，无论是自然科学领域还是社会科学领域，世界的组成部分除了已知的最小组成单元（比如基本粒子）以外，还包括各种各样的链接，物质+链接所构成的系统才是我们需要认知的重要对象。互联网的这一哲学理念改变了我们对未知世界的认知方向，同时也在改变着传统医学的基本范式。

1. 从组分到链接：填补人体未知的空间

工业时代及以前，我们的认知哲学是以分解为基础的，寻找客观世界的基本组成单元是科学发展的重要任务。近现代西方医学，就是建立在解剖学基础上的，通过肉眼所能见到的各种人体组织，辅以一些透视检查、生化检验，形成了我们对人体的认知。现代医学范式，包括很多疾病治疗的临床路径，都是建立在这一认知基础之上的。现代医学在细胞、蛋白、分子层面，对人体有了更深入的认知，但这种分解的思维并没有太多变化。事实上，人体如同互联网世界一样，是一个细胞互相链接的有机体，局部的病变很可能是因为"网络"的拥堵所造成，所以对人体内"链接"的研究，会发现很多我们原来不了解的规律。

在这一点上，东方哲学具有一定的优势，中医所强调的经络理论，在某种程度上就是人体内的互联网，只不过它还需要用更为科学的方式来加以认识。所以，从重视组分的研究，到重视组分之间链接的研究，这是现代医学范式的一个重要组成部分，并因之影响整个医学体系的发展。

2. 从群体到个性：大数据、云计算、人工智能

以往的医疗建立在群体数据的统计分析上，各种检验设备的标准都是群体统计的结果。这在工业化时代是一种最现实可行的处理方式，过于个性化的数据会使得医疗成本过高，并降低医疗服务的覆盖面。但事实上每个个体都是差异化的，每个人体系统都有其个性化的特点，所以最有效的医疗服务应该是在共性特点分析基础上的个性化服务。只不过，这样的服务要在合理的成本范围内，才有可能被接受。互联网所强调的个性化、数据的泛在性，让个性化医疗服务逐渐开始成为主流。

尤其是最近几年，随着信息技术的飞速发展，数据的海量存储和云端分析已经开始普及，只要策略得当，用合理的成本来保存个体数据，并对之进行深入分析，从而建立以个体数据为基础的新医疗体系成为了可能。尤其是近两年人工智能技术的发展，进一步加强了人类高效率、低成本地进行数据分析的能力，从而加速推进医疗行业的大数据化、个性化、互联化的进程。

3. 从专业到民主：社交、共享、众包

传统的医学观念强调专业医生的技能和经验，医学也成为了专业性很强的学科领域。互联网通过信息的共享让所有人都成为了医疗资源的提供者，从而让普通大众在整个医疗生态中的地位上升到了空前的高度。通过经验分享，一些原来只有少数人知道的知识为更多人所认知，一些无法解决的疑难杂症得到了了解决。民主医疗的众多尝试（例如 patientslikeme.com、crowdmed.com 等），为现代医疗提供了一种有力的补充。与此同时，民众通过社交渠道的各种参与行为，也为全民健康意识的提升、健康知识的普及奠定了基础。而全民健康素养的提升，是优化配置医疗资源、提升政府医疗供给效率的最为有效的途径之一。

总体上看，民众的参与改变了原有的医疗市场和医疗监管的格局，并为各种互联网医疗模式的涌现提供了机会。

（二）以民众为核心的医疗价值生态重构

在医疗范式发生改变后，原有的医疗价值生态发生了巨大的变化，政府、医院、医生、药厂、器械厂、健康管理机构、金融机构、互联网公司等各方面，都在这次产业生态的重构过程中寻找着新的定位和机会。在这一不断冲突、磨合的过程中，由移动社交所带来的医疗信息透明度的不断增加，使得民众逐渐成为了新的行业重心，并围绕这一重心从多个角度开始产业重构。

1. 医疗服务的多边市场效应

医疗服务的内涵在互联网时代变得越来越丰富，从而为医疗市场的多边化带来了机

会。在信息共享环境下单一的医疗服务已经越来越满足不了民众的需求，民众需要在医治疾病的同时享受各种互联网时代的便利服务，于是医疗市场的多边市场效应得以体现。

建立医疗领域的多边市场，需要以民众为核心建立民众与民众、民众与产品供应方、民众与医疗服务供应方、民众与金融机构、金融机构与医疗服务供应方等各种链接网络，并在这一全新的价值网络上，重新思考医疗价值的分配机制，定义各种新兴的服务内容。而这一市场空间也正是互联网医疗发展的重要领域。这种新模式会导致传统医疗服务定价方式的变化，能够让市场在药品零差价等情况下，找到新的平衡点。

2. 医疗金融的兴起

金融服务是医疗服务中的重要组成部分，也是互联网医疗发展的重点之一。传统医疗与金融的融合大多体现在医疗保险上，互联网金融等新兴金融工具的出现，为医疗与金融的融合提供了更为广阔的发展空间。

3. 医疗保险的互联网化

医疗保险将随着保险行业的互联网化而变得更加丰富多样，民众既可以享受政府提供的基本医疗保险，还可以参与到大众互助的保险模式（比如抗癌公社、friendsurance.com 等），更可以根据多边市场的需要设计更多的创新医疗保险产品。

4. 医疗支付的多样化

互联网在支付领域引发了巨大的革命，PayPal、支付宝、微信支付、网联支付等互联网支付模式，极大地方便了民众，也引发了一系列以支付为核心的行业变革。医疗支付的多样化是现状更是趋势，医疗机构如何适应这一趋势，与金融机构一道建立一个合理的支付生态，是医疗机构的一个重要发展空间。

5. 民众健康的金融化

在互联网时代，民众的健康也可以成为一种金融产品，并按照互联网金融市场的规则来运营。因此围绕民众的健康储蓄，将会衍生出一系列的金融服务工具。

6. 公立医院的平台化

互联网一方面减小了民众与医疗机构之间的信息不对称，另一方面也拉近了各个医疗机构之间的距离，为此如何在一个平台上为民众提供全方位的医疗服务，就成为了医疗资源优化的一个重要方向。公立医院因其独特的属性，在互联网医疗中更容易承担起资源整合平台的作用。未来的公立医院，一方面要继续保持其高水平的研究与医疗能力，另一方面要发展其平台整合能力。通过提供互联网医疗平台，公立医院对区域医疗资源进行优化，是区域互联网医疗生态中的组织者。在这一区域医疗资源平台上，民众依然是平台的核心，医院、医生、药厂、金融机构、互联网服务机构等都是平台的重要组成部分，大家共同形成以民众为核心的区域医疗多边市场。

7. 私立医院的差异化

私立医院是医疗服务的重要补充，随着互联网对医疗信息不对称的消除，私立医院混乱经营的年代将逐渐结束，需要尽快找到其在互联网医疗生态中的新位置。一方面一些有实力的私立医疗集团将会充当互联网医疗平台的作用，尤其是在公立医院不作为的地区，这些民营医疗平台具备了巨大的发展空间。另一方面，在大数据、共享经济时代，私立医院将越来越重视围绕民众个性化医疗需求而带来的市场机会。健康管理、慢病管理、院后管理、专科治疗等领域，将会成为大量新兴私立医院的重要战场。

8.互联网机构的医疗产业布局

医疗从来都是一个涉及民生的巨大市场，各大互联网机构也都意识到这一点并积极布局这一领域。这些机构的优势往往在于他们所拥有的客户数据以及一些高黏度的互联网产品，他们的劣势是缺乏对医疗市场的掌控能力。但因为拥有客户和很强的资本实力，这些机构在推进中国医疗互联网进程中正在发挥巨大作用。在未来的中国互联网医疗产业生态中，互联网机构依然会扮演极其重要的角色，他们用信息服务作为主要手段、互联网金融作为重要工具，会成为新生态当中的重要组成部分。甚至不排除在某些区域或领域中，这些互联网企业会是生态的主导者。

第三节 社会资本发展互联网医疗服务业的案例分析

医疗服务与人民群众的切身利益息息相关，是为我国居民身体健康提供保障的公共事业。随着社会的发展进步，人们生活节奏加快，工作压力越来越大，导致亚健康和慢性病群体的数量增多。与此同时，我国人口的老龄化程度日趋严重，老年人对医疗保健的需求更大，对医疗服务提出了更高的要求。当前传统的医疗资源在数量和质量上都越来越无法满足人们日益增长的健康需求。"互联网+医疗"的出现提供了一种解决问题的新思路，有利于破解当前我国居民"看病难"的困局。近年来，我国互联网医疗市场蓬勃发展，尤其是新型冠状病毒疫情爆发为互联网医疗带来契机，使得其在短时间内发展十分迅速。但由于互联网医疗尚未形成清晰的盈利模式，导致许多企业成立数年仍处于亏损状态，有些企业甚至不得不退出市场。尽管疫情的爆发使得互联网医疗具备很好的发展前景，但是相关企业的发展现状暴露出其盈利模式依旧存在漏洞。如何构建有效的盈利模式，找到一条适合"互联网+医疗"企业自身发展的道路，是当前最需亟待解决的问题。

一、"平安好医生"及其盈利模式探析

作为"互联网+医疗"服务行业的领军企业，"平安好医生"将互联网医疗服务平台运营经验和人工智能技术相结合，从医疗资源供给源头入手，为政府赋能增效，为用户提供优质的医疗健康服务体验，推动中国互联网医疗行业建设。

（一）"平安好医生"基本情况

"平安好医生"于2014年8月成立，总部设立在上海，通过"互联网+医疗+AI"的先进技术，致力于搭建中国领先的一站式医疗健康生态服务平台。目前，"平安好医生"主要围绕线上问诊咨询、线上购药、线上健康管理、医美整形、口腔管理等领域，逐渐探索互联网医疗服务市场，形成线上线下融合发展的服务闭环。2018年5月4日企业在香港证券交易所上市，成为全球互联网医疗领域上市第一股。

1. "平安好医生"发展现状

根据平安健康2021年业绩报告，"平安好医生"全年实现企业营收73.3亿元，同比增长6.8%；已有4.2亿累计注册用户，累计付费用户数快速增长至超3800万，付费用户转化率达24.8%。产品的变现方式主要有：一是会员产品，包括平台自有的C端流量、中国平安的企业客户，以及其他的企业员工。二是基于基础会员包的各类增值服务，内容涵盖了医疗和健康的各种品类，履约方式包括到线、到店、到家等多种。三是商品销售，包括开方购药、线上商城、药械供应链、线上的保险销售等。四是集团内变现，包括通过商业保险连接的企业福利兑换平台、商业保险保障的购药直赔服务以及为寿险提供的问诊插件。在构建商业化模式的过程中，"平安好医生"的独特优势在于商业保险生态圈的赋能，以及家庭医生会员制这一抓手。

2. 主要业务介绍

"平安好医生"发展8年以来已经形成比较丰富的业务体系，主要业务分为家庭医生服务、消费型医疗业务、健康商城业务、健康管理与互动4个板块。

（1）家庭医生服务

家庭医生服务是"平安好医生"的主要产品。"平安好医生"可以通过移动App为用户提供家庭医生服务，人工智能辅助自有医生团队，及外部签约医生、合作医院为用户提供在线问诊咨询、预约挂号、医院间转诊、住院安排及复诊服务。在线咨询旨在以实惠方便的方式评估用户健康需求，用户通过文字、图片或语音描述其症状，平台依据智能路由系统进行分诊，并推荐医生，用户选择医生后，医生提供医疗建议。每次诊疗咨询持续15分钟（可延长），根据医生资历及客户评价收取0~60元的费用。转诊、挂号及住院安排是为用户提供医院推荐、预约及住院安排服务。二次诊疗服务则是服务已在三甲医院确诊患有重大或复杂疾病的用户提供以前应诊医生外的二次诊疗意见，为用户作出进一步医疗决定提供更多的信息或见解。

（2）消费型医疗

消费型医疗主要是"平安好医生"为用户提供的集合多种医疗健康服务机构的标准服务规范，以满足用户对疾病预防、整形美容以及其他与健康相关的内容需求，如健康检查及基因检测、医美。健康检查及基因检测是针对用户的个性化需求，提供差异化定制检查服务，例如专注于女性健康的服务组合、专注于老年医学的服务组合等。医美服务则是标准化医美产品以及紧致除皱治疗，另外提供口腔卫生服务等。

（3）健康商城

"平安好医生"的健康商城主要为个人用户提供药品、保健品、医疗器械、健身产品及个人护理用品等在线销售服务。企业通过自营模式及平台模式经营健康商城。在自营模式下，企业向供货商采购商品并通过平台向用户销售商品。在平台模式下，企业促成平台供应商与用户的直接交易，平台销售采取收取"固定费用加 4%~10%"的佣金模式。

（4）健康管理与互动

健康管理与互动是基于用户上传的健康数据为用户制订各种健康计划，比如减脂、增肌等，并通过大数据分析用户的信息为其制订个性化服务，为用户的健康生活助力。健康头条利用医生、专家、健康信息团队创作关于保健、生活方式、育儿等专题或文稿吸引用户浏览。同时，"平安好医生"通过分析客户的搜索引擎，对用户的潜在兴趣爱好进行预测，设计及优化健康计划、测试及课程，将相关产品和服务推送给用户。健康管理与互动业务获得的收入主要来源于 App 中医疗健康服务平台产生的流量变现，企业通过对客户需要的相关产品与服务做广告，再从供应商处获得收益。

（二）"平安好医生"盈利模式的构成要素分析

盈利模式作为企业运营成功的不可或缺的部分，受到越来越多企业以及研究人员的关注，尤其是近年来发展迅速的互联网医疗服务企业。下文从盈利模式构成要素中的利润对象、利润点、利润来源、利润杠杆和利润屏障 5 个维度对"平安好医生"的盈利模式进行分析。

1. 付费用户为主要利润对象

利润对象主要是指企业在经营过程中客户的范围。受益于用户对互联网诊疗服务认知与信任的提升，截至 2021 年 6 月 30 日，该平台注册用户数达到 4 亿人，较 2020 年同期增加近 5500 万人，增长率为 15.7%；近 12 个月累计付费用户数高达 3210 万人，同比增长 69.6%。未来，企业可以根据对不同年龄阶段、不同职业的客户进行精准划分组合，开发更多潜在用户。

2. 家庭医生服务为核心利润点

利润点是能给企业带来利润的各项经营项目。"平安好医生"的招股说明书中明确表示，家庭医生服务是企业的核心业务。该业务主要是通过"平安好医生"的自有医疗团队以及外部签约名医，辅助研发的 AI 诊疗技术为用户提供一站式服务，其中包括 7 天*24 小时的在线问诊咨询服务、在线挂号服务、医院转诊服务、安排住院服务、复诊方式及一小时送药到家服务。家庭医生服务也是"平安好医生"的核心优势，目前其他互联网医疗服务企业暂未开启该项业务，这也是"平安好医生"的盈利模式与其他竞争企业不一样之处。但由于目前我国人民的医疗消费习惯仍旧停留在传统的医疗服务模式，大多数的用户群体并没有为自己或家人购买家庭医生的意愿，所以就目前情况看，"平安好医生"的家庭医生服务很难实现盈利。

3. 消费型医疗是其利润的主要来源

"平安好医生"在成立之初就已提出企业的利润来源主要为家庭医生服务、消费型医疗、健康商城、健康管理与互动四大类。其中健康商城的年收入占比最高,健康管理与互动毛利率最高,但相对来说,消费型医疗为企业带来的效益更多。消费型医疗服务业务主要是通过"平安好医生"平台,将线上服务与线下资源进行有效整合,提供满足用户需求的产品与服务,其中包括健康体检、医美整形、口腔及个体基因检测等服务。企业员工市场是"平安好医生"另一聚焦点,目前已形成员工体检、员工健康管理和企业福利兑换平台三大类产品,已打造多个大型央企国企合作项目,并提升企业员工在公司产品体系内的二次流量转化。消费型医疗业务通过查看用户上传至平台的诊疗结果以及电子健康资料,为用户提供以上增值服务的同时协助就诊结果的解读,帮助有需要的用户进行线下复诊,甚至为用户制订个性化的健康管理计划。

4. 一站式医疗健康生态系统提升利润杠杆

利润杠杆是指企业针对其客户群体购买本企业的产品和服务,采用一些营销手段和措施来吸引更多的客户对企业的关注。"互联网+医疗"服务企业,吸引客户的第一类方式为具有自身发展特色的产品与服务,第二类方式主要有企业的品牌度、与客户交流的服务态度等。"平安好医生"通过对互联网医疗市场进行分析,吸收同行业竞争企业的优质服务,拓宽企业的发展范围,为客户提供更多的增值服务,吸引用户参与"平安好医生"医疗健康生态系统开展的各类活动,构建一站式的医疗健康生态系统。该生态系统给用户带来了从问诊到送药到家的一站式闭环体验,对于一些常见病而言,已经可以取代传统的医疗服务模式。

5. "医疗+保险"设立利润屏障

利润屏障是指企业为了保证其市场占有率不被其他竞争企业争夺而采取的各种应对措施,即企业的核心竞争力。传统的医疗服务体系主要是与基本医疗保险挂钩,很少与商业保险进行合作,少部分个人购买商业保险在医院就医后前往商业保险公司报销。然而在医疗费用的控制角度以及提升相应的医疗服务质量方面,商业保险在医疗服务中起到的作用是显而易见的。基本医疗保险主要依靠政府支撑,报销项目有限且报销数额不多,而商业保险多种多样,依据消费者购买的产品细则报销,报销项目多且赔偿金额大。"平安好医生"通过与关联公司平安保险进行合作,控制医疗费用的同时避免发生患者过度医疗的现象。"平安好医生"的"互联网+保险"结合一方面优化了患者"看病难"的问题,完善了医疗保障体系;另一方面解决了患者"看病贵"的痛点,拓宽了互联网医疗"谁来买单"的报销渠道,控制医疗费用的同时改善了医疗服务质量。

"平安好医生"通过与平安保险和线下实体医院进行合作,在互联网医疗行业中首次推出"商保直赔"服务系统,改变了传统医疗保险的先治病再赔付的模式,患者可以先赔付再治病，这是中国 HMO 管理式医疗模式①（Health Maintenance Organization）发展的新亮点。"平安好医生"通过构建互联网医疗健康管理平台，利用互联网信息技术将医院与保险公司连接，将三方的内外部资源进行有效整合，搭建出以医院为核心、电子处方以及上报赔付等为一体的互联网医疗生态模式。在"医疗＋保险"的发展形势下，"平安好医生"已经逐步走进基本医疗保险市场，将商业保险与社会保险之间的障碍清除，优化互联网医疗服务体系，促进企业"互联网＋医疗"的健康发展。

二、阿里健康的商业模式分析

（一）发展历程

阿里健康前身是由阿里巴巴集团联合云锋基金收购的港股上市公司中信 21 世纪借壳上市后改名组建而成。当时，全国只有中信 21 世纪持有第三方网上药品销售资格证的试点牌照，于是阿里健康顺势开展医药 O2O 业务，这奠定了阿里健康以医药零售为主的基调。2016 年 6 月，因药监网风波上线了"码上放心"药品追溯平台，取代原来政府主导的药监网在市场中的地位，全国近 90% 的药品生产企业都已入驻该平台，形成垄断。之后，逐渐接手了天猫医药平台业务，并通过收购和投资区域龙头医药连锁药店的方式开展医药自营业务，消费医疗、智慧医疗等业务也同步展开，但相对发展较晚、成长较慢。

2014 年	2016.06	2018.08	2018.11
阿里联手云峰基金收购中信 21 世纪，改名组建阿里健康	上线追溯平台"码上放心"	收购医疗器械及保健用品、成人计生、隐形眼镜、医疗及健康服务类目电商平台业务	与蚂蚁金服战略合作，在支付宝设立独立的医疗健康频道

2016.05	2016.08	2017 年	2018.09
阿里健康为首与 65 家连锁药房成立中国医药 O2O 先锋联盟	收购广州五千年医药连锁有限公司，之后更名"阿里健康大药房"，开启 B2C 医药业务	阿里健康收购天猫"蓝帽子"保健食品业务	与阿里云深化合作，宣布共建阿里医疗人工智能即医疗大脑 2.0

图 7-1　阿里健康发展历程

（二）控股公司

阿里健康是阿里巴巴集团 "Double-H" 战略（Health and Happiness，健康与快乐）在大健康领域的旗舰平台，是阿里巴巴集团投资控股的公司之一。阿里巴巴集团是全球互联网巨头，在电商行业的地位仅次于亚马逊，始于以马云为首的 18 人于 1999 年在浙江杭州创立的公司。阿里巴巴集团经营多项业务，包括但不仅限于电子商务服务、蚂蚁

---

① 注：HMO 英文全称为 Health Maintenance Organization，是一种最早期的健康管理计划形式，它向会员提供一定范围的健康服务，包括在每月付费或年付费基础上提供预防性护理服务。

金融服务、菜鸟物流服务、大数据云计算服务、广告服务、跨境贸易服务等6项互联网服务。其中与阿里健康相关的子业务是淘宝、天猫、阿里云、菜鸟网络、支付宝等。马云先生在2015年给股东致信中明确提出Double-H战略，也就是基于数据技术的健康和数字娱乐业务。

（三）阿里健康业务模式与结构

根据2022年5月阿里健康发布的财报，其2022财年营业收入为人民币205.78亿元，同比增长32.6%；毛利41.08亿元，同比增长13.6%；经调整后亏损净额为约3.94亿元，去年同期经调整后利润净额为约6.31亿元。对于收入的增长，阿里健康方面表示主要由于报告期内医药自营业务及医疗健康及数字化服务业务快速增长所致。

根据阿里健康财报，目前其旗下包括医药自营业务、医药电商平台业务、医疗健康及数字化服务业务等三大业务板块，这三大业务在报告期内取得收入分别是179.11亿、19.97亿、6.70亿，其中，医药自营业务仍然挑起了阿里健康发展的大梁，成为其最主要收入来源，同比增长35.5%。

具体而言，医药自营业务包括阿里健康自主经营的B2C零售、相关广告业务和B2B集采分销业务，其中以"阿里健康"品牌运营的自营药房药品收入占比达64%，处方药业务收入也增长105.2%。截至2022年第一季度，线上自营店的年度活跃消费者超1.1亿。

医药电商平台业务一直是阿里健康重点发展的领域，其包括已从阿里巴巴集团收购的药品、保健食品、医疗器械、成人计生、隐形眼镜、医疗及健康服务等类目电商平台业务，以及为天猫医药平台（除已收购类目外的其他类目）提供的外包服务业务以及医药新零售，其中，作为该板块业务最重要的载体——天猫医药平台，截至2022年3月31日，已服务于逾2.6万个商家，较半年前增加1000个，且库存数量超过4400万个SKUs[①]，较半年前快速增加400万个。

阿里健康的医疗健康及数字化服务方面在2021年实现了快速发展，业务营收同比增长高达98.9%。阿里健康方面称，持续升级医疗健康服务体验，为用户提供包括中医、体检、核酸检测、问诊、挂号、疫苗、口腔、心理、视光、护理等在内的线上线下一体的医疗健康服务体系，并联动阿里生态的流量获取能力，持续为来自淘宝、天猫、支付宝、医鹿App、高德、钉钉、夸克搜索等终端使用者提供医疗健康服务。

从阿里健康财报2022来看，支付宝医疗健康频道年度活跃用户数已达到6.9亿，较上财年增加1.7亿；与集团签约提供在线健康咨询服务的执业医师、执业药师和营养师合计近16万人，较上半财年末增加2万余人（包含小鹿中医医生数量）；日均在线问诊服务量已达到30万次，较半年前增加5万次。此外，阿里健康还继续运营慢病福利计划，目前，慢病用户人数已达到650万，同比增长119%，人均用药时长和用户复购率

---

① 注：SKU全称为Stock Keeping Unit（库存量单位），即库存进出计量的基本单元，可以是以件、盒、托盘等为单位。

持续提升。

（四）阿里健康盈利模式

1. 阿里健康盈利模式类型

（1）免费增值模式

免费增值模式是指同时提供免费服务与增值服务的盈利模式。在这个盈利模式中，免费服务与增值服务是交叉补贴的关系。即增值服务赚取的费用常常用来补贴免费服务。

在阿里健康的业务中，平台追溯业务是典型的免费增值盈利模式。享受免费服务的群体只能享受有限制的服务，想要享受更好的服务就必须付费。除此之外，阿里健康App的健康管理平台提供的服务也是免费增值模式。健康管理平台提供的服务包含减肥、宝宝健康、养生、女性健康等模块，用户在里面可以免费享受对自身和家人的健康检测，但想得到相关建议就必须付费。

（2）佣金分成模式

佣金分成模式是指企业通过连接不同商业群体来创造价值的盈利模式。阿里健康通过医疗服务平台或医药平台向用户提供相关服务或产品并抽取佣金。除了阿里健康代运营的天猫医药馆外，阿里健康还向医院、线下连锁药店、医美机构、医生等使用阿里健康平台的机构或人群抽取一定比例的交易费用或问诊费用。

（3）进销差价模式

进销差价模式是指企业通过买入卖出产品赚取差价的模式。阿里健康凭借着强大的供应链系统，将上游的优质的药品或者医疗器械直接通过"阿里健康大药房""阿里海外旗舰店"对接下游的天猫超市、医药连锁企业等。消费者可以以较便宜的价格购买到优质的商品，因此，该业务对消费者的诱惑力很大。据阿里健康2022财年年报显示，截至2022年3月31日，线上自营店阿里健康大药房的年度活跃消费者超过1.1亿。

2. 阿里健康现有盈利模式存在的问题

根据之前的分析内容，阿里健康盈利模式存在的问题如下：

（1）盈利对象黏合度较低

根据前述内容，阿里健康虽然投入大量经费进行营销推广，但是阿里健康的用户支付率并未得到显著提升。这主要有两方面原因：一方面，对于互联网医疗行业来说，用户心智的培养是一个漫长的过程。互联网医疗行业于2014年开始萌芽，发展至今，仍有73%的用户害怕上当受骗、50%的用户质疑线上医疗的专业水平、30%的用户害怕隐私泄露或等待时间过长[①]。

另一方面，阿里健康目前的主要盈利业务是医药电商业务，而医药购买属于刚需低频活动，因此，如果医药电商业务没有与其他业务形成有效连接，就容易造成大量潜在

---

① 数据来源：余婷婷. 可持续视角下阿里健康盈利模式研究［D］. 长沙理工大学，2020.

客户的缺失。比如在阿里健康 App 中,线上问诊与线上购药是相互隔离的两个模块,大多数人都只进行问诊服务,并未给医药电商业务带来其他的经济利益。精细化管理的缺乏也是盈利对象黏合度低的另一个原因。在阿里健康 App 中,用户只能按照症状去寻找药品。但现实情况可能比 App 上展示的症状更复杂。除此之外,阿里健康提供的医疗服务质量也可能造成利润对象的黏合度低。这是因为目前我国医疗行业的主要矛盾是优质医疗资源的分配不均衡,基层人民很难得到三甲水平的医疗服务。但阿里健康提供服务只能保证是公立二级以上医院的服务质量,这使得用户在 App 中得到优质资源的机会依旧偏少。这就使得市场对阿里健康的需求偏低,很难形成规模。

(2) 盈利来源相对单一

阿里健康的医药自营业务存在毛利润空间狭窄、可持续发展潜力小等问题。因此,将医药自营业务作为核心盈利业务会给阿里健康的未来埋下了很多潜在的危险,一旦有竞争对手推出了价格更加优惠的平台,阿里健康的客户就极大可能不再选用阿里健康。另外,以医药自营业务为主会使得阿里健康整体盈利状况极易受到政策变化的影响。如果政策宽松,大量的人和资本就会纷纷涌入医药电商市场。未来的市场竞争激烈程度会加剧。但如果政策收紧,医药电商相关产业根本无法发展。目前从大趋势来看,我国医药电商的环境良好,但未来还存在很多不确定性。

(3) 盈利杠杆措施不足

目前,阿里健康主要是通过提供物美价廉的产品、增值、方便的服务来撬动市场利润。实际上,医疗产业链上还存在很多挖掘利润的地方。医疗产业链大体可以分为五个部分:患者、医院、医生、企业以及支付。其中,支付方与互联网医疗企业的合作是当下互联网医疗市场比较火热的商业模式。这主要是因为,首先,"看病贵"依旧是我国患者面临的现实难题。其次,我国目前的社会医疗保险对于实际情况的补偿并不高,提供的补偿金只能覆盖医疗费用,患者经济负担依旧很重。因此,互联网医疗企业通过与商业保险公司合作,可以进一步控制费用,并提供医疗服务。这有利于缓解用户的经济压力,对用户有很强的吸引力。互联网医疗企业巨头例如平安好医生、春雨医生、微医的互联网商业保险的模式已经逐渐发展成熟,但阿里健康的商业保险业务一直停步于 2016 年,阿里健康与太平人寿于 2016 年合作成立了阿里健康保险股份有限公司后便没有其他发展。来自保险业务的收入也相对较低。保险业务的停滞不前容易流失相当大的消费人群。如果阿里健康与商业保险的合作止步不前,将会错过相当大的市场。

(4) 核心竞争力缺乏

自从互联网医疗的概念首次出现在政府工作报告中,互联网医疗行业就被各大资本密切关注着。由于互联网医疗本身具有极高的利润空间,在我国又几乎处于一片空白,各大资本便纷纷投入资金来进行商业模式的探索。但互联网医疗领域的创新模式较少,因此企业间业务内容同质情况很严重,这使得阿里健康面临巨大压力。在流量方面,腾讯旗下的"企鹅医生"也不缺乏流量。在数据、技术挖掘方面,小米、平安旗下的互联网医疗企业也能与之匹敌。根据上述对盈利屏障的分析可知，虽然阿里集团内部公司会提供技术、数据支持，但阿里健康目前属于自己的专利技术比较少。甚至在服务质量、用户体验感方面，还与专业领域的平台——比如以精细化服务见长的"叮当快药"存在一定的距离。因此，阿里健康一定要加强对创新的投入，并根据现实情况准确把握市场定位，开发出与其他企业有明显差异的服务与产品，从而避免未来在激烈的市场竞争中被淘汰。

三、案例启示

在"互联网+"各领域中，互联网医疗在商业市场中更受追捧。"互联网+"结合经济社会各项传统行业的变革的确带来了很多机遇，但目前国内的互联网行业大局已定，这些龙头企业资金充裕、资源充沛且战略眼光前瞻，所以"互联网+"里大多领域都被这些企业占据较大市场份额，其中，互联网医疗是最具代表性的行业之一，百度、阿里、腾讯先后出手，整个互联网行业前列的公司几乎倾巢出动，平安集团这样的金融企业即使互联网资源和技术略逊于前者也将很多战略资源倾注其中。这些都足以说明行业在市场中有代表性。

企业的盈利能力取决于其商业模式的优劣、非财务资源的匹配以及对应的财务战略的选择和执行。我国互联网医疗蓬勃成长，企业数量不断增加，但发展至今能够真正做到盈利的企业寥寥无几。从外部资本进行投资标的选择的角度上讲，对于标的商业模式优劣的判断也缺少借鉴和更多的依据，这不仅使部分投资是盲目且无法收获合理回报的，也会造成资本的浪费[①]。互联网医疗的商业模式还尚未成熟，大部分企业仍处于探索过程中。通过以上案例分析，有如下观点和建议供行业发展参考：

1. 医药电商业务需要强大的电商流量资源

平安好医生的战略中，家庭医生业务是其核心业务方向，但健康商城业务其体量与增长率均不及阿里健康。所以虽然这项业务有发展前景，但是也有很高的业务门槛，未来不建议互联网医疗行业的后起之秀或者现阶段市场占有率还较低的企业参与，除非是京东、拼多多这类已自成体系的电商龙头，还是具备一定竞争资格的，但目前来看至少已失去了先进入市场的优势。即使如阿里健康依托阿里巴巴电商背景，高速增长的背后也是频繁的收购、投资与战略合作，而这些都需要充足的资本拿来"烧钱"，先堆积规模再考虑盈利。

2. 消费医疗业务，本质属于消费

消费医疗属于收入驱动型业务模式，规模的高速增长需要供给充足的用户资源，如阿里健康可以利用"双11购物节"来营销其消费医疗服务，可以借助大平台背景引入

---

① 陆冀为.基于财务视角下的互联网医疗企业商业模式研究——以阿里健康和平安好医生为例[D].上海财经大学，2020.

海外优质机构以及全球知名品牌商;平安好医生可以通过营销转化其优质的保险客户资源。但规模尚小、缺乏背景的互联网医疗企业不具备这些资源,也缺乏签约众多品牌服务提供商的谈判实力,也就达不到这样的业绩规模。所以这项业务也不具备较好的可复制性。

3. 在线医疗业务,是平安好医生的核心业务发展方向,也是最能解决社会痛点的业务模式

在线医疗是给传统线下医院医疗资源完成了线上的补充,使得医疗资源不充足、分配不均的问题在一定程度上得到了解决。但在线医疗需要高质量的流量基础或者说客户群体,平安集团拥有最大规模的保险客户,较好地完成了适配,但绝大多数公司不具备这样的客户资源。而这项业务既是收入驱动模式,因为其在社会上的被使用程度还较低,市场空间巨大;又是利润驱动模式,毛利率不乏继续提高的空间,比如签约医生和自有团队之间的比例切换就可以直接降低成本费用。前者对于资本不够雄厚的企业来说是一种较好的业务模式,因为只需要提供渠道,而不需要定期给外部医生发薪酬;后者对于资本量有要求,且会限制业务规模的成长速度,但对于服务和诊疗质量更有保证。但小公司所面临的问题可能是,无法有充足的资金构建一个完整的、能够诊疗大部分常见疾病的医师团队。建议可以借鉴平安好医生的模式,构建部分自有团队,部分外包。

4. 智慧医疗业务,是与科技发展最贴近的业务,也是收入和利润双驱动型业务,市场机会较多

无论是利用强大的云计算储存和处理用户健康数据,进而进行对应的健康管理方案,还是利用人工智能研发新的诊疗或者辅助治疗的仪器,这些都直击社会痛点,推动整个医疗健康行业的进步。随着公有云规模的扩大、人工智能的开源,小企业会获得很多的机会,且没有类似资本那样难以逾越的门槛,更多的只是在人才资源方面需要科技与医疗两者的结合。建议后起之秀或许可以从智慧医疗入手,选择小片人群的健康或者某种类病症的诊疗作为切入点进入市场。

思考与练习

1. 试分析,中国的互联网医疗产业与国外存在哪些异同?

2. "互联网+医疗"在互联网公司巨头和传统医药企业相继"触网"的带动下成为资本和社会关注的焦点,但作为新型商业模式,依然存在相当大的不确定性。2022年5月9日,国家药监局在官网刊登的《国家药监局中华人民共和国药品管理法实施条例(修订草案征求意见稿)》,也在6月9日截止了反馈。其中新增的第八十三条规定,明确说明了,第三方平台提供者不得直接参与药品网络销售活动。你认为这一规定对当前的互联网医疗产业会带来哪些影响?

第八章 现代农业服务业

> **本章导读**
>
> 现代农业服务业是加快实现农业现代化,推进农业产业链向服务业领域延伸的重要途径,是促进农业全面转型升级和实施乡村振兴战略的必然要求。充实和完善现代农业服务功能的良性循环,推动农业社会化服务持续健康发展,需要形成适应市场经济发展要求的现代农业服务业框架和运行机制,要善于运用各种先进科技,借助各种现代服务业,推动组织方式创新、业态创新和模式创新。此外,农业与相关产业融合实践如旅游农业、生态农业、创意农业、数字农业等日益兴起,必将成为现代农业发展的新现象。今后,乡村旅游与第一、二、三产业融合发展,有助于进一步推动农业产业化、专业化发展,让农村更加美丽,农民生活更加富足。

第一节 现代农业服务业概述

随着乡村振兴战略的提出,探索新型产业发展模式成为当前提升农业供给质量、推动农业农村经济转型发展的关键所在。在传统农业服务业的基础上,现代农业服务借助现代科技、信息技术和现代管理理念等先进要素,改造传统的农业服务业,以适应经济新常态下市场机制发展需要。

一、现代农业服务业的内涵

(一)现代农业服务业的概念

现代农业是一个开放的系统,可以打破产业间的分割,融合其他产业的技术、管理模式及经营理念,实现产业间及产业内的融合双赢发展。当前,我国传统农业正向着现代农业转变,而现代农业发展所需的信息技术、金融保险、物流体系等要素,均属于现代服务业的范畴。因此,现代农业服务业将为现代农业发展提供强大的支撑,并成为现代农业发展的重要内容之一。

所谓现代农业服务业,可以概括为以现代科技为基础,通过打通上下游产业链,利用先进技术、设备、工具、场所、信息或技能,为农业生产提供高质量服务的经营活动。现代农业服务业是在传统农业服务业基础上发展起来的，与市场机制、高新技术和信息平台相适应的新型农业服务业，是农业现代化水平的重要标志。与传统的农业服务业相比，现代农业服务业具有服务体系逐步走向多成分、多渠道、多形式和多层次，服务手段逐步走向高新技术化和信息化，运作主体逐步走向多元化、专业化和社会化，运作机制逐步走向市场化和有偿化等特点。

（二）互联网环境下现代农业服务业的新特征

1. 现代农业服务业的高增值性

通过互联网的优化、集成等功能向农业服务业不断地进行技术渗透，农业服务业在潜移默化中改变了固有的服务模式，展现出智能化、精准化、节能化的高增值性，以更少的人力、物力创造出更大的社会价值。以农机经营服务为例，物联网技术就是信息感知、数据传输、智能处理和优化决策等关键技术与互联网技术的综合集成体系，能够满足农机经营服务的需求，在注重服务质量、配套技术集成应用的同时，帮助农机服务向精准化、智能化、节约化方向发展，提高农机经营服务的水平，全方位满足农户不断提高的服务需求。

2. 现代农业服务业的高渗透性

互联网与现代农业服务业深度融合是科学技术发展的新业态，是知识社会创新推动下的互联网形态演进及其催生的经济社会发展新形态，是互联网思维与传统行业融合的进一步实践成果。通过互联网的技术渗透，现代农业服务业在自身增值的同时也在向周边相关行业、产业渗透、辐射，带动相关产业发展。以农业流通服务为例，在互联网、大数据、云计算等为代表的新一代信息技术的推动下，为了不断满足农户、经销商和消费者日益增长的需求，逐步开发出了电子商务、全程可监控冷链运输、农产品质量安全追溯等一系列应用平台和移动 App，在帮助农产品流通服务业转型升级的同时，还推动了农产品销售业、快递业、网上商城等相关行业的发展，帮助农民提高了经济收入，帮助农村提高了经济效益，为返乡青年提供了创业创新平台，有力地推动了城乡一体化的进程。

3. 现代农业服务业的强外部性

通过与互联网的融合，可以发挥其网络经济的特性，对创新点的现代农业服务模式进行大量的示范和传播，在帮助现代农业服务业实现规模递增的同时，实现明显的收益递增。以农业技术服务业为例，在互联网的环境下，农业技术服务部门可以将研发的农情监测系统、农业生产预警系统、农业公共信息系统、农业投入品监管系统等系统、移动终端通过互联网、物联网技术向农村地区推广，农村地区只要投入少量的硬件设施费用，就可以享受免费的系统服务，从而免去了高成本的系统开发工作，大大节省农业技术服务成本，提高服务效率，使农业技术服务实现规模式零成本传播，更好地服务于大众。

二、现代农业服务业的内容构架

现代农业服务业是建设现代农业的一个重要切入点，内容丰富且动态发展，目前至少涉及以下几个方面：

（一）农业生产资料服务

农业生产资料是指用于农产品生产和保证农产品生产顺利进行的物质材料及其他物品。农业生产资料服务主要包括提供农业生产所需的农药、种子、化肥、兽药、饲草料、柴油等农业生产物资供应服务，保证农民用上放心农资。

另外，在城市和乡村之间构建关于农业生产资料的互通平台。以有机肥为例，生产绿色果蔬食品离不开有机肥，城里有机肥大量堆积浪费，而乡下有机肥需求缺口巨大。探索开办有机肥交易市场服务平台，在城乡之间架起供需桥梁，既满足了现代农业发展对有机肥的需求，同时又可变废为宝，产生一定的经济效益。

（二）农业生产作业服务

主要包括种植业中的农机作业服务、病虫害防治服务、专业化植保、产地烘干、秸秆处理及畜牧业中的防疫免疫服务等内容。

以农机作业服务为例，农机作业服务是为农户提供播种、收割、病防、配送等相关服务。由于经济条件限制，农民不可能购齐生产所需的农用机具。开拓农机具租赁市场，有条件企业和组织可在农村开办农机具租赁市场，实行有偿服务，充分发挥家庭农场的农业机械使用效率。

（三）农业科技服务

农业科技服务主要是新知识和新技术的研究和推广，主要包括农业科技创新服务和农业科技推广服务两大方面。

农业科技创新主要依托高等院校和科研院所，通过构建农业高端产业科技创新体系，建设农业高端产业孵化器，着力培育生物育种等战略性新兴产业，大力提升农业自主创新能力和辐射带动能力。农业科技创新通过开展产业化、市场化的研发活动，进行开发产品、技术创新及产业化应用研究，带动农业走现代高效发展道路。

农业科技推广主要是将农业科研院所、农业企业、农业专业性服务组织研发的新型科技成果和先进农业技术用于指导农业生产，提供高效的适用种养模式，在有关播种、收割、病防、配送等方面完善农技指导服务。

（四）农产品加工服务

农产品加工服务主要包括农产品的分级、保鲜、储藏、烘干、包装等初加工和深加工服务。建设发达的农产品加工服务体系，可以使农产品有多层增值的途径，从根本上提高农业整体素质，提高农产品及其加工制成品在市场上的竞争力，使农业真正走上自我积累、自我发展的良性循环轨道，以实现增加农民收入，满足消费者不断升级的多样化需求的目标。

（五）农产品流通服务

农产品流通是农业产业链中的关键环节之一。一方面，农产品流通需要为农产品提供运输、仓储、保鲜、分装等快捷的运销服务；另一方面也是关键环节，就是要加快农产品流通节点的建设，主要包括农贸市场、农产品批发市场、农业合作社、产销协会、物流中心、加工配送中心、信息中心、网络销售等多渠道和多节点的建设。

农产品流通应运用农业信息技术，提升农产品的流通速度，从而引领现代农业向安全、高效方向发展，彻底解决农村土特产品的销售难题。

（六）农业人才智力服务

农业人才智力服务主要是培养新型农民和农村各类适用人才，满足农村经济社会发展的需要，为现代农业发展培养出既懂农业先进技术又懂农业经营管理的高素质复合型人才。现代农业是一个结合科技、资本、设备、创意等要素的综合生产过程，必须要有与之相匹配的高素质的农业从业人员。现代农业发展过程中，农民自身的发展意识和职业能力起着关键的作用。农业质量的提升、农业标准的实施、农业技术的掌握、农业信息的利用和农业品牌的维护最终都需要落实到农民素质的提高上。因此，农业人才智力服务是实现农业现代化的一个重要环节。

通过教育培训服务的机制创新，鼓励涉农科技人员下乡对农户进行宣传和培训，加快培养具有互联网思维、掌握信息化技术的新型农民，全面系统地为广大农村及农民提供有针对性的智力支持。

（七）农业信息服务

农业信息服务是通过搭建平台和应用先进设备，提高农业信息化水平，引领农业向精准化方向发展。现代农业发展离不开信息化。农业信息化就是要通过搭建平台，推动各类信息的应用，让涉农信息"活"起来，推动农民增收，促进农村经济发展。

根据农户生产经营决策的需要，整合农业科技信息资源，建设农业科技服务的数据源中心和物联网服务中心；同时，建立健全农业市场信息采集、分析、发布和服务体系，帮助农户按照市场需求信息，合理安排农业生产，优化调整种养结构，改善农业经营管理状况；此外，农业信息服务也要为广大农民及时提供党和政府的各项富农政策，最大化地实现国家涉农政策信息能够第一时间直达广大农村及农户。

（八）观光休闲服务

观光休闲农业是生产、生活、生态功能有机结合的复合型农业，包括养生农业、租地种菜、农村度假区、体验农业、文化农业、休闲农业和乡村旅游等多种发展模式。发展观光休闲农业可以满足人们回归自然、休闲娱乐和体验农耕文化需求，更为重要的是休闲农业也是现代农业实现农民增收的有效手段。

（九）农业金融保险服务

农业金融保险服务能有效缓解农村资金供需紧张状况，为农村经济社会发展提供资金保障。发展现代农业离不开金融服务业的支持，农业金融服务主要包括风险投资、贷款、资本市场和保险等方面。建设完善的农业金融服务体系，围绕农业高端产业发展对投融资服务的需求，探索农业金融运作机制，实现农业产品和金融资本及相关配套条件的优化组合，加快农业前沿科技成果转化和产业化。

此外，发展农村保险服务，开拓对农民的种养产品实施政策性及商业性保险业务，减轻农民在灾害面前的经济损失，增强农业应对各种灾害的能力。

（十）农产品营销服务

农产品营销服务是开展农批对接、农超对接、农社对接、农商直供、产地直销、会员配送、网上销售等多种产销衔接经营模式。中国已加入世贸组织，要充分合理地运用好国内、国际两个市场，树立"以消费者需求为中心"的农产品市场营销观，将农产品的经营与市场多样化和多层次需求融为一体。

农产品必须重视营销渠道建设，同时积极打造并宣传特色农产品品牌，提高品牌的产权保护意识，为农产品品牌文化的发展营造良好的社会环境。

三、发达国家现代农业服务业现状

（一）美国现代农业服务业

20世纪50年代以后，美国农业实现了全面现代化。依靠完善的农业推广体系，先进的农业机械化、信息化和生物技术，发达的期货市场和完备的农业保险体系，其现代农业服务业取得了长足的发展。

1. 农业推广体系完善

美国的农业成果转化一直保持着较高水平，其中农业科研、教育与推广的密切结合功不可没。目前，美国已经建成以州立大学为依托，联邦推广站为枢纽，州推广站为核心，县推广站为基础的教育、科研、推广"三位一体"的农业推广模式。这种"三位一体"的推广模式有效地解决了农业生产、教学、科研与推广脱节的问题，提高了农业科技成果的转化率。

2. 农业机械和生物技术先进

美国农场的机械化程度非常高，几乎所有农作物的生产都已实现机械化，且配套设施完善。大规模的机械化生产极大节约了劳动力，使得美国的农业生产效率得到极大提高。同时，美国的农业生物技术十分发达，且应用广泛，特别是在转基因领域，其培育的高产、抗虫、抗病等优良农作物品种处于全球领先地位。

3. 农业信息化服务精准

信息化技术已经渗透到了美国农业生产的各个环节，既降低了农业生产成本，又提高了农业生产效率，并开辟了精准农业服务这一新的领域。美国已建成覆盖全国的农业计算机网络（AGNET），以连通美国农业部、州农业署、大学和农业企业。同时，美国还建立了完备的农业信息数据库，为农业生产和农业经济分析提供翔实的信息支撑。此外，美国还建立了可用于农业精准生产的"3S"系统，即农业遥感技术（RS）、地理信息系统（GIS）和全球定位系统（GPS）。农场主可利用该技术获取实时的田间情况，精确调整土壤和作物的管理措施，在降低成本的同时实现增产。

4. 期货市场发达

美国农产品期货市场成熟，在稳定农产品价格、降低农业风险方面发挥了至关重要的作用。美国农产品期货市场的作用主要体现在：利用期货市场的套期保值功能转移和分散农业市场风险；利用期货市场的价格发现功能调整供求关系，保持农产品市场价格稳定；有利于统一农产品质量标准，推进农产品产销标准化进程；通过农产品期货市场为农业产业化提供金融服务。

5. 农业保险体系完备

由于农业生产受自然因素影响大，经营风险高，所以发展现代农业必须辅以配套的风险管理体系。美国出台了专门的《联邦农作物保险法》，设立了农业风险管理局和联邦农作物保险公司，从制度上确保了农业保险机制的运行。农业风险管理局与联邦农作物保险公司作为政策机构，为农业保险体系提供政策保障。同时，兼顾商业性需求，美国允许商业保险公司参与农业保险业务，并根据市场需求开发新的农业保险险种，以市场导向完善农业保险体系。

（二）日本现代农业服务业

日本是典型的"地少人多"型国家，且土地资源匮乏。2019年，日本农林水产省公布了日本2018年的"粮食自给率"为37%，日本的粮食自给率在35个经合组织成员国中排名第30位，对于人口超一亿的国家来说，这样的粮食自给率属于低水平[①]。聚焦粮食安全问题，日本立足本国农业比较优势，在特色产业上实现了现代化，如稻米和蔬菜产业。另外，日本农业生产的机械化、水利化、良种化和信息化水平居世界前列，标准化、产业化、组织化程度很高，农产品质量安全体系和追溯体系完善健全。

1. 大力发展生物技术，机械化水平较高

日本是世界上人均耕地率最低的国家之一。因此，日本在农业现代化进程中，不可能采取美国的规模农业发展模式。日本始终将提高土地单产作为农业发展的重点，走出了一条土地利用型的农业现代化道路。日本选择了优先改良品种和土壤，再提高农业机械化水平的发展模式，具体的实现路径为"一改三化"，即：土地改良—化学化—良种化—机械化。

2. 农协组织强大

日本耕地较为分散，生产方式是以农户或家庭经营为主的典型的小农经济模式，难以适应农业现代化的发展。1947年，日本制定了《农业协同组合法》，建立了从中央到地方的完整的农协组织体系。农协以服务农民为宗旨，不以营利为目的，其重点服务领域涉及单家独户难以解决的生产经营和生活问题，同时在分散的农户与大市场之间架起

---

① 数据来源：日本或将面临粮食危机！粮食自给率创历史最低. 新浪财经，2019-09-11.

桥梁。借助农协这一平台，农民可以获得农技指导、农产品供应、涉农信息、农业信贷保险等服务。日本农协合理有效的组织，使得日本农业呈现出典型的轻劳作、反季节、优品种、高收入的特征。

3. 资金助力系统全面

日本政府非常支持智慧农业整体服务系统建设。据《日本农业新闻》报道，日本近年来提出"6次产业化"，其中强调的一站式农业经营者扶持项目已纳入2018年度财政预算，且用于该领域的财政预算比上一年提高36%，高达9.1亿日元。除上述地方政府持续投入智慧农业的服务系统建设外，日本政府还会划拨相关预算，由专业公司通过招标承建等方式来进行基础设施建设。日本政府采取价格补贴以及税收政策，推动农户拓展自己的各类农业业务，这在一定程度上提升了农户工作效率，增加了农户总体收入。

（三）法国现代农业服务业

法国自然气候条件优越，适宜多种农作物生长，它是欧盟最大的农业生产国，也是世界第二大农业食品出口国。其农业专业化与科技化程度处于世界领先地位。

1. 工业与农业深度融合

法国与美国、日本不同，人均耕地面积为0.28公顷，处于"中等"位置，既存在农村劳动力相对缺乏的情况，也遇到了人均耕地相对短缺的阻碍。法国存在一定范围的小农经济，发展现代农业主要是通过农业制度变革。法国在进行农业规模经营以及生产机械化的同时，积极主动地采用"以工哺农"方式，引导农业朝着自动化进程迈进，达成资本要素和人才要素的协同效应，并且在大力提高土地生产效率的同时，积极提升农户劳动生产的整体效率。

2. 聚焦高素质人才培养

在技术应用领域，法国拥有全面系统的智慧农业数据库，省级单位皆配备服务器等相关涉农服务终端硬件。在人才培养方面，法国聚焦于涉农高素质专业人才的培育事业，拥有完整的涉农人才教育体系；同时法国涉农教育框架灵活，课程时长可根据季节进行调整，且涉农教学强调体验教育理念。

3. 农业信息传播高效

法国政府建立了多层次信息传播服务体系。农业生产环节涉及的各类资讯信息发布及时，同时政府也会依据农产品价格波动为国内农户做出预判并提出相关建议，形成完备的涉农信息支持网络体系。此外，该服务体系还会通过各类农业合作组织以及"传统+现代"渠道，向农民提供有关涉农信息，保证农业产业模块中的每一块都可以井然有序地运行。

4. 重视市场规则的制定与维护

法国政府重视现代农业市场规则及其发展政策，同时大力维持市场化秩序的稳定性。法国实行的是一种增减并重的政策，前者是指其自身拥有的土地不允许被农户子女进行分割归属，进一步确保土地的完整性，而后者则是规定年龄在55岁以上的农户应选择分流，即退休措施。但是这一类农户仍然能够获得一次性发放的涉农退休津贴。2014 年 9 月，法国颁布《未来农业法》，开始在全国范围内推广生态农业，由此保证农业可以健康持续发展。

第二节　现代农业服务业的创新实践

随着科技的融入，现代农业发展出新的业态。现代农业的发展也不断融入服务业元素，进而实现现代农业和服务业的相互渗透、融合创新。当前，高新技术、金融保险、现代物流行业等服务业要素都得到了迅速发展，给现代农业服务业发展提供了全新的支持与保障。

一、现代农业新业态

现代农业主要特征是广泛地运用现代科学技术，由顺应自然变为自觉地利用自然和改造自然，从而进化出许多具有发展前景的新业态。

（一）绿色农业

绿色农业是将农业与环境协调起来，促进可持续发展，增加农户收入，保护环境，同时保证农产品安全性的农业。绿色农业能够灵活利用生态环境的物质循环系统，实践农药安全管理技术（IPM）、营养物综合管理技术（INM）、生物学技术和轮耕技术等，从而保护农业生产环境。目前，绿色农业大体上分为有机农业和低投入农业两大类。

（二）休闲农业

休闲农业是一种综合性的休闲农业业态，也称为乡村旅游、农业旅游、观光农业等。消费者作为旅游者不仅可以观光、采果、体验农作、了解农民生活、享受乡间情趣，而且可以获得住宿、度假、游乐等多种休闲服务。休闲农业具有广阔的发展前景。2012—2018 年，我国休闲农业与乡村旅游人数不断增加，从 2012 年的 7.2 亿人次增至 2017 年的 28 亿人次，年均复合增长率高达 31.2%，增长十分迅速。据测算，2018 年全国休闲农业和乡村旅游接待人次超 30 亿，休闲农业已成为城市居民休闲、旅游和旅居的重要产业，成为乡村产业的新亮点。

（三）工厂化农业

工厂化农业作为现代农业发展的一种新业态，是设计农业的高级层次。农业工厂化是指农业采用类似工厂的生产方法从事生产。工厂化农业的特点是：农产品生产在人工控制下，采用现代化装备、现代化技术和现代化管理方法进行。如在高度现代化的蔬菜、花卉和封闭式或半封闭式场馆中，动植物生长发育所需的空气、温度、湿度、光照、水分、养分等都是采用科学的方法和机械自动化的装备控制。农业生产工业化是一种全面机械化、自动化技术高度密集型的生产方式，能够在人工创造的环境中进行全过程的连续作业,从而摆脱自然界的制约。

(四)特色农业

特色农业就是将区域内独特的农业资源(如地理、气候、资源、产业基础等)开发成区域内特有的名优产品、转化为特色商品的现代农业。特色农业依据区域内整体资源优势及特点,突出地域特色,围绕市场需求,坚持以科技为先导,以农村产业链为主,高效配置各种生产要素,以某一特定生产对象或生产目的为目标,形成规模适度、特色突出、效益良好和产品具有较强市场竞争力的非均衡农业生产体系。特色农业的发展是适应当前社会消费需求、世界经济一体化和全球农业市场细分需要的必然结果。

(五)立体农业

立体农业,又称层状农业,就是利用光、热、水、肥、气等资源,同时利用各种农作物在生育过程中的时间差和空间差,在地面地下、水面水下、空中以及前方后方同时或较互进行生产,通过合理组装、粗细配套,组成各种类型的多功能、多层次、多途径的高产优质生产系统,来获得最大经济效益。如在葡萄地里种草莓,草莓采摘之后种菜等。立体农业是传统农业和现代农业科技相结合的新发展,是传统农业精华的优化组合,在未来具有广阔发展前景。简单地理解,立体农业就是多种相互协调、相互联系的农业生物(植物、动物、微生物)种群,在空间、时间和功能上的多层次综合利用的优化高效农业结构。

(六)订单农业

订单农业又称合同农业、契约农业,是近年来出现的一种新型农业生产经营模式。所谓订单农业,是指农户根据其本身或其所在的乡村组织同农产品的购买者之间所签订的订单,组织安排农产品生产的一种农业产销模式。订单农业很好地适应了市场需要,避免了盲目生产。订单农业使农业成为高度商业化的产业,能够有效实现农业生产的规模化、专业化、区域化。特别是作为以销定产的重要手段,订单农业对稳定农产品价格、确保农民合理收益、抵御市场价格风险具有较好的作用。

目前,我国总体上已进入加快改造传统农业、走中国特色农业现代化道路的关键时期。上述6种现代农业的新业态在实际发展过程中,亟须有关社会化服务体系与之配套,相辅相成。只有现代农业与现代服务业的融合发展,才能进一步推进农业结构调整,多渠道增加农民收入,持续改善农业生态环境,落实现代农业的科技创新,最终实现农业发展的产业化、规模化和现代化。

二、现代农业与服务业融合发展的探索

在现代信息技术快速发展的背景下,高科技引领的产业融合已经成为全球产业发展的新趋势。党的十九届五中全会提出:"推动现代服务业同先进制造业、现代农业深度融合,加快推进服务业数字化。"推动现代服务业同现代农业深度融合,对深入推进农业供给侧结构性改革,重构以消费为导向的现代农业产业体系有着重要意义。

(一) 基本思路

第一，推进农村第一、二、三产业融合发展。如推进农业产业链延伸型融合，农村第一、二、三产业集聚集群型融合，农业农村功能拓展型融合（如发展休闲农业和乡村旅游），互联网与农业联姻型融合等。

第二，发展农业生产性服务业或构建农业专业化社会化服务体系。近年来在我国许多地方，农业生产托管服务迅速发展，成为发展农业生产性服务业的重要方式。

第三，将现代服务业发展理念和组织方式移植嫁接到农业之中，形成创意农业、旅游农业等现代农业新业态、新模式。

第四，推进城市服务业与地处乡村的农业融合发展。如城市平台型企业与地处乡村的农业耦合衔接，帮助农业拓展升级农产品营销和农资采购渠道，疏通吸引资金、技术、人才的渠道。

(二) 主要路径

1. 深化农业管理体制改革

在现代农业、服务业融合发展的过程中，必须要创建适应现代农业服务业发展的环境。第一，要促进现代农业和服务业的融合发展。加快建设农业基础设施，完善相应的农村土地流转制度；同时要科学、有序推动民营服务行业的融入，从而进一步加快现代农业和服务业的融合发展。

第二，不断推动农村金融体制改革。一方面，要推动农村合作金融领域股份制的改革力度，加快一些新型农村金融机构的发展进程，如镇上银行、小额贷款公司等；另一方面，不断推进招商引资工作进程，及时吸纳对口帮扶经费，提高在现代农业和服务业发展上的资金投入。

第三，制定科学的惠农政策，给现代农业和服务业稳定发展提供相应的保障与支持。

2. 加快现代农业和物流服务的融合发展

第一，为了保证现代农业和服务业融合发展顺利进行，要积极推进现代农业物流服务的发展。以促进大型多功能综合型的农产品物流中心的建设工作和建立现代化物流产业作为核心内容，全力推动现代化农业物流的迅速发展，构建以高效化、科学化的物流中心以及各种新型农产品为主的现代物流体系结构。

第二，积极引导农民加入流通行业。大力发展中介机构，成立民间营销团队，主要负责各种农产品的长途调运以及售卖工作，从而加强农产品的市场营销以及流通。

第三，加强物联网等现代化信息技术的应用，保证农业以及物流业的创新发展。加强现代农业信息体系建设，通过网络、广播、电视、电话等多个信息工程建设，为农业提供更为便捷的市场供需信息服务。同时，从现代农业建设角度出发，发展农村电子商务业，加快农产品的流通与销售。完善和创新科技服务体系，构建更为多元化的农业技术推广模式。

3. 推动创意休闲农业的发展

将现代农业和旅游产业有效结合，不但能够极大地增加农产品的市场价值，提升农业资源的利用效率，而且可以通过农业所提供的农产品、农业景观资源等促进旅游产业的发展，提高消费者的满意度。旅游产业的发展需要农业朝着市场方向转变，按照消费者实际需要，给游客提供相应的蔬菜、水果以及纪念品等相关农产品。

现阶段，创意休闲农业已经成为现代农业和服务业融合发展的主流方向之一。一方面，要按照游客的特点以及需求将游客分类，从而按照游客的需求设计相应的创意休闲农业项目。另一方面，要发挥创意休闲农业的拓展功能，强调其文化、生态以及载体等功能，同时建立、发展农业主题公园，把农业展览休闲项目、生态旅游度假区建设当作载体。定期举办民俗文化节以及农事节庆等活动，大力推广休闲农业观光区的品牌，从而更好地促进观光农业的发展。

4. 加强科学技术和人力资源的支持

目前中国农业仍然是农业产业化程度低、技术推广难度大、科技创新主体创新能力不足。研究数据表明，截至2019年，中国农业科研人员学历统计中本科以下人员占20%，本科和硕士学历分别占38%、28%，拥有博士学历的科研人员作为科研主力军仅占14%[①]。近年来大专院校和科研机构作为农业创新的主力军，农业科研水平的发展不均衡现象严重。因此，社会急需培育中介机构，打造先进的科技创新平台，作为桥梁连接技术供需双方，为双方提供信息、交易场所、资金流通等相关服务，作为纽带促进知识和技术的扩散和转移，实现科学技术转化为农业生产力。

在促进现代农业和服务业快速发展的前提条件下，科学、有效地利用现代科学技术推动现代农业和服务业的融合发展，创建现代农业服务业科技创新体系。首先，不断推进现代农业和服务业创新体系的建立，鼓励建立多元化农业服务业推广系统，同时要体现出农业经济、农村合作经济组织以及农村中介组织等发挥的作用，通过建立农业示范基地以及农业科技园实现以点带面，从而在最大程度上促进农业科学技术的提升。其次，制定科学的激励政策，积极吸纳高新技术人才，引导创新型专业人才以及具有发展意识和市场开发能力的优秀企业家加入，给现代农业和服务业的发展添加活力。最后，完善政产学研合作机制，强化人才团队的建设。建立系统化、多元化的教育以及培训体系，不断加强现代农业和服务业方面人才的综合素养和专业技能。

5. 优化现代农业"互联网+"服务

移动互联网、大数据、物联网、云平台等"互联网+农业"行动计划给现代农业发展注入了新的活力和动力，引领农业向精准化方向发展。互联网与农业的融合发展，推进了现代要素在农业生产中的应用，拉近了生产与市场的距离，提高了效率，降低了成

---

① 数据来源：刘国祥，王娟. 中国农业现代化发展策略研究——基于农业与现代服务业融合视角［J］. 现代管理科学，2019（12）：3-5.

本，大大拓展了农业发展空间。

2020年初突发的新冠疫情给农业的发展蒙上了阴影，农业的"触电"缓解了疫情带来的危机。借助互联网信息技术，不但可以实现农业物流的信息化，进行农超对接，而且极大地消除了农产品产销的时空距离，扩大农产品的销售，进行全产业链的食品质量信息追溯。

优化现代农业"互联网+"服务，首先，加强顶层设计，完善标准规范，营造良好市场环境。其次，从农村互联网发展的特点出发，探索可持续的商业模式，增强互联网在农资供应、技术指导、金融服务等方面的综合服务功能，积极推动农业经营模式和产业体系创新。最后，加强农业大数据的开发利用，建立健全农业数据采集、分析、发布、服务机制，推动政府、企业信息服务资源的共享开放，消除数据壁垒和信息孤岛。

三、乡村旅游与三产融合的实践

党的十九大报告中首次提出实施乡村振兴战略。"乡村振兴"不仅是一个单纯的经济议题，它已经超越了产业发展和经济范畴，涵盖了经济、社会、生态、文化多个领域，意在探索一条适合中国乡村崛起的可持续路径。乡村旅游是乡村振兴的重要动力。党的十九大后，中共中央、国务院出台了《关于实施乡村振兴战略的意见》，其中三次提到乡村旅游发展：一是在产业兴旺部分提出"实施休闲农业和乡村旅游精品工程"；二是大力发展乡村旅游是实施乡村振兴战略的重要抓手；三是发展乡村旅游，有利于实现产业兴旺，有利于打造生态宜居空间，有利于实现乡村的乡风文明，有利于实现村民生活富裕。

现代农业服务业融合发展，通过乡村旅游与三产融合的方式，能够进一步深化农业供给侧结构性改革，推动以"休闲农业，绿色发展"为导向的乡村振兴战略真正落地实践。

（一）乡村旅游与第一产业的融合

当前，我国农业正由传统农业向现代农业迈进，休闲农业为人们参与农业种、养殖业的观光游览，欣赏农田风光，感受农家生活等提供了新的空间场所。作为一种产业形态，休闲农业正是以第一产业农业为基础，以满足人们的休闲娱乐为目的，以服务为手段，以乡村文化作为底蕴，延伸农业的传统功能，使其在原有生产的基础上兼具农业观光、农产品采摘采购、农产品品尝等多种功能。

以休闲农场为例。在我国农村，一些农户以家庭为单位经营运作"家庭型休闲农场"，是一种挖掘并展示农业种植业、养殖业的优势，发展具有"观光旅游"功能的休闲农业。这种休闲农场属于一种综合性的农业区，农场内提供的休闲活动一般包括农业景观观赏、农事体验、自然生态解说、亲子童玩活动等。通常，休闲农场具有六大功能：一是提供休闲场所，越来越多的人开始把注意力转向空气质量好、生活方式较为随意的城郊或城乡结合部。二是教育市民认识农村，体验乡村生活，让消费者亲自体验春种秋收的乐趣。三是使旅游者放松身心，解除戒备，拓展人际关系。四是增加就业，吸引大批农村富余劳动力就业。五是为迎合旅游者的心理，农场管理人员重视环境的保护。六是具有缓解游客紧张情绪、舒缓身心的医疗功能。可见，休闲农场正是在保有传统农业生产基础上，延长农业的产业链，实现了"三农"价值的再创造。

发展休闲农业或休闲农场一些具体的做法值得借鉴。首先，因地制宜地结合当地的农业产业基本情况，深入挖掘当地农业的卖点。农业资源需要跳脱传统的只生产粮食的用途，探索发现农业资源的环境、知识、健康、美学、文化等多重价值。其次，尽可能完整真实地保留农村符号。旅游者之所以选择来到农村放松、休闲，就是为了寻找记忆中的乡村与乡愁。发展休闲农业需要刻意保留好乡村的原真性，不可一味地追求现代化，需要在保留农村符号的同时，融入现代化的元素。最后，尽可能地满足都市人的多样化需求：一是对农村新鲜空气、安全食品的需求。可以让市民亲身走进农村，贴近农民，乃至亲自参与到农业生产中去。二是都市人亲近乡土的需求。现代都市生活的快节奏，使城里人有更大的兴趣走进农村、贴近农民。三是亲子教育的需要。大自然是孩子最好的课堂与老师。现在的父母教育理念不断进步，更愿意把孩子放在农场里去接受大自然的教育，引导小孩学会感恩。

除此之外，乡村旅游与第一产业农业融合发展中，还需重视推进农业与文化、科技、生态、旅游的融合，提高农业领域的创意和设计水平。农业生产环境、农场空间营造要与乡村旅游经营场所的创意和设计结合起来，用创意的方式展示农业生产过程和细节，拉近旅游者与现代农业之间的距离，使其产生互动，进而提升农业、农产品的创意价值。

（二）乡村旅游与第二产业的融合

乡村旅游也需要与第二产业进行融合。第二产业范围较宽，随着现代社会发展的需要，第二产业涌现一些新的业态形式，可与休闲农业进行融合发展。

1. 农产品的深加工

一个地方的乡村旅游发展得好不好、生态农业做得成不成功，常见的标准就是看游客自驾车的后备厢是不是装满了当地的土特农产品。要满足游客旅游中"购"的需求，不仅要开发应季农产品销售，更重要的是必须要有一些深加工的农产品持续吸引游客愿意，使其做出购买决策。

大力开发乡村的农产品深加工。首先，引入先进生产线和技术力量，使优质的农产品不再受制于保存条件的限制，从而满足游客对农产品"购"的需求。其次，农产品深加工也要重视农产品的包装，要把农产品变成礼品，通过深加工来提高农产品的附加值。再次，加强地理标志和农产品商标的注册和保护，支持农业企业申报和推介绿色环保产品和原产地标记。最后，鼓励利用信息技术创新具有地域文化特色的农产品营销模式。

2. 乡村的传统手工业

中国乡村中还保留有很多有代表性的传统手工业。它们中有许多因为具有突出的普遍价值，已成为世界非物质文化遗产或国家级、省级非物质文化遗产项目。这些非物质文化遗产尽管国家有专项拨款予以保护，但是能够让非物质文化遗产具有持续生命活力地存在下去的，一定是一种"活态"的生产性保护方式，也就是这些传统手工技艺要能与当代产生对话，在市场交换中兑现它的价值，不仅被消费者认同，更重要的是也被技艺的传承人所认同。唯有这样，才能形成手工技艺的传承人持续保护和传承这些技艺的自信心和内驱力。

比如，可以把特色民间传统技艺、年画、编织等教给游客，也可以做好卖给游客。对乡村原有的特色手工技艺进行适当开发，形成特色商品或者特色服务，不仅对旅游者具有吸引力，提高游客对乡村的文化认同，而且从另一个层面来讲，还能带动当地农民就业，增加当地农民的收入。

3. 乡村建筑业

随着低碳概念的深入人心和乡村旅游本身所蕴含的生态诉求，生态建筑、新能源建筑在休闲农业中占有越来越重要的分量。一些社会资本会寻找一些破落的村庄进行改造，保持外部形态，只进行内部改造，建设成乡村酒店，营造"外土内洋"的乡村度假氛围，因此，乡村建筑业应运而生。

对乡村建筑进行改造，要抓住城市人来乡村的心理需求，既要保存乡土特色，又要具备现代化设施与功能。因此乡村建筑业不同于城市建筑业的地方在于，要充分利用乡村得天独厚的生态资源和优美的田园风光等自然旅游资源，以及乡村民俗历史文化、古村落、居民建筑等人文旅游资源。

浙江德清的裸心谷是国内第一家获得绿色建筑国际奖项 LEED 最高荣誉铂金认证的高级度假村。在浙江，境内外高消费客源众多。裸心谷民宿充分利用浙江德清莫干山保护区内多种自然和人文资源，营造出极富地域和生态特色的民宿建筑，从而发展出了高端乡村旅游产品。目前，裸心谷拥有 121 间客房，包括宽敞豪华的树顶别墅、温馨的夯土小屋，另还有树顶别墅露台理疗浴缸、无边泳池等。"裸心"自 2007 年诞生以来，成为颇负盛名的乡村民宿品牌。

要完善公共管理和社会组织。乡村旅游的发展，不可能也不应该排斥城市资本进入。在城市资本大量涌入的情况下保障农民的利益，必须要依靠公共管理与社会组织的健全与发展，促使农民联合起来，促进乡村旅游的社区参与度。从实践上讲，主要就是建设和强化农民专业合作组织与行业协会组织，在维护村民自身利益的基础上，更好地满足游客多元化的需求。

（三）乡村旅游与第三产业的融合

乡村旅游更需要与服务业进行深度融合。乡村旅游是集农耕体验、田园观光、教育展示、文化传承于一体的庞大产业综合体。除了与第一、第二产业存在交叉、融合发展的可能外，在现代服务业中更是大有作为。总体上看，乡村旅游可以与各个服务业对接，协同发展。

国务院办公厅印发的《关于以新业态新模式引领新型消费加快发展的意见》提出："今后5至10年，积极推动休闲产业发展，大力促进休闲旅游、度假旅游、健康旅游、医疗旅游、体育旅游、休闲农业、山地旅游、乡村旅游等，并与养生、养老、亲子、游学等有机结合，从而加快催生新产品、新业态、新服务、新模式和新制度。"未来，乡村旅游在与第三产业融合发展中，一些新的业态值得重点关注和大力发展。

1. 乡村度假

疫情之下，乡村度假因为相对开敞、密度较低，正在成为城市居民重要的休闲度假方式；特别是在中长距离旅游受限的情况下，乡村度假更是成为短距离休闲度假的重要选择。据全国乡村旅游监测中心测算，2021年1季度，全国乡村旅游接待总人次为9.84亿，比2019年同期增长5.2%；全国乡村旅游总收入3898亿元，比2019年同期增长2.1%。总体看来，乡村度假比旅游业恢复情况更好。

从长远发展看，2021年4月29日，十三届全国人大常委会第二十八次会议表决通过《中华人民共和国乡村振兴促进法》，其中明确规定，各级政府应当发挥农村资源和生态优势，支持红色旅游、乡村旅游、休闲农业等乡村产业发展，支持休闲农业和乡村旅游重点村镇等建设，这也意味着推动乡村度假业态发展将成为国家长期坚持的方向。2021年5月，文化和旅游部、国家发展改革委推出"体验脱贫成就·助力乡村振兴"乡村旅游学习体验线路300条，将红色文化资源与绿色生态资源相结合，推动乡村旅游向深度和广度发展。

2. 乡村露营

乡村露营满足了人们个性化旅游需要。目前，我国的乡村露营业态尚处于起步阶段。我国公共交通不够发达的广大乡村，集中了大量的自驾车旅游者。这些游客驱车前往乡村，往往不只是为了吃农家饭，购土特产，更是希望远离城市喧嚣，放松自我，可以更好地亲近自然。因此，可以让旅游者随遇而安、亲近自然的乡村露营地应运而生。

为了推动乡村露营产业的发展，国家也配套出台了相关政策。2015年62号国办发《关于进一步促进旅游投资和消费的若干意见》，第一次将露营旅游呈现在国家发展台面，并提出了6个方面、26条具体政策措施，以充分挖掘旅游投资和旅游消费增长潜力，并在时间节点和量级规模上对自驾车、房车营地做出明确要求；制定了全国自驾车房车营地建设规划和自驾车房车营地建设标准，明确营地住宿登记、安全救援等政策，支持少数民族地区和丝绸之路沿线、长江经济带等重点旅游地区建设自驾车房车营地。据悉到2020年，国家鼓励引导社会资本建立了自驾车房车营地1000个左右。

乡村露营业态具有诸多特点，如满足游客多层次需要，与乡村旅游紧密结合，以及重视环境保护等。加快和完善我国乡村露营地建设，不仅有助于构建新的城郊乡村旅游空间组织，而且极大地拓展了露营休闲旅游及相关产业链、新业态，有望成为乡村旅游的全新业态。

3. 健康与养老产业

随着城乡统筹各项改革的进一步深化,尤其是农村集体建设用地流转政策的进一步明晰,农村地区的健康养老、休闲房地产开发将会迎来新的高潮。

农村拥有最宜居的自然资源、社会资源、文化资源、风景资源,这是任何地方都无法比拟的。自然资源方面:一方面,农村拥有没有空气污染、水污染、噪声污染的良好的自然环境;另一方面,农村还拥有肥沃的土壤、良好的气候、多样的地形地貌,是各种动植物的天然栖息地和生长地。社会资源方面:广大农村拥有多样的城乡交流活动、特殊的农作物生产、特产生产,有着丰富的不同于城市的经济活动;另外,农村也有着当地独特的传统社会活动,如乡村氏族活动、乡村节事活动、乡村游戏活动、乡村共同体活动等。文化资源方面:如乡村独特的历史资源、文化节庆、历史遗迹、宗教信仰、传统建筑、村落象征物、著名人物、风水地理、民间传说等。风景资源方面:如农村风景、河川风景、山林风景、民居风景等。

如今,新冠肺炎疫情正在改变着人类的生命观、健康观、养生观和旅游观。生命至上,健康至上,健康将大大超过人们对物质享受的追求。农村宜居的自然环境为健康产业以及养老产业提供广阔的发展空间。

综上,乡村旅游与第一、二、三产业融合发展,有助于进一步推动农业产业化、专业化发展,让农村更加美丽,农民生活更加富足。乡村旅游与第一、二、三产业融合发展是乡村振兴战略的主要抓手,通过打造农业新产业、新业态、新模式来延伸农业产业链,进而实现农业、农产品加工业、农村服务业的融合。未来,乡村旅游与三产融合的方式将成为乡村振兴战略的重要抓手。从乡村振兴发展层面看,乡村旅游开发和乡村振兴战略的最终目标是一致。无论是实施乡村振兴战略还是进行乡村旅游开发,对乡村地区的建设和可持续发展都具有积极意义。

思考与练习

1. 什么是现代农业服务业?请谈谈你对现代农业服务业的理解。
2. 请简述现代农业有哪些新业态。
3. 乡村旅游怎样与第三产业融合发展?请阐释乡村旅游在与第三产业融合发展中出现的新业态。

第九章　数字学习与知识服务产业

本章导读

数字化不是一种威胁,而是一个契机,数字化已经作用于人们生活的方方面面。数字化不仅仅是一项技术创新,数字化存在于人们生活的时时处处,生活的方方面面都受到它的影响。所有人都已经被数字化,无论我们是否意识到,无论我们是否愿意,我们都已携带了数字化转型的"基因",只是不同的个体程度有所不同而已。

互联网时代,数字产业的发展潜力巨大,经济效益明显。与之相伴的是,数字化学习成为一种常态化的生活方式,知识服务产业渗入生活的各个层面之中。数字学习会是一种趋势,是提供知识服务的一种目的,同时也是我们每个人未来必不可少的一项技能。每个人都要利用数字学习养成一种终身学习的技能,知识服务产业需要跟进数字化的时代洪流,使人们的日常生活更加快捷、方便、智能。

第一节　数字化学习与知识服务产业

数字化生存将迫使人们走出舒适区,走向挑战区,以新的方式学习新的知识。我们已经不能再像过去一样,从别处或者是从我们的竞争对手那里发现好经验,通过简单的复制、粘贴来解决我们自己的问题。人们不再只需要某种产品,人们更多需要的是一种服务。基于此,我们就需要调整自身以适应新的形势,了解企业所处的生态系统的新变化。对于企业来讲,数字化应该具有某些个性化的因子。知识服务产业提供的将不只是一种产品,而是一种服务和体验。

一、数字化学习

信息化是当今世界经济和社会发展的大趋势,以多媒体和网络技术为核心的信息技术已成为拓展人类能力的创造性工具。信息技术的发展,使人们的学习和交流打破了过去的时空界限,为人类能力的提高和发挥作用带来了新的空间。

(一)数字经济时代

克劳斯·施瓦布(Klaus Schwab)在其著作《第四次工业革命》中提到了全球范围

内的四次工业革命,社会将从机械生产、规模化生产、计算机革命,到目前正在进行的以数据、智能为代表的第四次工业革命。第一次产业革命诞生了机器及其经济部门——工厂;第二次工业革命形成了以企业和信息技术为核心的组织形式和产业要素;第三次工业革命形成了以生物、基因工程为主的社会发展技术;第四次产业革命使之前传统的工业、农业经济拥有新的商业模式和发展形态,引发了全球数字经济时代的到来。数字经济包括生产、分配、交换、消费在内的生产关系发生一系列变化,数字化渗透到生产要素、生产方式、组织形式等各个方面,并体现出新的特点。

国际上数字经济是泛指数字化应用,即以信息技术为基础和关键技术的经济活动。中国学界和业界目前广泛应用的概念,来自2016年G20杭州峰会《二十国集团数字经济发展与合作协议》。该报告提到的数字经济概念是指,以使用数字化的知识和信息作为关键生产要素、以现代信息网络作为重要载体、以信息通信技术的有效使用作为效率提升和经济结构优化的重要推动力的一系列经济活动。总体来看,数字经济产生了新的组织方式、生产要素、流通渠道、商业模式,既有助于实体经济、传统产业的升级和转型,也有自身裂变式创新发展。

数字、网络和智能信息通信技术使现代经济活动更加灵活、敏捷、智能。百度每天搜索点击量达到百亿次,支付宝每天的交易次数达1.75亿,微信日活跃账户超过1.7亿。互联网、云计算、大数据、物联网、金融科技等新兴数字技术被用于信息收集、存储、分析和共享的过程中,改变了社会互动方式。通过大数据、智能、移动互联网和云计算的发展,数据正在向新兴行业发展。研究表明,数字化每增加10%,人均国内生产总值增长0.5%~0.62%[①]。据中国信息通信研究院统计,2017年全国数字经济总量达到27.2万亿元,同比增长20.3%,占GDP的32.9%。

基于互联网的信息和数据技术,现代服务业迫切需要形成巨大的平台集成效应,成就现代服务业的规模化、便利化等特点。在数字经济背景下,数字(数据)生成重要的生产要素。人们对数字、信息、知识的应用程度和深度大大提高,信息和数据成为重要的基础性战略资源。知识和信息的主要载体图书被代之以数字介质,数字化驱动知识和信息总量爆发增长。

(二)学习者的新处境

数字经济时代要求每个人要与数字化转型同步才能成为时代受益者。今天,人们生活的方方面面都已全面数字化。例如:

1. 个体的数据化

个人的形象、身份和信誉都可以在互联网上查询。因此,每个人的数字化信息很容易就可以被陌生人掌控。

---

① 数据来源:打造中国数字经济增长极[N].人民日报海外版,2018-05-23.

2. 互动中的数字化

社交网络彻底改变了人与他联系和互动的方式，如今人们常使用微信、QQ、B 站、小红书等进行各种信息的交流。

3. 作为消费者的数字化

即使在实体店里，人们还是会用自己的智能手机来查询某种商品的信息，比较商品价格。起初，只有不重要也不贵的商品才会在互联网上出售，而今天，即使刚上市的新型汽车也都能在互联网上出售，人们对于在互联网上出售任何东西似乎都已习以为常。

4. 品牌认知与消费方式的数字化

人口统计数据、行为数据、消费习惯、购买意图等，所有这些能表征我们特征的参数都被详细研究，并以数据的形式被收集和处理，而这些研究和处理可以使品牌与消费者的关系更加个性化，变得更加人性化。

5. 活动及健康的数字化

智能手表和智能手环可以通过测量获取相关数据，从而帮助人们进一步改善生活方式。体重秤随时跟踪形体的变化，供消费者参考。人们还可以通过对饮食和运动的监测，与医生随时分享从体重到血压的各项指标。

6. 消费的数字化

热闹的菜市场因为各种数字平台的出现，已很少再吸引年轻人前往消费，实体菜蔬店正在被数字化取代。未来，一切都将以数字化的形式出现，即使小到买菜做饭日常生活琐事。这使得使用者与使用内容之间的新互动成为可能，并可通过使用内容，形成使用者之间的互动。

因此，对于被裹挟在数字经济时代的每一个体来说，人们所掌握的技能在比以往更短的时间内变得过时，知识更新速度加快。及时补充新知，以迎合数字化时代工作、生活的新要求，就成为当代所有人的迫切需要。

当下以及未来，学习将成为一种永久性、体验式的社会活动，并与实践相互渗透。学习者面临的新处境包括：①学习具有永久性，不只是在专用时间里学习，还包括每天在我们从事的各项活动中学习。②学习也是一种体验。如果学习不能成为我们享受的、想要不断更新的体验，那么，无论学习内容内在质量如何，学习都不能在我们的日常生活中获得应属于它的位置。③学与做相互渗透，在学中做，在做中学，以解决问题为导向的学习将成为一种新的学习方式。

（三）数字化学习（E-Learning）

在以信息网络化为基础的数字经济时代，E-Learning 是随着信息技术与教育、培训相结合出现的新生事物，主要体现在 IT 产业界和教育界。在 IT 产业界，E-Learning 是一快速发展的"行业"，研究的主题多集中于技术层面和组织应用层面上，如各种网络新技术的应用、平台的构建、各种应用的互通。而在教育界，其研究主要集中在教育信息化和现代化两个主要的领域。

E-Learning 英文全称为 Electronic Learning，可翻译为"数字化学习""电子化学习""网络化学习"等。不同译法代表了不同观点：一是强调基于因特网的学习，是指通过因特网或其他数字化内容进行学习与教学的活动，它充分利用现代信息技术所提供的、具有全新沟通机制与丰富资源的学习环境，实现一种全新的学习方式。二是强调电子化，电子化学习多应用于企业的员工培训、人力资源管理部门。三是强调在 E-Learning 中要把数字化内容与网络资源结合起来。网络学习环境含有大量数据、档案资料、程序、教学软件、兴趣讨论组、新闻组等学习资源，形成了一个高度综合集成的资源库。

数字化学习通过使学习内容、学习手段、学习媒体、学习过程、学习模式、学习策略和学习的评价方法的"网络化、电子化、数字化和智能化"，创设一种"以人为本"的高智能化和高效的学习环境（Learning Environment），从而使学习者积极学习，乐于学习，使学习活动变得有趣、轻松，达到经济学习、有效学习和高效学习的目的。

不同于传统的学习方式，数字化学习具有自身的独特优势，让学习成为一种最具开放性的活动。第一，数字化学习更为灵活便捷，学习者可以在任何时间、任何地点进行。无论学习者是在哪里，只要时间允许，哪怕是碎片时间，都可以通过数字学习平台提供的学习资源展开学习。第二，数字化学习可以切实地降低学习成本。通过网络信息技术，数字化学习不但可以扩大学习者的数量，而且可以免去或大幅度降低对课堂、教师及教学辅助设施的需求所引发的成本。数字化学习最大优点就是消除了将接受知识的人和传授知识的人聚在一起的成本和不便。而且，数字化学习还可以将学习内容分解为较小的片段，学习者可根据自己的时间灵活安排自己的学习节奏。第三，数字化学习内容更新便捷，学习者可以及时获取最新的信息。数字化课程学习内容可以被讲授者随时更新，而且更新后所有的学习者就能够第一时间访问并获得最新的学习内容。而且，许多学习内容可以不受时间约束，只要有需要都可以随时回看查阅。第四，数字化学习是以学习者为中心的学习模式。每个学习者都可以根据自己的需要安排学习内容和学习进度。学习者可根据自己的需要定制学习内容，也就能够控制自己的学习过程和更好地理解学习内容，甚至可以主动探寻相关学习内容，最大可能地调动自己学习的内驱力。最后，数字化学习提高了学习者之间的协作和交互能力。研究表明，基于在线方式的学习能够让学生更加深入地进行讨论和介入。数字化学习能够利用教学和通信技术实现多种互动和协作环境，如果相关专家和学者协同进入该学习环境，那么学习互动效果更佳。在线的学习互动方式可以提供聊天室、测试练习、电子邮件、公告板、案例分析、情景描述、示范、讨论组、教师指导、提示、指南、常见问题解答，以及练习向导等工具。另有研究发现，数字化在线学习与传统教室内的学习方式相比，学习者更愿意进行相互交流，学习者在网络上学习时产生的群体效应，比教师带领的方式更加主动。

当然，数字化学习也存在一些局限性。例如，因数字化推送学习内容，引发的教学双方缺乏面对面的人性化沟通，但这一局限性未来完全可以通过信息化技术迭代升级逐步加以克服。另外，在数字化学习的内容方面，国内目前还比较缺乏高质量、多媒体互动数字学习课件和平台，缺乏高标准、统一的数字学习软件。

在未来数字化学习领域，人们迫切需要内容高质量，且操作便捷的知识服务产业，以增强学习者随时随地学习的可行性，使每个人成为受益的终身学习者。

二、知识服务产业

（一）知识服务

知识服务概念最初是随着知识经济（Knowledge-based Economy）衍生而来。尽管学界和业界对知识经济的内涵界定尚有争议，但基本认可所谓的知识经济就是以"知识为基础的经济"，是建立在知识和信息的生产、分配和使用（消费）之上的经济。

2000年张晓林教授提到，要用知识服务来应对知识经济和现代信息技术给图书情报工作带来的新挑战。他认为，所谓知识服务，即以信息知识的搜寻、组织、分析、重组的知识和能力为基础，根据用户的问题和环境，融入用户解决问题的过程之中，提供能够有效支持知识应用和知识创新的服务。他提出知识服务具有用户目标驱动、面向知识内容、面向增值服务、专业化和个人化等基本特征，这也为出版界的数字化转型提供有效参考。

知网、万方等数字出版平台数据库在知识服务领域已先行一步，其运营模式也被学界广泛关注。学者周健对知网、万方、维普等做了指标评价，并提出网络文献数据库知识服务功能的实现手段包括知识资源组织、知识资源关联、知识资源获取等功能。学者刘治将数字出版和知识服务联系起来，他认为，出版即是一种信息服务，以此探讨数字出版企业与知识服务之间的交集。

出版业对知识服务大规模关注和研究出现在2015年。当年，国家新闻出版广电总局先后发布了《关于开展专业数字内容资源知识服务模式试点工作的通知》和《关于推荐专业数字内容资源知识服务模式试点工作技术支持单位的通知》，由此，出版机构开始探索向知识服务转型的类型、特征、模式等。2016年，中国科学院发布《中国现代化报告（2016）》，提出优先发展知识服务业，建设知识创新强国、知识传播强国和知识经济强国。与此同时，以出版业为代表的内容产业加快了向现代知识服务转型的步伐。同年，"国家知识资源数据库工程"进入实施阶段。数字出版年会明确提出，支持出版单位整合同类资源，开发成体系的专业内容知识资源产品和垂直服务平台，探索知识服务产业化应用模式。

目前，国内关于知识服务的研究成果主要集中在图书情报领域，探讨基于图书馆文献资源所开展的专业服务，与国际上面向产业实践的知识密集型服务研究范式存在一定的差异。

（二）知识服务产业

知识服务产业尚没有一个被大众普遍认可的定义，无论是国家统计局行业分类标准，抑或是教育部专业分类目录乃至学术界的研究，"知识服务产业"并非常见的标准术语。1962年，美国经济学家弗里茨·马克卢普在其《美国的知识生产和分配》一书中首次提出了"知识产业"这一概念。知识产业是指以作为核心资源生产和提供知识产品的产业，包括知识技术生产部门、直接知识部门和间接知识部门等。知识产业主要由两部分构成：一个是高新技术产业；另一个是知识服务产业（见图9-1）。

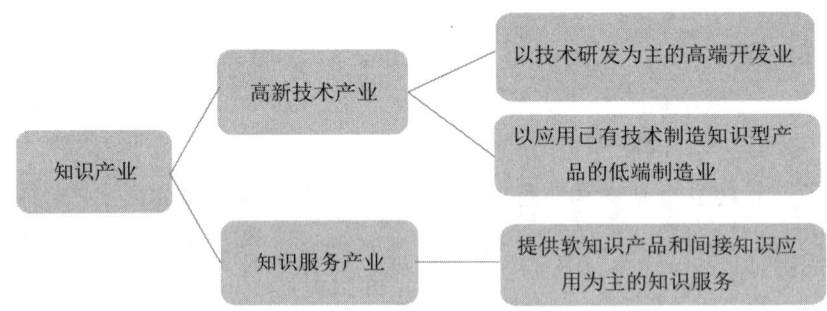

图9-1 知识产业结构

值得一提的是，全面理解知识产业，不能只把眼光放在高新技术产业上。高新技术产业只是知识产业的一部分，远不是知识产业的全部。它之所以被广泛关注，主要在于高新技术产业如以生物医药、新材料、计算机及网络的软硬件等为代表的产业是目前全球经济增长最快、产出效益最高的部分。

知识服务产业是知识产业结构中的另一个重要组成部分。知识服务业的出现和兴旺是适应市场需求变化的结果。基于现代服务业视角，知识服务产业有广义和狭义之分。广义的知识服务产业是现代服务业的一个重要组成部分，是对外产出智力、知识成果及相关服务的产业，主要指以知识活动（知识创造、传播和共享等）为基础，提供知识产品和知识服务的产业，是知识密集型服务业群体的总称，不同于劳动密集型服务业和资金密集型服务业。广义的知识服务业涉及知识生产、流通、分配、消费的全过程，具体包括知识生产业、知识传播业和知识应用业（见图9-2）。

知识服务业
- 知识生产业：科学研发部门从事的有关产业
- 知识传播业：教育、文化传媒部门从事的有关产业
- 知识应用业：咨询、设计部门从事的有关产业

图9-2 知识服务业构成

在知识服务产业内部，知识生产业、知识传播业和知识应用业各有侧重且相互联系。知识生产业是知识传播和知识应用的基础，知识生产业向以知识为基础的其他产业提供知识产品或劳务，由此形成了以知识产出和投入为联系纽带的相互依存关系。知识传播业主要由教育和培训机构以及文化传媒承担，知识应用业主要由知识密集型服务业承担。知识传播业和知识应用业不只是被动地接受科研部门提供的知识产品，而是依

据市场的需求，对知识产品或劳务进行再加工，以满足学习者不同类型和具体诉求的需要。

狭义的知识服务产业，是指主要依托已有的知识资源（即文献），开发标准化知识产品，为用户提供知识内容的产业。目前主要涉及传统知识服务行业（如出版社、图情机构等）和互联网知识服务产业（如在线文学、数字出版机构、知识付费平台等）。因此，狭义的知识服务业就是以尽可能理想的方式，为服务对象的存在和发展提供智力支持，主要手段是依托高科技和专业的知识、信息和经验，通过服务的高交互程度和顾客个性定制，即高知识含量和高个性化交互，为顾客提供知识内容服务。

（三）数字内容知识服务产业

关于数字内容产业，不同地区和组织有各自不同的定义，其中我国台湾地区《2003年数位内容产业白皮书》中对"数字内容产业"的概念及类型进行了较为全面的界定。该报告将数字内容产业定义为将图像、字符、影像、语音等资料加以数字化并整合运用的技术、产品或服务（不含硬件），包含数字游戏、电脑动画、数字学习、数字影音应用、行动应用服务、网络服务、内容软体及数字出版典藏等8大领域。

从知识服务产业与数字内容产业的概念内涵进行分析，两者侧重点有所不同。前者强调知识要素在产业中的主导地位，后者则突出数字内容的形态特征。但从概念范畴上看，两者存在很多交叉。从狭义的知识服务业角度出发，传统知识服务行业以及互联网知识服务产业都在进行数字化转型。数字内容产业中的许多细分领域，如数字出版、数字学习、软件服务等，属于典型的知识密集型产业服务化，因此从属于广义上的知识服务产业。

基于上述分析，本章内容主要聚焦于数字内容知识服务产业，重点关注数字内容产业中与知识服务活动直接相关部分，包括数字出版、数字教育、知识类新媒体等领域。具体指数字内容企业根据用户需求和环境，对相关信息资源进行搜寻、组织和挖掘，针对用户特定需求，提供能够有效支持知识应用和知识创新的服务。

第二节　数字内容知识服务产业发展与创新

一、数字内容知识服务产业发展现状

关于数字内容领域知识服务的经济规模，目前尚缺乏精确的统计数据。尽管国家统计局有关于软件产品和服务的统计数据，但主要是针对软件产品、信息技术服务、嵌入式系统软件等，对数字内容领域知识服务不具有直接的参考性。结合对数字内容产业知识服务范围的划分，选取数字出版、在线教育、知识类新媒体等领域作为估算经济规模的数据来源。

数字出版产业是数字内容产业的核心领域，有关其产值的相关数据具有较强的代表性，可从中选择与知识服务相关的领域作为分析对象。根据《2016—2017中国数字出版产业年度报告》统计显示，2016年我国数字出版产业整体收入规模为5720.85亿元。如果将数字出版产业分为娱乐休闲和知识教育两大领域的话，前者主要包括网络游戏、互联网广告、手机出版等，后者则以电子书、互联网期刊、在线教育等为主。提取数字出版产值中与知识教育相关的几个细分门类的统计数据，汇总得出该领域知识服务的经济规模大约是374.5亿元。关于知识类新媒体，主要参考知识付费领域相关数据。根据2017年36氪[1]发布的知识新经济报告显示，截止到2017年3月，我国用户知识付费（不包括在线教育）可估算的总体经济规模为100亿~150亿元。[2] 综合上述分析，数字内容产业知识服务的经济规模为475亿~525亿元。

当前数字内容知识服务产业的蓬勃发展，来源于新旧两种力量的共同作用，分别是传统知识生产和发行机构的数字出版转型，以及互联网知识服务新业态的兴起。传统出版机构、平台服务商以及新媒体公司分别从不同角度切入知识服务领域。其中传统出版单位的知识服务数字化转型尚处于起步发展阶段，主要以专业和教育出版机构参与为主。2015年，国家新闻出版广电总局为推动国家知识服务体系建设，发布了《关于开展专业数字内容资源知识服务模式试点工作的通知》，最终确定28家新闻出版单位为试点单位。2016年，国家批复由新闻出版研究院组建行业知识资源服务中心，由新闻出版总署信息中心组建行业出版发行数据中心；2017年，国家启动"关于深化新闻出版业数字化转型升级工作"，进一步加快文化与科技融合，提高新闻出版业生产力、传播力、影响力，丰富产品形态，提升服务能力，为人民群众与国民经济各领域提供资讯、数据、文献、知识的多层级信息内容服务。平台服务商方面，以中国知网、中文在线、方正为代表的服务商依托对海量内容资源的整合能力扩大竞争优势，实现在专业与教育领域知识服务的领先地位。

新媒体公司成为这一轮数字内容知识服务浪潮中最大的赢家。在移动终端和支付环境日益成熟的背景下，得到、知乎、喜马拉雅等公司在2016年前后纷纷推出各自的知识付费产品，并掀起互联网行业的知识消费风口。互联网知识服务新业态兴起，已经成为了风险投资行业关注的"风口"。2017年被业界定义为中国互联网知识服务发展元年。在这一年，不仅喜马拉雅、蜻蜓、知乎、得到等人们熟悉的知识服务平台强势发展，针对细分市场的米熊、极客时间、百道学习等也在各自的领域吸引了众多用户。众多互联网巨头不仅纷纷投资知识服务平台，还依托各自现有的业务板块拓展知识服务内容，如

---

[1] 科技新媒体，创办于2010年12月，是以科技创投媒体起家。作为一家科技创新创业综合服务集团，拥有新商业媒体——36氪传媒、联合办公空间——氪空间、一级市场金融数据提供商——鲸准。36氪集团为中小微及科技创新企业解决"曝光难、办公难、融资难"的问题，提供包括媒体曝光、办公场地及相关的配套服务、融资对接等服务。36氪集团也为服务中小微企业的金融机构和非金融机构提供金融信息服务。

[2] 36氪知识新经济报告.我们研究了28家平台，为你揭开知识付费的现状与未来.2017-09-10.

百度依托百度百家号推出付费阅读，网易云课堂在 2017 年底推出行家计划，京东推出知识服务频道等。据报道，2020 年底中国互联网知识服务用户规模已达 2 亿人，产业规模已达 2000 亿元。

二、数字内容知识服务产业发展模式

（一）产品形态演变

随着新一代知识服务对象的成长、"互联网＋知识／内容产业"的深入发展和移动互联网的深度渗透，当前数字内容知识服务产品供给体系发生了颠覆式变化。

首先，知识服务对象的变迁。有两方面的变化：一是高素质读者群体的涌现。据《中国教育统计年鉴》数据，1978 年以来中国毕业的大学生（大专及以上）人数已经超过 1 亿人；二是新一代的中青年读者往往具有较高的计算机信息素养，对产品的用户体验要求更加苛刻。

其次，知识服务产品的变迁。知识服务产品从传统模式到互联方式再到移动互联网形态，无论是书报刊还是广播、电影、电视等内容产品，均发生了深刻的变化，如表 9-1 所示。移动互联网形态下的知识服务产品已渗透到普通网民。

表 9-1　知识服务产品形态演化

知识产品	传统服务产品	数字出版服务产品	移动互联网服务产品
图书	纸质书、光盘	电子书、AR 书、数字出版、超星独秀	各类移动阅读器如 Kindle、微信公众号
报纸	印刷报	电子报、数字报、媒体网站	移动端各种 App，如今日头条
期刊	纸质刊、光盘	电子刊物、数据库，如知网期刊库	移动图书馆 App、数据库 App，如手机知网
音乐广播	唱片、传统电台	互联网广播电台，如蜻蜓 FM	移动电台 App
电视电影	拷贝、胶片、院线	视频网站，如芒果、爱奇艺等	在线视频 App、视频直播 App
碎片化知识	无	数据库、知乎／微博等社交媒体	各种 App、微信公众号

资料来源：根据肖洪、毋晓霞肖洪，毋晓霞.知识服务产业发展背景下图书情报专业学生就业前景探析［J］.情报科学，2019（9）：66-71 研究整理而成

最后是知识服务主体的变迁。在互联网出现之前，图书情报机构几乎是全社会唯一的知识服务提供中心。在当前互联网知识服务新业态中，任何企业和个人都有可能成为知识服务提供者，依托微信公众号、头条号、百家号等进行知识服务创业已成为当下的重要话题。

（二）产业发展模式

1. 面向专业群体的知识服务模式

从某种意义上讲，专业领域知识服务模式是专业与学术出版深化转型的自然结果。

与传统学术出版类似，面向专业群体的知识服务模式主要面向专业机构与科研人员，重点是满足机构和个人用户知识获取、生产、传播与评价等需求。在数据密集型环境下，面向专业群体的知识服务正逐渐由原先信息资源主导的产品供给模式，向数据驱动的服务运营模式转变，更加深度介入到用户和科研机构的全生命周期中，开展嵌入式的知识服务。而支撑这一业务模式转型的关键是专业出版机构对知识资源和用户行为的数字化解构。前者包括知识资源的数字化、知识切分标注、知识网络链接与存储、知识检索与展示、知识组织标准建设等，后者包括对用户知识获取、知识生产、知识分享等行为的精准采集和大数据分析。

从国内外实践情况来看，面向专业群体的知识服务是目前整个数字内容产业中发展最稳健的领域。无论是国外科技出版商旗下的学术出版平台，还是国内中国知网、万方、维普等期刊数据库，都表现出持续向好的盈利状况。

爱思唯尔（Elsevier）[①]是世界上最大的出版商集团。2018年，仅爱思唯尔出版的论文大约占全球学术论文出版总量的18%，引用占比25%，所提供的内容均保证质量和真实性。爱思唯尔主要提供信息分析解决方案和数字化工具，如 ScienceDirect、Scopus、SciVal、ClinicalKey 等（部分核心业务见表9-2）。爱思唯尔通过提供不同的开放获取与订阅模式组合，为世界各地作者发表文章时，提供不同的选择。目前，爱思唯尔服务的机构包含：QS 世界大学排名、世界经济合作与发展组织、国家自然科学基金等。爱思唯尔收益是通过向订阅其知识服务的机构或单位收取订阅费用获得。国外有人根据苹果公司与爱思唯尔公司等企业的公开数据算了一笔账，在过去的10年里，爱思唯尔的利润率从来没有低于过30%，2011年甚至高达37.3%。作为全球第四大数字付费内容提供商，爱思唯尔收益仅次于 Google、中国移动和彭博资讯。

表9-2 爱思唯尔部分核心业务

ScienceDirect（期刊数据库）	爱思唯尔著名数据库 ScienceDirect，简称 SD，是著名的学术数据库，对全球的学术研究做出了巨大贡献，每年下载量高达10亿多篇，是所有学术类数据库中下载量最大的，也是所有数据库中单篇下载成本最低的，平均每篇不足一毛钱，是性价比最高的数据库
Scopus（文摘引文数据库）	是一个同行评议学术论文索引摘要数据库，拥有多种工具，能够追踪、分析和可视化研究成果。涵盖了由5000多家出版商出版发行的21000多种出版物，包括科技、医学和社会科学方面的期刊、图书、会议论文、国际专利信息
Engineering Village（工程索引）	涵盖工程资源，能够从理论到应用、从基础到复杂深入回答热点问题
Knovel（电子工具书）	工程类信息搜索和决策支持解决方案，帮助机构更快解决技术难题、提升科研表现。Knovel 拥有搜索和互动工具，用户能获取供应商提供的实操建议、有效公式和材料数据等
ClinicalKey（全医学平台）	一个临床决策支持工具，帮助医生快速获取准确、简洁、世界前沿的循证医学知识

资料来源：根据360百科整理

[①] 注：爱思唯尔，创办于1880年，属于 RELX 集团旗下，总部位于阿姆斯特丹。爱思唯尔是一家荷兰的国际化多媒体出版集团，主要为科学家、研究人员、学生、医学以及信息处理的专业人士提供信息产品和革新性工具。

值得注意的是，与国外由传统出版巨头垄断专业知识服务市场不同，国内的主导公司主要是中国知网、万方、维普等期刊数据库公司。中国知网在原有的学术资源数据库基础上，推出学术趋势搜索、学术研究热点、学者圈等一系列数字化学习与研究服务；万方则在其知识服务平台上提供万方学术圈、知识脉络分析、科技文献分析等功能。专业类出版社方面，尽管近几年电子工业出版社、知识产权出版社等行业领先机构加大投入力度，推出各自的知识服务解决方案，如电子工业出版社开发了基于移动端的知识库产品"E知元"等，但从用户规模和市场影响力来看，与数据库公司仍存在较大差距。

另外，以壹学者、学术中国为代表的学术知识服务平台快速兴起。这类平台围绕"人"设计相应的产品和服务，以学术交流与分享为切入点，打破过去以资源为核心的产品架构，为专业知识群体提供差异化服务体验。随着移动互联网与大数据技术的发展，未来面向专业群体的知识服务将进一步围绕科研人员的需求，向知识链上下游服务领域延展，与用户科研工作场景深度融合，实现更加个性化和精细化的服务模式。

2. 面向教育群体的知识服务模式

无论是在传统内容产业，还是数字内容产业，教育市场始终是不可忽视的领域，并且一直承担知识传播的重要职责。随着互联网，尤其是移动互联网的普及，基于在线教育的知识服务模式受到广泛重视。2016年，在线教育首次被纳入到数字出版产业统计中来，数字教育与数字出版之间的融合进一步加快，并且呈现出明显的服务化趋势。

面向教育群体的知识服务模式以教学机构和师生用户为核心，重点满足知识学习、应试与能力认证等需求。相关学者按照教育服务与互联网技术的融合方式，将在线教育服务区分为1.0、2.0和3.0模式。1.0模式主要是将传统教育环节逐一数字化，提供包括招生、作业、授课、考试等流程服务；2.0模式是将互联网要素和信息技术融入传统线下教育，由此形成混合式学习、大规模开放教学（MOOC）、O2O教育等服务模式；3.0模式则是摒弃传统教育流程，直接从用户需求和体验出发，完全依托互联网环境再造学习过程。从上述演化过程来看，推动在线教育领域知识服务持续发展的关键因素是技术环境与教育理念的双向互动，一方面技术环境的更迭为教育服务创新提供新的可能性；另一方面教育理念的革新又为技术应用指明了方向，最终通过两者的深度融合，推动教育服务领域的繁荣发展，创造出更大的社会与商业价值。

目前，围绕教育群体的知识服务市场竞争激烈，包括腾讯、阿里巴巴等互联网巨头，纷纷涌入该领域，形成了包括内容提供商、技术服务商、平台运营商、支付提供商等众多参与者在内的产业格局。2017年，阿里云与天闻数媒合作，发布基础教育"一云三服务"联合解决方案，构建开放教育生态系统。同年，腾讯携手红杉资本等投资机构，对全球最大的在线少儿英语品牌vipkid进行2亿美元的战略投资，并与后者就互联网教育达成战略合作。与此同时，传统教育出版机构，如人民教育出版社、外语教学与研究出版社（简称外研社）等在现有教材出版业务基础上，也针对各自服务的教育群体，推出了相应的解决方案，如外研社就转变传统的业务形态，自主研发"Unipus数字化教学共同校园",为院校及个人提供多样化的专业语言服务与数字化解决方案。

2021年7月,中共中央办公厅、国务院办公厅印发了《关于进一步减轻义务教育阶段学生作业负担和校外培训负担的意见》,意见指出要减轻义务教育阶段学生的作业负担和校外辅导负担。这一政策的落地,对于义务教育阶段在线学科培训做出了实质性的约束。在一些学科在线教育机构纷纷退出市场的同时,新东方、学而思、猿辅导也纷纷掉转船头,向素质教育类培训或校外托管类服务转型。从未来的发展趋势来看,基于在线教育的知识服务方式必将顺应教育政策环境的变化趋势,构建多元化的教育服务生态系统。

3. 面向大众群体的知识服务模式

2016年前后,面向大众群体的知识服务逐渐由星星之火形成燎原之势。据企鹅智库的2016年调查报告显示,消费者有偿分享知识的渗透率在网民中超过了一半,达55.3%,超过四成网民认同内容付费是大势所趋;在消费者为知识付费的主要驱动因素中,"获得针对性的专业知识/见解"占据首位(74.2%),其次是"节省时间和精力成本"及"积累经验提升自我",分别占据50.8%和47.3%[①]。相比于专业与教育领域相对明确的用户对象,大众领域知识服务的用户群体具有规模大、需求分散的特点,其核心主线是围绕个人职业技能和认知升级、缓解社会焦虑等普遍的现实需求。如得到App推出的《得到品控手册》就提出,为用户提供单位时间价值最大化的学习解决方案,以回应当前时间高度碎片化、跨界学习成为必须、终身学习缺乏解决方案的挑战。目前,面向大众群体的知识服务市场的主导机构是以喜马拉雅FM、得到、知乎为代表的新媒体公司。

喜马拉雅FM是中国知名的音频分享平台,手机用户超过6亿,汽车、智能硬件和智能家居用户超过3000万,占据了国内音频行业73%的市场份额。同时,喜马拉雅还拥有超过3500万的海外用户,是中国文化出海的中坚阵地。目前,喜马拉雅已由原有的娱乐休闲平台定位向综合类有声内容平台转型,依托海量用户规模,推出一系列付费音频节目。

"有问题,上知乎。"知乎是中文互联网知名知识分享平台,以"知识连接一切"为愿景,致力于构建一个人人都可以便捷接入的知识分享网络,让人们便捷地与世界分享知识和经验。知乎以"让每个人高效获得可信赖的解答"为使命,凭借认真、专业、友善的社区氛围和独特的产品机制,聚集了中国互联网上科技、商业、文化等领域里最具创造力的人群。知乎用户们通过知识建立信任和连接,对热点事件或话题进行理性、深度、多维度的讨论,分享专业、有趣、多元的高质量内容,打造和提升个人品牌价值,发现并获得新机会。知乎同时围绕知识大V,主打知识和经验分享的付费问答平台,开通打赏功能,鼓励内容生产者生产原创内容。截至2020年12月,知乎上的总问题数超

---

① 数据来源:真象大数据.知识付费经济报告:多少中国网民愿意花钱买经验? 腾讯网 2017-09-10.

过 4400 万条，总回答数超过 2.4 亿条。在付费内容领域，知乎月活跃付费用户数已超过 250 万，总内容数超过 300 万，年访问人次超过 30 亿[①]。

"知识就在得到，和你一起终身学习。"2016 年 5 月得到 App 上线，由罗辑思维团队出品，提倡碎片化学习方式，让用户短时间内获得有效的知识。得到 App 坚持专业内容生产与独家版权经营模式，通过自有平台向用户提供线上知识服务，以"得到课程""每天听本书""电子书"等知识产品为主要交付形式，旨在为用户提供"省时间的高效知识服务"。不仅如此，得到 App 还为用户提供了知识搜索、知识城邦社区、直播授课、个性化推荐等功能内容。此外，得到还扩展了线下知识服务内容，如得到高研院及跨年演讲和得到春晚。截至 2020 年 3 月 31 日，"得到高研院"线下校区已覆盖全国 11 个城市，开设 85 个班次，录取学员超过 7000 人，连续举办了 5 届跨年演讲，并于 2020 年当年除夕举办第一届知识春晚[②]。

除了新媒体公司，国内顶尖的大众出版机构同样积极参与其中，2017 年中信出版集团推出中信书院 App，致力于满足读者多元化知识需求，主打以移动互联网为基础的知识服务，将书与非书产品有机结合。

相比于专业知识服务市场相对稳定的市场状况，大众领域的知识服务呈现出明显的波动特征。从知识需求方来看，由于大众知识消费存在冲动性消费的因素，一旦学习焦虑得到缓解或无法被满足，往往会出现用户活跃度下降，甚至流失的问题。据易观千帆对得到 App 的统计显示，2016 年 7 月，得到用户总使用时长超过 8000 万小时，而到 2016 年 9 月，该时长就下降到 2000 万小时，并在此后很长一段时间维持在这一时长之下。与此同时，其他知识付费平台也经历了不同程度的打开率下滑的问题。从知识供给方来看，主要表现为高质量内容生产可持续性的问题，2017 年 8 月，得到 App 上的专栏《罗永浩的创业课》主理人罗永浩宣布停止更新；同年 9 月，papi 酱的"不设限青年研究所"专栏也宣布下线。在经历从快速兴起到逐渐降温的过程后，知识付费市场逐渐趋于理性，进一步朝着垂直细分方向发展。2017 年 8 月，百道网就聚焦出版行业细分领域，推出面向该领域从业者的知识服务产品"百道学习"，获得较好反馈。与此同时，围绕用户的家居生活、驾驶旅游等特定应用场景，也将成为大众领域知识服务未来竞争的关键入口。

（三）有偿服务与无偿服务相结合

1. 知识产品和服务的价值需要引起人们的重新认识

在知识经济社会，知识和能源、材料被认为是社会生产资料的三大支柱，其中知识的地位和作用最为突出，成为比能源或材料更为重要的资源。以信息提供（数据库产业）、信息处理、系统集成、软件开发和服务等为职能的信息服务产业发展迅猛，成

---

① 资料来源：360 百科
② 数据来源：得到 App 官方网站

为当代经济发展的重要特征。知识服务作为一种智力密集型和知识密集型的高级服务形式，凝聚着知识信息工作者的劳动智慧，包含了知识信息劳动附加创造的价值。但是，传统的运行体制割断了知识服务机构与社会经济发展需求的联系，知识服务人员的劳动价值得不到体现，社会地位得不到承认。这种状况已经不能适应市场经济条件下社会对知识信息的需求。知识服务应该将公益性与产业化相结合，正确处理好两者的辩证关系，以确保知识服务机构稳定、健康地发展。

2. 公益性与产业化的辩证统一

很多人认为，知识服务的公益性与产业化是一对矛盾，不能同时存在。其实这是一种形而上学的观点，它割裂了公益性与产业化之间的关系，将公益性与产业化人为地对立起来。

知识服务机构如图书情报机构具有显著的公益性，图书情报机构所提供的知识产品或知识服务只能是由人们共同占有和享用，它具有明显的不可分割性和非排他性。就公益而言，主要表现为公共性、社会性、整体性；利益主体是公众、社会、国家、民族乃至整个人类，而绝不是社会成员中某一个体、某一阶层。从这个概念出发，可以看出图书情报机构公益性的核心就是为全体民众提供文献信息服务，其中并没有排除通过产业化来实现其目的。所谓知识服务的产业化，实际上就是指生产或服务活动的规模化，并以规模性生产和服务追求规模性效益。涉及知识的深加工、传播和利用，以及新的知识生产项目获得规模化经济效益；以知识管理的手段对知识进行系统化、专业化管理，为用户提供专指度高的有针对性的知识服务。

公益性与产业化二者的辩证关系应该是：公益性是基础是核心，产业化是形式是手段，即公益性是实现产业化的前提，产业化是推动公益性的手段。实行产业化并不是判断知识服务机构公益性与否的标准，就如同市场经济并不是判断姓"资"还是姓"社"的标准一样，而是为了更好地体现知识服务的公益性，促进知识服务业的良性发展。

具体到数字内容的知识服务公益化与产业化，就是要在发展数字内容知识服务公益化的同时，实现数字知识服务产品的有偿使用。数字内容知识服务产品的有偿使用，主要是通过多渠道收集特定数字信息和相关知识，然后进行分析、选择、整合、评价等深加工，赋予原有知识信息以新的知识内涵，形成新的知识形态或产品，提供给需要的用户。由于在这种搜集、加工和提供服务的过程中，融进了知识服务人员大量的隐性知识，增加了原有知识信息的知识含量和价值，体现了知识服务机构对于数字内容知识的综合加工服务能力，因此，数字内容知识服务产业化通过销售知识服务产品，进而实现知识服务的市场化运作，销售的是满足特定用户需要，且经过知识服务人员进行加工的知识和服务。当前，这种有偿知识加工和服务产品正在逐渐规模化，数字内容知识付费产品正在形成一种新的知识服务产业。据企鹅智酷发布的《知识付费经济报告》数据显示，有55.3%的网友有过不同形式的知识付费行为。在有过知识付费行为的人中，订阅付费资讯和付费下载资料的人占比达到50.3%；对于已经有过知识付费体验的消费者，有 38% 表示满意，还会继续尝试[①]。

3. 有偿服务不能取代无偿服务

数字内容的知识服务产业化并不意味着取消知识的无偿服务，而是将现有的知识服务机构的部分业务转变为自负盈亏的经营形式。

特定的知识服务机构，如图书情报部门，其内部业务的不同性质决定了在知识服务的管理方式上不能搞"一刀切"，而应结合各自的特点采取不同的管理体制。公益性知识服务与产业化知识服务的主要区别在于管理、调控手段不同。公益性知识服务应由国家按照市场经济的发展和社会需求对其投入并对其服务进行宏观调控，使之与社会发展相适应。产业化知识服务则由市场直接调节，国家从政策上进行控制和引导。国家有关主管部门应根据公益性知识服务和产业化知识服务的异同点，对它们实行整体性的协调管理，处理好二者之间的关系。一方面，要以国有图书情报信息管理机构为基础，巩固与完善公益性服务，为社会各项工作提供全方位的知识保障。与此同时，在符合国家政策的前提下，开展知识产品的有偿服务，使部分经济价值较高，与现实生活关系密切的知识和服务进入市场，丰富数字内容产品及服务的品类，满足特定用户及人群的需要。另一方面，要从知识服务产业的运行机制、外部联系和社会化有偿服务规范的角度出发，建立健全知识服务产业法规，不断拓展产业化知识服务业务，努力实现知识服务产品的规模经营，走知识服务市场化和知识服务产业化的道路，逐步建立与当前市场经济相适应的无偿服务和有偿服务相结合的知识服务新机制。

目前，基于数字内容的知识服务产业仍处在发展的初级阶段，相关服务仍带有较为明显的传统内容产品痕迹。然而无论从产业规模，还是从相关企业创新方向来看，该领域都表现出良好的发展潜力。产业外部环境方面，数字内容产业的知识服务转型是在出版、教育、媒体等相关产业深度融合的大背景下发生，原有的产业格局经历了一系列颠覆性冲击，并在人工智能等新的技术基础设施下实现结构性重塑，这将为产业发展带来巨大的想象空间。就企业内部运行机制而言，传统内容企业正经历由产品供给向服务运营的商业逻辑转变，如何强化互联网思维，将产品质量的单一优势转化为用户服务的系统优势，将是相关企业面临的现实挑战，也是机遇所在。立足特定用户需求和典型场景，深入到各个垂直细分领域，积聚相对资源优势，提供差异化解决方案，是破解当前知识服务市场红海化竞争的重要出路。

三、数字内容知识服务产业创新

当前，以网络为依托，以文化资源为关键资产，以网络化、数字化、智能化为发展方向，带动经济社会文化整体发展的新兴数字文化产业正在形成。数字内容产业是文化内容与互联网及数字技术高度融合的产物，天生就具有创新基因。

---

① 数据来源：冯辰. 知识付费经济报告：多少中国网民愿意花钱买经验？

（一）思维创新

知识服务的创新首先就应是思维的创新。人类认识世界、改造世界的一切活动过程都是实践、认识、再实践的循环交替过程，任何实践都离不开认识的思维活动。知识服务的创新也如此，它是知识服务人员在服务实践过程中积累了大量的经验，然后在总结经验的基础上，以创造性思维突破陈旧观念和常规惯例，创造出新概念、新思想、新方法以及新技术。在快速变化的用户需求和不断更新的技术环境下，知识服务从业人员必须以新的思维方式来创造出新的服务产品。

知识产品及服务的思维创新也可以理解为观念的创新，但又不是一般意义的观念创新，因为思维的创新应该能够引起行为规则的创新以及管理方式的创新。管理学大师彼得·德鲁克（Peter F.Drucker）说过，世界上之所以需要鞋匠，是因为有人需要鞋，而不是因为鞋匠需要钱。"鞋子才是真实的，利润只是结果。"因此，知识产品及服务就是要强化"以人为本"的服务思想，探究知识产品及服务内容本身要满足用户什么需要，以及如何满足用户的这些需要，树立精品化的服务意识，不断地尝试引入新的思维和观念，以满足用户对知识产品及服务的多元化需求。现代社会大众对知识产品及服务都提出了新的时代要求，因此知识服务从业人员就要经常站在用户的立场，不断地以新的思维去发现和认识"知识碎片化"时代大众对知识服务产品的新诉求，提供真正有价值的、高质量的知识服务产品，解决快节奏生活中大众对于获得知识渠道以及知识服务产品的"信度"和"效度"的新问题，进而在工作中不断地产生新的思想观念，创造新的服务方式和方法。

慕课就是一个很好的例子，产品本身就体现了服务观念的创新。慕课，即大规模开放在线课程（Massive Open Online Courses）。目前许多知名大学和企业都通过慕课来设立培训课程，有些课程甚至是免费的。提供慕课的机构或平台就是要在学习者之间以及学习者与教育者之间形成良好的知识服务及社交体验。在这一点上，慕课恰恰满足了大众对于"学习即体验到的新诉求"的需求。通过使用慕课，越来越多的人可以根据需求选择课程，获得高质量知识内容的学习机会。

（二）技术创新

知识服务是基于知识信息资源数字化建设、网络数据存储、检索与传播体系、知识信息组织整合平台、知识仓库管理和发布系统、知识信息计量评价系统和数据库生产基地建设等各个方面的大服务体系。要实现这个大体系的良性发展和创新，需要建立一个知识服务的逻辑框架和协调机制，需要一个创新的技术基础。这个创新的技术基础应充分支持从用户目标和环境出发，进行内部、外部知识尤其是隐含知识的跟踪与捕获、知识的积累与传递、知识的挖掘与再生以及知识的利用与评价，充分支持基于虚拟资源体系的服务集成，充分支持以用户为中心的个性化、专题化和智能化服务。这是一种将知识信息资源与用户及用户过程紧密结合、灵活适用、集成各种资源和功能的新型知识管理和服务的技术系统。这一技术系统的建立将在很大程度上决定知识管理及其服务的效率和水平。知识服务的方法技术创新也可以通过这个系统，借助多种技术和方法，例如知识审计清单、知识图谱、语义网络、概念集、元数据、知识仓库、语义 Web、开放链接、数据挖掘、群件技术、智能代理、推送技术以及数字图书馆系统的嵌入和链接技术等。

体验是学习的核心。例如以游戏形式出现的学习工具旨在通过互动、竞赛、挑战、奖励，使学习过程变得更生动，更有趣。环境施加了新的制约，但也提供了一个使我们成为学习者的巨大宝库。一旦学习者根据所处环境了解了自身对信息的需求，让需要的信息出现在适合的屏幕上其实是一件很容易的事。

（三）流程创新

常规的知识服务产业服务流程包括信息收集、信息分析和整理、信息的知识化、知识应用和知识服务反馈等 5 个主要环节：①信息收集。知识服务中介机构从服务对象的商业活动中提取相关信息并建立专门的数据库。②信息分析和整理。知识服务专家对收集的相关信息进行筛选、分类、分析和整理等粗加工工作，形成可供知识化的有用信息。③信息的知识化。知识服务专家以信息分析和整理后的有用信息为基础，结合其专业知识和已有经验，将成点状分布的信息节点整合成能够直接应用于商业活动的结构化、条理化和系统化的知识。④知识应用。知识服务专家根据服务对象的特点和要求，设计制作高度个性化的知识服务产品并帮助服务对象将新知识应用到日常的商业活动中。⑤知识服务反馈。服务对象根据新知识与实际商业活动的结合情况，向知识服务中介机构反馈新知识的使用情况，指出其存在的不足和缺陷。知识服务中介机构根据服务对象反馈的信息，修正、完善或重新设计知识服务产品的功能，以提高原有产品的服务效率。

以上 5 个服务环节中，任何一个环节都孕育着创新的可能，关键是要找到特定的知识内容与特定市场需要的对接。以"信息分析和整理"这一服务流程为例。当前由于生活节奏加快，人们已有的知识需要更新换代，而碎片化的时间无法满足人们对某一相关问题展开深入系统的分析和整理，因此，市场就需要有专门的机构承担这一任务，借助移动终端，为知识产品的服务开拓出新的业务。

以得到 App 中的免费数字知识服务产品《得到头条》为例。《得到头条》是由财经专栏作家徐玲主理的一门免费的知识服务节目。节目形式是，周一至周五，每天 10 分钟，聊聊最近的新鲜事。该节目会用全球视野，看中国现象，重点关注中国的新现象、新实践，以及对它们的新解释。《得到头条》的任务是，用一个尽可能简洁的思考框架把信息结构化，不仅记得住、带得走、用得上，还要让你收获一个观察世界的框架。从《得到头条》产品 2021 年 6 月 21 日上线 100 天以来，主理人徐玲在一次公开演讲中提到："该产品使用人数已超过 100 万，共被收藏了 19 万次，笔记数达到 22 万条；上线以来，有 4 万多名用户坚持每天收听得到头条，一天不落。"据悉，《得到头条》团队只有几个人，他们不是专家学者，他们不产生知识，他们只是知识的搬运工。那《得到头条》靠什么来服务用户呢？就是靠这些知识服务人员背后链接的一流的知识资源网络。得到的用户不是没有自己学习知识的能力，而是没时间在海量信息中去筛选那些可靠的知识来源。这正是《得到头条》最后要做的事情。《得到头条》就是去为用户找到这个世界上最靠谱的知识资源、最靠谱的知识提供者，把他们的观察和思考，通过分析和整理，最终以音频的形式呈现给用户。

（四）营销创新

在信息超载、注意力稀缺、以用户为中心的新时代，营销作为知识服务的关键节点，关系到产品研发、服务运营和最终盈利，对于数字内容知识服务产品——如面向大众的 App、网络文学、知识视听产品、在线课程、VR/AR 增强型知识产品等来说至关重要。数字内容知识服务产品需要从用户的行为新变化入手，优化创新数字内容知识服务产品营销模式。在这方面，AISAS 模式作为数字化营销理论可以提供参考。

AISAS 模式分为 A-I 阶段、S-A-S 阶段两大阶段，包括 A（Attention）即引起关注，I（Interest）即激发兴趣，S（Search）即主动搜索，A（Action）即购买行动以及 S（Share）互动分享五个环节。A-I 阶段，包括引起关注和激发兴趣两个环节，属于消费者心理活动阶段，主要是商品信息引起用户注意和关注，并激发其进一步了解、消费的兴趣，这一阶段的心理变化直接影响后续 3 个环节的决策实施。S-A-S 阶段描述的是消费者主动搜索商品相关信息、消费，并将消费体验与他人互动分享的活动过程，属于消费者实际行动阶段，这一阶段强调搜索和分享这两个具有网络特质的彼此互动的关键环节，尤其是分享环节，它又直接反作用于其他几个环节。AISAS 模式适应互联网社会情境，两大阶段五个环节不仅是环环相扣的，而且任一环节都可能与其他环节连接互动、彼此影响、相辅相成，从而构成心理和行动的循环闭环。

AISAS 模式充分体现了现代科技、互联网等对大众消费行为方式的影响和改变，揭示了网络环境下消费者行为的复杂性及其规律，对于数字内容知识服务产品的市场营销工作具有重要的参照意义。第一，有助于理解消费者消费行为过程中的心理活动和具体行动的内涵、结构和互动变化过程，为营销提供有价值的理论依据；第二，为营销活动指明分阶段、分环节的工作方向和基本内容，提示关注并保障每一环节的执行度，启发营销人员瞄准消费者行为每一阶段、每一环节可以采用的策略和方法，并明确重点所在；第三，有助于形成营销整体观和系统思维，将营销过程构建成为每个营销环节之间都相互联系、交相互动的关系传播体，以适应数字—网络下互动性、裂变式、情感化的传播规律，从而取得更佳营销成效。以三联"中读"为例。作为《三联生活周刊》旗下的一款大众知识服务客户端产品，三联"中读"在当前社会化、交互化、智能化、生态化的商业模式渐成时代主流的形势下，及时调整大众出版知识服务产品的营销策略，成功地适应市场转型、社会变迁，进而取得良好成效。

思考与练习

1. 数字经济时代,谈谈你对学习者新处境的看法与理解。
2. 什么是数字化学习?不同于传统的学习方式,数字化学习具有哪些独特优势?
3. 以某一提供知识服务的新媒体公司为例,谈谈你对于面向大众群体的知识服务模式的认识。
4. 数字内容知识服务的公益性与产业化之间的关系是怎样的?谈谈你的认识。

第十章 服务外包

本章导读

现代服务业在我国国民经济中占据着极其重要的地位，服务外包产业又是推动现代服务业发展的极具爆发力的组成部分。历经多年发展，我国的服务贸易和服务外包都取得了较为良好的成果，贸易规模持续扩大，产业结构也得到了一定程度的优化，两者的高端细分领域——知识密集型业务都获得了较为明显的增长，产业发展高端化势头良好。根据《中国数字经济：全球领先力量》报告，我国不仅是全世界国家中在数字投资上最积极和活跃的国家，还是全球投资者中数字技术领先的国家。随着数字经济的高速发展，数字化技术为服务外包产业进行高效的赋能，推动其向融合化、数字化、智能化、平台化的趋势发展。就某种意义而言，服务外包业在数字经济时代到来后获得了一个新的转型机遇。

第一节 服务外包的兴起

社会分工的细化和产业组织形式的多样化，使服务外包产业这一全新的产业形式应运而生，并迅速成为全球服务贸易的重要组成部分。随着信息技术革命和互联网的迅速发展，服务外包已经成为各国参与全球分工与协作、优化资源配置的重要方式，服务外包的外部经济性日益显现。

一、外包与服务外包

生产和服务环节国际分工细化产生了服务外包。随着全球数字经济和服务经济的快速发展，国际服务外包已经成为推动服务全球化与价值链攀升的重要动力，也是新兴服务贸易发展的主要方式。

（一）外包

1. 外包的内涵

外包的英文单词是"Outsoursing"，其原意是"使用外部资源"，这一概念最早由普拉哈拉德和哈麦尔（Prahalad & Hamel，1990）在其发表的论文 *The Core Competence of the Corporation* 中首次提出。将其界定成,将某些主要但并不属于核心的业务功能交给企业的高级承包商来负责,把企业内部的知识和资源集中于那些具有竞争优势的核心业务,为顾客提供最大的价值和满足。

随着全球外包的兴起,发展中国家的外包承接规模迅速扩大,中国国内外对外包的关注越来越多,对外包的认识也形成了多角度的观点,包括企业经营策略角度、国际分工角度和企业间契约角度。

2. 外包的分类

外包按照不同的分类标准,可以划分为不同的类型。

(1) 按照地理分布情况,外包分为在岸外包与离岸外包

前者指外包商与其外包提供商来源于相同国家,生产服务工作在本国实现。后者指外包商与其外包提供商来源于不同的国家,生产服务工作跨国实现。因为劳动力成本有所不同,我国与印度已经成为世界两大国际性外包基地。埃森哲企业 CEO 乔·福汉德(Joe Forehand)与 IDC 亚太区副总裁劳拉·华夫斯(Laura Wives)明确提出,世界外包市场往往是在经济发达地区。中国、印度、爱尔兰等国家是国际性外包市场的核心竞争方。图 10-1 解释了这种外包的分类,一家制造成品的海外企业能够选定本国的材料供应商机构 A(在岸外包),也能够选定在其他国家的子企业当作供应商(企业内部贸易),当然,也能够选定其他国家的供应商机构 B(离岸外包)。

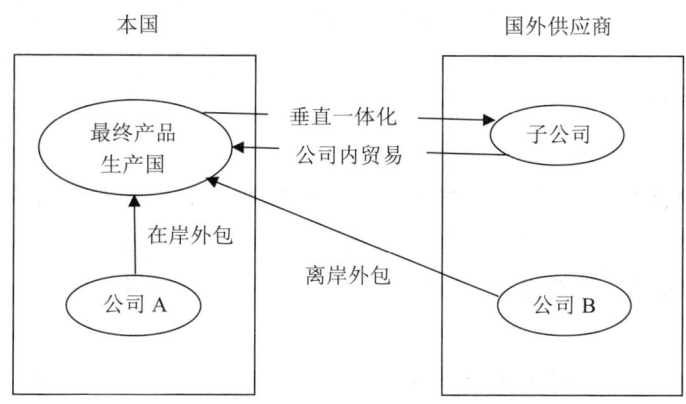

图 10-1 外包的分类

(2) 按照外包对象的属性,外包分为制造外包与服务外包

前者指外包转移与交易对象应当归于加工零部件与中间品领域,或者通过中间产品、半成品、最终商品加以组合的过程。后者指外包对象是特定服务品制造过程的特定投入环节,或者是制造品等部门生产过程的服务投入流程。二者间区别见表 10-1。从上世纪 90 年代之后,在传统制造业外包持续扩大的同时,服务外包也开始出现并发展,并且发展势头十分迅猛,逐渐变成国际外包领域发展最为迅速的部分,也是受到高度关注的一个领域。

表 10-1 制造外包与服务外包的区别

项目	制造外包	服务外包
外包期望	简单，以工业标准为主	一般没有那么简单，广义概念，并且有较多例外的情况
质量	重视目标与可评估的指标	某些目标具有主观性，还有基于自身认知的指标
联系点	少，仅在少部分人之间交流，比如采购人员或者项目经理	多，服务供应商经常与项目经理和客户交流
主体企业和契约设施之间的物质分离性	一般和主体企业分离，能够利用任一合约商，减少投入资金	分离普遍难度较高，由于大量服务需要由主体企业所供应，不能被储藏
需求预测	主要依靠最终客户需求预测的正确性	既基于企业内部的优势性，也依靠外在客户的需要，并且均是处于动态变化中的
外包内容	外包是被使用的产品的直接功能构件，因此费用易于明确	外包内容需灵活决定，必须进行监管和观察
信息安全性	仅和契约商分享必须被知晓的情况	与契约商分享较多有价值的信息
争议解决	标准环节，清楚的职责	难以确定出一个明确的过程，由于问题通常集中在社会交际之间或不明确的期待上，问题处理需要非常灵活
更换契约商	如若仔细计划，更换契约商不会对供应产生明显影响，能够存储货物以灵活应变	更换是能够看到的，要求大量的交流来让争议最少，争议是无法规避的，新的契约商要完成后续活动

（二）服务外包

1. 服务外包的内涵

外包产生于制造业，最初出现在西方的家具领域，之后发展到汽车领域与 IT 领域。伴随着科技的不断进步、跨国企业战略形式的改变，各大领域也产生大量外包活动，也就是当前所熟知的"服务外包"。不同组织、研究机构和学者从不同角度对服务外包进行了界定。

全球著名咨询企业毕博企业对服务外包的界定是：主要指企业由于可利用的资源不够，为了提升自身竞争优势，利用 IT 技术与通信技术，在企业外部寻找第三方服务供应商，使其完成本应该在企业内部完成的服务性工作，进而实现减少投入资金、提升运营效益、调整自身对外部条件的反应水平与提高竞争优势的一种商业服务形式。

《全球服务外包发展报告》对其的界定是：所谓服务外包，主要指企业使用 IT 技术将自身有着竞争优势的核心业务完成好，将没有竞争优势的业务转交给第三方机构，也就是强调企业的核心业务优势，结合内部与外部的资源，让企业尽快达到自身的运营目标。

印度国家软件和服务企业协会（NACSSCOM）对服务外包的定义为：基于信息技术的业务流程外包，在 IT 技术上，将业务数据化之后，转移出去的流程和工作。

《中国服务外包发展报告》对服务外包的界定是：主要指将企业价值链中较为基础的、不属于核心业务的业务环节分离，转交给第三方供应商来实现的过程。

结合各类关于服务外包的界定，在此将其界定为：企业在发展核心竞争力的同时，针对企业内部某些资产专用性并不高的业务流程和服务区段，在非完全竞争市场中衡量内部化运营生产的成本与通过合同采购专业化的相关服务完成此业务流程的价格的比对，在前者成本更高的情况下，依托现有的通信和 IT 技术，交给市场上的外部企业并借助其专业的优质资源完成的商业服务和市场活动。其中所涉及的"服务"不仅针对商业型企业，还包括政府、社团等组织，不只是面向服务产业，还涉及生产行业。只要具有服务性质，不管是在生产行业中，或者服务行业中，均应归于服务外包的范畴。

2. 服务外包的分类

根据服务外包的业务性质，最初将其分成两种不同类型，也就是信息技术外包（ITO）与业务流程外包（BPO）。因其迅速发展，企业为了更好地划分 BPO 中的业务环节服务与特定业务服务，又将有着特定业务性的 KPO 当作其中的子类分离出来，政府部门在统计之时为了强调 KPO 的关键性，将其与其他业务形式并列分类。

信息技术外包（ITO）：是指企业专注于自己的核心业务，而将其 IT 系统的全部或部分外包给专业的信息技术服务企业。企业以长期合同的方式委托信息技术服务商向企业提供部分或全部的信息功能。

业务流程外包（BPO）：企业把非主流的部门包含法律、人员聘请、企业财务等交给第三方企业，其按照签订合约对企业的有关功能加以设计与实施。

知识流程外包（KPO）：伴随着大数据时代的来临，企业开始大规模使用国际数据库等一系列资源，将各类信息加以整合与研究之后，最后形成报告，企业把报告作为主要参照，有助于企业做出正确的决定。服务外包的业务领域，如表 10-2 所示。

表 10-2　ITO、BPO、KPO 的具体业务范围

类别		内容
信息技术外包 ITO	系统操作	医疗数据、各类保险数据、法律数据、银行数据、税务数据的整合和处理
	系统应用	管理信息系统服务、远程维护、信息工程及流程设计等
	基础技术	承接技术研发、基础技术或基础管理平台整合软件开发设计等
业务流程外包 BPO	企业管理	人力资源服务、工资福利服务、财务服务等
	业务运作	研发服务、销售服务、产品售后服务等
	供应链管理	运输、采购、库存方案服务等

续表

类别		内容
知识流程外包 KPO	研究类	市场研究、市场调查、商务策划
		股票、金融及保险研究
	分析类	数据分析、风险分析及数据挖掘、财务分析等
		市场进入
		联合风险投资
	咨询服务	投标分析
		行业研究
	跨文化	语言服务
		本地化
		谈判
	其他	销售流程外包
		法律流程外包
		决策支持系统（DSS）

上述业务的偏重点有所差别。上世纪 80 年代，ITO 首次出现，以劳动密集型业务作为核心属性，重视技术服务，大多数牵涉到成本与服务；BPO 产生于上世纪 90 年代，是属于劳动与知识集中的行业，重视业务环节，主要是为了缓解业务效率与运作等一系列难题；而 KPO 是产生于 21 世纪，以知识密集型作为主要特征，利用提供专业知识实现客户价值的最大化。从上面三种业务的业务领域能够发现，服务外包是属于自下而上的层次。KPO 的出现和兴起将服务外包推向了价值链的更高层次。

二、服务外包的动因分析

研究服务外包必须分析探讨服务外包的动因。国外学者劳伦斯和文卡垂曼（Loh Lawrence & Venkatraman，1992）认为服务外包的动因有四个角度：从全球经济角度，国际贸易的全球化和国际分工的加深促使公司寻找外包合作者来完成信息技术管理活动；从整个产业角度，来自外部竞争者的威胁让公司必须与某些关键的外包提供者建立长期的外包合作关系；从公司角度，专注于公司内部核心业务，外包非核心业务有利于降低成本；从公司管理角度，受某些管理理论的影响，导致公司决策倾向于外包。莱斯提和维尔考克（Lacity & Willcocks，1996）指出服务外包的动因主要包括：降低成本，提高效益；注重核心业务，提高竞争力；引进先进技术，抬高技术进入门槛；国家政策导向等。

综合考虑服务外包产生的经济基础和企业管理发展路径，可以将服务外包的动因分为外部因素和内部因素，如图10-2所示。

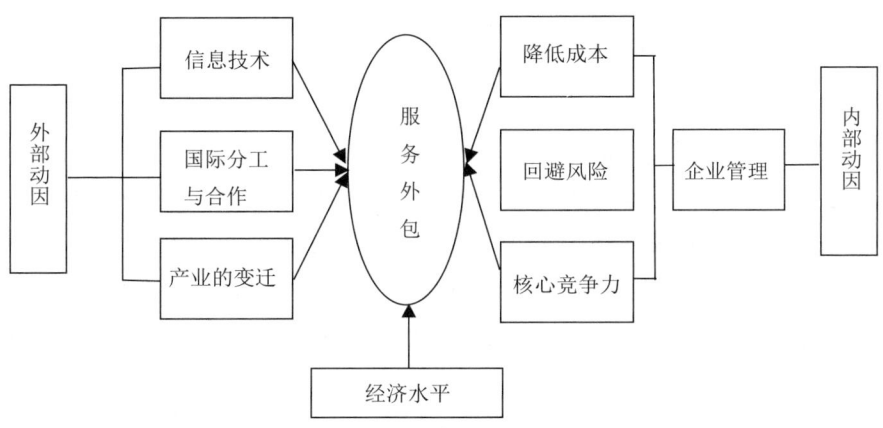

图10-2 服务外包产生的动因

（一）外部动因

信息化时代的到来，使企业的传统束缚因素，如知识共享的障碍、区域性的约束、通信的局限性慢慢被打破，让企业可以自由、方便、快捷地利用全球的资源来服务于生产管理活动，基于信息技术的非核心业务被剥离出来外包出去，可以最大化地降低成本，提高决策效率。国际分工与合作促使全球性的资源、信息、技术、资本在各国之间流动，每个企业都与外部形成一种市场关联关系，不可能凭借个体的力量来完成越来越复杂的业务，只有建立一种双赢互利的战略合作，才能保持核心竞争力，不被全球化浪潮淘汰。产业之间的相互融合和外界环境的变化，致使公司不得不采取外包措施，有效利用共享的信息资源，形成盟友关系，整合优势迎接日益严峻的竞争环境。

（二）内部动因

如今企业采用科学的管理方法，力求降低成本，提高企业业绩。服务外包可以达到降低成本的目的：一是接包方始终专注于某项业务，熟悉某种产品的流程和技术，形成规模经济效应。二是共享某些信息、技术资源来降低成本。在外包过程中，多家发包方可以共同利用接包方的人力、资源、技术优势。在公司的经营管理过程中必然会有许多隐性的风险因素。市场环境的变化、国家政策的改变、竞争对手的强大等都是一些潜在的风险因素，通过服务外包可以规避这些风险或者将风险降为最低。企业是一个系统的整体，每个环节都是相互紧密联系、相互作用的，只要在某个流程上有一点点的差错都可能导致风险，因此将部分业务进行外包，一方面可以分散风险，将风险因素转移至企业外部；另一方面可简化生产流程，易于管理，提高风险识别效率。随着企业规模的扩大，传统的规模化发展模式已不能适应越来越激烈的市场竞争。归核化战略，就是将企业从繁杂的业务内容中脱离出来、集中优势专注核心业务、保持竞争力的战略。企业将一些机械性、重复性、低技术的业务交由外包企业来执行，自己则可以向产业链的顶端延伸，发展更具竞争优势的核心业务。

三、服务外包产业的主要发展模式

采取何种发展模式是一个国家和地区在发展经济活动中需要重点考虑的问题，服务外包是一种最近几年发展起来的新兴产业，与其他传统产业的发展模式相比，服务外包产业发展模式没有固定的路径可循。随着全球经济的快速发展，服务外包在全球范围内快速扩展，其规模迅速壮大。作为主导产业的信息技术外包自兴起以来呈现持续的增长趋势，随着国际分工的不断专业化和市场结构的不断细化，服务外包的业务类型更加多元。随着技术的进步和需求的多样化，KPO和BPO业务展现出了非常好的前景。

（一）全球服务外包的市场格局

2021年，受欧债危机、美元持续贬值和全球性通货膨胀的影响，从整体看，全球服务外包行业仍然处于不景气时期。TPI指数显示，2021年全球服务外包市场合同金额为794亿美元，同比下降11%。ITO合同金额为624亿美元，同比下降3.7%。BTO合同金额为170亿美元，同比下降31%。因此，全球服务外包暂未恢复到经济危机以前的发展水平。全球外包市场的产业格局未发生大的变化，服务外包的需求方——美日欧等发达国家仍然主导整个产业的发展。从承接国来看，服务外包承接国数量激增，发展中国家已经成为全球服务外包市场上的重要承接方。拉美、亚太地区的服务外包行业发展迅速，正在成为服务外包行业发展的重要引擎[①]。我国长期位居承接国际服务外包业务的第二大国，经过不断地发展，与居第一位的印度的差距不断缩小。

服务外包业务在国际贸易活动中的比例不断增加，许多国家期望通过外包来参与到国际分工的产业链中。随着新技术的不断涌现，更多新的服务需求被创造出来，像大数据、人工智能等信息技术的不断涌现使得传统人工服务逐渐向智能化的服务转变，技术水平和交易模式都发生了变化，服务的效率得到了巨大的提升。企业发包的目的不在单单局限于降低成本，更倾向于为了获取专业的高质量的服务。过去外包业务集中于劳动密集型的服务，现在随着技术的提升，外包业务更加倾向于综合性的服务。为争取更多市场份额，并处在国际分工链条的上游，各个国家均将国际服务外包作为拓展国际市场的重要战略，为此各国不断完善制度，促进外包市场的良性发展。印度、中国、爱尔兰等国家目前仍然保持着服务外包竞争优势地位，一些东南亚国家如越南、菲律宾等的接包能力正在提升，在国际中的地位也在不断提升。

（二）国外服务外包产业的主要发展模式

全球服务外包业务的加快发展给服务贸易注入了新的动力。进入新世纪以来，随着互联网的快速发展，新的信息技术不断涌现，从而极大地促进了技术和服务模式的创新，因此使得国际服务外包市场涌现出大量的新需求，从而推动了国际服务外包的

[①] 数据来源：智研瞻产业研究院.2022-2028年中国服务外包行业市场运营格局及投资前景趋势报告.

发展。

1. 印度模式

印度是发展服务外包的最早发起国之一，创造了服务外包带动经济发展的奇迹，始终坚持"依赖国际市场，发展以信息技术为基础的外包业务"。印度借"千年危机"事件打开了欧美市场，不断发展其离岸服务外包业务。印度服务外包产业发展迅速，2009年只有45%的全球外包业务流向印度，而2014年55%的全球外包业务流向印度。2013年有29家数据传输中心设立在印度，2014年又有41家。这一数字已经超过印度之外的亚洲全部地区之和。根据NASSCOM的预测，全球外包市场在接下来的几年内仍将以9%~10%的速度扩张，两倍于行业的扩张速度，这就意味着印度在全球IT行业中的地位仍有望继续加强[①]。这一外包战略模式使印度一举成为服务外包强国，同时也带动国内经济迅速崛起，改善产业结构，提高科学技术水平，增加对外贸易收入，解决国内就业问题。印度服务外包取得令人瞩目的成就，与当时国际国内环境的独特背景有着很大关系，概括印度服务外包发展模式有以下几点：

（1）良好的政策环境支持

早在发展的初期印度就认识到建立软件园的优势，1991年在印度班加罗尔建立了第一个软件技术园，以后又继续规划了18个国家级重点软件园，为服务外包的发展和形成产业集群提供了硬件基础。政府在软件园里实施税收减免、资金支持、土地价格优惠、商务环境建设等措施，设立风险投资基金，鼓励服务外包企业前来设厂生产，并且吸引了许多跨国公司的入驻。在软件里培育出了很多的世界级的跨国公司，如塔塔咨询服务公司，市场范围涉及48个国家；业务内容包括IT咨询和服务、市场发展研究、金融投资顾问、政府决策等；服务客户涵盖金融、政府、企业等许多产业。印度政府十分注重对知识产权的保护。加强监督管理，设立相关法律、法规，严厉打击盗版和侵犯版权行为，鼓励企业创新。

（2）多层次服务外包人才培养战略

印度政府鼓励学校和培训机构设立服务外包相关专业，实施全国上下学习软件的战略，形成了一个从最低端的职业培训到最顶端的高校培养的多层次人才培养体系。该人才培养模式可以归结为以下几个要点：

①注重职业培训教育。服务外包行业需要的是实践能力强、成本相对低廉的人才。职业培训相比高等教育培养出来的学生，更能满足这一需求，而且可以大大降低教育成本和培养时间。

②产学研相结合模式。软件行业属于一个开放程度较高的产业，为了发掘更多外包市场，争取更多的软件外包订单，政府鼓励个人自主创业；为了提高员工素质，企业可

---

① 数据来源：王晓红，张素龙，李庭辉.中国服务外包产业发展报告（2016—2017）[M].北京：人民出版社，2018：217-218.

以自主办学；同时为了增加学生的动手动脑能力，也鼓励一些学校开办企业，让学生更早接触实践开发。

③培养复合型人才。一方面，重视信息技术和数学逻辑能力的培养，加强哲学、历史、艺术等学科的学习；另一方面，特别重视培养学生的语言表达能力，争取使每位学习工科的工程师都具有独立的沟通表达能力，这有助于软件外包过程中的沟通与协作。

④引进高素质人才。"硅谷"的软件开发人员中印度人占到40%，政府鼓励这部分人归国工作，并在政策上给予更多的支持，如降低个人所得税、享有丰厚的待遇、提供良好生活环境、创造更多发展机会等。

（3）行业中介组织积极推动

国家软件和服务公司协会（NASSCOM）是印度服务外包产业的非营利中介组织，雇员仅仅五十几人，但是服务企业共有1100多家，这些企业的生产总值占印度服务外包行业的94%。该协会致力于提高会员的国际化的管理水平，设立行业标准、规范，加强企业的国际竞争力[1]。主要贡献在于：帮助政府制定产业发展政策，参与修改有关的法规和条例，调解行业内部矛盾；与各国加强沟通，为本国的软件出口争取有利条件；与通信、交通等部门进行谈判，取得低廉的通信价格和便利的商务环境；与高等院校、职业培训机构、企业开展合作，培养高素质软件人才，推广信息技术知识。

（4）合理产业市场定位

实践证明印度选择以出口为导向的发展模式是印度软件产业迅速发展的关键因素。印度国内软件市场需求量很低，选择与印度语言和文化价值观相近的欧美市场，可以充分利用印度服务外包的比较优势，一方面，拥有大量的高素质、价格低廉的复合型软件人才；另一方面，欧美国家有许多的印度人在软件行业打拼，并走向了管理层，可以充分利用这种血缘优势开拓国际市场。

2. 爱尔兰模式

爱尔兰以信息技术为主的外包产业始于上世纪70年代末期，经过30年的发展，形成了自己的特色模式。软件和服务外包产业在爱尔兰的经济发展中发挥了极为重要的作用。

（1）产业现状

目前，爱尔兰生产了欧洲市场上43%的计算机、60%的配套软件，被赋予"欧洲软件之都""软件王国""新硅谷""欧洲高科技中心"等美誉，逐步形成了以计算机、电子等高新科技产业为支柱的产业结构，软件业成为了爱尔兰的龙头产业。到2008年年底，爱尔兰的软件企业超过了900家，其中外国投资企业有140家，从业人员达2.4万，软件销售的收入总额超过了240亿欧元，出口产品和服务的总额超过了230亿欧元[2]。

---

[1] 数据来源：景瑞琴. 中印承接国际服务外包的比较优势分析［J］. 经济问题，2007（10）：41-44.
[2] 数据来源：李辉. 爱尔兰服务外包产业发展的经验［J］. 全球化. 2014（04）：87-96+134.

2019 年，爱尔兰是全球第四大离岸发包国，服务外包离岸发包增速为 3.5%[①]

（2）发展模式

爱尔兰抓住当今国际产业转移的新机遇，专注于软件代工服务（软件制作、项目服务、配套产品加工），将发展目标定位于美国软件产品欧化版本的加工基地，吸引了众多跨国公司和著名的研究机构进驻，形成了独特的发展模式。

①政府鼓励支持。爱尔兰政府为鼓励本国的服务外包产业的发展，出台了许多鼓励扶持政策。健全市场法制，制定电子商务有关法规，承认电子合同及电子签名的法律效力；建立公平、公正有利于竞争的市场环境；制定税收减免和政府补贴政策。同时政府还大力投资有关的基础设施建设，目前爱尔兰拥有世界一流的交通通信设施，能够满足各类服务外包企业的需求。

②丰富的人力资源。爱尔兰人力资源丰富，人才素质高，年轻人主修工程、计算机科学和商学。高等教育注重实践与理论相结合，前两年学习基础知识，第三年从事实习活动，第四年能够开发创新，毕业之后就直接具有实践工作能力和软件开发能力。

③区位优势和语言文化优势。爱尔兰以英语为官方语言，属于西方价值观体系，沟通障碍较少，能够与跨国公司顺利开展业务合作。作为欧盟成员国之一，其他欧盟国家公民可以在爱尔兰自由劳务，劳动力流动量大，而且层次多样化。爱尔兰可以充分利用其他国家的多语复合型人才，将美国软件公司的软件翻译成不同语言，以满足欧洲市场二十几种语言需求，这样爱尔兰服务外包就成为美国公司进入欧盟市场的重要阵地。

④成本优势。爱尔兰虽是欧盟成员国家之一，但经济生活水平却一直落后于其他国家。不论是生活成本、劳动力成本还是工业成本都具有比较优势，吸引许多跨国公司前来建立开发机构和后台服务中心。

3. 墨西哥模式

作为拉美经济和科技发展大国，墨西哥 IT 服务外包业近年来得到长足发展。

（1）产业现状

作为拉美经济和科技发展大国，虽然墨西哥服务外包产业起步比较晚，但其发展速度却异常迅速。墨西哥在发展服务外包方面具有地理、语言等多种优势，近几年该产业也得到了长足的发展。墨西哥的软件和信息服务业始于 20 世纪中后期，到 2002 年才开始由政府大力扶持发展软件和信息服务业外包，并将市场注意力从本土转向海外。

（2）发展优势

①政府大力支持。墨西哥财政部于 2002 年推出了"2002—2013 年产业发展推动计划"，包括培养人才、推动服务出口、吸引外资、建立法律框架、加强国家基础设施和通信设施建设等多方面内容。自该计划推出以来，墨西哥 IT 产业增长率逐年递增，从 2002 年的负增长到 2005 年增长 10.7%，2007 年的服务外包外汇收入比 2006 年增加了

---

① 数据来源：智研观点. 全球服务外包产业发展概况及 2021 年产业发展趋势分析.

113%，而且未来数年还有加速增长的势头，同时极大地推动了相关企业的发展，与IT产业相关的企业数量从最初的200多家增加到现在的2000多家。按照墨西哥政府的目标，到2013年，墨西哥IT软件产业产值将达到50亿美元，IT产业包括服务外包、软件销售等产值将达到150亿美元。目前，墨西哥服务外包在整个拉美地区位居第二，紧随巴西。就发展速度而言，墨西哥已经成为拉美地区服务外包发展最快的国家，最近三年的增幅都在14%左右[①]。

②地理位置优势。地理位置也是墨西哥发展服务外包的最大优势。墨西哥紧邻美国，两国间日往返航班达300多架次，且两国间几乎没有时差影响。墨西哥政府近些年大力提倡发展近岸外包，吸引了大量的美国客户，美国目前是墨西哥服务外包最主要的客户来源国。美国著名的通用电器公司在墨西哥建立了一个为美国的金融业务进行后台支持的服务中心，主要负责北美的业务。

③劳动成本和语言优势。墨西哥劳动力价格相对低廉。虽然墨西哥IT行业工程师的年收入约为18 000美元，远远高于印度、中国等国家，但其与美国相比，还是要低许多。再者，墨西哥在发展服务外包方面还具有文化和语言优势。由于美国有大量的拉美裔人口群，文化和语言上的优势能够使墨西哥争得大量美国的拉美裔客户，而在使用西班牙语占绝对多数的拉美地区，服务外包相对发达的墨西哥更是拥有得天独厚的优势。还有一个便利的条件，即美国、加拿大及墨西哥三国签有北美自由贸易协定，这一点也有利于墨西哥拓展美国的服务外包市场，墨西哥具备质优及时的高效服务。

第二节　数字经济背景下我国服务外包产业发展特征与对策

一、服务外包业态与模式的中国创新实践

从全球视角来看，随着新一代信息技术的加速普及，服务外包产业数字化、智能化转型已成为大势所趋。新一轮科技革命和产业变革为全球服务外包带来数字化转型的重大机遇，新冠肺炎疫情又进一步加速了全球数字技术的产业化应用步伐。远程医疗、在线教育、协同办公、线上展会、云端签约等新业态广泛应用，无人车间、智能物流、服务机器人等新模式备受青睐，为服务外包发展注入了新动力。我国新兴数字化服务外包发展起步较早、发展速度较快，准确抓住了未来发展趋势。当前，我国已是全球数字经济第二大国，各行业正加速数字化转型，"数字+"发展迹象明显，新兴数字化服务外包成"中国服务"新名片。

以数字技术为代表的新一代科技革命蓬勃发展，推动国内服务外包产业新业态、新

[①] 数据来源：陈非. 服务外包机制分析及发展趋势预测[J]. 中国工业经济，2005（6）：67-73.

模式不断涌现，制造业服务化和服务外包化已成为产业发展的大趋势、大潮流。数字经济的发展促使更多"服务+"新业态、新模式的出现，在线购物、在线教育、数字检测、数字医疗等数字化服务外包新需求不断得到满足，服务外包的内涵和外延进一步扩大。人工智能、区块链、生物科技、清洁能源、智能制造等技术领域交叉融合，有力促进了产业数字化转型，也催生出大量的服务外包业务新需求。无人工厂、工业机器人、物流无人机等服务外包新模式不断出现。同时，以 3D 打印和工业互联网为主导的新型数字产品也正在颠覆全球价值链的全球分布体系和全球贸易利益分配，由此带来服务外包不断趋向数字化、高端化、绿色化和标准化。

在转向数字化业务的过程中，中国服务外包企业紧跟技术潮流，不断寻求交付方式、商业模式、服务产品和运营管理理念的创新突破。近年来，中国服务外包企业海外并购步伐也在不断加快。例如，博彦科技收购印度 ESS 公司和美国高端商业 IT 服务企业 TPG 公司；软通动力并购加拿大商业智能数据商 Abovenet 国际有限公司；文思海辉收购纽约的 Blue Fountain Media（BFM）等。领军企业的境外分支机构遍及美国、日本、芬兰、英国、瑞典等地。服务外包头部企业的高成长性也成为拉动中国开放型经济发展的重要引擎。

二、数字经济背景下我国服务外包产业发展的特征

数字经济和数字化技术对于市场的猛烈冲击，加速了服务外包的数字化转型步伐，从目前的发展态势来看，数字经济背景下服务外包产业发展的新特征可概括为以下几点：

（一）数字技术加速服务外包产业融合发展

在数字经济时代，进出口服务贸易不再受实体港口和物流运输的限制，而主要是由互联网和数字平台支持，产生了全新的工业发展模式和产业发展生态。数字技术被誉为"第四次工业革命"，而作为影响生产关系的关键生产力要素，数字技术已经成为各产业发展的底层基础，服务外包产业更是将数字技术深度应用的典型行业。2019 年，世界银行发布世界发展报告，报告指出，企业的经营范围正在扩大，企业不再事事亲力亲为自行负责一切业务，而是将更多业务以更低的成本外包给海外市场并建立全球业务网络。从单一的 IT 技术到如今数字技术的加码，服务外包早已不是单纯的 IT 技术外包服务，而是通过数据的流通、产业链数字化含量的提升、企业的数字化转型，成为完整的数字化解决方案。人工智能、云计算、大数据、区块链等新技术以及 5G 的落地和商用，正在推动服务外包从"节省成本"向"创造价值"转型。服务外包也已成为数字经济时代的全球经济增长引擎。

数字化技术作为所有产业都可利用的底层基础，正在促进制造业向着服务化、服务向着数字化、数字向着可贸易化转型发展，服务提供商也迎来了数字化转型的重要机遇，全球服务市场上正在进行一轮又一轮的竞争与合作。服务外包在数字经济时代获得

了新的内涵与外延，意义也得到了进一步的拓展。企业利用数字技术有助于进行流程重构和产品创新，并为企业增强效率和创新实力提供了基础。服务业将不断与数字技术融合，沿着融合发展的方向不断推进，同时也可持续释放数字能源与工业创新，从而加速新经济和新发展模式的出现。

（二）数字经济时代要求政府进行应变处理

现阶段数字经济的发展遇到了一定的困难，比如仅局限于局部的领域或是地区，未能得到进一步的普及。之所以会出现这种现象，主要原因是数字经济能够很好地激发形成规模经济，不同于建立在机器大生产基础上的传统经济规律；同时针对传统经济制定的治理框架对于数字经济这种可以充分地释放人类创造力的经济形态来说，内在需求仍然没有得到释放和满足。也就是说，以前的围绕传统经济而形成的一套政府经验，不能完全照搬到数字经济的发展上。

此外，生产过程在数字经济时代主要表现为知识密集型，而不是工业化时代的劳动力密集型和资本密集型，所以数字经济所依赖的生产资料很大程度上取决于整个社会公共资源的供给。这就对政府治理提出了新的要求，对公共资源的供给上需要进行改进，供给能力要提升，供给水平要达到高质量，从而为社会主体参与经济活动和产业发展提供所必需的基础资源，具体包括基础设施资源、金融资源、教育资源和数据资源等。所以，在数字经济背景下想要推动服务外包的高质量发展，政府必须要提高自身的治理能力，做好战略层面的规划和提升资源供给层面的质量。

（三）数字经济时代政府要素成为服务外包产业发展的决定性因素

无论从数字技术或服务外包产业的特点抑或国内外数字经济发展的经验来看，政府对于数字经济时代的产业发展都具有决定性作用。近年来，我国一直正在积极发展数字经济和推进服务外包向高质量发展转型，出台了《关于积极推进"互联网+"行动的指导意见》《新一代人工智能发展规划》《关于推动服务外包加快转型升级的指导意见》等一系列发展规划，很大程度上推动了两者的发展。当下中国的数字经济的发展势头正劲，服务外包产业也发展到了关键的转型时期。政府在制定服务外包战略和行动计划、数字技术创新、改革体制机制和完善政策法规、人才培养和财务支持、为数字服务外包构建平台和打造工业生态系统、普及数据应用和协调行业的区域发展、平衡劳资关系、建设基础设施以及普及基本技术和规范数据文化管理等方面起着重要作用。因此，政府要素不再是影响服务外包产业竞争力的辅助因素，而是起到决定性作用的关键因素。

三、我国服务外包产业的发展对策

数字时代对于服务外包产业来说是十分重要的发展机遇期。在后疫情时代，全球经济将逐步恢复，对服务外包市场的需求也将随之反弹，服务外包领域也正在进入创新和发展的新状态。产业链、价值链、供应链中最为核心的组成部分当属研发设计与科技创新，服务外包产业延伸的长度、拓展的宽度、挖掘的深度、涉猎的广度决定了一国在新的国际产业格局中所能抢占的地位与利益所得,这对于我国优化产业结构、提升国际地位而言是绝佳机遇。我国依托强劲的服务业增长势头、广阔的市场空间、高速扩张的产业空间、大幅投入的研发费用,借势推动结构优化。我国新兴信息通信技术的高速发展,推动产业向高品质、高创新、高效益转型升级,全面提升中国服务的品牌影响力和市场竞争力,借机实现从价值链低端到价值链高端的跳跃,为加快建设贸易强国做出新的更大贡献。

(一) ITO模式发展对策建议

打造数字化服务外包平台,推动服务外包产业基础设施建设。结合我国现今高速发展的通信技术,构建私人订制化的云计算平台,节省跨国企业间数据的传输成本以及传输的时间成本,为服务外包产业中的多方合作提供基础设施层面上的支撑。政府鼓励数字产业与服务外包产业技术的融合,实现科技产业与经济产业联动,搭建专门的服务外包平台并配以专业化的团队以保证平台的高效运营及后续维护。运用优势抢占先机,在对服务外包所着重涉及的基础设施质量及完善程度经行评估后,由政府引导资源合理配置,与国际通信标准积极对接,以先进且完备的基础设施建设成为吸引发包商合作的优势所在。

(二) BPO模式发展对策建议

1. 增加研发投入以驱动技术创新,推动服务外包产业向价值链高端挺进

互联网、云计算、大数据、人工智能为代表的数字革命加速了新兴商业模式的出现,引发了业态结构的变革,勾勒出了传统低附加值服务外包产业向数字化转型的轨迹,给服务外包产业迈向价值链高端提供了广阔的空间,对于我国服务外包产业的发展而言是一个条件绝佳的好机会。抓住机遇,精准地找出主流方向重点发力,加大研发费用的投入力度,政府完善企业研发创新的税收减免优惠政策,鼓励企业在技术研发、业务创新等方面综合发力,提升服务外包园区的综合能力建设,促进我国在核心发展领域拥有突出的比较优势力量。

2. 以提高服务业整体水平为保障,构建强竞争、有秩序、高收益的服务外包产业

服务业整体发展作为服务外包产业发展的基石,打造出一片协同发展、竞争优良、互利共赢的产业生态链是高效有力的。优化产业发展环境,降低服务外包企业的运营成本,提高服务质量,以先进的服务业水平作为吸引跨国公司的重要力量,借外资发包方之力,放宽市场准入标准,汲取经验,高度发展我国服务外包事业。注重龙头企业的模范带头作用,借助其在品牌创新、标准设定、服务传输等方面的优势打造出中国服务外包的优势品牌。

(三) KPO模式发展对策建议

1. 秉承国际化、高端化、专业化的理念,提升服务外包人才培养

服务外包专业人才作为服务外包产业的储备力量,为产业的发展持续注入新鲜活力。在数字化、网络化、智能化等科技引领产业发展的背景下,更加需要注重人才的引进以及培养。挖掘专业人才培养和创新创业创造培养的联动培养模式,借助服务外包企业作为人才培养基地,建立起线上线下培训、理论与实践联合培训、定向培训等多元化模式。运用高等教育的培养优势,借助高校的师资力量及教育背景,鼓励设置服务外包专业,探索服务外包人才培养的捷径。引进高端技术人才,并完善对于复合型服务外包人才的引进机制及奖励政策。

2. 完善知识产权保护政策体系,加大知识产权保护力度

营造出一个公平公正公开的市场环境对于我国服务外包产业的发展是重要且必要的前提条件。完善健全的知识产权保护体系不仅能够增强对发包方的吸引,在很大程度上消除他们对技术被侵犯风险的忧虑,而且还能从根本上对企业的创新研发起到激励作用。知识产权保护的力度体现了我国对于服务外包产业发展的投入决心,让外来发包商看到了我国对于服务外包产业的支持程度,展示了我国服务外包产业发展的勃勃生机。政府部门可以通过宣传服务外包保护理念、制定强有力的服务外包产业法律法规、细化具有针对性的法律条款、增强惩罚力度等方式强化知识产权保护意识,控制服务外包面临的风险,提升企业的安全感。

3. 以"一带一路"建设为契机,推动实施以全球市场为导向的战略布局

"一带一路"建设不仅给我国国内市场带来了无限的商机,同时也挖掘出了沿线国家的新兴需求,开辟了新的市场空间。"一带一路"建设作为推动形成发达国家与发展中国家双边横向延展的国际市场战略布局的契机,优化了服务外包产业的现有布局,许多沿线国家尚处于工业化、信息化、数字化的初级阶段,服务外包对于他们而言是一个急待开发的领域,对于我国而言便是一个推动中国技术和中国品牌走出去的完美时机,我国需要抓住机遇,在保持已有的传统发包市场主导地位的同时,加速开拓一带一路沿线国家服务外包市场,打开以全球市场为导向的新局面①。

 思考与练习

1. 按照不同的分类标准,外包分为哪些类型?
2. 服务外包产生的动因有哪些?
3. 举例说明,全球服务外包业务主要有哪些发展模式。
4. 我国服务外包产业发展的特征有哪些?
5. 随着数字经济的高速发展,我国服务外包产业的发展有何应对策略?

---

① 王子倩. 基于服务外包模式细分的我国服务外包产业发展影响因素研究[D]. 山东师范大学,2020.

第十一章　现代服务业集聚区

> **本章导读**
>
> 加快发展现代服务业是调整产业结构、转变发展方式和推动经济高质量发展的有效途径，是各地经济发展的热点。产业集聚是有利于产业发展的重要模式，也是现代服务业发展的重要途径。21世纪以来，现代服务业的发展成为城市经济发展的重中之重，越来越多的城市将现代服务业集聚作为城市现代服务业的发展途径和目标，致力于通过产业集聚，提升效益，促进经济增长。现阶段中国加快建立培育城市现代服务业集聚区已成为经济发展的重要内容。

第一节　现代服务业集聚区及其特性

现代服务业集聚是现代服务业发展的一种新形式，其产业具有较强的内部相关性和明显的集聚效应。随着大量与产业发展相关的微观主体和生产要素向特定区域的流动乃至集聚，相互关联的服务企业与机构之间既有竞争又有互补，不同企业及产业之间形成紧密联系、相互依存的有机体系，集聚深化形成了地理环境、人文环境及其他产业网络相互促进影响的集聚空间，即现代服务业集群。因此，现代服务业集聚的深化是一个渐进的动态演化过程。

一、现代服务业集聚区的含义

服务具有时空不分离的特点，供需双方面对面才能够实现服务业提供的服务型产品的交易，因此为了尽可能接近消费者，服务企业通过地理集中形成一定的空间集聚，进而降低自身的搜索成本和经营成本。现代服务业逐渐表现出强烈的集聚态势。许多现代服务企业都开始突破地理区域限制，向最具有发展条件的区域集中，贸易、金融、咨询服务等服务行业逐渐进入集聚区域，形成大型金融集聚区、物流集聚区、服务外包基地等，逐渐成为区域经济增长的动力。不同产业表现出不同的集聚特征，不是所有服务业都会集聚，各服务行业集聚路径也存在差异，社会服务类行业朝分布均匀的方向发展。

在国内，现代服务业集聚区作为一个新的概念，目前并没有统一的界定，各省现代服务业集聚区的规划和建设大多处于起步和探索阶段。在借鉴国内各省市区现代服务业集聚区发展规划方案和相关文献的基础上，将现代服务业集聚区按照发展规模和综合配套行业完备程度的不同分为广义和狭义两种概念。广义的现代服务业集聚区是指以产业发展和现代城市规划为前提，拥有便捷的交通网络和完善的基础设施，以现代科学技术特别是信息网络技术为依托，形成的综合配套行业完备、具有一定开放程度和国际化程度的综合性区域。广义的现代服务业集聚区在发达国家以及国内的北京和上海较为常见，如伦敦金融城、纽约曼哈顿、上海浦东新区，功能上相当于微型CBD。狭义的现代服务业集聚区是指按照现代经营管理理念，以某一服务产业为核心，以信息化为基础，在一定区域内集聚而成的服务企业集群（黄勇，2009）。我国各省市区规划建设的多为狭义的现代服务业集聚区，产业和功能与广义的现代服务业集聚区相比较为单一，如于家堡金融区、苏州花桥国际商务城以及吉林省的东北亚文化创意科技园等，多以某一类现代服务业为核心。

随着国内外现代服务业集聚区建设的不断发展，现代服务业集聚区的种类也越来越多样化，总结来看，主要有微型CBD、科技创业园、创意产业园、现代物流园、软件和服务外包基地、总部基地、现代商贸集聚区、旅游休闲度假区等类型。

二、集聚效应分析

现代服务业集聚区是服务业发展到一定程度的内在要求，也是地区优化产业结构、提高现代服务业发展速度的重要举措。总体来看，现代服务业集聚区的集聚效应主要体现在以下几个方面：

（一）知识溢出效应

现代服务业普遍具有知识密集度高的特点，产品技术水平的高低直接决定了其市场竞争力。相同或相关行业在一定区域内集聚发展便会产生知识溢出效应，现代服务业集聚区为企业和员工提供了交流和互动的平台。在企业之间的合作、交流和互动过程中，企业得以持续更新知识和技术储备，提高产品和服务的市场竞争力。

（二）外部规模经济效应

外部规模经济是指当某一区域某种产业因企业数量增加从而产量随之增加时，该区域各个企业的平均成本也会随之下降。由于现代服务业集聚区内某一行业及其相关产业高度集中，与行业规模较小的地区相比，集聚区内企业更容易获得中间投入品和劳动力，信息交流和技术溢出效应也更明显，因此企业平均成本更低、生产效率更高。

（三）区位品牌效应

产品的生产区位本身就是一种品牌，如瑞士手表、意大利皮鞋、景德镇陶瓷以及西湖龙井。这种区位品牌与企业品牌不同，它具有更广泛、更持久的品牌效应。因为区位品牌中并未提到某一特定厂商或品牌，因此该区位中的所有企业均能受益。另外，由于现代服务业集聚区内企业间优胜劣汰的竞争机制，这种区位品牌效应不会随着其中某一企业的衰落而受到影响，相比单一企业品牌更加持久。现代服务业集聚区的这种品牌效应能够有效减少企业的广告成本，提高集聚区内企业产品的知名度和市场竞争力。

（四）政策效应

政府的政策支持在现代服务业集聚区建设和运行过程中均发挥着重要作用。为增强集聚区吸引力，吸引更多国内外企业入驻，在集聚区建设前期，政府会对集聚区内交通和基础设施建设提供大力支持。另外，政府会针对集聚区的具体情况，颁布大量人才吸引、税收、投资、融资和政府采购等多方面的优惠政策，推动集聚区的发展。因此，与单一企业相比，集聚区内的企业拥有更加优惠和适宜的外部环境。

三、特性及其影响因素

2021年，我国服务业增加值占国内生产总值的比重为53.3%，与发达国家相比还存在一定差距。集聚区作为现代服务业发展的主要空间载体形式，是我国发展现代服务业经济的重要突破口。大力推动现代服务业集聚区的全方位建设，不但有助于解决我国人口就业等社会问题，在推动社会改革、打造创新型国家以及建设和谐社会等方面也具有明显的促进作用。经济特性的发育程度可以衡量一个集聚区的发育水平并决定着集聚区的集聚效应的显现程度，现代服务业集聚区具有根植性、网络性、创新性三类经济特性。

（一）根植性

根植性是指某现象的社会文化基础，它强调地方行为主体之间应形成相对稳定的、依赖于当地社会文化的非正式联系。根植性的提出者格莱努维特（Granovetter，1985）指出，集聚区内企业的经济行为是根植于社会网络及社会关系之中的，这种网络、制度与社会结构以及社会文化紧密相关。从微观意义上对根植性作用机理进行解释，社会环境存在的差异，会导致人的生活方式和思维方式也有所差别，继而形成了独特的区域文化，而企业的行为会受所在区域社会文化环境的影响，受社会整合力的约束。在集聚区所在区域传统文化及区域特色文化的影响下，其内部成员通过一定时期的互相影响、积淀、整合而形成风俗习惯、成员之间形成了共有的价值体系。关于根植性的作用，安纳李·萨克森尼安（AnnaLee Saxenian，2020）强调根植性是产业集群竞争优势的制度源泉。道格拉斯·诺斯（Douglass C. North，1990）认为这些规则和规章无论是正式的还是非正式的，都是可减少交易成本和市场失灵的一种机制。可见，根植性与社会风气、历史传统、文化传承等因素密切相关。产业集聚区扎根于当地的社会文化环境，有活力的社会文化环境，保证了经济活动和技术创新的持续发展。

例如，CBD是目前发展最为成熟的一类现代服务业集聚区，其中以金融服务业为主导产业的金融CBD最为普遍。从国内外CBD发展的实践来看，区位通常是所在城市最早的建成区所在地，具备显著的历史性。有学者对美国纽约曼哈顿CBD中城的商务区、日本新宿CBD服务业集聚和英国伦敦金融业集聚情况进行了比较研究，发现深厚的历史文化底蕴、城市产业结构调整、专业化人才规模和质量、完善的外部环境、基础设施建设和政府的正确引导和规划是 CBD 产业集聚发展的重要因素。随着战后世界经济及美国经济的复苏，曼哈顿 CBD 集聚大量的银行、保险等金融机构及跨国企业总部，此外，工会、专业团体、政府等非营利机构以及咨询、法律等服务业机构也高度集中在 CBD 内，促进了曼哈顿 CBD 发展成为一个综合性、多功能，集商业、金融、商务、文化娱乐等为一体的国际化 CBD。

（二）网络性

网络性是集聚区内的个体单元以各种正式和非正式的协作形式，通过协会、各种机构等正式或非正式的交流平台，加强企业间的技术、知识、人才发掘等信息的交流，所形成的长期的相互竞争并依存的关系。这种彼此相互依存形成的网络使得网络中的不同节点实现资源共享，集聚区内大量的信息在这个网络下快速流动，使得集聚区内企业能够迅速掌握市场信息，减少市场盲目性，还可以促进集聚区内的合作频率和深度、广度，可以有效降低交易成本。网络性往往是长期历史演进的结果，从这个角度来讲，根植性明显的区域通常网络性都发育得较好。

网络性不但可以促进集聚区的形成，还可以促进集聚区内的集体学习过程，并且可以通过非正式的社会关系网络获得新知识，提升个体和整个区域的竞争能力，同时还可以提高集聚区内新生企业数量，决定新生企业的形式。在集聚区内部的网络中，信息、科技、人才、资金乃至优惠的政策等资源快速地流动，不同的行为主体合作互动，各取所需，网络性不但实现了行为主体资源信息等资源的互补，还可以促进集聚区内创新性的培育，在研究开发以及科技创新方面作用深远。正如 C.M. 哈兰德（C.M.Harland）在其《网络与全球化》（Network and Globalization）中指出的那样，在经济全球化的时代背景下，网络正成为新的创新组织形式，对于企业空间集聚来讲，区域创新网络日益发展成为其更加有效的载体。

（三）创新性

所谓创新性，指的是集聚区内的服务企业为满足市场需求、应对市场变化所做出的灵活响应，包括服务技术和服务内容的创新。鉴于产业集群的成长分为发生期、成长期和成熟期等不同阶段，集聚区内企业的持续创新能力则反映了现代服务业集聚区的自我提升能力及更新服务技术、吸收创新知识的能力。现代服务业集聚区的创新性不断提升集聚区的创新能力，从而形成集聚区可持续发展动力，进而形成集聚经济效益。

例如，近年来北京市相继成立了文化创意产业相关的 16 个一级行业协会，但目前针对产业发展的协会较多，真正着眼于服务文化创意产业从业者的自发性协会较少。SOHO 社区民众通过社区组织（Community Board）对社区的发展有重要的发言权，可以规定什么样的人可以住进来以及决定社区的发展方向。而相比之下 798 艺术街区内的艺术家等不能参与到对社区的发展管理而导致了 798 一定阶段的发展停滞及发展空间的受限。行业杰出领袖、企业家也是文化创意产业创新性的重要影响因素，如田子坊、苏州河等旧厂房及仓库，由于一批知名的创意大师的入驻，破旧的工业建筑得以改造升级。

四、创新启示

现代服务业是一种高增加值、高技术含量和高集聚的服务业，在推动产业结构升级和促进经济发展中发挥着重要作用。现代服务业集聚是促进现代服务业短期和长期内更好更快发展的重要突破口。现代服务业集聚除了具备传统产业集聚对劳动生产率提高的效应外，因其所具备的高技术性、高创新性等特点，通过产业整合、融合也对经济增长等产生影响。

（一）形成多业态分工共存的集聚生态环境

从某种意义上说，集聚深化产生的产业集群可以被视为由若干共生体构成的在某一地理空间范围内资源配置的共享平台。共生单元在共享的基础上产生专业化分工与合作，表现为多种业态在现代服务业空间集聚体中分工共存并呈现既竞争又合作的特征。集聚区形成的良好生态系统给企业提供了完善的创新网络，企业可以通过学习、模仿、融合进行多样化的业态创新，同时服务业集聚区内存在大量的中介组织、公共服务机构和政府部门，这些为业态的生成和发展又提供了支持和保障。

集聚区内各种集聚效应的存在促进企业进行业态创新，企业利用这些优势结合自身的特点改进原来的服务模式进行经营创新，从而使简单的低附加值服务升级为高附加值的精准服务，形成与其他企业不同的服务产品或服务模式，也就是形成新的业态。以现代物流业为例，不同企业对运输、仓储、配送等服务功能和档次需求的不同，使得集聚区内物流服务形态呈现多层次和多样化，信息和资源的共享有效地促进了物流服务供给者进行服务协同和业务创新，共存企业间的分工通过信息交流产生新的物流服务形式，如物流联盟业态；物流集聚区内除了多种物流服务形态，还有很多支持互补型服务业态，如物流金融服务等。可以说，现代服务业业态随着集聚经济的发展而逐渐多元化，企业经营形态的创新和升级过程是企业集聚生态内部不断选择和调整的过程，同时也是整个产业集聚生态系统不断改善和优化的过程。

（二）集聚体内的交易成本下降带来业态繁荣

集聚在成长期集聚效应开始凸显作用，企业通过空间上的集中降低彼此之间的信息搜寻成本和知识传播成本，交易商寻找交易伙伴的成本大幅降低，企业之间合作机会不断增多，促进各类服务企业的衍生公司诞生，从而使交易效率不断提高。在成长期，集聚体内部企业开始建立一定的网络关系，相似的文化氛围和相互之间的合作关系使企业之间形成良好的信任机制，资源共享、知识扩散等集聚效应能够有效地减少契约成本，加强企业之间的进一步合作；同时各种同类服务企业的集聚形成强大的市场和长期合作的稳定关系，为互补服务业态的生成提供了市场支持，各类同质业态和异质业态（零售商、咨询公司、保险公司、银行、餐饮企业等）纷纷进入集聚区，服务业态开始繁荣。

第二节　国内创新案例解析

在全球竞争背景下，发展现代服务业是提升产业竞争力、占领产业发展制高点的重要战略。现代服务业集聚区是现代服务业发展的重要载体，在国民生产总值中所占比重越来越大，其发展水平已成为衡量一个地区经济社会现代化程度的重要标志。在新一轮科技革命和产业变革的当下，物联网、云计算、大数据等现代信息技术应用场景不断拓展，推动国内服务业集聚区的创新发展。

一、直播基地

（一）发展背景与现状

近年来，数字经济催生了大量新经济、新业态、新商业模式，特别是新冠疫情发生以来，直播电商以其高效的新营销模式打造了千亿元消费市场，掀起爆发式增长。随着元宇宙概念的兴起和人工智能及5G等技术应用的普及，在线直播的形式和特效愈发丰富，持续的创新为在线直播行业提供了充足的发展活力，用户规模保持稳定增长。艾媒咨询（iiMedia Research）数据显示，2021年中国在线直播用户规模已达到6.35亿人，预计2022年将达6.60亿人[①]。

直播电商站上风口之后，上下游产业链也在不断完善，各省市区也开始争相布局直播电商基地，比如广州、杭州、义乌等有着电商优势基因的城市，都对直播电商产业基地的建立提出了相应的规划。平台方面，阿里巴巴"春雷计划2020"中提出，要在全国产业带聚集省，每省打造100个淘宝直播产业基地；同时据媒体统计，快手也已在全国落地了20个直播产业带基地。可见，未来直播电商的竞争不仅是单一平台之间的竞争，更是产业链的竞争，是借助政策扶持、平台流量、品牌效应等产生的综合实力竞争。

（二）主要发展模式

2020年，在我国全面打赢脱贫攻坚战收官之年的催动下，各地政府对推动经济发展表现出相当的迫切性。而受到疫情影响，直播经济备受推崇。于是，政府、平台等看中了直播这一风口，纷纷加码直播基地。根据属性、特色的不同，各地直播基地逐渐发展出三大模式：综合产业带模式、MCN模式和传统产业园出租模式。

1. 综合产业带模式：以"货"为王，供应链取胜

综合产业带模式，即基于当地产业集群发展而来的直播基地。这类直播基地通常背靠当地坚实的产业群，有充足的货源与较为完善的供应链体系。作为从货品到商家的跳板，综合产业带模式更接近于商家，提供包括了品类选择及质量把控、产业链资源的丰

---

① 数据来源：艾媒咨询.2021年度中国在线直播行业发展研究报告.

富、第三方服务等连接上下游的中间服务，基于此，其盈利模式以抽成为主。临沂的服装产业带直播基地、义乌的小商品直播基地就是其中的代表。

直播基地为主播提供一站式的服务。直播基地或对旧有产业园区进行改造升级，或重新建设，将仓库、主播、直播间、办公区聚合在一个空间内，同时配置好货源和供应链，软、硬件各类设施齐全。基地既有完善的"货"，也有作为"场"的直播间，主播只需带一部手机就可以进入基地内直播。青岛绿洲数字众播基地就是其中的代表。作为青岛第一个集场景、体验、培训、短视频等多功能于一体的数字众播基地，面积7000平米的绿洲数字众播基地依托海尔云裳物联的生态资源，构建起了流水线式的主播孵化体系和精准的产品供应链体系。基于此，基地已经聚集了众多供应链资源和主播资源，为企业商家、主播等提供全方位综合性服务。

综合产业带模式最大的亮点在于其坚实的产业基础与完善的供应链。背靠已经发展成熟的产业带集群，直播基地享有量大质优的货品与完善的供应链，为直播间提供更为优质的上游服务。此种服务模式也对主播具有一定的吸引力。

虽有可靠的硬件设施，但是在实际运营过程中，直播基地也暴露出不少问题。如人才缺乏，具有带货能力的专业主播不足，又缺乏懂行的运营管理团队，造成经营不善，难以为继。又如不少直播基地为了追求规模，盲目扩张，导致破产危机等。许多综合产业带模式直播基地在开张时锣鼓喧天，但运营一段时间后便陷入困顿，黯淡退场。由此可见，综合产业带模式直播基地建设也并非一劳永逸，还需反思。

2. MCN模式：优势在"人"，招商引资

MCN模式是MCN机构的扩张与延伸的结果，也是MCN产业化的重要途径。这类直播基地以服务机构旗下主播为主，具有多样化的盈利模式，包括主播直播带货的佣金、广告费，以及规模化运营带来的收益。

MCN模式带有一些MCN机构加持的"先天"优点：一是有各具特色的主播，他们往往都有自己的"人设"，识别度较高；二是具有较强的内容创作能力，可以更好地运营账号、维护粉丝群体；三是有自己模板化、工业化的生产机制，并且可以轻易复制到新主播之上，形成自身的主播矩阵；四是直面消费者，具有较强服务消费者的能力；五是对主播有较强的服务能力和控制能力。由此带来优势在"人"，流量、内容与服务兼具的模式特色。

对于头部机构来说，著名主播的背书与MCN机构强有力的系统性支持能为直播基地带来很大的加成，供应链为了拓展渠道，会主动寻求合作；品牌为了扩大影响力，会积极要求入驻。如辛巴旗下的辛有志严选直播基地，除了自产的白牌商品外，还有双立人、雪花秀、阿道夫等多个知名品牌的入驻。相较于中尾部机构，头部机构自然能获得更大的优惠。

然而中小MCN机构的日子并不好过，更多的腰部与中长尾部电商主播实际上处于弱势位置。首先是主播收入对主播的留存能力不足。根据BOSS直聘发布的《2020上

半年直播带货人才报告①》数据显示，2020年上半年，带货主播的平均月薪为11 220元，收入分化明显，"大型MCN机构主播的收入显著拉高了平均值，71%的主播月薪收入在1万元以下"。在这样的形势之下，中小机构对人才的留存力并没有那么高。其次是直播基地的配套基础设施与服务建设能力不足，缺乏稳定供应链与货源是MCN模式不可避免的问题。

3. 传统产业园出租模式：政绩催熟，模式单一

传统产业园出租模式，即已有的传统电商园区、联合办公等平台利用自身拥有的空间、供应链转型而成的直播基地。这类直播基地拥有办公场地，大多通过收取租金的方式盈利，角色类似于物业公司。政府对该类直播基地进行了大力扶持。2020年，包括广州、上海、深圳、成都、杭州等多个城市，全国有超过30个地区发布了鼓励和扶持政策，对直播基地的运营方减免租金和税收、提供现金奖励等举措更是不胜枚举。

传统产业园出租模式既不依赖于既有的产业集群，也无须自有大量的MCN机构，只需一处直播场地，在三种模式中无疑是最易打造的直播基地。且在过去多数沉淀的一些无效产业园资产急需盘活的情况下，现成的产业园经过相对简单的升级改造后就可投入使用，向传统产业园出租模式转型无疑是成本最小的一种，各地政府自然也争相扶持。但同时，这些优点也为后续的运营埋下了隐患。传统产业园出租模式既没有稳定可靠的货源、相对完善的供应链，也没有对主播的掌控能力，盈利模式还十分单一，相比起前两种模式，显得势单力薄。如果后续管理不善，可能会出现产业园区置空率走高、生存艰难的情况。

（三）未来发展的思考

1. 多方支持，不断迭代，形成可持续生态圈

在发展初期"野蛮生长"的直播行业，在经历虚假宣传、品控不严、头部主播偷逃税被罚等风波后，行业面临着越来越严格的监管。2020年以来，多个监管部门出台了超过20部规范性文件，对直播带货的准入、内容以及审核等提出明确的要求。随着直播行业逐渐专业化和标准化，准入门槛变高，也对直播基地的运营模式提出了更高的要求。

未来，无论是何种模式的直播基地，都应在5G技术背景的推动下，进行硬件升级，提升直播场景丰富性、优质性，让直播不局限于主播固定在镜头前解说，成为电视购物的翻版，而是变直播"间"为直播"场"，持续提升直播、购物场景的直观度与丰富性。直播基地集成了众多专业主播与设备齐全的直播场，更有能力进行全线升级，为消费者带来集层次性与多样性于一身的人性化直播服务。

长远来看，一个直播基地的成功不仅仅需要直播基地本身的付出，更需要多方的共同努力。作为服务上下游的中间环节，直播基地应进行自我升级发挥其最大价值，激活

---

① 数据来源：Boss直聘.2020上半年直播带货人才报告.

地方经济。而形成可持续发展的直播经济生态圈，则需要政府、龙头企业、直播平台等方面的同步支持。

2. 回归理性，突破壁垒，通过跨界赋能实现产业升级

自 2020 年以来，全国直播基地呈蓬勃发展态势，基地数量已超千家，80% 的直播基地在头部的十大城市[①]，也足以见得集群化是直播电商产业升级的必然趋势。2021 年是"十四五"开局之年，十四五规划建议中明确提出要"全面促进消费"，直播电商也必定是提振经济的有力推手，而直播电商经过野蛮生长之后，回归理性，集群化效应初现。未来直播电商的发展，一是横向扩展，比如与扶贫助农、泛文娱领域的结合，突破壁垒，实现跨界赋能；二是纵向深耕，5G、AI 等新技术的应用，特色直播电商基地的孵化，专业化人才的培养，MCN 机构的优化等，让直播电商继续站在风口。

更重要的是，不同直播基地应该结合地域特色和固有优势建立自身竞争力，提升专业度和服务，从而树立壁垒，避免让直播基地成为零门槛无差别竞争乃至烂尾的一池浑水。同时留存上游与下游的市场参与者，为消费者提供更好的消费体验，共同服务于地方经济的发展。

二、农村电商产业集群

2019 年 6 月国务院印发的《关于促进乡村产业振兴的指导意见》中明确指出："产业兴旺是乡村振兴的重要基础，是解决农村一切问题的前提。"发展农村电子商务产业既是经济欠发达地区实现增加农民收入、消除贫困的有效途径，也是引导农村供给侧结构性改革、促进乡村振兴的重要力量。农村电子商务的飞速发展使得新农村、新农民、新农业模式不断涌现，催生了新的就业形态，吸收了大量农村剩余劳动力，并实现了农产品上行与工业品下行，最大程度上带动了农村第一、二、三产业的发展与融合，进而促进了区域经济发展。随着电子商务在中国农村地区的持续飞速发展，部分区域已经出现了淘宝村[②]、淘宝镇[③]、农村电子商务产业园区等典型的农村网络商业集聚现象。一方面，同一个村庄、乡镇或园区集聚了大量从事电子商务的农村个体创业者或企业；另一方面，这些电子商务从业者在淘宝等电子商务平台上提供的商品或服务往往聚集在一个或几个相同或相近的产业内。这种商业集聚现象带动了电子商务技术流、资金流、商流、人才流逐步向农村地区集聚，形成农村电子商务产业集聚。

---

① 数据来源：艾媒咨询. 2021 年度中国在线直播行业发展研究报告.
② 采用阿里研究院对淘宝村的定义和认定标准：(1) 淘宝村是大量网商聚集在某个村落，以淘宝为主要交易平台，以淘宝电商生态系统为依托，形成规模和协同效应的网络商业群集现象。(2) 淘宝村的认定标准包括 3 个方面：一为交易场所标准（经营场所在农村地区，以行政村为单元）；二为交易规模标准（电子商务年交易额达到 1000 万元以上）；三为网商规模标准（本村活跃网店数量达到 100 家以上或活跃网店数量达到当地家庭户数 10% 以上）。
③ 淘宝镇是指一个乡镇或街道的淘宝村大于或等于 3 个，或者在阿里平台，一个乡镇一年的电商销售额超过 3000 万元、活跃网店超过 300 个，不局限于是否有淘宝村。

(一)农村电商产业集群的特征

农村电商集群是在互联网发展迅速的环境下,电商对农村产业的改进产物,不同于其他传统的产业集群,具有自己独特的典型特征。农村电商集群的典型特征主要体现在其独有的自发性、可复制性、专业化、线上化、产品包容性和不平衡性等。其中,不平衡性主要体现在空间分布方面,其余五点特征体现在演化过程方面。

1. 自发性

在农村电商集群发展初期,创业带头人的出现是重要节点,而创业带头人多是农村居民自发地在网上进行销售活动,这体现出农村电商集群与其他集群的区别之一是农村居民的自发性。最早的农村电商集群,比如江苏东风村、浙江青岩刘村等,都是由几位有创业志向的年轻人首先尝试网上贸易,之后其他村民纷纷效仿得以发展,才渐渐引起政府和学者的关注,后起的集群才出现政府主导式,前期发展起来的集群多为自下而上式。简而言之,农村电商集群的兴起是农村居民自主借助互联网发起的乡村建设事业。

2. 可复制性

由于淘宝网的门槛低,且以个人创业者居多,农村居民收入较低、空余时间长、抗风险能力弱,与淘宝网的特征符合程度大,因此以淘宝为代表的平台型电子商务模式具有一定的可复制性,这在集群的快速拓展阶段得以体现。农村的熟人社会特性和强网络关系也大大加快了模仿的进程,早期发展好的淘宝村,发挥了示范效应,带动了周边村庄的模仿和跟进。另外,地理位置较近的农村资源相似,使得农村电商集群成片式壮大。

3. 专业化

由于集群具有可复制性,同一区域或类型相似的农村电商集群产品同质化严重,导致集群发展停滞不前,这一问题通过推行品牌化、差异化战略得以解决。专业化是集群发展到高级阶段的必然趋势,一味模仿不能从根本上解决问题,推广江浙地区的"一村一品"模式,鼓励集群走特色化、专业化路线,从而推动集群转型升级。

4. 线上化

借助互联网的发展趋势,农村电商集群是农村居民以电子商务平台进行商品交易活动为特点兴起的产业集群。集群以线上交易为主,把当地特色优势产品通过网络销往全国甚至世界各地,使本地具有比较优势的产品利益最大化,带领农村居民脱贫致富。

5. 产品包容性

农村电商集群的产品种类多样,包容性高,非农[①]产品比例高。虽然起源于农村,但主营农产品的农村电商集群占比却不高。根据阿里研究院的相关统计,农村电商集群销售额最高的产品是服装,其次是家具、鞋等,而农产品销售额占比不到20%。这一特点可能与集群当地的产业基础和特色产品有关。特别的是,某些集群产品的发展没有依

---

① 靳博睿.基于"淘宝村"视角对农村电子商务发展的探析[J].现代商业,2016(12):87-89.

赖原生产业，是"无中生有"式发展，体现出对资源的弱依赖性。

6. 不平衡性

由于区域的经济发展水平以及一些外界因素的影响，农村电商集群空间分布上存在不平衡性。从东、中、西地区分布看，东部地区的农村电商集群数量占96%以上，中部虽然占比少，但呈逐年增长态势，西部集群发展缓慢，变化不明显。东部和中部集群扩散效应明显，新增淘宝村多数出现在原本就较为集中的地方，这使得西部集群发展速度相对缓慢。

（二）农村电商产业集群的演化过程

从产业集聚的生命周期视角来看，农村电商集群的演化过程可以分为培育阶段、快速拓展阶段和爆炸式发展三个阶段。培育期的主要特征是创业带头人出现，当地资源决定集群发展方向；快速拓展期的主要特征是其余农户争先模仿，强关系网络凸显作用；爆炸式发展期的特征为多个规模企业出现，企业核心人物创新能力和经营能力日趋重要。

1. 培育阶段

农村电商集群的培育阶段为2009—2013年。2009年，仅有江苏、浙江和河北三个省份出现了淘宝村，到2013年12月，全国淘宝村数量增长到20个。此阶段的淘宝村呈现零星态势，还未出现大规模集聚现象。

创业带头人的出现和独特商业模式的形成是农村电商集群培育阶段的标志。在这个阶段，创业人发现了新商机和新模式，并结合当地的资源和产业优势开始大胆尝试，借助淘宝网的入驻免费、技术难度小等特点，部分符合市场需求的商品销售大获成功，具有一定的偶然性，成功后带动周围感兴趣的人，一起发家致富，逐渐形成以淘宝为代表的平台型电子商务模式，主营产品多依托当地资源优势或者由创业人自行研究。但由于农村居民文化水平相对较低，接受新事物较慢，很多人即使知道也不愿尝试，导致其传播速度受阻，发展缓慢。虽然政府在这一阶段有所扶持和鼓励，但支持力度有限，只有部分发展较好的村庄成为淘宝村。

2. 快速拓展阶段

快速拓展阶段为2014—2016年。2014年，全国已发现各种类型的淘宝村212个，遍布福建、广东、河北、河南、湖北、江苏、山东、四川、天津、浙江等10个省市；到2016年数量为1311个，增长了6.18倍，遍布18个省份，呈现"井喷"式的发展态势。

根据中国社会与发展研究中心的相关报告[①]，淘宝店家具有规模小、开店时间短、总投入低等特点，说明淘宝网的门槛低，且以个人创业者居多。与此同时，返乡大学生的加入，也使得淘宝村的发展如虎添翼，他们凭借高超的电脑操作能力、网购能力和互联网安全意识，为农村地区发展电商提供了有力支撑。

---

① 数据来源：《谁在开网店》报告．

3. 爆炸式发展阶段

爆炸式发展阶段为 2017 年至今。与 2009 年相比，2017 年淘宝村数量从 3 个增至 2118 个，范围从 3 个省到遍布 24 个省市区，从零散分布、规模小到集群化发展、势头足。

据阿里研究院相关统计，63% 的新增淘宝村都位于淘宝村集群[①]中，反映出巨大的集群效应。淘宝村集群拥有良好的产业基础，优秀的先行者带头示范以及日渐完善的电商服务，孕育出了一批批淘宝村。在集群化发展阶段，相距不远的淘宝村从独立发展走向联合，农民网商经营走向规模化，各地充分结合地方产业特色，政府进行积极引导，并且有专业的服务商出现，部分淘宝村形成了农户经营规模化 + 专业服务商 + 政府引导的模式，政府、服务商的加入为农户电商创业提供了有力支持和良好环境。农户自身开始注重产品创新，以消费者为中心，重视网店评价，及时响应消费者需求，加强自主研发能力和产品经营能力，通过注册商标以及专利申请等手段保护创新成果。这些农户通过创新活动在恶性竞争中脱颖而出，不仅提高了网店的利润、消费者体验，而且强化了产品的品牌影响力。

爆炸式发展阶段的标志是出现多个规模企业。此时，各农户家庭开始合作建立企业，实现互利共赢。企业核心人物对企业的领导、经营、创新能力在企业集群化发展阶段起重要作用。政府看到农村发展电商的潜力和优势，开始帮助农户解决资金、土地等资源问题，服务商也抓住历史机遇，在硬件和电商服务方面助力农村电商集群，形成多方助力的农村发展新模式，区域农村电子商务集群得以更好地发展[②]。

（三）农村电商产业集群的发展模式

在农村经济快速增长的过程中，农村电商也逐步成为新的经济增长点，其运营效率不断提升，产品的竞争力迅速攀升，农特产品市场逐步打开并呈现稳步增长状态。农村电商已经成为推进乡村振兴战略顺利实施的重要媒介，在发展过程中不断实现了商业模式的创新。

1. "综合服务商 + 网商 + 传统产业"模式

"综合服务商 + 网商 + 传统产业"模式又可以将其称为"遂昌模式"，是以本地化综合服务商作为驱动，从而有效借助本地综合服务商，实现县域电子商务创新和发展。"综合服务商 + 网商 + 传统产业"模式的核心在于综合服务商。阿里研究院在 2013 年提出"综合服务商 + 网商 + 传统产业"模式，综合服务商就是网店服务中心，通过网店服务中心能够制定农产品的产销标准、规模，管理用于网上分销商进行选货和网销的数据包，实现集中仓储以及发货售后等服务。综合服务商在整个遂昌农产品电商化中有着十分关键的意义，借此能够降低集群电商企业的投入资金和技术门槛，使得许多农产品变

[①] "淘宝村集群"：指的是由 10 个或以上淘宝村相邻发展构成的集群，网商、服务商、政府、协会等密切联系、相互作用，电子商务交易额达到或超过 1 亿元。若相邻的淘宝村数量达到或超过 30 个，则称为"大型淘宝村集群"。

[②] 张烨. 我国农村电商集群可持续发展能力研究——以"淘宝村"为例［D］：长安大学，2021.

成了规范系统的销售商品，带动农村电商集群发展。

2. "生产方＋电商公司"模式

"生产方＋电商公司"模式又可以将其称为"吉林通榆模式"。通榆电商项目是在 2013 年开始启动工作，随后加入到"千县万村"发展战略中，通榆成为我国第三个农村淘宝试点县。"生产方＋电商公司"模式是在吉林通榆当地政府的支持下形成的，并借助资金支持和社会力量，有效整合生产方产品，实现包装销售和服务。通过"生产方＋电商公司"模式有效带动当地农村电商集群发展，实现农村经济繁荣。应用"生产方＋电商公司"模式需要政府结合地区农产品资源，并将其介绍推广给可靠的地方企业进行包装和推广，使其能够真正发挥农村电商价值。

3. "集散地＋电子商务"模式

"集散地＋电子商务"模式又可以将其称为"陕西武功模式"。"集散地＋电子商务"模式是在 2013 年开始成立的，陕西武功县在发展县域电商的同时，打破县域的空间限制，提出"立足武功，联动陕西，辐射西北，面向丝绸之路经济带"的未来发展方向，努力构建"西北电子商务第一县"。"集散地＋电子商务"模式积极吸引外地电商来到陕西武功开展电商经营，将园区作为重要电商平台，整合了农村农产品生产加工以及流通存储等合作企业，汇聚了众多特色农产品，实现"买西北，卖全国"。武功县借助自身的地理优势，紧紧抓住"互联网＋"以及"一带一路"，培养专业电商技术人才，构建西北农产品电商企业聚集地，形成西北地区独特的电商发展模式。在"集散地＋电子商务"模式的应用下，推动了当地经济发展，增加了农民实际经济收益。

4. "区域电商服务中心＋青年网商"模式

"区域电商服务中心＋青年网商"模式又可以将其称为"丽水模式"，丽水作为我国农村电商发展较好的地区，也是全国首个实现农村电子商务服务全域覆盖的设区市。根据阿里巴巴集团阿里研究院公布的 2020 年淘宝镇、淘宝村名单，丽水市就有 6 个淘宝镇和 21 个淘宝村进入名单当中，2019 年丽水市就已经实现了电商专业村市域全覆盖。"区域电商服务中心＋青年网商"模式积极鼓励农村青年加入互联网创业之中，并构建相应的区域电商服务中心，为农村青年提供就业创业机遇。此外，丽水市政府为了更好地推动电商发展，也加大了资金投入力度，为农村电商今后发展解决了资金问题。借助"区域电商服务中心＋青年网商"模式能够构建健康的农村电商发展环境，将政府与市场有机结合，使得大量优秀人才回归本土创新发展。

5. "农产品供应商＋联盟＋采购企业"模式

"农产品供应商＋联盟＋采购企业"模式又可以将其称为"货通天下农商产业联盟"模式。"农产品供应商＋联盟＋采购企业"模式运营总部位于上海，属于 B2B 商业模式的一种。借助联盟能够帮助农产品采购者与供应方进行交易和合作，联盟会在这个交易过程中收取一定比例的服务费用。构建"农产品供应商＋联盟＋采购企业"模式需要搭建农产品联盟平台，使得买卖双方能够借助联盟平台进行联系对接。"农产品供应商＋

联盟+采购企业"模式还可以提供各种服务，向企业提供农产品信息以及加工技术等方面的数据资料。通过"农产品供应商+联盟+采购企业"模式能够完成整个农产品生产以及供应环节的联系，有效降低电商交易成本，推动农村电商的良好发展。

6."专业市场+电子商务"模式

"专业市场+电子商务"模式又可以将其称为"河北清河模式"。"专业市场+电子商务"模式的形成非常关注专业市场的作用，并将重点着力于构建专业农产品交易中心。专业市场在农村电商构建品牌、平台以及渠道等方面具有竞争优势，专业市场能够通过电商网站提高自己的影响力，并带动行业发展进步。清河羊绒借助传统产业和专业市场的支持，在产品价格和供应链管理方面都具有一定的优势，形成自身强有力的行业竞争力。

（四）创新启示

新一轮科技革命引发服务业创新升级，中国的现代服务业站在新的历史起点上，进行了诸多创新实践。新一代信息技术、人工智能等技术不断突破和广泛应用，加速服务内容、业态和商业模式创新，推动服务网络化、智慧化、平台化，知识密集型服务业比重快速提升。服务业转型升级正在推动新一轮产业变革和消费革命，使产业边界日渐模糊，融合发展态势更加明显，个性化、体验式、互动式等服务消费蓬勃兴起。

农村电商产业集群的形成和发展在一定程度上扭转了农村资源要素向城市单向流动的局面，增强了农村地区的吸引力和发展潜力，使得农村电子商务发展与区域经济发展紧密相连。农村电子商务产业集聚是当前部分农村地区电子商务发展的新形态（舒林，2018），能够对当地产业结构的调整、就业机会的增加、农民收入的增长等方面起到促进作用，进而促进当地区域经济的发展。

思考与练习

1. 什么叫现代服务业集聚区？它有哪些特性？
2. 现代服务业集聚区是如何形成的？经历了哪些发展阶段？
3. 现代服务业集聚给现代服务业发展带来了哪些创新启示？
4. 讨论题：请查阅文献，列举出两处书中案例之外的现代服务业集聚区，并分析其创新之处。

第十二章 新兴服务业的未来展望

> **本章导读**
>
> 新冠肺炎疫情造成的线下服务业的暂时疲软、线上服务业的异军突起,促使"服务业数字化"成为经济增长的新引擎。而为顺应新一轮的科技革命及产业变革,推动制造业与现代服务业融合已成为必然趋势。在此情形下,发达国家为占据先发优势,通过区域贸易协定构建高标准的服务贸易规则。为应对未来全球服务业的演变,中国必须在后疫情时代作出适时调整:加快服务业数字化发展,为经济增长增添动力;促进服务业与制造业融合,建立现代化的服务业经济体系;实现服务业"更宽领域、更深层次"的全面开放,并积极参与服务贸易规则的制定,提升在国际服务贸易规则制定中的话语权。

第一节 全球服务业的未来演变趋势

服务业是拉动经济增长、促进国民就业的主力军,同时也是实现国民经济健康运行的重要"稳定器"。新冠肺炎疫情的爆发,给部分服务业的发展带来了较大冲击,但与此同时,数字化为服务业的转型升级带来了重要的发展机遇。在此背景下,后疫情时代全球服务业必将会有新的演变趋势,这种演变趋势与中国加快服务业转型升级有所交汇。因此,中国应该在全球服务业的发展及规则制定过程中积极探索,并采取措施有效应对,以避免未来在这一领域处于被动地位。

基于新冠肺炎疫情对服务业的冲击,后疫情时代全球服务业的发展方向必定会有所调整。在新一轮的数字经济及产业变革的背景下,"服务业数字化"将成为拉动经济增长的重要引擎,推动制造业与现代服务业融合已成为必然趋势。同时,发达国家会根据先发优势主导并推动区域贸易协定的制定,继续掌控贸易规则的话语权。

一、"服务业数字化"成为经济增长的新引擎

新冠肺炎疫情期间,在线下陷入疲软状态的情况下,线上服务业异军突起,且在后疫情时代将会有更广阔的应用前景,以创新驱动为经济增长创造新潜力。同时,发达经济体必定会加快对数字贸易规则的布局,以抢占规则制定的先机。

（一）全球数字经济向服务业渗透趋势明显

根据中国信息通信研究院发布的《全球数字经济新图景（2019 年）》，产业数字化发展最快的领域为服务业，其中美国、英国、德国的服务业数字经济占行业增加值的比重超过 50%，更有英国、美国、俄罗斯等 12 个国家产业数字化增加值占 GDP 的比重超过 80%。与此同时，全球多个国家在其服务业发展中运用数字经济先行先试，因此服务业数字经济占行业增加值的比重较高。

总体来看，电商、智慧医疗与电子政务是引领服务业数字化发展的重要领域。统计数据显示，各国服务业数字经济占比大致分为三个梯队：第一梯队为美国、英国、德国，其服务业数字经济占行业增加值的比重分别为 55.1%、57.2% 和 57.1%；第二梯队为中国、法国、日本，其服务业数字经济占行业增加值的比重分别为 35.9%、36.7% 和 41.0%；第三梯队为其他国家，比重均在 30% 以下。由此可见，发达国家的服务业数字化发展仍占据先发优势，数字经济向服务业渗透的程度较高。

新冠肺炎疫情期间，数字经济在电商、智慧医疗及电子政务领域大放异彩。传统"接触性"的线下服务被抑制，而"无接触"的线上服务却备受青睐，并倒逼传统服务业升级。与以往工作、生活形式不同的是，原本地理空间的集聚转为线上的"车水马龙"，互联网大数据是此次疫情期间生产生活得以正常运行的支撑器。首先，生产及消费对线上服务的需求度急剧提升。居家办公期间，数以几十万计的会议在企业微信、钉钉等多个平台召开；线下无法复课的学校选择在线上授课，在线教育迅猛发展；线上消费则为零售商弥补了线下损失，同时也开拓了新的消费途径。2020 年第一季度中国 GDP 数据显示，在服务业整体同比下降 5.2% 的情况下，信息传输、软件和信息技术服务业却同比增长了 13.2%。其次，大数据技术为政府部门的科学决策提供了支撑。疫情期间，政府通过对大数据的分析，并结合算法模型对各地疫情的传播速度及趋势作出预测，进而储备、统筹所需的医疗物资并保障各地的物资供应[①]；同时，对疫情期间的交通出行数据进行有效分析，以及时跟踪确诊患者、疑似患者、密切接触者等，确保严防严控。

未来企业、居民对于线上服务以及未来数字化转型的需求必然呈增长趋势，疫情只是这种趋势变化的"催化剂"。因此，需要促进互联网大数据与服务业的高质量融合发展，以创建更高水平的现代服务业。

（二）美国、日本、欧盟等发达经济体重视数字服务贸易的发展，并制定高标准的数字贸易规则

数字服务贸易在数字贸易中占据很大比重，发达国家较早认识到发展数字经济的重要性，也较早布局数字服务贸易领域。20 世纪 90 年代，美国提出"信息高速公路"的

[①] 数据来源：王伟玲，吴志刚，王芳．新冠肺炎疫情防控对数字政府建设的影响及建议［J］．科技导报，2020（6）：97-102．

概念，在此之后更是数字经济发展的主要推动国家。其战略部署的主要方式是维护美国数据安全并实施"长臂管辖"，制定数字贸易规则，美国发布的《数字贸易法案 2013》便指出要将数字贸易纳入美国的双边、多边贸易谈判中。美国采用的数据治理模式为"自由式市场加强监管"，并通过成立美国贸易代表办公室（USTR）来识别贸易壁垒，其主导的《美墨加三国协议》（USMCA）是目前针对数字贸易制定的标准最高、效力最强的协定，其中的第 19.12 条提出的"任何缔约方均不得要求当事人在该缔约方的领土内使用或定位计算设施以作为在该领土内开展业务的条件"最具有争议。数据本地化要求确保网络安全、保护公民隐私，而此条款的实施明显仅有利于美国，它是确保美国数字贸易保持领先地位的有力措施，但给其他国家的数字市场开放施加了压力。日本通过主导《全面与进步跨太平洋伙伴关系协定》（CPTPP），签订《日欧经济伙伴关系协定》（EPA）、美日贸易协定来发展数字经济"朋友圈"。CPTPP 也提出了禁止数据本地化的要求，但是保留了原 TPP 条款中的"承认各国可以拥有自己的信息转移监管要求"，CPTPP 与 USMCA 相比更具有灵活适用空间。欧盟构建的是以"基本权利"为基础的数据治理模式，并且近年来加快了对数字经济领域的战略部署，实施的是"外严内松"战略。2020 年 2 月 19 日欧盟委员会发布了《欧洲数据战略》及《人工智能白皮书》两份文件，旨在实现数据在欧盟内部的流动，以及应对不公平的商业行为并继续保护个人数据和隐私。欧盟在国际层面与日本签订的 EPA 中表明要推动欧盟与日本之间的数据安全流动，在高度保护个人信息的基础上打造世界上最大的数据安全流通领域。欧盟认为其虽然在数字经济发展中并未超前，但是希望能够制定有利于自身发展的"游戏规则"。

中国的数字经济规模虽位居世界第二，但是对于全球跨境数据流动策略仍趋于保守。美国、日本、欧盟三大经济体则属于主张跨境数据自由流动的进取型或规制型，并且在区域贸易协定中积极推崇其主张，这给中国的跨境数据流动开放带来了较大压力。中国若跟随跨境数据流动的开放，则必然会引致数据跨境流动风险；若仍采取保守型的开放方式，则必然会在未来的数据规则制定中处于被动地位，不利于数字服务贸易的发展。

二、推动生产性服务业与制造业的产业融合成为必然趋势

制造业和服务业融合发展是第四次工业革命背景下制造业与服务业转型发展的重要方向。新冠肺炎疫情期间，制造业出现生产人员不能及时复工、产品供应断流等一系列问题，因而为顺应新一轮的科技革命及产业变革，推动制造业与现代服务业融合已成为必然趋势。近些年来，随着云计算、物联网、大数据等信息技术的发展，"制造服务业"中服务所占比重不断增长。在制造业中，产品的增加值主要发生在服务领域，服务领域的增加值大约占产品价格的 40%，而生产产品的时间占总循环过程的 5% 左右[①]。未来主

---

① 数据来源：胡阳.生产性服务业与制造业融合互动发展[J].环渤海经济瞭望，2020（2）：72.

要通过三种方式来推动生产性服务业与制造业的融合。

第一,二者在信息技术领域的融合。大数据、云计算、移动互联网等新一代信息技术的广泛应用,使得人与人、人与物、物与物之间的互动方式更加完善,信息技术与服务业的融合拓宽了服务领域,也进一步推动了制造业服务化进程。美国是信息技术产业的领先者,也是实现制造业服务化程度最高的国家,其制造业服务化企业占制造企业总数的60%左右。德国生产性服务业占总服务业的比重为70%,其主要是为工业的技术进步及产业进步提供相应的服务保障。德国领先的生产性服务业为制造业提供配套服务,进而使德国成为制造业强国,并主导许多世界制造业标准的制定。

第二,同一价值链上制造业和服务业融合,打造完整的价值链。目前,价值链正在由"以制造为中心"转变为"以服务为中心",促进产业分工更加精细化。生产性服务作为中间要素进入制造业的产品生产环节,同一价值链上的制造业与服务业中,生产性服务环节越多,生产制造环节所占时间的比重就越小,若价值链集中于生产性服务环节,生产性服务的效率、利润空间等就会影响全产业链,进而提升产品的附加值。

第三,服务外包助力制造业向现代制造服务业转型。服务外包企业将价值链中基础的、共性的、非核心的业务外包给专业服务提供商来完成,这样可以降低企业生产成本,提高生产效率。通过服务外包可以进一步深化制造业与服务业的分工,提高服务业的专业化水平及增强其与制造业的关联性、融合性。

2019年中国服务业增加值占GDP的53.9%,但服务业的总体发展水平仍较低;中国制造业的服务收入占总营业收入的平均比重为10%,远低于发达国家40%的均值,中国服务业与制造业并未实现深度融合①。因而,中国在国际产业分工中处于被动地位,制造业的各个供应链环节不稳固。当发达国家实施高端制造业回流并采取保守的贸易政策时,中国因产业融合度低而未能"挽留"其回归。同时,东南亚等国家依靠低成本要素吸引中低端制造业转移,削弱了中国制造业的国际竞争力。因此,中国要实现制造业与服务业的深度融合,"加固"供应链,提升现代制造服务业的国际竞争力。

三、区域贸易协定谈判中,发达国家将占据先发优势,制定高标准的新规则

2008年国际金融危机之后,美国、日本、欧盟等发达经济体主导并推动的区域贸易协定是全球化规则"退潮"的定调。2020年新冠肺炎疫情加速了"逆全球化",发达国家通过重新构建国际贸易规则来维护发达经济体的利益进而提高后发展国家的市场准入门槛,以达到逐步削弱新兴经济体影响力的目的。因此,未来区域贸易协定将成为国际经贸规则谈判的主导力量。根据WTO官网公布的数据,截至2020年11月,生效的区

---

① 数据来源:王娟,张鹏.我国制造业与现代生产性服务业融合发展研究:基于产品内国际分工的视角[J].科技管理研究,2020(4):154-163.

域贸易协定累计数目为305条，美国、日本、欧盟三大经济体生效的区域贸易协定分别为14条、17条和41条。其中《跨大西洋贸易与投资伙伴关系协定》（TTIP）、USMCA及CPTPP分别为欧盟、美国及日本发起制定的高标准贸易协定，这些高标准、大规模的贸易协定会产生一定的贸易溢出及贸易替代效应，无疑会给未加入国造成很大的负面影响。目前，全球供应链在区域贸易协定的主导下已逐渐呈现出"区域化"的特点，而疫情期间供应链过长的弊端凸显，参与全球化分工体系越深、供应链越长，对全球物流网络依赖程度高的行业受影响越大。因而疫情过后供应链缩短、区域化的趋势将更加明显，各国会加快签订区域贸易协定的进程以维护本国利益。

与此同时，"三零"（零关税、零壁垒、零补贴）原则也成为国际经贸规则谈判的重要议题。2018年全球中间品贸易占比已达贸易量的70%，中间品的多次贸易过程将物流、运输服务等算入产品价格，多次征税必然导致产品成本增加。所以对全球供应链而言，"零关税"是最佳选择。而中间品的多国生产特性，使跨国公司在东道国布局时，必然需要更加法治化、便利化及国际化的营商环境以打破跨国公司产业链布局的壁垒，逐步实现"边境内"规则向"境内"规则延伸。当前区域贸易协定TTIP、USMCA、CPTPP中就包含了很多非经济因素，比如法律法规、商业模式、知识产权保护等相关内容，更加关注"边境内"规则。同时，"零补贴"是为避免政策补贴行为可能造成的价格扭曲而提出的。补贴不仅会加重政府的财政负担，还会影响产业链布局，因而"零补贴"已成为维护贸易公平的重要措施。

中国并未加入CPTPP、USMCA、TTIP及日欧EPA等协定，不能享受入群权益，这必然会对其贸易及福利水平产生较大的影响。"三零"原则的实施虽然可能会对中国部分弱势产业造成冲击，但是也会倒逼中国提高优化营商环境的能力及政策运用的能力。"边境内"规则重点关注"边境后壁垒"层面，其重点推进的知识产权、网络安全、信息安全等壁垒问题是中国承诺不落地的重要方面，若完全放开制度体系中的不成熟制度，贸易风险压力必然会增大。

第二节　未来中国服务业发展的应对策略

新冠肺炎疫情使全球服务业有了新的发展趋势，中国必须抓住疫情恢复后的短暂窗口期，实现服务业数字化转型及制造业和服务业融合发展，同时加大服务业开放力度，并积极参与区域贸易协定谈判，由规则的追随者向规则的制定者转变。

一、服务业搭乘数字经济顺风车，打造经济增长新引擎

此次疫情加速了新模式、新业态的消费和生产，中国必须把握机遇在各国疫情后加快数字化服务发展的同时，还要采取相应措施大力发展数字化服务，加快以数字经济为

主的服务业的发展；同时要完善立法程序，保障数据安全，并积极参与数字贸易规则的制定，为服务业数字化发展打好基础。

（一）"硬基建"与"硬约束"并施，促进数字化服务良好发展

建设数字化基础设施，是实现数字化服务的物质基础。建设数字化基础设施需要抓规划，即加强顶层设计的引领，通过明确各层级单位的责任分工、规范建设程序、统一技术标准，实现各部门的协同推进；强化建设项目的科学管控，可以通过建立5G通信网络、AI人工智能、物联网等数字化的基础设施，对传统的经济基础设施进行数字化改造。同时，要严格使用"硬约束"，完善立法程序，保障数据安全。对数据安全实施立法保护，能为政府、企业及个体提供安全的数字环境，也是数据实现安全、自由流动的基础。

中国在2019年发布了4项针对数据安全管理办法的征求意见稿，虽然有针对数据安全使用的管理办法，但是仍然缺乏综合性的统一法律，需要在现有的《数据安全法（草案）》及《个人信息保护法（草案）》的基础上进一步完善。数据立法的核心议题可借鉴发达经济体的数据立法方式：第一，个人数据流动要以个人隐私安全保护为前提，实现个人数据权力的保护与数据流动之间的平衡，如欧盟的《通用数据保护条例》（GDPR）中对"个人数据权力"明令施以保护，即对任何收集、传输、保留或处理个人信息的行为进行了明确的规定；第二，数据作为参与分配的生产要素已具有数据资产化的属性，故需构建数据确权与利益分配机制，比如通过制定"数据安全法"来明确数据生命周期中各角色的定位及其对数据权属的影响，为数据的安全使用保驾护航；第三，中国的数据立法不可闭门造车，需要与美国、日本、欧盟等发达经济体的数据法律模式实现对接，虽然它们的数据管理理念不同，但都以数字经济发展为目标，因此可以借鉴GDPR、《2018年加州消费者隐私法案》等对中国的相关数据立法进行完善，这不仅有利于中国数字贸易的发展，而且可以为中国后续参与国际数据规则制定奠定基础。

（二）积极抢占数字贸易规则制定的先机

未来，出于对数据的安全使用，各国必然会加速对全球数字贸易规则的谈判进程。当下，发展中国家与发达国家在数字经济的发展水平上存在较大差距，因而针对数字贸易规则的制定必定存在利益不同点。美国主张开放数据，而中国作为发展中国家，若对数据的开放力度过大必定会承受较大的压力，同时也会对本国数据安全造成威胁。但是数据规则的先发制定者也是数据规则的掌控者，所以中国应主动参与数字贸易规则谈判，维护中国的数据安全并从合作中争取利益。首先，中国可以借鉴CPTPP中对签订区域贸易协定的国家适度开放数据跨境流动的权利这一做法，但是需加入"承认各国可以拥有自己的信息转移监管要求"这一条款以留有可调空间。其次，中国可以在自贸试验区对数据服务贸易进行压力测试，对通过测试的内容条款进一步扩大应用范围。再次，数字化发展是中国经济实现弯道超车的重要机遇，如果过于谨慎可能会错失良机。因此，中国可以在与美国、日本、欧盟等发达经济体进行双边贸易协定谈判时加入对数

据跨境传输的谈判内容。但是，实施"开放"的同时也要实施"监管"，对于涉及国家安全、经济安全及个人隐私的数据坚决不开放，而其他数据则可以实现跨境流动。

（三）实现服务业与制造业的融合，建立现代化的服务业经济体系

新冠疫情期间，线下生活性服务业遭受较大冲击，与制造业相融合的部分生产性服务业也受到牵连，但是生产性服务业与制造业的更好融合会增强制造业的韧性，所以应采取措施进一步实现制造业服务化，打造更加完整的全产业价值链。第一，要推进"现代信息技术服务＋制造业"的生产模式，加快现代制造服务业发展。中国制造业的产业技术创新及智能化发展水平较低，因此要利用信息技术的进步，加快融合发展。加大对网络基础设施的建设力度，加快 5G、云计算、大数据、互联网等信息技术的运用，推动智能物流服务、信息技术服务、互联网金融新型服务的发展，提升服务效率并促进服务业态创新，实现服务业与制造业的深度融合。第二，发挥政策"组合拳"效应，实现服务外包的"增单"。服务外包作为市场经济发展的前沿领域，能够吸纳就业、带动服务业转型升级，同时也是新兴业态的经济增长点。因此可以运用信息技术来推进服务业创新改革，将"放管服"改革进一步拓展到服务外包领域，将经过压力测试的服务业的开放经验推广至更多地区。比如北京作为服务外包的领先城市，可以发挥其服务外包的窗口引领及辐射带动作用，根据产业链及价值链的分工模式，将其服务外包企业向可承接服务外包的城市转移。同时，充分利用"一带一路"、RECP 对外开放新平台，与沿线国家在运输、旅游、金融、通信等方面展开合作，根据沿线国家的产业梯度提供外包服务，促进中国服务企业"走出去"。

二、进一步加大服务业市场开放力度，实现"更宽领域、更深层次"的全面开放

国务院新闻办公室 2018 年发布的《中国与世界贸易组织》显示，2007 年中国便已履行完毕 WTO 设定的 12 大类 160 个分部门的开放承诺，中国现已开放 120 个分部门，超过发达成员平均承诺开放 108 个分部门的水平，可见中国服务业的开放范围较大。但是，中国服务业的开放水平仍有待提高，未来仍需逐步扩大教育、医疗、文化等生活性服务部门的外资准入，对于这些风险系数低的部门在加大开放力度时可以保留必要的限制性措施；而对于风险系数高的金融业，在深化金融科技战略、加速推进数字化经营的同时，也要积极稳步提升其对外开放水平。金融业的开放，要采取"准入前国民待遇＋负面清单"模式，继续加大上海自贸试验区在金融服务行业的压力测试力度。可以借鉴美联储对金融机构的压力测试经验：一是结合中国实际选择合适的压力测试指标，使压力测试模型能真实反映金融机构潜在的压力变化；二是风险压力测试不仅要关注境内风险，也要关注境外风险的外溢效应；三是将宏观审慎监管嵌入压力测试中，并根据压力测试结果对不合格的金融机构进行相应监管约束。

三、提升中国在国际服务贸易规则制定中的话语权

区域贸易协定谈判中，发达国家占据先发优势，制定高标准的新规则。中国应坚持以改革开放为主要方向，同时积极参与服务贸易规则的制定，进而提升在国际服务贸易规则重构中的话语权。

第一，要继续维护GATS对多边服务贸易治理的核心地位。GATS是WTO框架下规制服务贸易的多边协定，在中国融入全球价值链体系中发挥着重要的机制保障作用，因此中国应继续维护GATS在多边贸易体制中的主导地位。中国作为全球第一贸易大国，可以通过寻找成员方的利益共同点进一步推动多哈回合贸易谈判，使其获得实质性进展。比如，中国和美国分别作为发展中国家与发达国家的最大经济体，有着不同的政治、经济利益诉求，中国可以寻找与美国的利益共同点，以签订的《中美第一阶段经贸协议》为例，继续推动中美双边贸易协定的谈判，促进双边、多边服务贸易规则及投资规则的多元化。

第二，要继续推进中国与多个国家及地区的服务贸易规则的谈判进程，建设高标准的自贸区体系。自贸区建设是在全球服务贸易规则发生变化的情况下，中国参与国际服务贸易规则重构的重要途径。比如，通过加强与发达经济体的服务贸易规则谈判，可以更加了解服务贸易规则的最新进展，并适时调整国内相关领域规则。通过继续推动与韩国的自贸协定第二阶段的谈判、与秘鲁的升级版自贸区谈判以及"中日韩自由贸易协定"的签署，逐步构建中国自贸区网络。通过推动与"一带一路"沿线国家的自贸区建设，在规则制定中注入中国元素并制定符合发展中国家利益的贸易规则，使符合中国国情的服务贸易规则"走出去"。

第三，要逐步实施"三零"原则以适应国际经贸谈判规则。新冠疫情加速发达国家自行"抱团"、另结阵营的速度，中国需要把握好短暂的窗口期，逐步推行"三零"原则以融入市场经济体系。"三零"原则需要有试验过程，还需经过压力测试。上海自贸试验区与在建的海南自贸港作为改革开放的排头兵，必须肩负起先行先试的重任，尤其是要实现"零壁垒"中营商环境达到国际标准的要求，逐步实现"边境"规则向"境内"规则延伸。未来国际服务贸易规则向高标准演化的趋势不会改变，因此必须注重向贸易和投资便利化、知识产权保护、竞争中立等"境内"规则的延伸。为能在新一轮开放中实现赶超，中国必须实行对规则等制度型开放，虹吸全球的高端及创新性要素，由原来因优惠政策而形成的"成本洼地"吸引效应转为制度吸引效应。加快设立与国际通行规则相衔接的规则制度，着力打造国际化、法治化、便利化的营商环境。

第三节　迈向新时代的中国服务业：关键突破与政策思路

纵观中外经济社会发展历程，经济服务化是经济结构变迁和产业演变的基本趋势与客观规律。改革开放以来，特别是加入WTO之后，在工业化、城镇化、全球化和技术进步等因素驱动下，中国服务业发展空间和潜力不断被释放出来，服务业发展十分亮眼，经济服务化特征愈发显著。"十三五"时期，中国服务业发展成绩斐然，服务业正迎来全面跃升的新阶段。"十四五"时期，中国服务业潜力巨大、前景广阔，将延续稳中向好的发展态势。预计到2025年，中国服务业增加值占比、服务业劳动就业占比、服务业固定资产投资占比和服务消费占比将分别达到59.05%、54.98%、60.52%和50.40%，服务业劳动生产率将由2019年的14.62万元/人提高到2025年的17.90万元/人①。据此判断，"十四五"时期中国服务业的主导地位将进一步巩固，服务经济的时代特征将更加显著。中国服务业正处在转型升级的关键时期，要实现高质量发展这一重大目标，需要综合施策，协同推进，在充分发挥市场机制决定性作用的基础上合理运用政府政策，推动服务业在数字化、平台化、智能化、融合化和标准化等关键环节率先突破，通过商业模式创新，促进服务业发展规模和质量迈上新台阶。

一、基本判断：中国正快速迈向服务经济时代

对于"服务经济时代"的判断，是一个很有争议的议题。最早提出这个议题的是美国著名经济学家富克斯（Fuchs）。他在1968年出版的《服务经济学》这部著作中，就"服务经济时代"的判断标准问题作了经典阐述："美国现在正在经济发展方面开创一个新时期。在第二次世界大战结束以后，这个国家已经成为世界上第一个'服务经济'国家，即第一个一半以上就业人口不从事食物、衣着、房屋、汽车或其他实物生产的国家。"在这里，富克斯用服务业就业人数占全部从业人数的比重来判断是否进入了"服务经济时代"。但是，对于中国这样的超大规模经济体而言，只使用这一个指标是不够的，应该还要考虑服务业增加值占比、服务消费占比、服务业固定资产投资占比等指标，来综合分析经济服务化程度和是否处于服务经济时代。2021年，我国第三产业劳动就业占比为48%，与富克斯提出的"服务经济时代"衡量标准尚有一些差距，但服务业增加值占GDP的比重为54.9%，拉动国内生产总值增长4.5个百分点，分别高出第二产业13.9、16.5和1.4个百分点。服务业实际使用外资金额9064.9亿元人民币，同比增长16.7%，居民消费方式服务化越来越明显，服务消费占比达44.2%②。

---

① 数据来源：夏杰长在《迈向"十四五"的中国服务业：趋势预判、关键突破与政策思路》一文中，根据国家统计局年度数据库相关数据测算得出．

② 数据来源：国家商务部网站统计数据．

表 12-1 居民人均可支配收入、人均消费支出及服务消费占比

年份	居民人均可支配收入 / 元	居民人均可支配收入增长速度 /%	居民人均消费支出 / 元	居民人均消费支出增长速度 /%	居民人均服务消费支出 / 元	居民人均服务消费占比 /%
2020	30 865.15	4.30	22 442.92	4.10	10 435.95	46.50
2021	33 627.58	8.95	24 397.69	8.71	11 542.55	47.31
2022	36 284.16	7.90	26 129.93	7.10	12 602.47	48.23
2023	39 005.47	7.50	27 961.63	7.01	13 706.79	49.02
2024	41 774.86	7.10	29 860.23	6.79	14 843.52	49.71
2025	44 623.91	6.82	31 771.29	6.40	16 012.73	50.40

（由夏杰长[①] 根据国家统计局年度数据库相关数据测算得到）

所以，综合判断，"十三五"时期中国已经进入服务经济时代的结论是成立的。值得注意的是，到 2025 年，除了服务业劳动就业占比、服务业固定资产投资占比将远超 50% 的比例，服务消费占比也将首次超过 50%，服务消费的主体地位也将基本确定。据此判断，"十四五"时期我国经济的服务化特征将更加明显，服务业的主导地位将进一步巩固，服务经济时代的大格局将更加稳固。

二、"十四五"时期服务业发展的关键突破点

按照产业转移和结构升级规律，考虑到中国的巨大市场、城乡居民收入增长、消费需求结构升级和城镇化率的提高，可以预计，"十四五"时期服务业增加值的规模和占比、服务业就业的规模和占比等总量指标再上一个新台阶，不难实现。真正的难点是，如何切实转换发展方式，推进服务业转型升级和实现高质量发展，不断提升服务业竞争力，以更加积极有效地发挥服务业的各种功能。要实现这一艰巨任务，需要综合施策，系统推进，并在服务业重要领域和新兴业态、商业模式等方面取得关键突破和实质飞跃。

（一）数字化

1. 服务产业数字化

数字经济的蓬勃发展，引人瞩目。业界普遍认为数字经济是最具代表性的新经济、新业态、新动能和新引擎。数字技术的应用与发展正在开启数字服务产业发展新时代，数字经济的发展已越来越普遍，"数字+""互联网+"不断大量涌现。对于传统企业来说，如何拥抱数字化发展的时代机遇，借助大数据、云计算、AI 等技术创新产品和服务的供给模式，提升生产效率，降低生产能耗，可能正在成为未来一段时间事关企业是否

---

① 夏杰长.迈向"十四五"的中国服务业：趋势预判、关键突破与政策思路［J］.北京工商大学学报（社会科学版），2020, 35（04）：1-10+31.

能够适应时代变革的重要影响因素。服务产业数字化，核心要义就在于依托日益成熟的互联网、大数据和云计算与重要服务业进行融合渗透。这样做，既加快了服务业的快速成长和效能提升，也推动了数字产业自身的壮大和蓬勃发展。

2. 服务贸易数字化

世界经济格局和贸易方式正在发生巨大变化，世界经济驶入了数字化转型的快车道，各主要经济体都高度重视数字贸易的极端重要性。服务的数字化提供，意味着企业或居民可以将原本不可贸易或不宜贸易的服务产品变为可贸易和可交换的产品，从而轻松地进行跨境服务与数据的购买、消费和支付。在数字经济时代，依托移动互联网、大数据、人工智能和云计算等新一代信息技术的创新发展，数字贸易正在成为主要经济体争夺控制权或制高点的关键所在。中国是贸易大国，也是数字经济大国，具备大力发展数字贸易的基础条件。作为贸易大国和数字经济大国，中国理应奋起直追，推进服务贸易数字化，实施数字贸易优先发展战略，力争在"十四五"期末初步建成数字贸易强国。

3. 传统服务业数字化改造

建设现代化经济体系是党的十九大提出的发展战略目标。现代化经济体系是一个系统工程，现代产业是其最重要的支撑。现代产业不是各类产业的简单加总，其核心是产业链的耦合和协整以及构建产业生态圈。而大力推动基于数字化的服务业跨产业融合和垂直化的数字化产业链整合是其重要实现路径，也是打造良好产业生态圈不可缺失的基础环节。"十四五"时期，要善于利用数字技术对传统服务业进行全链条、全方位的塑造与重构，全力释放数字经济的红利和倍增效应。只有构建起立体式的数字化产业链，并以数字化改造传统服务业，才能更好地满足产业转型升级的需求，增进居民消费的便利度和普惠性，不断降低服务交易成本和提升服务业生产率，彻底解决长期困扰我国的服务业生产率偏低的难题。

4. 公共服务业数字化

与其他服务领域相比，公共服务领域的技术进步相对滞后。未来要加快数字中国、智慧城市、智慧社会的建设步伐，加大建设力度，强化基本公共服务业领域的数字化改造。尤其要重视数字技术在缩小城乡基本公共服务差距方面的积极作用，逐渐缩小城乡数字鸿沟，力争实现城乡数字公共服务全覆盖，使服务业数字化全方位服务于基本民生需求，惠及广大人民群众，增进人民福祉。

（二）智能化

1. 提高对服务业智能化的基本认知

随着计算机、机器人和传感器等信息技术在各服务行业的大量应用，智能化已成为服务业发展的必然趋势。当前，人工智能技术在服务业的渗透已将服务业智能化发展提升到一个新的高度。无论是在金融、零售、医疗、教育等数据密集型行业，还是在法律服务、人力资源管理、翻译等劳动密集型领域，人工智能的替代服务都已经悄然崛起。

对此，必须有清醒的认知，客观分析智能服务可能带来的积极效应和不利冲击。

2. 更加主动地融入人工智能大潮

"十四五"时期，要更加主动、更加积极地推动机器学习、大数据分析、物联网等人工智能技术与服务业的全方位渗透和融合。人工智能技术在服务产业的运用，应主要选择知识和数据密集型服务业，比如新零售、金融、医疗卫生、传媒与教育、竞技体育和汽车驾驶等领域，以服务业的智能化推动服务业转型升级和服务业生产率提升。当然，在服务业领域推广人工智能，必须有逆向思维，要充分考虑到服务业智能化对劳动就业的替代以及对伦理和隐私等方面的挑战。

（三）平台化

1. 生产性服务业发展的平台化

生产性服务业具有专业性强、创新活跃、产业融合度高等特点，是实现全球价值链竞争优势的关键所在。走平台化发展道路，是提升生产性服务业控制力的重要方式。"十四五"时期，要进一步依托行业龙头企业，打造基于"互联网+"的生产性服务业发展平台，即上下游企业和相关供应商和采购商多方参与，一起构建集信息、采购、物流、金融、电商等为一体的网上服务平台，实现物流、资金流、信息流、工作流集成，从而提高研发、制造、服务等环节的协同及集成发展能力。

2. 生活性服务业发展的平台化

随着大数据、移动互联网、人工智能等现代信息技术的发展，生活性服务业平台化现象越来越凸显。正是生活性服务平台的出现和发展，改变了人们的服务方式和消费方式，实现了服务消费的时空分离，此前许多必须在特定时间到特定物理场所才能实现的服务需求，比如就餐、征信和社保查询、缴纳各种生活服务费用、办理各类证件等，才能够在云服务平台和手机银行等各类 App 上随时随地得到满足。借助于互联网、大数据、云计算等功能，生活性服务业平台化将分散的海量供给和需求通过自身的平台进行撮合成交，提高了资源配置效率，打破了服务和交易的边界，降低了服务交易成本，增进了消费的体验感和多样性选择，是生活性服务业转型升级的重要方向。

（四）融合化

1. 融合发展是现代产业的重要特征

随着新一轮科学技术的不断进步和广泛应用，制造业和服务业的特征都发生了不少变化。制造业和服务业，都在突破传统的单一产业特征，正在越来越多地互动与融合，彼此影响，互为支撑。这种融合互促主要表现为服务型制造和制造服务化。众多案例表明，制造服务化和服务型制造显著提高了企业绩效。IBM 和苹果公司都是这样成功的典型例子。我国已经明确要建设制造业强国和推进服务业高质量发展，这两个目标不是简单的并列，而是要借力"两业融合"（先进制造业和现代服务业的融合），实现制造业和服务业的双赢发展。

2. 积极推进制造服务化和服务型制造

"十三五"时期，我国出台了许多文件以推动制造业和服务业"两业融合"，地方政府和产业园区也在积极推进这项工作，并在制造服务化和服务型制造方面取得了初步的突破。但是，之前的政策主要是单独针对制造业或单独针对服务业的，对"两业融合"的统计范围和政策实施缺乏明确指向，政策边界模糊不清，因而在"两业融合"上很难迈出实质性步伐。"十四五"时期，我国要顺应产业融合的趋势和规律，适时调整统计规则和政策指向，积极推进信息化与工业化的深度融合，提高制造的智能化和数字化水平，实现高起点和高质量的"两业融合"，推动网络化协同制造、柔性制造，推进制造业服务化转型以及培育服务业的"智造"元素。

（五）标准化

1. 服务标准化是提高服务业生产率的重要手段

服务业具有显著的异质性，很难提供标准化和规模化服务，劳动成本投入和交易成本都比较高，因而其生产率一般要低于制造业。由于服务存在着较大的差异性和个性化，要为服务供给制定一套标准，有较大难度。但是，技术进步和商业模式创新正在改变这些认知，越来越多的服务行为可以制定所有供应者和消费者皆要遵循的标准或准则。金融、物流、零售、酒店住宿、家政、养老公寓等服务领域都在开发行业服务标准。服务标准化，是解决服务业低生产率的重要手段。有了公认的服务标准，才能有低成本的大规模服务交易，才能有统一的监管和解决服务纠纷的依据。所以，制定服务业行业相关的服务标准，是一项不可或缺的基础工作。

2. 推进服务业标准的国际化接轨

长期以来，我国服务业对外开放受限较多，对服务标准化认知较浅，也很少在国际舞台参与服务业标准的制定，缺乏话语权。"十四五"时期，既要充分抓住服务业对外开放的机遇，将中国服务标准推向世界，以提升中国全球治理话语权和影响力；又要重视服务供应和服务消费行为的国际接轨，适应服务业的国际标准和行为规则，从而更好地融入国际市场，助力中国服务业走出去。

三、"十四五"时期推进服务业高质量发展和模式创新的政策思路

（一）强化产权意识，保护投资者权益，稳定服务业企业的投资预期

产权是市场经济有序运行的保障，是市场供求双方信任的基石，是微观主体创新发展的前提，是理解工业革命以来经济增长所有秘密的关键和前提。企业是市场的主体，企业家是创新发展的动力源。只有调动企业家和企业的积极性，才会有活跃的投资和交易。服务业的情况更加特殊，大多数服务业是轻资产行业，转移投资和替换消费场景都比较容易。要稳定企业家的投资和交易信念，首要的职责就是要严格保护投资者权益，稳定服务企业投资预期。近几年，我国的营商环境在不断改善，但企业家的各种担忧并没有完全消除，最主要的原因还是产权保护不到位。为此，要重点规范产权保护制度，

努力完善和优化营商环境，并以此稳定服务业企业的投资预期。

（二）深化"负面清单"改革，放宽市场准入

长期以来，我国服务业许多领域竞争不够充分，存在着严重的行政垄断和市场管制，在金融、电信、教育、文化传媒和出版、医疗卫生、交通运输和市政公用事业等领域尤为突出。要改变这种状况，就必须触及改革的"深水区"和改革的痛点、难点，积极推进制度创新，实行市场准入负面清单管理，逐步减少市场准入制度中不合理的规制，继续扩大服务业领域的市场准入。要解决这个长期困扰我国服务业发展的体制机制问题，除了极少数垄断行业及关系到国家安全和国计民生的重点服务业之外，对其他服务业应一概实施"非禁即入"的准入制度，把"竞争中性"原则落到实处，鼓励平等竞争，以开放促改革，以改革促发展，在开放竞争中提高服务业发展质量，推动服务业转型升级。

（三）加强社会诚信制度建设，有序开放公共信息系统和数据资源

服务产品"无形"的特点以及越来越多的网上服务交易，决定了服务市场更具"信息不对称""道德风险"和"逆向选择"的可能性。信用制度是降低交易风险、维护交易安全的根本保障。要采取切实有效措施，完善企业、社会和个人信用体系建设，包括严密的信用立法、严格的信用执法和全社会统一的资信登记及披露等。积极运用大数据技术，创新信息共享机制，打破数据孤岛，加大对"违信"的处罚力度，提高失信的违约成本，让各类主体失去违约的经济动机，从而建立守信、有序的服务市场秩序。建立违法服务企业"黑名单"制度，减少信息不对称，降低交易成本，鼓励企业创优质服务和驰名品牌。探索构建开放的公共信息系统，实现社会资源的有效共享；鼓励有条件的信息平台服务企业之间展开多元化合作。对符合条件的互联网金融企业，逐步开放支付清算业务相关系统，推动企业有效利用公共信息拓展业务。

（四）完善支持服务业创新发展的治理体系

推进政策协同技术进步和商业模式创新推动了服务创新，各种服务创新业态层出不穷，特别是基于"数字+"的新兴服务业正在成为我国服务市场最活跃的力量，并成为提升服务业生产率和推动产业升级的重要方式。在这次新冠肺炎疫情期间，基于"数字+"的服务业异军突起，而且随着城乡居民公共卫生防范意识的增强，在线服务消费可能会常态化。数字服务业发展不仅是服务业抗击疫情的重要手段，更有可能成为服务业增长的新动能。数字服务业等新兴服务业的发展，既需要发挥市场机制的决定性作用，也需要相关政策协同支持，构建与新服务发展相匹配的治理体系：一是进一步完善数字经济市场体系，推动形成数据要素市场，实现服务产业发展的数据共享；二是积极推动综合管理部门和市场监管部门实现治理方式变革，进一步完善数据平台建设，打破数据分割，推动管理部门决策科学化、公共服务高效化；三是进一步推动服务业领域的"放管服"改革，加快建立适应新兴服务业（如平台经济、共享经济和体验经济等）发展的法律法规、管理规范、行政条例、考核体系和产业统计体系等建设，为基于"数字+"的服务产业发展提供良好的制度和营商环境。

思考与练习

1. 全球经历了新冠肺炎疫情冲击之后,后疫情时代全球服务业会有哪些新的演变趋势?

2. 你认为:面对新形势,未来中国服务业发展可以有哪些应对措施?

3. "十三五"时期,中国服务业迎来了全面跃升的新阶段,"十四五"时期中国服务业发展的关键突破点有哪些?

4. 如何理解"十四五"时期,我国推进服务业高质量发展和模式创新的政策思路?

参考文献

［1］伊特韦尔.新帕尔格雷夫经济学大辞典（陈岱孙）［M］.北京：经济科学出版社，1996，第四卷：337.

［2］萨伊.政治经济学概论［M］.北京：商务印书馆，1963：356.

［3］Hill T.P. On Goods and Services, Review of Income and Wealth［M］.1977,（23）：315-318.

［4］Shelp R.K.Ascendancy of the Global Service Economy［M］.New York：Peerage publishers, 1981.

［5］费舍尔.安全与进步的冲突［M］.伦敦：麦克米兰出版社，1935：25-28.

［6］科林·克拉克.经济进步的条件［M］.伦敦：麦克米兰出版社.1957.

［7］Fuchs VR.The serives economy［M］.New York：Columbia University Press，1968.

［8］黄少军.商品消费、服务消费和经济结构变化——一个微观经济学的分析［J］.华南师范大学学报（社会科学版），2000（2）：25-31.

［9］Daniels P.W. Services Industries, A Geographical Appraisal［M］.London：Methuen，1985：1-16.

［10］李江帆.中国第三产业发展研究［M］.北京：人民出版社，2005：4.

［11］李江帆.服务产品的概念［J］.新经济杂志，2005（4）：18-19.

［12］Browning.H. and J.singelman. the Emergency of a Services Society：Demographic and Sociaological Aspects of the Sectoral Transformation in the Laborforce of the USA National Technical Information Service［M］.Springfield, Virginia, 1975.

［13］刘志彪，周勤，等.南京市发展现代服务产业的研究［M］.南京社会科学（经济全球化与推进江苏、南京经济国际化研究专辑），2001：29-35.

［14］晁钢令.服务产业与现代服务业［M］.上海：上海财经大学出版社，2004.

［15］来有为，苏爱珍.中国现代服务业差距何在［J］.科学决策，2004（7）：12-13.

［16］朱明春.关于我国服务业发展中几个战略问题的思考（下）［J］.中国经贸导刊，2004（13）：23.

［17］刘成林.现代服务业发展的理论与系统研究［D］.天津大学，2007.

［18］庞毅，宋冬英.北京现代服务业发展研究［J］.经济与管理研究，2005（10）：40.

［19］李燕．现代服务业系统研究［D］．天津大学，2011．

［20］孙小娇．中国现代服务业发展水平的区域差异研究［D］．辽宁大学，2018．

［21］Coase R.H.The Nature of Firm［J］.Economic，1937（4）：386-405.

［22］Bhagwati.Splintering and Disembodiment of Services and Developing Countries［J］.The world Economy，1984：17.

［23］Herbert G.Grubel，Michael A.Walker. Service Industry Growth，Cause and Effects［J］.Fraser Institute，1989：279.

［24］R. Rowthorn and J.Wells. Growth，Trade and Industrialization［J］.IMF Staff Dissertations，vol.46, No.1, 1999：18-41.

［25］Coffey W.J.and Drolet R. Make or Buy? Internalization and Extemalisation of Producer Service Inputs in the Monrteal Metropolitan Area［J］.Canadian Journal of regional Science，2005（19）：25-48.

［26］P.W.Daniels. Services Industries，A Geographical Appraisal［M］.London：Methuen，1985.

［27］W.B.Beyers. Producer Services［J］.Progress in Human Geography，1992，16，：573-583.

［28］A.S.Bailly. Producer Services Research in Europe［J］.Professional Geography，2002：17-23.

［29］S.Illeris. The Service Economy，a Geographical Approach［M］.Denmark John Wiley & Sons Ltd，1996.

［30］谢文蕙，邓卫．城市经济学［M］．北京：清华大学出版社，1996：19．

［31］Funds V. R. The Service Economy［J］.National Bureau of Economic Research，1968.

［32］Bell.D. The Coming of Post，Industrial Society［M］.Heinemann Education Books Ltd，1974.

［33］李江帆．论研究服务消费品的生产规律的实践意义［J］．经济与管理研究，1984（3）：311-314．

［34］江小涓，裴长洪．中国服务业发展报告［M］．北京：社会科学文献出版社，2004．

［35］J.Gershuny. After Industrial Society? The Emerging Self-service Economy［M］.London and Basing Stoke，MacMillan & Co.Ltd，1978.

［36］R.Rowthorn and J.R.Wells. The Industrialization and Foreign Trade［M］.Cambridge：CUP，1987.

［37］T.Elfring. New Evidence on the Expansion of Service Employment in Advanced Economies［J］.Review of Income and Wealth，Series，1989（35）：4.

［38］Baumol W. J. Macroeconomics of Unbalanced Growth：The Anatomy of Urban Crisis［J］.American Economic Review，1967，57（3）：41-52.

［39］R. J. Gordon. Problems with the Measurement and Performance of Service Sector Productivity in the United States［J］. NBER Working Dissertation No.5519，1996：139-166.

［40］陈伊莉．我国现代服务业的产业关联发展分析［J］．中国市场，2021（13）：83-85.

［41］满莉．现代服务业演化发展的动力机制［J］．技术经济，2009，28（2）：41-46，90.

［42］向吉英．产业成长的动力机制与产业成长模式［J］．学术论坛，2005（7）：49-53.

［43］赵玉林．技术创新自组织机制［J］．武汉工业大学学报，1998，20（1）：80-83.

［44］周振华．现代服务业发展：基础条件及其构建［J］．上海经济研究，2005（9）：21-29.

［45］夏青．现代服务业演化机制与效应研究［D］．中国矿业大学，2010.

［46］赵黎明，李振华．城市创新系统的动力学机制研究［J］．科学研究，2003（1）：971-1000.

［47］威廉·配第．政治算术［M］．陈冬野译．北京：商务印书馆，1960：19-20.

［48］Fisher A G B. The Clash of Progress and Security［J］.Economica，1937，4（3）：99.

［49］Colin Clark. The Conditions of Economic Progress［M］.Macmillan and CO.，limited.1940：182-183.

［50］库兹涅兹．各国的经济增长：总产值和生产结构［M］．北京：商务印书馆，1999：332-333.

［51］钱纳里，赛奎因．发展的格局——1950—1970［M］．李小青等译．北京：中国财政经济出版社，1980：49-56.

［52］魏旭．马克思的产业升级思想及其对当代中国结构转型的指导意义［J］．毛泽东邓小平理论研究，2018（6）：40-48.

［53］孙晓华．"配第—克拉克定理"的理论反思与实践检视——以印度产业发展和结构演化为例［J］．当代经济研究．2020（03）：47-54.

［54］沃尔特·罗斯托．经济增长的阶段：非共产党宣言［M］．郭熙保，王松茂译．北京：中国社会科学出版社，2001：144.

［55］沃尔特·罗斯托．这一切是怎么开始的：现代经济的起源［M］．黄其祥，纪坚博译．北京：商务印书馆，1997：89.

［56］郭熙保，陈志刚，胡卫东．发展经济学［M］．北京：首都经济贸易大学出版社，2009：77.

［57］梁孝．从线性发展观到科学发展观［J］．甘肃理论学刊，2004（4）：23.

［58］魏志奇．罗斯托的增长阶段理论及其对发展中国家转型的启示［J］．理论月刊，

2014（12）：113-115.

[59] 丹尼尔·贝尔.后工业社会的来临［M］.北京：新华出版社，1997.

[60] 李娟.论贝尔的后工业社会理论及当代价值［J］.黑龙江史志，2014（03）：154+156.

[61] 黄繁华.经济全球化背景下南京新兴服务业发展研究［J］.南京社会科学，2002（05）：79-83.

[62] 胡启恒.诠释我国现代服务业［N］.中国信息导报，2004，000：11-12.

[63] 徐国祥，常宁.现代服务业统计标准的设计［J］.统计研究，2004（12）：10-12.

[64] 王志明，张斌，方名山.现代服务业的内涵界定与分类［J］.上海商业，2009（06）：6-10.

[65] 车鑫，谷一鸣.发达国家现代服务业发展模式研究——以美国、英国、日本为例［J］.科技创业月刊，2015（14）.

[66] 陈军，林瑜璟.美国服务业发展开放的现状与经验启示［J］.黑龙江社会科学，2019（03）：70-76.

[67] 李朝鲜.理论与量化：现代服务产业发展研究［M］.北京：中国经济出版社，2006：102.

[68] 张扬，解柠羽.经济服务化背景下日本服务业发展的影响因素探究［J］.商业经济研究，2018（05）：190-192.

[69] 张楠.日本现代服务业发展经验及对中国的启示［J］.现代财经，2011（2）：1.

[70] 日本情报处理开发协会.信息化白皮书［J］.经济周刊，2002（4）：283.

[71] 杨含斐，等.日本信息服务业发展现状及建设经验评价［J］.情报杂志，2008（10）：51.

[72] 陈旭芳.德国现代服务业与先进制造业融合发展启示［J］.浙江经济，2019（24）.

[73] 杨兰.德国服务业发展与经济增长的关系研究［D］.湘潭大学，2012.

[74] 李朝鲜.理论与量化：现代服务产业发展研究［M］.北京：中国经济出版社，2006：108.

[75] 范黎波，刘瀚龙.印度服务经济的启示：寻找中国服务业的新思路与方向［J］.清华管理评论，2016（Z2）：90-97.

[76] 姜文杰.国际服务外包的发展趋势与我国的承接对策［J］.现代经济.2007（12）：37.

[77] 蒲玉.中国现代服务业发展问题研究［D］.吉林财经大学，2014.

[78] 高新民，安筱鹏.现代服务业：特征、趋势和策略［M］.杭州：浙江大学出版社，2010：47.

[79] 何雨霖，陈宪，何雄就.本世纪以来的西方经济增长理论［J］.上海经济研究，2020（04）：118-127.

［80］赵瑾.新冠肺炎疫情危机后全球服务贸易发展的十大走势与中国机遇［J］.财经智库.2020，5（05）：105-118+143.

［81］张建华，程文.服务业供给侧结构性改革与跨越中等收入陷阱［J］.中国社会科学，2019（03）：39-61+205.

［82］黄国雄.谈现代服务业在经济发展中的作用［J］.全国商情（理论研究），2012（03）：6-7.

［83］王元琨，李健，靳泽凡.新兴服务业发展与我国区域经济增长分析：基于区域发展差异视角［J］.商业经济研究，2019（06）：169-172.

［84］刘婷.现代服务业对中国区域经济增长影响研究［D］.湘潭大学，2017.

［85］杨絮飞.我国现代服务业的主导产业选择及其发展战略研究［M］.北京：旅游教育出版社，2018：12.

［86］安筱鹏.制造业服务化路线图：机理、模式与选择［M］.北京：商务印书馆，2012：11.

［87］陈宝森，王荣军，罗振兴.当代美国经济（修订版）［M］.北京：社会科学文献出版社，2011：6.

［88］陆伟.当代亚洲地区国家政治与经济［M］.北京：中国社会科学出版社，2012：12.

［89］贺景霖.现代服务业发展研究［M］.武汉：湖北科学技术出版社，2017：22.

［90］世界银行（著），王辉（译）.2013年世界发展数据手册［M］.北京：中国财政经济出版社，2013：8.

［91］陈章龙.中国现代服务业发展报告（2013）［M］.北京：中国人民大学出版社，2015：5.

［92］〔日〕鹤田满彦（著），张迪（译）.全球化资本主义与日本经济［M］.北京：社会科学文献出版社，2013：4.

［93］联合国贸易与发展会议（编），南开大学跨国公司研究中心（译）.2004年世界投资报告［M］.北京：中国财政经济出版社，2006：9.

［94］黄新飞.FDI、贸易开发与经济增长［M］.北京：经济管理出版社，2010：10.

［95］陈霜华.国际服务贸易［M］.上海：复旦大学出版社，2010：3.

［96］姜长云.中国服务业 从全面小康到后小康时代［M］.太原：山西经济出版社，2020.

［97］杨永.全球价值链视角下中国服务贸易国际竞争力及其影响因素探究［J］.中外企业家，2020（2）：28.

［98］王晓琳.快递包装：如何有一个"绿色归宿"［J］.中国人大，2019（15）：48-49.

［99］陈剑.中国企业500强研发投入持续提升 通信设备制造业居行业首位［J］.企业

界，2019（9）.

[100] 李佩.现代服务业创新的影响因素研究——以江苏省为例[D].南京财经大学，2013.

[101] Applegate，L. M. E. Business Models：Making Sense of the Internet Business Landscape[A].Dickson G.，Gray W.，Sanctis G.，Information Technology and the Future Enterprise：New Models for Managers[C].NJ：Prentice Hall，2001.

[102] Magretta J. Why Business Models Matter[J].Harvard Business Review，2002（05）.

[103] Morris M.，Schindehutte M. Allen. The Enterpreneur's Business Model：Toward a Unified Perspective[J].Journal of Business Research，2003（01）.

[104] Osterwalder A.，Pigneur Y.，Tucci C. L. Clarifying Business Models：Origins，Present，and Future of the Concept[J].Communications of the Information Systems，2005（05）.

[105] 翁君奕.商务模式创新企业经营"魔方"的旋启[M].北京：经济管理出版社，2004：56.

[106] 王伟毅，李乾.文创业视角下的商业模式研究[J].外国经济与管理，2005（11）.

[107] 原磊.国外商业模式理论研究评介[J].外国经济与管理，2007（11）.

[108] 齐严.商业模式创新研究[D].北京邮电大学，2010.

[109] Hamel G. Lead the Revolution[M].MA：Harvard Business School Press，2000.

[110] Amit R.，Zott C. Value Creation in E-business[J].Journal of Electronic Markets，1998（02）.

[111] 罗珉，曾涛，周思伟.企业商业模式创新基于租金理论的解释[J].中国工业经济，2005（07）.

[112] Chesbrough H. Open Innovation：the New Imperative for Creating and Profiting from Technology[M].MA：Harvard Business School Press，2003.

[113] Weill P.，Vitale M. R. Place to Space：Migration to E-business Models[M].MA：Harvard Business School Press，2001.

[114] Stewart D.W.，Zhao Q. Internet Marketing，Business Models，and Public Policy[J].Journal of Public Policy & Marketing，2000（03）.

[115] 童煌.服务企业核心能力研究[D].武汉大学，2004.

[116] 黄燕.创新理论的演进及近期研究进展[J].江汉论坛，2001，12（15）.

[117] Tikkanen H.，Lamberg J.，Parvinen P. Managerial Cognition，Action and the Business Model of the Firm[J].Management Decision，2005，43（6）：789-809.

[118] 原小能.加快发展现代服务业新业态新模式[J].群众，2019（17）：12-13.

[119] 苏立悦，董明，杨东.大规模定制下基于本体的服务产品配置研究[J].计算机应用研究，2010，27（2）：483-487.

[120] 陶颜，魏江. 服务模块化研究脉络、基准与展望——基于国外文献的分析[J]. 外国经济与管理，2015，37（1）：43-51.

[121] 曹慧丽，于俭. 面向工业4.0的服务产品创新模式研究[J]. 生产力研究，2016（07）：64-66+90.

[122] 杨名. 服务创新及其标准化—定制化模式研究[D]. 大连理工大学，2007.

[123] 师博. 市场创新与中国经济增长质量[J]. 治理现代化研究，2020，36（06）：43-51.

[124] 姜仕勐. 服务业展现新业态新模式[N]. 中国城乡金融报，2017-06-30，A07.

[125] 王益锋，刘璐瑶. 企业商业模式及其创新探究[J]. 企业导报，2012（13）：191-192+200.

[126] 苈苣. 美国最具价值的十七种商业模式[J]. 商业文化，2018（36）：75-83.

[127] 邢广睿. 基于商业模式创新的企业价值创造案例研究——以海澜之家为例[D]. 哈尔滨商业大学，2020.

[128] 陈姗姗. 商业模式创新路径研究综述[J]. 对外经贸，2018（12）：83-88.

[129] 吕君，张士强，王妍曦. "互联网+她经济"商业模式创新研究[J]. 商业经济研究，2018（24）：91-93.

[130] 缪飞. 产业融合视角下企业商业模式创新驱动机制及实践研究[D]. 广西师范大学，2011.

[131] 朱明洋，李晨曦，曾国军. 商业模式价值逻辑的要素、框架及演化研究：回顾与展望[J]. 科技进步与对策，2021，38（1）：149-160.

[132] 宣晓，段文奇. 资源视角下互联网平台用户价值评估方法[J]. 会计之友，2019（12）：148-155.

[133] 余维臻，李文杰. 核心资源、协同创新与科技型小微企业成长[J]. 科技进步与对策，2016（6）：94-101.

[134] 孟华，朱其忠. 价值网络共生对企业绩效的影响研究：一个有调节的中介模型[J]. 科技管理研究，2020（3）：213-224.

[135] 吕南，罗心. 媒体类平台商业模式与价值创造研究[J]. 西南石油大学学报（社会科学版），2021，23（04）：58-66.

[136] 杨君岐，崔环珠，陈馨雨. 互联网企业商业模式如何作用于企业价值创造——以Facebook为例[J]. 财会通讯，2020（2）：173-176.

[137] 宣晓. 互联网企业客户价值评估方法述评与展望[J]. 商业经济研究，2016（13）：138-140.

[138] 罗歇·苏. 休闲[M]. 姜依群译. 北京：商务印书馆，1996：9.

[139] 杨乃济. 旅游与文化生活[M]. 北京：旅游教育出版社，1993：202.

[140] 林语堂. 吾国吾民[M]. 北京：中国戏剧出版社，1990：299.

［141］杨振之，周坤．也谈休闲城市与城市休闲［J］．旅游学刊，2008（12）：51-57.

［142］杰弗瑞·戈比．你生命中的休闲［M］．昆明：云南人民出版社，2000：14.

［143］John R Kelly.21st Century Leisure：Current Issues［M］.Boston：Allyn & Bacon，2000.

［144］约翰·凯利．走向自由——休闲社会学新论［M］．昆明：云南人民出版社，2000.118-119.

［145］马惠娣．文化精神之域的休闲理论初探［J］．齐鲁学刊，1998（03）：98-106.

［146］楼嘉军．休闲初探［J］．桂林旅游高等专科学校学报，2000（02）：5-9.

［147］张广瑞，宋瑞．关于休闲的研究［J］．社会科学家，2001（05）：17-20.

［148］梁颖．娱乐设施经营管理［M］．杭州：浙江摄影出版社，1998：4.

［149］汪振汉．休闲产业的界定、分类与统计［J］．湖北理工学院学报（人文社会科学版），2020，37（02）：7-14.

［150］王德伟．休闲与休闲产品［J］．自然辩证法研究，2001（05）：62-63.

［151］《中国国民休闲状况调查（2020）》，腾讯研究院发布，2020-12-15.

［152］约瑟夫·熊彼特．经济发展理论［M］．何畏，易家详，等译．北京：商务印书馆，1990.

［153］金元浦．当代世界创意产业的概念及其特征［J］．电影艺术，2006（03）：5-10.

［154］徐丹丹，孟潇，卫倩倩．文化创意产业发展的文献综述［J］．云南财经大学学报，2011，27（02）：105-113.

［155］于爱晶．文创产业的创新、融合与实践［M］．北京：北京联合出版公司，2020：11.

［156］兰建平，傅正．创意产业、文化产业和文化创意产业［J］．浙江经济，2008（04）：40-41.

［157］理查德·E.凯夫斯．创意产业经济学：艺术的商品性［M］．康蓉，张兆慧，等译，北京：商务印书馆，2017：ⅵ-ⅹⅶ.

［158］蔡荣生，王勇．国内外发展文化创意产业的政策研究［J］．中国软科学，2009（08）：77-84.

［159］荣跃明．超越文化产业：创意产业的本质与特征［J］．毛泽东邓小平理论研究，2004（05）：18-24.

［160］胡晓鹏．文化创意产业的地区发展模式研究［J］．中国地质大学学报（社会科学版），2010，10（01）：25-30.

［161］佟贺丰．英国文化创意产业发展概况及其启示［J］．科技与管理，2005（01）：30-32.

［162］刘平．英国、日本、韩国创意产业发展举措与启示［J］．社会科学，2009（07）：53-60+188.

［163］金元浦.创意产业的全球勃兴［J］.社会观察,2005(02):22-24.

［164］张斌,马斌,张剑渝.创意产业理论研究综述［J］.经济学动态,2012(10):87-90.

［165］张蔷.中国城市文化创意产业现状、布局及发展对策［J］.地理科学进展,2013,32(08):1227.

［166］郑正真."十四五"时期我国文创产业发展趋势及路径研究［J］.西部经济管理论坛,2021,32(01):1-7.

［167］吕晓娟,张麟,王月娟,等."互联网+"时代医疗服务热点研究［J］.中国数字医学,2016,11(1):29-30,37.

［168］张婷,何克春.我国"互联网+医疗"模式发展现状及对策研究［J］.中国农村卫生事业管理,2017,37(3):241-243.

［169］文丹枫.互联网+医疗:移动互联网时代的医疗健康革命［M］.北京:北京经济出版社,2016.

［170］王安其,郑雪倩.我国互联网医疗运行现状:基于3家医院的调查分析［J］.中国卫生政策研究,2016,9(1):69-73.

［171］朱劲松.互联网+医疗模式:内涵与系统架构［J］.中国医院管理,2016,36(1):38-40.

［172］京燕."互联网+"与大数据在医疗保险领域中的创新应用［J］.中国医疗保险,2018(6):27-30.

［173］周忠良."互联网+医疗"的现状、问题与发展路径［J］.人民论坛,2021(22):88-91.

［174］张田勘.移动医疗能提供哪些服务？［J］.中国科技奖励,2015(4):77-78.

［175］周玉涛.医药电商走近O2O［J］.中国药店,2013(2):48-51.

［176］周佳.浅析医药电子商务O2O模式——以京东健康到家为例［J］.新经济,2016(5):59-63.

［177］医联:打破轻问诊模式盈利难题,从为医生贴身服务开始［EB/OL］.(2017-01-10)［2021-08-28］.http://mt.sohu.com/20170110/n478264398.shtml.

［178］温泉.阿里健康,究竟在如何布局医疗［EB/OL］.(2015-04-01)［2021-8-26］.http://tech.163.com/15/0401/09/AM3TF5O0000915BF.html.

［179］九安医疗首款ihealth产品探索国内销售模式［EB/OL］.(2014-04-15)［2018-10-10］.http://money.163.com/14/0415/17/9PT1J88500254R91.html.

［180］王方琪.互联网医疗携手保险能否终成正果［N］.中国保险报,2016-07-27(5).

［181］于保荣,杨瑾,宫习飞,杨茹显.中国互联网医疗的发展历程、商业模式及宏观影响因素［J］.山东大学学报(医学版),2019,57(08):39-52.

［182］陈添府."互联网+医疗"企业商业模式研究——以平安好医生为例［D］.重庆

师范大学，2019.

[183] 李韬，冯贺霞.数字健康发展国际经验与借鉴[J].医学信息学杂志.2021，42（05）：2-8.

[184] 王霜奉.国外掀起移动医疗"风潮"[J].上海信息化，2014（3）：84-86.

[185] 王兰永.互联网医疗探索与思考[J].信息与电脑，2014（8）：75-76.

[186] 王方琪.互联网医疗如何盈利，商业模式剑指保险[N].中国保险报，2015-10-28（7）.

[187] 海尔医疗金融.美国凯撒医疗集团模式分析：闭环管理，低成本高效率[EB/OL].http：//www.sohu.com/a/253638709_100119490，2018-09-13.

[188] 寸待丽，崔文彬，于广军."互联网+"医疗服务的国际经验及借鉴[J].中国医院，2020，24（03）：13-15.

[189] Larsen SB, SØrensen NS, Petersen MG, et al. Towards a shared service centre for telemedicine：Telemedicine in Denmark, and a possible way forward[J].Health Informatics J, 2016, 22（4）：815-827.

[190] 朱岩.新思维下的医疗产业生态重构——互联网医疗发展趋势前瞻[J].人民论坛·学术前沿，2017，（24）：8-14.

[191] 徐婷."互联网+医疗"新业态下"平安好医生"盈利模式探析[D].江西财经大学，2020.

[192] 余婷婷.可持续视角下阿里健康盈利模式研究[D].长沙理工大学，2020.

[193] 陆冀为.基于财务视角下的互联网医疗企业商业模式研究——以阿里健康和平安好医生为例[D].上海财经大学，2020.

[194] 沙机康.中国的服务业及服务贸易现状以及面临的挑战[EB/OL].中华人民共和国驻日内瓦联合国代表团经贸处网站，2004：2-12.

[195] 郝希亮.服务业的涵义及其拓展空间[J].开发研究，2008（6）：85-88.

[196] 刘慧人.大力发展服务业，加快新农村建设步伐[J].时代经贸，2007（10）：42-43.

[197] 李桐山.论现代农业服务业的发展取向[J].中州学刊，2003（4）：41.

[198] 刘国祥，王娟.中国农业现代化发展策略研究——基于农业与现代服务业融合视角[J].现代管理科学，2019（12）：3-5.

[199] 日本或将面临粮食危机！粮食自给率创历史最低.新浪财经，2019-09-11.

[200] 马晨，李瑾."互联网+"时代我国现代农业服务业的新内涵、新特征及动力机制研究[J].科技管理研究，2018，38（02）：196-202.

[201] 打造中国数字经济增长极[N].人民日报海外版，2018-05-23.

[202] 何高大.E-Learning的定义与译名[J].中国科技翻译，2003（02）：62-63+52.

[203] 张晓林.走向知识服务：寻找新世纪图书情报工作的生长点[J].中国图书馆学

报，2000（05）：32-39.

[204] 周健.网络文献数据库知识服务功能及其评价研究［D］.郑州大学，2012.

[205] 刘治.数字出版企业的知识服务研究［D］.湘潭大学，2011.

[206] 陈静.知识服务产业社会资本理论与实证研究［D］.复旦大学，2007.

[207] 肖洪，毋晓霞.知识服务产业发展背景下图书情报专业学生就业前景探析［J］.情报科学，2019（9）：66-71.

[208] 李根.罗辑思维App.得到公布运营数据：总营收1.4亿，最高者入2千万.新浪科技，［2017-02-21］.

[209] Loh Lawrence & Venkatraman. Determinants of Information Technology Outsourcing：A Cross-sectional Analysis［J］. Journal of Management Information System，1992，9（1）：7-10.

[210] Lacity Mary C.，Willcocks Lesline P.，Feeny David F..The Value of Selective IT Sourcing［J］.Sloan Management Review，1996，37（3）：22-25.

[211] 杨圣明.关于服务外包问题［J］.中国社会科学院研究生院学报，2006（06）：23.

[212] 王立明，刘丽文.外包的起源、发展及研究现状综述［J］.科学与科学技术管理，2007（03）：151-152.

[213] 毕小青."外包"的动机及其实现方式［J］.南方经济，2000（04）：55-57.

[214] 陈菲.服务外包动因机制分析及发展趋势预测——美国服务外包的验证［J］.中国工业经济，2005（06）：67-69.

[215] 何骏.我国发展服务外包的动因、优势和建议［J］.当代经济管理，2006.（06）：34-37.

[216] 何炼成.中国发展经济学概论［M］.北京：高等教育出版社，2001：34-39.

[217] 李京文，郑友敬.技术进步与产业结构——模型［M］.北京：经济科学出版社，1989：221-223.

[218] 孙毅.爱尔兰软件产业发展模式与战略分析［D］.大连理工大学，2007.

[219] 马天成.服务外包产业发展模式研究［D］.河北工业大学，2011.

[220] 何均丽.国际服务外包对我国就业的影响研究［D］.南京财经大学，2019.

[221] 王晓红，张素龙，李庭辉.中国服务外包产业发展报告（2016—2017）［M］.北京：人民出版社，2018：217-218.

[222] 吴向宏.试论印度软件产业发展的得失［J］.软科学，1999（10）：115-119.

[223] 景瑞琴.中印承接国际服务外包的比较优势分析［J］.经济问题，2007（10）：41-44.

[224] 李辉.爱尔兰服务外包产业发展的经验［J］.全球化.2014（04）：87-96+134.

[225] 杨瑛.国际服务外包的发展模式及对承接国的影响效应［D］.华东师范大学，

2009.

［226］殷慧欣.数字经济背景下我国服务外包产业发展问题研究［D］.黑龙江大学，2021.

［227］王子倩.基于服务外包模式细分的我国服务外包产业发展影响因素研究［D］.山东师范大学，2020.

［228］文瑞.中国服务外包产业发展的现状、困境与对策［J］.区域经济评论，2021（05）：115-121.

［229］杨玲.现代服务业集聚与业态多样化［D］.南京财经大学，2016.

［230］黄勇.现代服务业集聚区建设若干问题［J］.浙江经济，2009（16）：30-33.

［231］何召灿.吉林省现代服务业集聚区建设研究［D］.吉林大学，2017.

［232］何骏.全球视野下中国构建现代服务业集聚区的对策研究［J］.科学经济社会，2009（04）：31-34+38.

［233］Granovetter M. Economic Action and Social Structure：The Problem of Embeddedness［J］. American Journal of Sociology，1985：481-510.

［234］North D C. Institutions，Institutional Change and Economic Performance［M］. Cambridge University Press，1990.

［235］Olimpia N. The Market Value Of Human Capital：An Empirical Analysis［J］. Annals of Faculty of Economics，2012，1（2）：256-264.

［236］刘微.现代服务业集聚区特性与评估［D］.暨南大学，2014.

［237］张文建.旅游产业转型：业态创新机理与拓展领域［J］.上海管理科学，2012（2）.

［238］朱桦.上海现代服务业集聚区发展模式探讨［J］.上海经济研究，2012（08）：90-99.

［239］张烨.我国农村电商集群可持续发展能力研究——以"淘宝村"为例［D］.长安大学，2021.

［240］张作为.淘宝村电子商务产业集群竞争力研究［J］.宁波大学学报（人文科学版），2015（3）：96-101.

［241］靳博睿.基于"淘宝村"视角对农村电子商务发展的探析［J］.现代商业，2016（12）：87-89.

［242］刘亚军，储新民.中国淘宝村的产业演化研究［J］.中国软科学，2017（2）：29-36.

［243］陈然.地方自觉与乡土重构："淘宝村"现象的社会学分析［J］.华中农业大学学报（社会科学版），2016（3）：74-81.

［244］孙玮璟.直播基地"冷"思考：不同发展模式去向何方［J］.国际品牌观察，2021（12）：64-68.

［245］陆旸，夏杰长.疫情对服务业冲击的影响及对策［N］.中国经济时报，2020-03-

02（4）.

［246］王伟玲，吴志刚，王芳.新冠肺炎疫情防控对数字政府建设的影响及建议［J］.科技导报，2020（6）：97-102.

［247］周念利，陈寰琦.基于《美墨加协定》分析数字贸易规则"美式模板"的深化及扩展［J］.国际贸易问题，2019（9）：1-11.

［248］周念利，陈寰琦.数字贸易规则"欧式模板"的典型特征及发展趋向［J］.国际经贸探索，2018（3）：96-106.

［249］叶新良.推动先进制造业与现代服务业深度融合［J］.宁波通讯，2020（5）：49-50.

［250］胡阳.生产性服务业与制造业融合互动发展［J］.环渤海经济瞭望，2020（2）：72.

［251］朱福林.中国服务贸易发展70年历程、贡献与经验［J］.首都经济贸易大学学报，2020（1）：48-59.

［252］王娟，张鹏.我国制造业与现代生产性服务业融合发展研究：基于产品内国际分工的视角［J］.科技管理研究，2020（4）：154-163.

［253］苏庆义.疫情过后的全球供应链发展趋势［J］.中国外汇，2020（9）：18-19.

［254］黄奇帆.在全球"三零"原则下推动我国进一步开放［A］//中国经济体制改革研究会.2019年宏观经济与改革走势座谈会内容汇编.北京：中国经济体制改革研究会，2019：6.

［255］贺少军.积极参与全球数字贸易规则制定［N］.国际商报，2020-04-23（3）.

［256］欧阳华.推动制造业和服务业深度融合释放发展新动能［N］.广西日报，2020-02-13（13）.

［257］李爱民，涂舒.推动我国服务外包加快转型升级［N］.经济参考报，2020-02-04（7）.

［258］彭化非.美国金融机构压力测试实践及对我国的启示［J］.西部金融，2017（2）：4-7.

［259］董小君，郭晓婧.后疫情时代全球服务业的演变趋势及中国的应对策略［J］.改革与战略，2021，37（02）：58-64.

［260］夏杰长.迈向"十四五"的中国服务业：趋势预判、关键突破与政策思路［J］.北京工商大学学报（社会科学版），2020，35（04）：1-10+31.

［261］富克斯.服务经济学［M］.许微云，万慧芬，孙光德（译）.北京：商务印书馆，1987.

［262］夏杰长，姚战琪.迎接服务经济时代"窗口期"：指标预测与对策思路［J］.经济与管理研究，2016（6）：3-11.

［263］马化腾，孟昭莉，闫德利，等.数字经济：中国创新增长新动能［M］.北京：中

信出版集团，2017.

［264］夏杰长.数字贸易的缘起、国际经验与发展策略［J］.北京工商大学学报（社会科学版），2018（5）：1-10.

［265］江小涓，罗立彬.网络时代的服务全球化——新引擎、加速度和大国竞争力［J］.中国社会科学，2019（2）：68-91.

［266］刘奕，夏杰长，李垚.生产性服务业集聚与制造业升级［J］.中国工业经济，2017（7）：24-42.

［267］夏杰长，肖宇.以服务创新推动服务业转型升级［J］.北京工业大学学报（社会科学版），2019（5）：61-71.

［268］江静.制度、营商环境与服务业发展——来自世界银行《全球营商环境报告》的证据［J］.学海，2017（1）：176-183.

［269］陈秀英，刘胜，顾乃华.区域服务效率、制度环境与利用外资转型升级——基于服务业供给侧结构性改革视角［J］.财贸研究，2018（8）：1-15.

［270］丰晓旭，李勇坚.服务业改革研究回顾与前瞻：1949—2019年［J］.改革，2020（2）：89-101.

［271］夏杰长，姚战琪.中国服务业开放40年——渐进历程、开放度评估和经验总结［J］.财经问题研究，2018（4）：3-14.

［272］魏翔，王莹.新中国消费性服务业研究70年：演进历程与趋势展望——基于中国知网文献的分析［J］.北京工商大学学报（社会科学版），2019（6）：116-124.